천년의 시간 속으로 떠나는 스토리 여행

프라하 이야기

천년의 시간 속으로 떠나는 스토리 여행

프라하 이야기

1판 1쇄 펴냄 2019년 1월 30일

지은이 RuExp 프라하 팀
펴낸이 정현순
디자인 원더랜드
인쇄 ㈜한산프린팅

펴낸곳 ㈜북핀
등록 제2016-000041호(2016. 6. 3)
주소 서울시 광진구 천호대로 572, 5층 505호
전화 070-4242-0525 / 팩스 02-6969-9737

ISBN 979-11-87616-51-1 13920
값 20,000원

천년의 시간 속으로 떠나는 스토리 여행

프라하 이야기

RuExp 프라하 팀 지음

지혜정원

Prologue

이 책을 쓴 RuExp 프라하 팀의 팀원들은 각기 다른 이유로 삶의 터전을 프라하로 옮겼지만, 체코와 프라하를 통해 배우고 느낀 많은 것들을 다른 사람들과 나누고 싶다는 열망은 같았습니다. 그리고 오랜 고민 끝에 그 바람이 열매를 맺어, 예약이나 사전 신청 없이 원할 때 약속 장소로 나오기만 하면 누구나 참여할 수 있는, '팁 투어'라는 프라하 여행안내 프로그램을 한국인으로서는 처음 시작하게 되었습니다. 그 첫걸음이 2011년 5월 2일이었으니 올해로 8년이 되었네요.

프로그램이 알려지기 전에는 단 한 명의 참가자도 없어서 허탕을 치고 돌아오기 일쑤였지만, 지금은 여행자들의 입소문을 타면서 많은 분이 찾아와 주시고, 좋은 말씀들을 많이 해주고 가시니 이보다 더 기쁠 수 없습니다.

많은 분의 긍정적인 반응에도 저희는 늘 아쉬움이 있었습니다. 시간은 한정되어 있는데, 프라하에 대해 하고 싶은 말, 나누고 싶은 이야기는 많았기 때문입니다. 욕심이 앞서 투어에 배정된 시간을 훌쩍 넘기는 경우도 많았습니다.

이러한 아쉬움은 2013년 처음 출간된 『프라하 이야기』를 통해 달랠 수 있었고, 이 책 또한 분에 넘치는 사랑을 받았습니다. 책을 읽고 투어에 참가하신 분, 투어를 듣고 나서 책에 대해 알게 되신 분 등 읽게 된 경로는 달랐지만, 즐거운 독서 경험이었다고 말씀해 주시는 모습을 보고 저희의 진심이 전달되는 것 같아 뿌듯했습니다.

전하고자 하는 이야기가 많아 다소 부담 있는 분량이 되었지만, 읽는 동안 시간 가는 줄 몰랐다는 독자들의 후기에 힘을 얻었고, 이번에 개정판까지 출간하게 되었습니다. 개정판에서는 새로운 이야기로 책의 무게를 더하기보다, 표현을 명료하게 정리하고 사진을 시원하게 배치하여 가독성을 높였습니다.

이 책에는 다른 책에서 정보를 얻을 수 있는 포토 포인트나 맛집 평가, 쇼핑 가이드가 담겨 있지 않습니다. 이 책에서는 조금은 다른 목소리로, 다른 시각으로 프라하를 소개하려 합니다.

프라하의 거의 모든 '관광 포인트'라 불리는 곳들은 나름의 사연과 역사적인 사건들이 얽혀 있습니다. 한때 중부 유럽의 최대 도시였고, 신성로마제국의 수도였으며, 최초의 실천적인 종교 개혁가 얀 후스가 있었던 곳. 후스 전쟁의 중심지였고, 거의 전 유럽의 국가가 참전하여 벌어진 30년 전쟁의 시발점이 된 곳. 두 번의 세계대전을 온몸으로 겪고, 나치 독일 치하에서 치욕의 세월을 지냈으며, 나치의 지배에서 벗어나자마자 공산 독재라는 원치 않는 상황을 맞아야 했던 애잔한 역사가 있는 곳. 1968년 프라하의 봄, 1989년의 무혈 혁명인 벨벳 혁명을 이끌어내며 마침내 자유 민주 공화국이 된 이 체코, 그리고 프라하는 역사를 이야기하지 않고서는 제대로 설명할 수가 없습니다.

저희는 프라하 곳곳에서 숨 쉬고 있지만, 찾아보지 않고서는 제대로 알 수 없는 오래된 이야기를 들려드리고자 합니다. 이 책을 통해서 저희가 들려 드리는 이야기와 함께 프라하 곳곳을 누벼 보시기 바랍니다.

마지막으로 그간 투어에 참여한 분들이 남겨 주신 후기 중 인상적이었던 문구를 인용하며 서문을 마칩니다.

그냥 눈으로 보았던 프라하가 마냥 아름다운 아가씨의 모습이었다면,
좀 더 깊이 알고 나서 바라본 프라하는
많은 풍파와 역경을 겪고도 그 아름다움을 잃지 않은
성숙한 여성으로 보였다.

저자 RuExp 프라하 팀

Contents

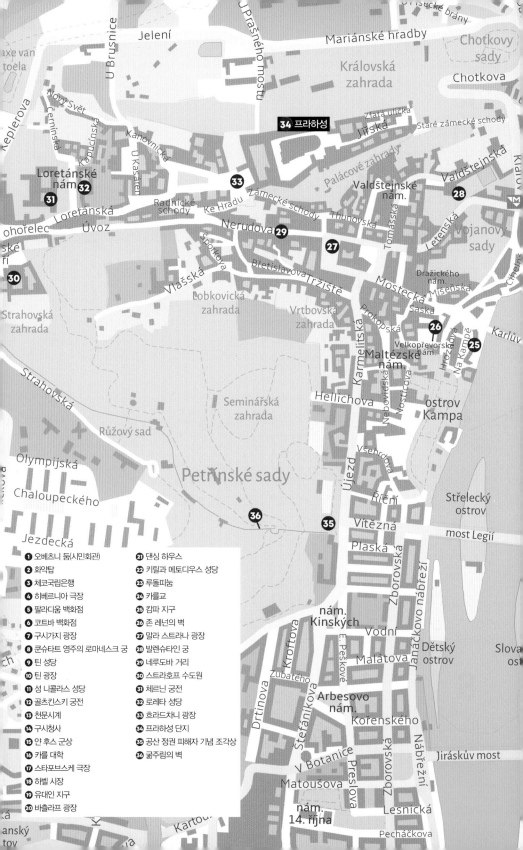

34 프라하성

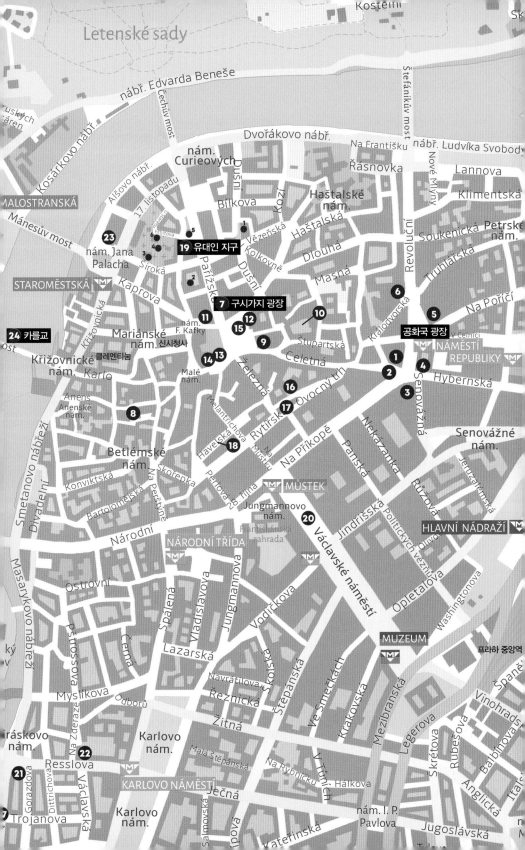

체코의 고대사와 큰 역사의 줄기

체코 역사 이야기는 이 책의 곳곳에서 하게 되지만, 먼저 이 코너를 통해 체코 역사의 큰 흐름을 설명하고자 합니다. 고대부터 현재까지 이어지는 큰 줄기를 이해하고, 이어지는 연대표를 함께 보면서 책을 읽어 나가시면 다소 생소한 체코라는 나라의 역사를 이해하는 데 도움이 될 것입니다.

지금은 서슬라브족의 나라인 체코의 옛 영토, 보헤미아와 모라비아 지역의 토착민은 게르만족과 켈트족이었습니다. 그러다 6세기경, 이곳에 무시무시한 훈족으로부터 도망쳐 살 곳을 찾아 대이동을 벌였던 게르만족의 뒤를 따라다니던 슬라브족이 정착했습니다. 이들은 현지에 잔류했던 수렵 위주의 게르만족, 켈트족과 갈등을 겪으면서도 융화되어 서슬라브족으로 불리면서 점차 보헤미아와 모라비아, 실레지아 지역을 장악했습니다. 이 중 가장 빨리 국가로 성장한 지역은 모라비아 지역으로, 넓은 평야로 이루어진 모라비아와 실레지아의 동부 지역은 이제 막 농경 생활을 시작한 서슬라브족이 한군데 모여서 농사를 짓기에 최적이었습니다. 이 지역에 모인 슬라브족은 '사모Sámo'라는 이름을 가진 대부족장 아래 여러 부족이 연합해 있는 형태를 가졌는데, 이들이 정착한 모라비아 지역은 풍부한 농지로 곡물 산출량이 많았고, 인구가 빨리 늘어났으며, 평원이라는 지리적 이점으로 부족 간의 이동에 불편함이 없었기에, 초기 국가의 형태로 빨리 발전할 수 있었습니다. 이들은 현재의 모라비아, 슬로바키아, 오스트리아의 일부, 슬로베니아의 전부를 아우르는 고대 국가로 성장을 했습니다. 사모의 지휘 아래 영향력이 점점 커져가던 슬라브족을 견제하기 위해 프랑크 왕국에서 몇 차례나 공격했지만 사모는 침략을 막아내고 영토를 지켰습니다.

탁월한 지도자인 사모가 658년에 죽은 뒤에도 이 공동체는 점점 나라로 발전해 가면서 영토를 확장했습니다. 그러던 중, 프랑크 왕국의 샤를마뉴Charlemagne(샤를 대제)가 중부 유럽의 골칫거리로 떠오른 유라시아계 무장 집단이었던 에바르Avars족을 소탕하는 전쟁을 시작했는데, 모라비아 지역에 모여 살던 고대 국가들이 큰 도움을 주었습니다. 샤를마뉴는 고대 국가의 대표에게 공작의 작위를 주며 모라비아 지역의 통치자로 인정했고, 831년에 모라비아 공국의 군주로 등극한 모이미르 1세가 파사우 대주교의 세례를 받고 그리스도교로 개종하자 모라비아 공국의 영향력은 더욱 커졌습니다.

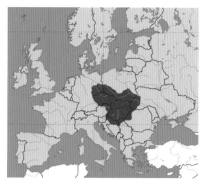

그 뒤로 모라비아 공국은 영토를 계속 확장하며 모이미르 1세Mojmir I, 라스티슬라프Rastislav, 슬라보미르Slavomir, 스바토플루크 1세Svatopluk I까지 대공국으로 성장하며 굳건한 국가의 지위를 누렸으나, 894년 스바토플루크 1세가 사망한 후 벌어진 후계자 간의 권력 다툼으로 허망하게 무너져 내렸습니다.

모라비아 대공국이 통제력을 잃어버리자, 주변의 신

스바토플루크 1세 재위기 모라비아 대공국 영토

흥 국가들이 재빠르게 모라비아 대공국의 영토를 나누어 가졌습니다. 영토의 상당수는 폴란드 왕국과 헝가리 왕국에게 빼앗겼고, 모라비아 지역은 보헤미아 공국에 흡수되었습니다. 이때, 보헤미아 공국이 역사의 전면부에 등장하였습니다.

9세기 후반에 역사에 등장한 보헤미아 공국은 성 루드밀라St. Ludmilla나, 성 바츨라프Svatý Václav, St. Wenceslas 공작 같은 훌륭한 통치자들이 통치를 맡으며 점차 중부 유럽의 주요 국가로 성장해 나갔습니다. 세월이 지나 13세기에는 보헤미아 공국이 많은 업적과 전공을 쌓게 되었는데, 이에 감복한 신성로마제국의 황제는 칙령을 통해 보헤미아의 군주를 왕의 작위에 봉하고, 그 왕위를 후대에도 승계해줄 수 있게 허락하면서 보헤미아는 공국이 아닌, 보헤미아 왕국으로 지위가 격상되었습니다.

이후 14세기 중엽, 카렐 4세(카를 4세)Karel IV, Karl IV라는 걸출한 왕의 재위 시기에는 보헤미아가 중부 유럽의 강자로 자리매김하며 황금기를 맞았습니다. 하지만, 15세기 초에 일어난 후스 전쟁으로 보헤미아는 큰 피해를 입었습니다. 16세기 초에는 보헤미아 왕가의 혈통이 끊어지며 오스트리아 합스부르크 가문에게 보헤미아 왕국의 왕위가 계승되기 시작했으며 보헤미아 왕국은 오스트리아의 영지로, 이후에는 식민지로 전락했습니다.

16세기 초부터 근 400년에 걸쳐 오스트리아의 영향권 아래 있던 중, 1914년에 제1차 세계대전이 시작되었습니다. 결국 이 전쟁은 1918년 독일과 오스트리아의 패망으로 끝났고, 오스트리아의 지배를 받던 나라들이 차례차례 독립할 때 전 세계에 퍼져 있던 민족주의, 민족자결주의의 영향으로 서슬라브족이 다시 모여 체코슬로바키아를 건국하였습니다.

1918년에 건국된 체코슬로바키아는 약 20년 동안 문화와 예술, 상업과 공업, 농업이 두루 발달하는 균형 잡힌 나라로 성장해 나갔지만, 또 다른 전쟁, 제2차 세계대전이 그 발목을 잡았습니다. 체코슬로바키아 역시 다른 유럽의 나라들과 마찬가지로 7년 동안 나치의 침략을 받으며 엄청난 피해를 입었습니다. 다행히 제2차 세계대전이 독일의 패망으로 끝나서 1945년 다시 해방되었지만, 체코슬로바키아를 기다리고 있었던 것은 공산당 쿠데타였습니다. 1948년 2월에 시작된 공산당 일당 독재 체제는 42년 동안 체코슬로바키아를 좀먹었습니다. 1968년, 민주·자유화 노선을 지향하는 '프라하의 봄'이 시도되었지만 실패로 끝났고, 체코슬로바키아 국민들은 그 뒤로 20년을 힘들게 보냈습니다. 결국 프라하의 봄은 20년 뒤인 1989년 벨벳 혁명으로 열매를 맺어 체코슬로바키아는 1989년 12월, 민주 국가가 되었습니다.

민주화된 체코슬로바키아에는 한 가지 숙제가 더 있었습니다. 바로 체코와 슬로바키아 사이의 내부 문제였습니다. 1918년, 체코와 슬로바키아가 통합된 나라를 만든 가장 큰 이유는 서로 같은 민족이라는 것 때문이었습니다. 하지만 체코 지역과 슬로바키아 지역은 경제적으로도, 문화적으로도 차이점이 많았습니다. 결국 이 차이점을 해소하지 못한 두 나라는 1993년 1월 1일 자로 평화적으로 갈라서서 독자 노선을 걷기 시작했고, 이때 현재의 체코 공화국이 탄생하였습니다.

체코 역사 연대표

6세기	이전까지 게르만족과 켈트족이 살던 곳에 슬라브족이 대거 유입됨
7세기 중엽	사모의 고대 왕국이 보헤미아와 모라비아, 슬로바키아 일부 지역에 형성됨
9세기 초~10세기 초	모라비아 공국이 대공국으로 발전(888년부터 894년까지는 보헤미아의 영토도 관할했음)
880년경	프르제미슬 왕조의 보르지보이 공작이 모라비아의 주교 메토디우스에게 세례를 받고 프라하로 영지를 옮김
921~935년	성 바츨라프 공작의 재위 기간
1212년	신성로마제국의 황제가 발효한 시실리 칙령을 통해 보헤미아 군주를 왕의 작위에 봉하고 왕위 세습을 허가해 줌. 보헤미아 공국에서 보헤미아 왕국으로 발전
1346년	카를 4세가 왕위에 오르며 신성로마제국의 황제로 선출되었고, 프라하는 제국의 수도로 지정됨
1419~1434년	후스 전쟁 발발
1526년	보헤미아 왕국의 왕위가 오스트리아 합스부르크 가문에 승계됨
1576~1612년	합스부르크의 루돌프 2세가 재위하며 프라하는 다시 신성로마제국의 수도가 됨
1663~1664년	오스만튀르크와 타타르의 침입으로 모라비아 지역이 큰 인적·물적 피해를 입음
1741년	오스트리아 왕위 계승 전쟁으로 프라하가 주변국의 공격을 받음
1741~1780년	마리아 테레지아의 재위 기간으로, 공적인 언어로 독일어만 사용하게 제한하고, 근대화 사업을 실시
1804년	프란츠 2세의 재위기. 신성로마제국이 해체되고, 모든 영토가 오스트리아의 식민지로 귀속됨
1848년	프랑스 대혁명의 여파로 보헤미아, 모라비아, 실레지아, 슬로바키아에 민족 문화 부흥 운동이 시작됨
1867년	전 영토가 오스트리아-헝가리 연합 제국의 식민지로 귀속
1918년 10월 28일	제1차 세계대전 종전 후 체코슬로바키아 공화국의 독립이 선포됨
1918년~1939년	체코슬로바키아 공화국
1939년~1945년	제2차 세계대전. 나치 강점 기간
1948년	공산당 쿠데타 발발. 공산 정권 시작
1968년	프라하의 봄
1989년	벨벳혁명
1993년	체코와 슬로바키아의 분리. 체코 공화국이 됨

(참고) 보헤미아의 주요 군주 연표

프르제미슬 가문
보르지보이 1세(870~888/9)
브라티슬라프 1세(915~921)
바츨라프 1세(성 바츨라프)(921~935)
브라티슬라프 2세(1061~1092)
소베슬라프 1세(1125~1140)
오타카르 1세(1192~1230)

룩셈부르스키 가문
카렐 4세(카를 4세)(1346~1378)
바츨라프 4세(1378~1419)
지그문트(1419~1437)

기타 가문
포데브라디 이르지(1457~1471)
폴란드 야겔론 가문의 블라디슬라프 2세(1471~1516)

페르디난트 1세(1526~1564)
막시밀리안 2세(1564~1576)
루돌프 2세(1576~1612)
마티아스(1612~1619)
페르디난트 2세(1619~1637)
페르디난트 3세(1637~1657)
페르디난트 4세(1646~1654)
레오폴트 1세(1657~1705)
프란츠 1세(1745~1765)/마리아 테레지아(1740~1780)
요제프 2세(1780~1790)
레오폴트 2세(1790~1792)
프란츠 2세(1792~1835)
프란츠 요제프 1세(1848~1916)

체코어의 발음과 표기법

체코어는 슬라브 어족에 속하는데, 원래 슬라브 어족의 언어는 키릴 문자를 사용합니다. 하지만 체코는 로만 가톨릭의 영향으로 로마자를 알파벳으로 사용합니다. 따라서 실세 발음과 표기 사이에 괴리가 생기는데, 이 문제를 해결하기 위해 만든 것이 알파벳 위에 첨자를 넣은 형태입니다. 다음의 체코어 알파벳과 해당 발음을 참고하여 지명 등을 읽는 방법을 익혀 보세요.

알파벳	알파벳 읽기	발음에 따른 한글 표기		알파벳	알파벳 읽기	발음에 따른 한글 표기	
		모음 앞	자음 앞·어말			모음 앞	자음 앞·어말
a á	아	아		r	에르	ㄹ	르
b	베	ㅂ	ㅂ, 브, 프	s	에스	ㅅ	스
c	쩨	ㅊ	츠	t	떼	ㅌ	트
d	데	ㄷ	드, 트	u ú ů	우	우	
e é	에	에		v	베	ㅂ	브, 프
f	에프	ㅍ	프	w	드보이떼 베	ㅂ	브, 프
g	게	ㄱ	ㄱ, 그, 크	x	익스	ㄳ ㅈ	ㄱ, 스
h	하	ㅎ	흐	y ý	입실론	이	
ch	하(유성음)	ㅎ	흐	z	젯	ㅈ	즈, 스
i í	이	이					
j	예	이*		č	췌	ㅊ	치
k	까	ㅋ	ㄱ, 크	ď(대문자 Ď)	데	디*	디, 티
l	엘	ㄹ, ㄹㄹ	ㄹ	ě	예	예(표기는 에)	
m	엠	ㅁ	ㅁ, 므	ň	엔느	니*	ㄴ
n	엔	ㄴ	ㄴ	ř	에르즈	ㄹㅈ	르주, 르슈, 르시
o ó	오	오		š	에쉬	시*	슈, 시
p	뻬	ㅍ	ㅂ, 프	ť(대문자 Ť)	떼	티*	티
q	끄베	ㅋㅂ(qu)	–(qu)	ž	쥇	ㅈ	주, 슈, 시

※Ž와 같이 문자 위에 쐐기 기호가 있으면 이중모음으로, Á와 같이 문자 위에 사선이 있으면 장음으로 발음됩니다.

*표시한 것은 뒤따르는 모음과 결합할 때 합쳐서 1음절로 적습니다.

※일러두기

1. 이 책에 실린 고유명사는 일부를 제외하고 표준 외래어 표기법을 따랐습니다. 따라서 실제 체코어 발음과 차이가 있을 수 있습니다.

2. 여러 나라의 역사에 걸쳐 등장하는 인물명, 지명 등은 출신지 언어를 바탕으로 표기하되, 더 일반적으로 불리는 이름이 있는 경우 일반적인 표현을 따랐습니다.

공화국 광장은 프라하에서 가장 아름다운 건축물 중 하나인
오베츠니 둠을 비롯하여 대형 쇼핑센터와 은행들이 자리 잡고 있는 광장입니다.
많은 프라하 가이드 투어의 시작점이 되곤 하는 이곳에서
프라하 스토리 여행을 떠나보겠습니다.

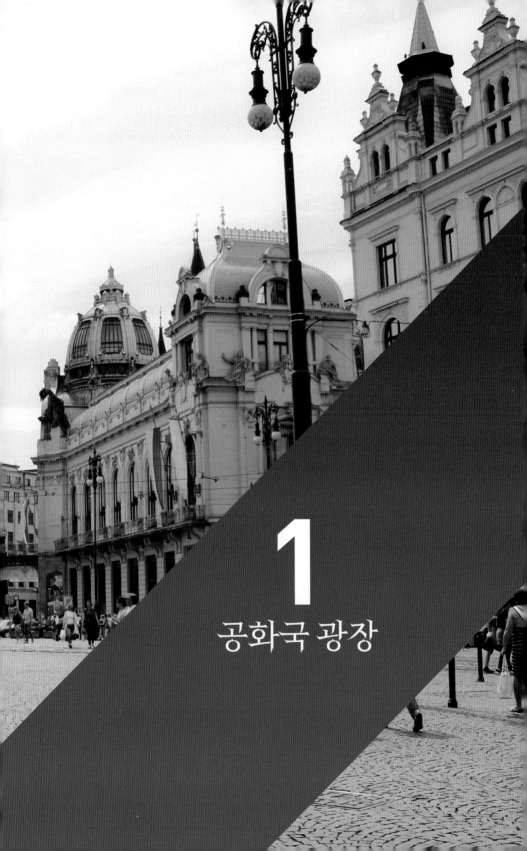

1
공화국 광장

1

오베츠니 둠(시민회관)

Municipal House
Obecni Dům

공화국 광장(체코어로 나메스티 레푸블리키$^{Náměstí\ Republiky}$)에 섰을 때 시선이 가장 먼지 가는 곳은 뭐니 뭐니 해도 유려한 선이 청동색 곡선 지붕으로부터 내려오는, 프라하에서 가장 아름다운 건축물 중 하나이자 역사적으로 굵직한 사건들이 일어났던 장소인 오베츠니 둠(시민회관)◆일 것입니다.

오베츠니 둠은 1905년에 착공하여 1912년에 완성된 건물로, 그 완성 시기부터 따져도 나이가 100년이 조금 넘는, 프라하에 있는 건물 중에서는 비교적 "어린" 건물 축에 속합니다. 그 터에 오랫동안 서 있던 중요한 건물을 철거하고 근대에 지어진 건물이지요. 여기에 어떤 건물이 있었는지 알기 위해서는 오래 전으로 거슬러 올라가야 합니다.

12세기 이전의 유럽에선 지방 귀족들이 넓은 장원과 막강한 자금력으로 많은 기사와 사병을 거느리던 것과 달리 중앙의 왕들은 그다지 넓지 않은 봉토에서 나오는 세금과 지방 귀족들이 명목상 바치는 세금으로 살아가고 있었습니다. 농업 중심의 사회였기 때문에 경작지가 없는 도시보다는 넓은 평야의 장원을 소유한 지방이 부유했고, 따라서 지방 귀족이 오히려 왕보다 더 큰 권력을 가지고 있는 경우도 허다했지요. 그러다가 십자군 원정으로 대표되는 해외 원정을 통해, 그리고 해외 원정으로 인해 유입된 사치품들을 교역하면서 자연스럽게 무역이 활성화되었고, 마침내 13세기 무렵에 중앙의 왕들에게 활로가 열렸습니다.

◆ 오베츠니 둠은 많은 책자에서 시민회관으로 소개하고 있지만, 사실 직역을 하면 '프라하 공공의 집'(Obecní는 '공공의', dům은 '건물·가옥'을 뜻함)에 가깝습니다. 공공의 집이라는 개념이 우리에게는 생소하다 보니 익숙한 개념인 '시민의 집'에서 '시민회관'으로까지 알려지지 않았나 추측합니다.

무역상에게는 안전하게 물건을 사고팔 수 있으면서 물건을 살 사람들이 많은 곳이 필요했습니다. 그리고 이런 조건에 부합하는 곳은 시골의 넓은 장원이 아닌 많은 사람들이 모여 사는 '도시'였습니다. 도시를 소유하고 있던 왕들은 무역상들을 자신의 도시에 적극적으로 끌어들였습니다. 무역상들에게 통행세, 무역세를 징수하는 대신, 그들이 상행위를 하는 데 불편함이 없도록 모든 여건을 마련해 준 것입니다. 이 과정에서 왕에게 몰린 많은 재화들은 향후 국왕을 중심으로 하는 중앙집권제가 태어나는 데 큰 역할을 합니다.

바츨라프 4세Václav IV의 재위 기간(1378~1419년)이 이 시기와 맞물립니다. 그의 아버지 카렐 4세Karel IV(카를 4세)가 기반을 닦아 놓은 프라하를 더욱더 효과적인 무역 도시로 탈바꿈시키고 싶었던 바츨라프 4세는 도시를 둘러싸고 있던 성벽◆에 자신의 거주궁(크랄로베 드부르Králové Dvur, 직역하면 '왕의 정원')을 지었습니다. 보통 군주들의 궁전은 보안상의 이유로 도시의 가장 중앙에 있으며, 여러 단계의 관문을 거쳐야만 접근할 수 있지만, 바츨라프 4세의 궁전은 도시에서도 보안에 가장 취약한 외곽 성벽에 지어 역설적으로 프라하라는 도시는 왕이 외곽 성벽에 살아도 될 정도로 치안과 방비가 잘 된 도시라는 인식을 심어주기 위해서입니다. 치안이 좋은 도시가 교역처로 각광 받던 당시의 상황을 생각한다면 참으로 영민한 정책이 아닐 수 없습니다.

하지만 이렇게 만들어진 왕의 정원도 왕의 주(主) 거주궁은 아니었습니다. 실제로는 프라하성이 이미 왕궁의 기능을 할 정도로 축조가 되어 있었기 때문에 바츨라프 4세를 비롯한 이후의 왕들은 필요에 따라 프라하성 내의 구왕궁

◆14세기경에는 오베츠니 둠 양 끝의 연장선에 프라하의 구시가지를 둘러싸는 성벽이 있었습니다.

과 이곳 왕의 정원을 오가며 머물렀습니다.

　그렇게 1세기 동안 왕족의 주거궁 역할을 하던 왕의 정원은 15세기 블라디슬라프 왕Vladislav Jagellonský이 프라하성으로 아예 거주지를 옮기면서 왕궁의 역할을 잃습니다. 그리고 16세기 보헤미아 왕국의 왕좌가 합스부르크 가문에 계승되었을 때, 오스트리아 합스부르크 가문은 이미 그들의 본거지인 오스트리아 빈Wien에 그들의 거주궁과 통치 장소를 갖추고 있었기에 더 이상 왕의 정원은 중요한 건물이 아니었습니다.

　블라디슬라프 왕이 프라하성으로 거처를 옮긴 이후 한 세기 이상 방치되어 있던 왕의 정원은 합스부르크 가문에 의해 추기경에게 매각되었습니다. 왕의 정원을 매입한 추기경은 이곳을 신학대학으로 사용했고, 부속 건물로 예배당까지 붙였습니다. 그리고 오스트리아가 주변 국가와 산발적으로 전쟁을 벌이기 시작한 17세기 중엽에 이르러서는, 오스트리아가 다시 이 건물을 매입해 군대의 병영으로 사용하기까지 했죠. 건물이 입은 피해는 상상하기 어려울 정도였을 것입니다.

　19세기 중반, 프라하 시민들은 왕의 정원을 '도시 미관을 해치는 폐허'로 인식했습니다. 많은 논의를 거친 끝에 프라하시 주도로 건물은 모두 철거되었고, 그렇게 만들어진 큰 부지에 어떤 건물을 지어야 하는지에 대한 논의가 이루어졌습니다. 그리고 1905년 착공된 건물이 바로 오베츠니 둠입니다.

　오베츠니 둠을 착공한 19세기 말~20세기 초의 보헤미아와 모라비아에는 1848년 프랑스 대혁명에서부터 촉발되어 전 유럽으로 퍼져나갔던 민족주의 열풍이 강하게 불고 있었습니다. 이 시기에 프란티셰크 팔라츠키František Palacký를 필두로 한 역사학자들과 작가들은 오랜 오스트리아의 지배하에서 만들어진 왜곡된 보헤미아와 모라비아의 역사를 재정립하고 그들의 생활을 담아낸 작품들을 써내는가 하면, 스메타나와 드보르자크 등의 음악가들은 게르만계 일변이었던 음악계에 민족의 가락을 한껏 담아낸 곡을 연달아 발표하면서 민족주의를 고양하였습니다.

이런 움직임에 발맞춰 프라하 시의회는 왕궁을 허물고 만들어진 넓은 부지에 당시의 유행과 최신 기법을 반영한 공공건물을 짓기로 하고 디자인 공모를 하였습니다. 내로라하는 건축가들이 모여들었고, 총 3명이 공동 당선되어 설계를 시작했습니다. 1905년에 착공된 오베츠니 둠 공사는 1912년에 마무리되었는데, 초기 예산의 두 배의 비용이 들었다고 합니다.

사실 이 자리에 오베츠니 둠을 건축한 결정적인 이유는 현재 나 프르지코페^{Na Příkopě} 거리의 슬로반스키 둠^{Slovanský dům}이라고 불리던 독일인을 위한 공간 때문이었습니다. 당시 이곳은 프라하에 사는 독일계의 문화 활동이 이루어지던 곳이었고, 독일인 전용 카지노까지 보유하고 있었기에, 맞은편의 더 좋은 자리에 체코인을 위한 건물을 지음으로써 민족의식을 고취하고자 했던 것입니다.

이렇게 지어진 오베츠니 둠은 전시회장, 갤러리, 공연장, 레스토랑 및 카페 등을 한 공간에 망라해 낸 문화 중심지로 발전하며 보헤미아 사람들의 민족정신을 함양하는 데 지대한 공헌을 하였습니다. 1918년 10월 28일, 오베츠니 둠 발코니에서는 체코슬로바키아의 독립선언문이 낭독되었고, 그 이후 오베츠니 둠 앞의 광장은 체코슬로바키아 공화국의 탄생을 축하하는 의미에서 '공화국 광장'이라고 불리게 됩니다.

민족 문화 부흥 운동의 일환으로 지어진 오베츠니 둠의 특징이 명백하게 나타난 곳이 발코니 위쪽 꼭대기에 있는 모자이크화와 그 주변입니다. 모자이크화의 제목은 '프라하의 신격화'이며, 양쪽에 위치한 조각상의 제목은 각각 '나라의 수치(왼쪽, 고개를 숙이고 있는 모습)'와 '나라의 부활'(오른쪽, 독수리를 팔에

발코니 뒤의 모자이크화

나라의 수치(모자이크 왼쪽)

나라의 부활(모자이크 오른쪽)

자연을 테마로 난간이 장식된 오베츠니 둠 중앙 발코니

오베츠니 둠 1층 오른쪽의 식당

앉힌 모습)입니다. 이는 프라하를 격상함으로써 합스부르크의 지배를 받았던 나라의 수치스러웠던 과거를 딛고, 역사 깊은 보헤미아의 슬라브족 국가를 부활시키겠다는 의지를 드러낸 것으로 이해할 수 있겠습니다.

앞서, 오베츠니 둠을 짓기 위한 디자인 공모를 할 때 당시의 유행과 최신 기법을 반영한 최신식 편의 시설을 갖추기로 했다는 이야기를 했습니다. 오베츠니 둠에는 어떤 최신 기법이 도입되었을까요? 이는 오베츠니 둠의 발코니를 눈여겨보면 알 수 있습니다.

오베츠니 둠 정문 위쪽에 있는 반원형의 중앙 발코니(독립선언문이 낭독된 장소)와 양옆으로 건물 벽을 따라 나 있는 발코니의 난간 장식을 보면 대부분이 나무 넝쿨과 고사리 줄기, 당초 모양이라는 것을 알 수 있는데, 이런 장식은 자연을 테마로 삼아 많은 것을 표현하던 그리스 이오니아 지역의 장식들과 닮아 있습니다.

오베츠니 둠을 수식하는 말로 '아르누보art nouveau 양식의 진수'라는 말이 있습니다. '아르누보'는 '새로운 예술'이라는 뜻으로, 19세기 초에 산업혁명을 거치면서 기계화, 단순화된 예술 사조의 부흥을 꾀하고자 시작된 운동입니다.

아르누보 양식은 탐미주의와 자연주의라는 두 단어로 함축할 수 있습니다. 기계로는 표현할 수 없는 자연의 아름다움을 장인의 손길을 빌어 미려한 곡선과 굽이치는 면으로 표현하는 양식이라고 이해하면 생소한 외래 용어가 주는 혼란을 줄일 수 있지 않을까 합니다.

오베츠니 둠의 정문을 통해 내부로 들어가면, 정면의 유리문 외에도 양옆으로 입구가 하나씩 있습니다. 오른쪽에는 프랑스 요리를 주요리로 하는 식당이,

왼쪽에는 디저트와 음료를 파는 카페가 있는데, 오른쪽의 식당을 보면 거의 눈높이까지 나무 판넬이 내부의 벽을 덮고 있는 것을 알 수 있습니다. 이것은 중세부터 근대까지 이어진 중부 유럽의 보편적인 인테리어 방식입니다. 반면, 왼쪽의 카페는 벽면의 상당 부분이 타일로 되어 있습니다.

앞서도 잠깐 언급하였듯이 아르누보 양식의 예술에서 주로 사용되었던 자연 요소들은 사실 이미 오래전 그리스 이오니아 지역에서 사용되었던 것입니다. 우리가 익히 알고 있는 그리스 건축은 대부분 대리석으로 이루어져 있습니다. 질 좋은 대리석을 구하기가 쉬웠기 때문입니다. 하지만 중부 유럽에서는 대리석이 잘 나오지 않습니다. 그러다 보니 비슷한 느낌을 내고자 고안한 것이 바로 '타일'입니다. 중부 유럽에서 나오는 자재를 가공하여 최대한 대리석 느낌이 나게 한 것이죠. 이러한 인테리어는 나 포르지치^{Na poříčí} 거리에 있는 5성 호텔 임페리얼 호텔^{Imperial Hotel} 내 카페에서도 볼 수 있습니다. 하지만 임페리얼 호텔의 카페와 오베츠니 둠의 카페는 큰 차이점이 있죠. 바로 임페리얼 카페는 2009년에 다시 지어졌고 오베츠니 둠의 카페는 100년이 넘었다는 점입니다.

사실 건축에 있어서의 아르누보는 그리 수명이 길지 않았습니다. 아르누보 건축은 인위적인 느낌을 배재한 자연 요소들을 최대한 구현하고자 하는 과정에서, 건축물로서 기본적으로 가져야 할 견고성이 좋지 않다는 단점이 있었습니다. 그래서 아르누보 양식은 1910년대에 이르러 그 수명이 다하면서 건물의 인테리어나 외관 장식에만 사용되었습니다.

이 아르누보 양식이 프라하에 유행한 기간이 정확하게 오베츠니 둠의 건축 시기와 일치합니다. 이 이후에 지은 건물들은 아르누보 양식을 장식으로만 채용하였기에, 구조부터 인테리어까지 모두 아르누보 양식으로 지어진 오베츠니 둠을 프라하 아르누보 양식의 정수라고 부르는 것입니다.

오베츠니 둠 1층 왼쪽의 카페

아르누보 양식이 적용된 오베츠니 둠 내부

스메타나 홀

아메리칸 바

시장의 방에 그려진 알폰스 무하의 그림

오베츠니 둠 안에는 총 1,200석 규모의 대형 음악당이 있습니다. 19세기 중반에 민족주의 성향을 가진 곡들을 많이 발표했던 스메타나의 이름을 따서 '스메타나 홀'이라고 불리는 이 공연장은 프라하에 봄이 왔음을 알리는 프라하의 봄 국제음악축제*의 개막 공연이 열리는 장소이기도 합니다.

스메타나 홀을 비롯하여 많은 방과 연회홀, 그리고 지하의 아메리칸 바 등, 아르누보 양식의 요소요소들이 곳곳에 숨어 있는 오베츠니 둠 내부는 콘서트를 관람하지 않는 한 그냥 들어갈 수 없습니다. 대신 매일 정해진 시간에 내부 투어를 제공하는 프로그램이 있으니 건축, 그것도 실내 인테리어에 관심이 있으신 분이라면 이런 방법을 통해 내부 입장을 해보시길 권합니다. 곳곳에 숨어 있는 아르누보의 대가, 알폰스 무하('성 비투스 대성당' 편 375쪽 참조)의 작품을 찾는 것도 잊지 마십시오.

◆프라하의 봄 국제음악축제 : 체코 필하모닉 오케스트라 창단 50주년을 기념하기 위해 시작된 세계인들의 사랑을 받는 국제음악축제로, 특히 개막식과 폐막식 연주회가 유명합니다. 개막식은 체코가 낳은 민족 음악가 스메타나를 기념하기 위해 그의 서거일인 5월 12일에 개최되고, 그의 작품 〈나의 조국〉을 연주하는 것을 시작으로 3주간 프라하 전역에서 많은 공연들이 열립니다. 폐막곡은 베토벤의 교향곡 9번 〈합창〉을 연주하는 것으로 그 축제의 막을 내립니다.

2 / 화약탑

Powder Tower
Prašná Brána

오베츠니 둠을 정면으로 바라보다 왼쪽으로 시선을 돌리면 오베츠니 둠 2층과 아치형의 통로로 연결된 까만 탑 히니가 보입니다. 오랜 세월 이 자리를 굳건히 지켜왔을 이 고딕 양식의 탑은 '화약문' 혹은 '화약탑'(프라즈나 브라나^{prašná} ^{brána})으로 불립니다.

'화약탑'이라는 이름으로만 미루어 짐작하면 이 탑을 화약을 만들기 위해, 혹은 화약을 보관하기 위해 지었을 것으로 생각하기 쉽지만, 실상은 그렇지 않습니다.

이해를 돕기 위해 약 500년 전의 한양을 떠올려 봅시다. 당시의 한양 도성은 성벽으로 둘러싸여 있었습니다. 여기에 4개의 대문과 4개의 소문, 총 8개의 관문을 두어 도성을 드나드는 사람의 인적 사항을 조사하고 신분이 불분명한 사람의 출입을 막아, 도성 내부의 치안을 유지하는 역할을 하도록 했는데, 프라하도 마찬가지였습니다.

현재는 사라져서 보이지 않지만 오베츠니 둠에서 화약탑을 지나, 체코국립은행 부지를 통과하는 길에는 프라하의 구시가지를 둘러싸는 성벽이 있었습니다(30쪽 사진 참조). 이 성벽에는 총 13개의 탑이 군데군데 배치되어 우리의 4대문, 4소문과 같은 관문 역할을 하고 있었죠. 하지만 인구의 증가와 도시의 확장으로 이전에 있던 성벽은 허물 수밖에 없었고, 덩달아 성벽에 붙어 있던 관문들도 철거되었습니다. 이 과정에서 상대적으로 덜 중요했던 10개의 탑이 허물어졌고, 현재는 화약탑을 비롯해 총 3개의 탑만 남아 있는데, 남은 3개의 탑 중 이 화약탑이 그 기능이나 역사적인 의의가 가장 큰 탑이라 할 수 있습니다.

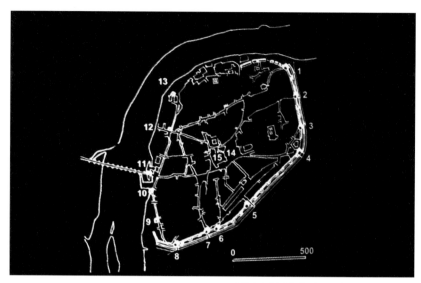

13개의 탑이 배치되어 있는 성벽 지도(화약탑은 4번에 해당함)

시계를 달아서 쓰던 화약탑의 모습(당시의 사진 자료와 프라하시 박물관에 있는 모형)

◆대관식 행렬 : 보헤미아 왕국의 새로운 왕이 등극할 때, 백성들에게 그 면면을 소개하고 권위를 과시하기 위해 도시 전체를 돌며 프라하성까지 이동했던 왕의 행렬을 말합니다. 행렬이 지나갔던 소위 '왕의 길(royal route)'은 왕의 정원(현재의 오베츠니 둠) - 화약탑 - 첼레트나 거리 - 구시가지 광장 - 카를교 - 말라 스트라나 - 네루도바 거리 - 흐라드차니 - 프라하성으로 이어지며, 성 비투스 성당에서 대관식을 가지면서 끝이 납니다.

화약탑은 보헤미아 왕가의 대관식 행렬*이 프라하 구시가지로 진입할 때 처음으로 통과하게 되는 관문이었습니다. 이 화약탑이 남겨진 가장 중요한 이유죠. 옆에 있는 오베츠니 둠 터에 있던 '왕의 정원'과 비슷한 역사를 가진 화약탑이 세워진 연도는 정확하지 않습니다. 프라하 전체에 성벽이 대거 증축된 것이 13세기경이므로 13세기 후반에 건축된 것으로 추정하는데, 점차 관리가 소홀해져 16세기경에는 '누더기 관문'이라고까지 불렸습니다.

왕의 정원이 오스트리아 군대의 막사로 쓰이던 때에 그 옆에 있던 탑은 무기를 보관하기 좋았습니다. 이 탑은 그때부터 화약탑이라고 불리기 시작했고, 지금까지도 그렇게 부르는 것입니다. 왕가의 대관식 행렬의 주요 관문 역할을 하던 탑이 화약을 보관하는 창고로 쓰였다는 것은 수모가 아닐 수 없습니다.

그런데 이런 수모는 거기서 끝나지 않았습니다. 18세기 중엽 프라하까지 침공해 들어온 프러시아(프로이센)의 공격으로 화약탑은 상당한 손상을 입게 되었습니다. 벽은 허물어지고, 지붕은 날아가는 등 이전에 누더기 관문이라고 불리던 것이 오히려 찬사처럼 느껴질 정도로 탑 전체적으로 피해가 너무 컸습니다.

시의회에서는 전쟁이 끝나자마자 화약탑을 철거할 계획이었습니다. 하지만 탑에 시계를 달아서 공공의 편의를 도모하며 역사적 의의를 이어가자는 쪽으로 의견이 모아져 철거 계획은 중단되었고, 1860년부터 1878년까지 장장 19년 동안의 복원을 거쳐 전 세계 관광객들이 현재 보고 있는 모습으로 남게 되었습니다. 복원, 개축된 지 120년이 되었군요.

도시의 중요 문화재인 화약탑에는 성 바츨라프를 비롯한 보헤미아 군주들, 그리고 체코 출신의 성인들과 더불어 건축가의 모습 등이 숨어 있습니다. 오베츠니 둠과 맞닿아 있는 아치의 오른쪽을 보면 조각상이 하나 있는데, 이는 15

마테이와 동판의 위치　　　　　　　　　　　　　건축가 마테이

세기 후반에 관문 역할을 하던 화약탑을 왕의 정원과 연결하여 재설계한 마테이 레이세크^{Matěj Rejsek}라는 건축가로, 자신이 만들어 놓은 화약탑을 오베츠니 둠에 서서 바라보고 있는 모습으로 묘사되어 있습니다. 그리고 그 아래로는 체코슬로바키아 독립 10주년인 1928년 10월 28일에 만들어진 기념 동판이 있습니다.

화약탑 이야기를 끝내기 전에 한국에 잘못 알려져 있는 사실을 바로잡을 필요가 있습니다. 일부 책자에는 이 화약탑에 연금술사의 작업실이 있었다고 언급하는데, 이는 역사적으로 증명된 바가 없는 사실입니다. 아마도 이는 실제로 연금술사들에게 임대되었던 장소인 프라하성 내부에 있는 화약탑과 혼동한 것이 아닌가 생각됩니다. 한국어로 구시가지에 있는 화약탑이나, 프라하성 내부에 있는 화약탑 모두 화약탑이라고 불리지만 프라하성에 있는 화약탑은 체코어로 미훌카^{Mihulka}라고 부릅니다.

마지막으로 프라하를 여행하는 동안 프라하 곳곳에 널려 있어서, 한번 눈에 들어오기 시작하면 계속 찾을 수 있는 문양에 대해 알려드리겠습니다. 화약탑의 차도와 인도에 있는 아치의 첨두 부분을 자세히 보면, 방패 모양의 틀에, 탑 3개가 성곽 위에 서 있는 문양을 볼 수 있습니다. 이것은 바로 프라하시를 상징하는 문양으로, 문맹률이 높던 중세부터 시의 상징물로 사용되어 현재까지도 건물 외벽에서, 쓰레기통에서, 심지어는 맨홀 뚜껑에서도 볼 수 있을 정도로 널리 사용되고 있습니다.

여담이지만 우리나라 도시들의 로고는 너무 자주 바뀌는 것 같습니다. 프라하의 문양이 도시 곳곳에 있는 것이 대단한 문화유산은 아니지만, 이러한 소소한 것부터 지켜내는 이들에게서 배울 것이 분명히 있다는 생각을 합니다.

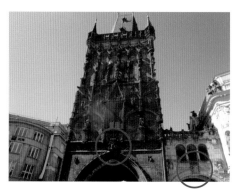

프라하시 상징 문양 위치

프라하시 상징 문양이 새겨진 맨홀 뚜껑

3 / 체코국립은행 & 히베르니아 극장

Czech National Bank & Hybernia Theatre
Česká Národní Banka & Divadlo Hybernia

오베츠니 둠과 화약탑 맞은편에는 우리나라의 한국은행과 같이 체코의 통화를 생산하고 금융 시장을 관리하는 체코국립은행이 있습니다. 원래 여기에는 여러 호텔과 1900년에 세워진 지브노스텐스카 은행^{Živnostenská banka}이 있었는데, 전체 부지와 건물을 매입한 체코슬로바키아 정부는 1935년부터 1942년까지 7년간에 걸친 공사로 이곳에 국립은행을 만들었습니다.

　1945년 5월 8일 유럽의 2차 대전이 종식되면서 체코슬로바키아는 독립을 맞았지만, 소련의 주도하에 이루어진 전후 처리 과정에서 1948년 공산당 일당 독재 체제가 들어섰습니다. 그리고 1950년부터 공산화된 체코슬로바키아의 통화가 이 건물에서 발행 및 배포되었습니다.

　공화국 광장에서 바라보는 체코국립은행의 외관은 투박하기 그지없습니다만, 건물에 나 있는 통로를 통과하면 볼 수 있는 은행의 뒷면은 그 옛날 고풍스

체코국립은행의 고풍스러운 뒷면

러운 호텔의 외관을 그대로 가지고 있습니다. 이 건물은 한때 줌 슈바르첸 로스 Zum Schwarzen Ross 호텔이었습니다. 이 당시에 지어진 건물들은 내구성이 상당히 좋았기에 건물이 지어진 때로부터 반세기가 훌쩍 넘은 지금까지도 건물 내·외부 모두 별다른 보수 작업이 필요하지 않다고 합니다.

체코국립은행 모서리에 붙어 있는 쇼팽 기념 부조

이 건물과 맞닿아 있는 서쪽 도로의 모서리(은행을 정면으로 바라보았을 때 왼쪽 끝)에는 쇼팽을 기리는 기념 부조가 붙어 있습니다. 건강이 좋지 않았던 쇼팽은 폴란드에서 가까운 체코 땅으로 온천 휴양을 자주 왔으며, 연주 여행 중에도 프라하를 거쳐 빈과 파리, 폴란드 등을 오갔습니다. 쇼팽이 프라하를 방문했던 1829년, 그는 화약탑이 마주 보이는 이 호텔에 머물렀고, 이곳에서 니콜로 파가니니 Niccolo Paganini 와 리하르트 바그너 Wilhelm Richard Wagner 등 많은 음악인을 만나는 기회를 가졌습니다. 이 부조는 그때 프라하를 방문한 쇼팽을 기리는 의미로 만들어졌습니다.

오베츠니 둠 맞은편에 보이는 또 하나의 눈에 띄는 건물은 히베르니아 Hybernia 입니다. 콘서트와 뮤지컬 현수막이 늘 걸려 있어 그 용도를 쉽게 짐작할 수 있는 건물이기도 합니다. 이 건물은 예상하셨듯이 공연장입니다. 건축 당시부터 공연장 용도로 지은 것은 아니지만, 현재 프라하에 있는 공연장 중 콘서트 홀로서는 비교적 현대적인 설비를 갖추고 있는 곳입니다.

신성로마제국의 황제이자 보헤미아 왕국의 국왕이었던 카렐 4세(카를 4세)의 주도하에 신시가지가 만들어진 14세기 이전에는 베네딕트 수도회Benedictine Order가 관리하던 암브로시아 성당Kostel svatého Ambrože이 이곳에 자리 잡고 있었습니다. 거의 4세기 동안 베네딕트 수도회 소유였던 이 성당은 17세기에 이르러 주인이 바뀌었습니다.

유럽을 뒤흔든 30년 전쟁*이 한창이던 1630년, 영국 여왕 엘리자베스는 자신에게 반기를 들었던 아일랜드의 프란체스코 수도회Franciscan Order를 강제 추방하였고, 프란체스코 수도회는 중부 유럽을 떠돌다가 당시의 보헤미아와 헝가리의 군주이자 신성로마제국의 황제였던 페르디난트 2세Ferdinand II의 초청으로 프라하로 이주하였습니다.

페르디난트 2세는 그들에게 베네딕트 수도원이 있던 자리를 내어주었습니다. 아일랜드 출신의 수도회가 이곳에 머물게 되면서 이 건물의 이름은 아일랜드인의 집, 즉 Dům U Hybernů(아일랜드는 라틴어로 '히베르니아'이다)라 불렀습니다.

1641년, 프란체스코 수도회는 암브로시아 성당을 허물고 프란체스코 수도원과 더불어 '무결한 성모마리아 수태 교회Kostel Neposkvrněného početí Panny Marie'를 지었으며, 1672년에는 교회에 첨탑을 건설하고 1701년에는 수도원 도서관도 지었습니다.

도서관이 세워진 지 반 세기가 지난 1756년, 유럽에는 큰 전쟁이 벌어졌습

◆30년 전쟁 : 1618~1648년 신교(프로테스탄트)와 구교(가톨릭) 간에 벌어진, 전 유럽의 거의 모든 국가가 참전했던 종교 전쟁으로, 보헤미아의 신교도가 합스부르크가의 왕(페르디난트 2세)이 취한 구교도 정책에 대해 반란을 일으킨 것이 계기가 되었습니다. 이 전쟁에 대해서는 프라하성의 '구왕궁' 편(416쪽)에서 자세히 다루어집니다.

니다. 오랫동안 유럽 대륙에는 여자가 왕위에 오를 수 없다는 불문율이 있었는데, 오스트리아의 마리아 테레지아 여제가 왕위에 오르면서 유럽 각국이 문제를 제기했습니다. 이 불화는 곧이어 '오스트리아 왕위 계승 전쟁'으로 커져 나갔는데, 결국 오스트리아는 영토의 상당 부분을 프러시아(프로이센)에게 양도해야 했습니다. 이후 1756년, 오스트리아는 프러시아에게 빼앗긴 영토를 수복하기 위해 전쟁을 벌였고, 살얼음판같이 위태한 외교 관계를 맺고 있던 유럽의 강대국들이 너 나 할 것 없이 이 전쟁에 뛰어들어 7년이나 싸웠습니다.

속칭 '7년 전쟁'이라 불리는 이 전쟁에서 프러시아나 오스트리아가 가장 중요하게 생각한 전략적인 거점 도시가 바로 프라하였고, 이때 프라하는 30년 전쟁 때 입었던 피해와 거의 비슷한 규모의 피해를 입었습니다.

프러시아와의 전쟁◆ 후 기하급수적으로 늘어난 병사들을 수용할 공간이 필요했던 요제프 2세^{Joseph II}◆◆는 애물단지였던 아일랜드 출신의 외국 수도사들을 본국으로 추방하고, 히베르니아를 병영으로 사용하였습니다.

이후 히베르니아는 전쟁의 위협이 사라진 19세기 초부터 극장으로 잠시 사용되다가, 관세청, 상공회의소, 인구조사 연구소, 전시장으로 그 용도가 계속 바뀌었고, 2006년에 이르러서 히베르니아 극장 프로젝트를 가동하여 현재의 모습을 하게 되었습니다.

◆당시 전 유럽은 오랫동안 이어진 영토 분쟁으로 인한 전시 체제였기에 프라하에 있는 구 왕조의 주요 건물들 중 전략적으로 중요하거나 규모가 있는 건물들은 군사 시설로 활용되었는데, 왕의 정원은 병영으로, 화약탑은 화약 보관 장소로 사용되었습니다. 게다가 프러시아의 프라하 침공으로 프라하에는 엄청난 피해가 발생하였습니다. 이 과정에서 화약탑이 파괴되고, 히베르니아까지 파괴되었습니다.

◆◆요제프 2세 : 마리아 테레지아 여제에게는 맏아들 요제프 2세가 있었는데, 장성한 요제프 2세는 1765년부터 마리아 테레지아가 사망한 1780년까지 어머니와 같이 제국을 공동 통치하였습니다.

현재와 과거가 공존하는 독특한 분위기를 자아내는 히베르니아의 진수는 지붕 위의 테라스에서 바라보는 프라하의 구시가지입니다. 현대적인 모습의 자동차와 현대의 옷을 입은 사람들은 모두 가려져서 프라하 구시가지의 첨탑들만 바라보게 되는 이곳은 극장 관계자가 극찬을 한 바와도 같이 '잃어버린 시간을 바라보는 장소'라 불러도 손색이 없습니다.

4/

팔라디움 백화점 & 코트바 백화점

Palladium & Kotva

프라하의 대형 쇼핑몰 팔라디움은 2007년, 현재 팔라디움 옆에 허름한 모습으로 붙어 있는 성 요세파 성당Church of St. Joseph, Kostel svatého Josefa의 정원 자리에 지어진 것입니다. 성 요세파 성당은 카푸친 수도회가 관리하는 성 요셉을 모시는 성당으로 원래는 번듯한 정원을 가진 큰 성당이었습니다만, 그 정원 자리에 팔라디움이 세워지고 지금은 다소 초라한 모습으로 남아 있습니다.

이 몰의 가장 상층에는 유명 패스트푸드점들이 입점해 있고, 중국인이 하는 회전 초밥 뷔페, 중국인이 하는 아시안 요리, 체코인이 운영하는 인도 요릿집 등 국적 불명의 요리들이 싼 가격이 아님에도 소비되고 있습니다. (음식의 질에 대한 언급은 하지 않는 것이 좋을 것 같습니다.) 전 층에 걸쳐 여러 종류의 국제적인 브랜드들이 들어와 있고, 지하에는 대형 식료품점 체인인 알버트Albert까지 있습니다. 여행하시는 분들에게도 팔라디움은 이국적인 장소가 아닌 어딜 가나 볼

성 요세파 성당의 정원 자리에 지어진 팔라디움

수 있는 대형 상점 정도가 아닐까 합니다. 여행에서 필요한 웬만한 것들은 이곳에서 한 번에 다 장만할 수 있긴 하지만 개인적으로 팔라디움에서 마음에 드는 유일한 것은 깨끗한 무료 화장실뿐입니다.

체코에는 자체 브랜드가 거의 없다고 봐야 합니다. Albert, Lidl, Penny Market, Tesco, Billa 등 체코에서 보는 슈퍼마켓조차 전부 외래 브랜드입니다. 이런 체코 사람들이 자부심을 가지고 있는 브랜드가 하나 있습니다. Bata라는 신발 브랜드로, 비록 체코의 공산 정권하에서 캐나다로 본사를 이전하긴 했지만 100년 이상의 역사를 가지고, 그 뿌리가 체코임을 당당히 밝히고 있는 국제적인 브랜드입니다.

다소 뜬금없는 말이지만, 필자는 한국에 살았을 때는 느끼지 못했던 지역 경제의 중요성을 프라하에 살면서 느낍니다. 필자의 집이 있는 프라하 3구의 지역 재정이 풍요로워 복지가 더 잘 되었으면 좋겠고, 나아가 프라하시가 더 잘 되었으면 좋겠고, 체코가 잘 되었으면 좋겠습니다. 당연히 필자의 모국인 한국은 두말할 나위도 없습니다. 그런데 지역 경제는 내가 지출한 돈이 내가 사는 곳으로 다시 흘러들어오지 않을 때 무너집니다. 이러한 이유에서 필자는 대형 쇼핑몰에서 구입하는 것을 최대한 자제하고 동네에 있는 조그만 식료품점들을 더 자주 이용하려 합니다. 식사도 그렇습니다. 체코에서 접하실 대부분의 패스트푸드의 세트 가격은 100코룬(약 5,000원) 이상입니다. 하지만 프라하의 구시가지에서 조금만 걸어 나가면 만날 수 있는 상당수의 식당들은 점심시간에 한해 100코룬 이하의 Denni Menu(Daily Menu)가 준비되어 있습니다. 매일 바뀌는 메뉴인데 보통 수프와 메인이 나옵니다. 이 점을 참고해서 어디서 어떤 식사를 하실지 선택하시기 바랍니다.

팔라디움에서 조금만 눈을 돌리면 매우 투박해 보이는 건물이 하나 보입니다. 바로 코트바 백화점입니다. 프라하 일부 토박이들은 이 건물을 공화국 광장의 엄지손가락이라고 부릅니다. 최고라는 뜻이 아니라 그냥 엄지손가락을 치켜세우는 것처럼 난데없이 툭 튀어나온 듯한 형상에 대한 우스갯소리입니다.

공중에서 보면 육각형의 유닛 6개가 벌집처럼 붙어 있는 듯이 보이는 이 건물은 공산 정권하의 체코슬로바키아가 1975년도에 세운 건물입니다. 1968년에 일어난 자유화 운동 '프라하의 봄' 이후 체코슬로바키아 사람들에게 제공된 일련의 백화점 중 하나로, 코트바 백화점과 같이 구체제의 모습을 아직까지 간직하고 있는 건물은 나 포르지치Na poříčí 거리에 있는 빌라 라붓 등이 있습니다.

코트바는 맞은편에 있는 팔라디움에 대적하여 분위기 쇄신에 힘을 쓰고 있지만 팔라디움에는 못 미치는 것이 사실입니다. 하지만 종종 유리 공예나 크리스털 등, 특수한 물건들을 싸게 파는 경우가 있으니 체코의 공산 정권 시절을 느끼는 기회로 삼고 철근 콘크리트로 된 벌집 안으로 들어가 보는 건 어떨까요?

팔라디움 백화점 내부

코트바 백화점 내부

프라하 여행의 꽃이라 할 수 있는 구시가지,
그중 중앙에 자리 잡은 거대한 동상을 중심으로 많은 건물들이 펼쳐져 있는
구시가지 광장은 전 세계에서 프라하를 찾아온 여행자들로 항상 붐빕니다.
이곳에 면해 있는 건물들을 통해 확인할 수 있는 건축 양식과
그 특징들을 살펴보겠습니다.

2

구시가지 광장 주변

1 / 구시가지 광장

Old Town Square
Staroměstské Náměstí

오래전 드라마라 보지 못하신 분도 많겠지만 〈프라하의 연인〉이라는 한국 드라마에서 소원을 비는 벽이 있는 곳으로, 그리고 마라톤 장소로 등장한 곳이 구시가지 광장입니다.

프라하의 구시가지 광장으로 가는 방법은 정말로 다양합니다. 바츨라프 광장에서 무스텍Mustek역을 지나 내려가도 되고, 화약탑에서부터 첼레트나 거리 Celetná ulice를 따라가도 되고, 카를교의 구시가지 탑에서부터 골목길을 따라가도 나옵니다.

그렇습니다. 구시가지 광장은 프라하의 중심입니다.

광장의 가운데에 자리 잡은 거대한 동상을 중심으로 많은 건물들이 펼쳐져 있는 구시가지 광장은 전 세계에서 프라하를 찾아온 여행자들로 항상 붐빕니다. 거리의 악사, 저글링을 선보이는 젊은이들, 각국의 언어로 투어를 진행하고 있는 가이드들과 여행자들을 쉽게 볼 수 있습니다. 광장의 한구석에 있는 천문시계 앞은 매 정각 전후 10분마다 수많은 여행자들이 몰리고 빠져나가며, 제2차 세계대전 중 폭격으로 유실된 구시청사의 자리에 조성된 그늘에는 프라하를 걷느라 지친 발을 쉬게 하려는 여행자들로 가득하고, 구시가지 옆의 유대인 지구를 마차로 돌아보는 투어를 제공하는 마부들이 손님을 기다리고 있습니다.

이렇게 많은 관광객이 모이는 구시가지 광장에 서 있다 보면 여러 국적의 투어들을 다양한 언어로 들을 수 있습니다. 대개 구시가지 광장에 대해서 이렇게 설명을 시작하더군요.

"광장을 중심으로 늘어서 있는 건물은 초기 고딕에서부터 바로크, 로코코 양식까지 혼재되어 있어 프라하 구시가지 광장은 일종의 건축 박물관입니다."

아주 오래전이지만 필자가 프라하에 처음 발을 디뎠을 때, 구시가지 광장에

서 펼쳐본 영문 여행 안내서에도 이 말이 있었습니다. 제가 처음 이 문구를 접했을 때의 심정은 '막막함' 자체였습니다. 어떤 건물이 고딕 양식이고 어떤 건물이 로코코 양식인지도 모르겠고, 고딕과 바로크, 로코코라는 것이 뭐가 다른지 알 수 없었습니다. 당시의 저는 유럽과 체코의 역사에 대해서 아는 바가 전혀 없었고, 또 유럽 건축사 전공도 아니었기에 저렇게 던져 놓은 문구를 읽어도 아무런 감흥도, 깨달음도 얻을 수 없었습니다.

사실 저 또한 구시가지 광장을 표현하는 데 있어서 그보다 좋은 말은 없다는 생각을 합니다만, 프라하를 여행하는 여행자의 몇 퍼센트가 건축 양식과 미술 사조에 대한 소양을 갖추고 있을까요? 프라하의 구시가지가 건축 박물관이라는 말을 제대로 이해하기 위해서 건축 전공 책자라도 읽어야 하는 것일까요?

이런 답답함을 공유하는 여행자를 위해 전공자가 아닌 일반인의 시각으로 쉽게 각 양식에 대해 알아보려 합니다. 건축 양식이란 것이 용어는 어려워 보이지만, 본질은 결국 '유행'에 불과하다고 마음 편하게 생각하면서 읽어 주시면 좋겠습니다.

로마네스크 양식

사실 프라하의 구시가지 광장에서 로마네스크^{Romanesque} 양식을 찾기는 쉽지 않습니다. 아주 오래전에 유행했던 것으로, 종교적인 목적으로 개축을 하지 않은 몇 개의 예배당을 제외하고는 시간이 지나면서 유행에 뒤처져 외면되었기 때문입니다.

하지만 구시청사의 지하실, 구시가지 광장에서 그리 멀지 않은 곳에 있는 쿤슈타트의 로마네스크 궁전^{Dům Pánů z Kunštátu a Poděbrad}의 일부와 같이 숨겨진 곳에서만 볼 수 있는 이 로마네스크 양식을 언급하지 않고 뒤에 나올 고딕 양식을 설명하기 어렵기에 제일 먼저 로마네스크 양식부터 알아보겠습니다.

'로마네스크(Romanesque)'라는 단어의 '~esque'는 '~스러운, ~다운, ~같은'의 뜻을 가지고 있습니다. 따라서 로마네스크라는 말은 '로마스러운, 로마 같은'이라는 의미가 됩니다. 그러니 로마네스크 건축 양식은 '로마 같은 건축 양식'이라는 뜻이 되겠네요.

기원전 6세기경에 이탈리아 대륙 중부의 소도시에서 출발한 로마 제국은 공공 건축물을 짓는 것을 중요하게 여겼습니다. 여러 국가로부터 영향을 받아 아치 구조를 효과적으로 사용할 줄 알았던 로마인들은 아치 공법을 새로 짓는 대부분의 건축물에 사용했습니다. 아치 공법은 재료가 적게 들면서도 견고한 복합 구조를 만들 수 있는, 당시의 기술로서는 혁신적인 공법이었습니다.

아치 구조에서는 아치 위에 수직으로 쌓이는 무게가 반원형의 곡선을 따라 자연스레 바닥으로 분산되며 흘러갑니다. 이와 동시에 아치의 아래쪽은 비어 있어도 되기 때문에 그만큼 건축자재도 아낄 수 있고, 더 중요하게는 이렇게 빈 공간만큼, 벽의 무게가 줄어들어서 결과적으로는 건물의 전체 무게가 줄고, 높은 건물을 지을 수 있는 여건을 조성해 주었습니다.

아치 공법을 바탕으로 로마인들은 건물에 지하실을 만들 수 있었고, 로마 시내로 물을 공급하던 총 18km에 달하는 아피아Appia 수로와 같은 대형 공공 설비나 민중의 오락 장소를 겸한 거대한 복합 공간인 콜로세움도 지을 수 있었습니다. 반원형의 아치를 바탕으로 지어진 비슷한 모양의 건축물이 로마 제국 확장과 더불어 새로운 식민지들에 널리 퍼졌습니다.

4세기 말, 로마가 게르만족의 침입으로 동, 서로 나뉜 뒤에도 건축 양식은 계속 퍼져나갔고, 로마 제국의 우수한 건축 기술을 따라잡을 수 없었던 중서부 유럽에서는 로마 건축물의 모양만 흉내 내어 건물을 짓는 경우도 빈번했습니다. 이렇게 로마 건축물처럼 만들어진 건물들을 이후의 프랑스의 건축가들이 로마스러운 건축물, 즉 '로마네스크'라 부르기 시작하며 이름이 굳어졌습니다.

서로마 제국이 멸망하고 중서부 유럽에는 프랑크 왕국이라는 게르만·갈리아 계의 고대 왕국이 세워졌습니다. 미래에는 각각 프랑스와 독일로 발전해 나가는 프랑크 왕국의 위상이 점차 올라가면서 이를 과시하기 위한 대형 건축물도 필요했습니다. 바로 이때, 로마네스크 양식의 건축물이 많이 지어졌습니다.

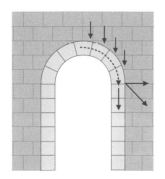

아치의 구조

스페인 세고비아의 로마 수도교

아치 구조를 이용한 건축물, 콜로세움

작은 창문과 두꺼운 벽체를 가진 로마네스크 양식의 성 치리아코 교회

로마네스크 건축은 장점도 많았지만 단점도 있었습니다. 그중 가장 결정적인 단점은 내부 공간의 비효율성으로, 아치를 중심으로 지어진 로마네스크 건축물은 견고함이 우선적인 과제였기에 기본적으로 벽이 두꺼웠고, 내부에는 무거운 천장을 버티기 위한 육중한 기둥이 필요했습니다. 그러다 보니 외부에서 보는 건물의 크기는 거대한데 실제 내부는 좁고 답답했습니다. 결정적으로 두꺼운 벽의 무게 때문에 창문을 크게 낼 수가 없었죠. 이런 단점에도 불구하고 그 한계를 극복할 기술이 없었기 때문에 로마네스크 양식은 6세기경에서부터 11세기까지 거의 500년 정도 대형 건축의 표본으로 자리 잡았습니다.

고딕 양식

12세기경 프랑스 출신의 성당 건축가들에 의해 로마네스크 양식의 건축물이 가진 구조적인 단점들이 하나둘 극복되면서 새로운 건축 양식이 나타났습니다. 새 공법의 중심에는 새로운 아치형과 무거운 천장의 무게를 분산시키는 뼈대 구조, 그리고 건물 전체를 버텨주는 추가 구조물들이 있었습니다.

먼저 반원 아치형은 머리가 뾰족한 아치로 모습이 바뀌었습니다. 이전에 사용하던 반원의 아치형은 무게를 균등하게 받아서 지상으로 내려주는 안정적인 구조이긴 하지만, 반원형 아치를 이용해서 콜로세움 같은 높은 건축물을 지으려면 여러 개의 아치 구조를 쌓아 올려야 했습니다. 건축가들이 새로 만들어 낸 머리가 뾰족한 아치는 뾰족한 머리 – '첨두 아치pointed arch'라고 부르기도 하고 고딕 양식에서 많이 사용하였기 때문에 '고딕 아치'라고 부르기도 하는데, 첨두 아치는 기존의 반원형 아치가 버틸 수 있는 수직 하중의 몇 배 이상을 버틸 수 있었습니다.

따라서 첨두 아치 위쪽으로 계속 벽을 올릴 수 있었고, 기존의 반원 아치형을 사용했을 때 3~4층을 쌓아야 할 구조가 첨두 아치 하나면 해결되었습니다. 이와 동시에 기존의 로마네스크 건축물에서는 혹여 무너질까 걱정되어 크게 만들 수 없었던 창문 역시 점점 커졌습니다. 초창기 고딕 양식의 창문은 수직 하중을 잘 버티는 첨두 아치의 특성을 실험하는 형태로 아래, 위로 길쭉한 모양으로 만들어졌습니다. 이런 실험을 통해 최적의 높이를 구현해 낸 건축가들은 창문을 좌, 우로도 점점 넓혀 나갔고, 기존의 건축에서는 불가능했던 넓은 면적의 창문을 완성했습니다. 이렇게 넓어진 창문을 통해 성당의 실내 공간에 많은 양의 빛이 들어올 수 있었고, 스테인드글라스가 적용된 창문을 통과한 빛은 성당 안을 영롱한 빛으로 물들였습니다.

창문만이 아니라 내부 공간도 넓어졌습니다. 12세기까지 천천히 발전한 수학 기술을 통해 건축가들은 최적의 벽 두께를 계산해 냈고, 지붕도 점차 가볍게 만들기 시작했습니다. 자연스럽게 벽의 두께는 얇아지고, 굵기만 했던 기둥들도 가늘어졌습니다. 굵기만 가늘어진 것이 아니라 형태도 점점 변하기 시작했는데, 중·후기 고딕으로 넘어갈수록 기둥들은 아름답게 변했습니다. 기둥에 뼈대 구조를 만들어 넣으면서 깎아낸 홈들은 보기에도 좋았을 뿐만 아니라 깎아낸 부분만큼 기둥의 무게가 줄어들었는데, 기둥 하나만 따지면 얼마 되지 않는 무게라도 건물 전체로 따지면 엄청난 양의 무게가 줄어든 셈이었습니다.

또, 기둥에 있는 뼈대 구조는 지붕과 벽체를 버티는 또 다른 뼈대 구조들과 연결되어 건물 내부에 내골격을 만들어 냈는데, 단단한 내골격을 바탕으로 건물의 천장은 하늘 높은 줄 모르고 올라갔습니다. 이런 기둥들은 마치 생긴 것이 꽃다발이나 국수 다발처럼 아래는 뭉쳐져 있고 위로 갈수록 퍼져 나간다고 하여 '다발 기둥clustered column'이라는 이름으로 불렸습니다.

이렇게 높은 건물은 옆으로 무너질 위험성도 있었습니다. 그렇다고 힘들게 넓혀 놓은 내부 공간에 구조물을 넣을 순 없었던 건축가들은 건물의 외부를 둘러싸서 건물이 무너지지 않게 버텨주는 추가 구조물을 만들었습니다. 웅장한 이미지를 줘야 하는 건물 전면부에는 입구의 양옆으로 커다란 첨탑을 세워서 양쪽으로 퍼지려고 하는 지붕과 벽을 버티게 하였고, 창문들이 있는 벽 주변에는 크기가 작은 플라잉 버트레스flying buttres라고 하는 부벽을 덧대어 창문은 가리지 않으면서도 건물이 양옆으로 퍼지려고 하는 수평 하중을 잡아냈습니다.

12세기경 프랑스에서 시작된 고딕Gothic 양식은 곧바로 전 유럽으로 퍼져나가 프랑스는 사르트르 대성당, 아미엥 대성당, 누아용 성당, 노트르담 성당 등

다발 기둥과 첨두 아치의 모습을 볼 수 있는 고딕 성당 내부

전면부 첨탑

첨두 아치

플라잉 버트레스

고딕 양식의 플라잉 버트레스와 커다란 첨탑

을 짓고, 영국에선 캔터베리 대성당과 솔즈베리 대성당을, 독일에선 쾰른 대성당, 보헤미아는 성 비투스 대성당, 오스트리아는 슈테판 대성당 등을 지었습니다. 당시 유럽 사람들은 이런 건축 양식을, 우리가 현재 사용하고 있는 단어 '고딕 양식'이 아닌 그 발원지인 프랑스를 따서 '프랑스식 건축'이라 불렀습니다.

'프랑스식 건축'은 12세기에 시작되어 근 5세기 가까이 대형 건축의 표본으로 자리를 잡았지만, 16세기에 이르러서는 새로이 등장한 르네상스식 건축과 곧이어 등장한 바로크 양식에 밀려 역사의 뒤안길로 사라집니다.

그런데 왜 우리는 이 건축 양식을 '프랑스식 건축'이 아닌 '고딕 양식'이라고 부를까요?

문화의 중심이라고 자부하던 르네상스 시대 이탈리아의 건축 장인들은, 변방 국가였던 프랑스 지역의 새로운 건축 양식에 대해 호의적이지 않았습니다. 그들의 관점에서는 프랑스식 건축의 핵심은 '최대한 넓은 실내 공간, 최대한 넓은 창문, 최대한 높은 첨탑 등 극단적인 면을 추구하는 것이었고, 따라서 비례나 절제 따위는 존재하지 않는 아주 야만스러운 건축 양식이라는 평가를 내렸습니다. 이런 냉정한 평가에서 한술 더 떠 이탈리아 장인들은 이 건축 양식에 5세기경 유럽을 유린하면서 로마 제국의 멸망을 가속화시켰던 게르만족 중하나인 고스족^{Goth}의 이름을 가져다 붙였습니다. '고스족처럼 참 야만스럽게 만들어진 건축'이라는 이야기가 그들 사이에 회자되면서 이후 '프랑스식 건축' 양식은 '고스족 같은' 혹은 '고스족스러운' 이라는 뜻의 '고딕(Gothic) 양식'이라는 이름으로 굳어졌습니다.

독일 쾰른 성당. 뾰족한 첨탑, 플라잉 버트레스, 첨두 아치의 모습 등 고딕 양식의 성당임을 한눈에 알 수 있다.

로마의 산탄드레아 성당(Sant'Andrea della Valle).
네모와 같은 도형과 그리스 · 로마식 기둥, 창으로 장식된 벽면, 비례와 비율을 강조한 전형적인 르네상스 양식의 건축물이다.

르네상스 양식

성당 건축으로 크게 각광 받던 고딕 양식이 유행하던 초·중기에 유럽과 중동 사이에는 십자군 원정('로레타 성당' 편 311쪽 참조)이 벌어지고 있었습니다. 신의 이름을 빌어 자행된 십자군 원정이 진행되는 동안, 이에 대한 반작용으로 현재의 이탈리아에서 인간 중심의 사고를 해 보자는 인문 부흥 운동, 즉 르네상스Renaissance가 시작되었습니다. 이때 르네상스 예술가들은 그리스도교가 지배하던 중세 유럽에서 홀대 받던 고대 그리스와 로마의 학문들과 철학들을 재탐구하며 많은 것들을 발전시켰습니다. 르네상스가 유행하던 시절의 건축물들은 고대 그리스의 신전들이나 로마 제국의 공용 건물들처럼 비례와 비율을 강조하여 지어졌고, 기존 중세 유럽의 중서부에 유행하던 고딕 양식보다는 건물 자체의 규모가 작았습니다.

르네상스 건축가들은 고딕 양식에서 추구하던 최대한 넓은 실내 공간, 최대한 넓은 창문, 최대한 높은 첨탑을 만들겠다는 목표를 버리고 안정감 있고 실용적인 건물들을 많이 지었습니다. 이런 르네상스 건축물들은 피렌체를 중심으로 르네상스가 유행한 이탈리아 중부에서 많이 볼 수 있습니다.

안타깝게도 프라하에서는 르네상스 건축물들을 많이 볼 수 없는데, 그 이유는 이탈리아 쪽에 르네상스가 유행할 때 아직 중부 유럽에는 종교의 힘이 막강해서 르네상스의 영향이 미치지 않았고, 곧이어 중부 유럽에 몰아친 종교 개혁의 열풍 이후 중부 유럽에서는 이후에 등장하는 바로크가 건축 양식의 대세가 되었기 때문입니다.

바로크 양식

고딕 양식은 주로 성당 같은 대형 건축에서 사용되다 보니, 건물 자체로선 견고하고 웅장했지만 세련된 맛은 부족했습니다. 이런 고딕 양식의 뒤를 이어 나타난 양식이 바로크^Baroque 양식입니다.

사실 바로크라는 단어는 건축에서만 사용되는 말이 아니라 17세기 초의 이탈리아 로마에서부터 시작된 일종의 문화 사조로, 연극, 음악, 무용, 희곡, 조각, 회화, 문학, 건축 등 문화 전반에 막대한 영향을 끼친 사조입니다.

바로크는 16세기 중반 이탈리아의 트렌토^Trento에서 열렸던 트렌토(트리엔트) 공의회로부터 시작되었다는 것이 학계의 정설입니다. 이 공의회는 영국의 존 위클리프^John Wycliffe, 그 뒤로 등장했던 보헤미아의 얀 후스^Jan Hus, 그리고 독일의 종교 개혁을 주도했던 마르틴 루터^Martin Luther 등이 주창했던 종교 개혁의 요구에 대해 가톨릭교회가 자생 방안을 찾기 위해 18년 동안 열었던 종교 회의입니다.

오랫동안 자행된 성직자들의 부패, 일반 민중과의 괴리감 등으로 종교 개혁이라는 큰 반발을 맞은 가톨릭교회는 급속하게 퍼지는 종교 개혁의 분위기를 잠재우기 위해 트렌토 공의회라는 종교 회의를 열어 교황권을 재설립하고 각종 개혁을 단행하였습니다. 개혁의 주된 내용 중 하나는 가톨릭교회와 멀어진 민중들과의 거리를 좁히는 것이었습니다.

당시의 민중들이 가톨릭교회로부터 거리감을 느꼈던 가장 큰 이유는 교회의 모든 것이 '어렵다'는 점이었습니다. 성경과 찬송가는 일반 민중이 더 이상 사용하지 않던 라틴어였고, 교리의 내용은 어렵고 상징성마저 너무 강했기 때문에 민중들이 찾는 구원의 길은 멀게만 보였습니다.

트렌토 공의회에서는 교회의 눈높이를 일반적인 민중들의 수준에 맞추자는 논의를 했습니다. 어려운 상징 기호들을 아주 쉽게 바꾸고, 회화와 조각들은 누가 봐도 무슨 내용인지 알기 쉽게 과장, 강조해서 쉽게 표현하며, 어려운 교리는 재치 있게 묘사해서 사람들의 이해를 돕고, 기억에 오래 남게 했습니다. 가톨릭 교회의 이와 같은 노력을 통해 중도적 입장에 있던 개신교도들이 다시 가톨릭으로 돌아오기도 했습니다.

이런 흐름은 예술 사조에도 막대한 영향을 끼쳤습니다. 당시에 문화를 주도적으로 소비했던 귀족층의 가장 큰 오락거리는 현재의 연극과도 비슷한 희곡이었습니다. 연극에 문학과 미술을 모두를 버무린 것 같은 희곡에서는, 무대에서 현재 진행되고 있는 극이 어떤 장면인지 쉽게 알려줘야 할 필요가 있었기에 배경을 묘사하는 그림이 필요했고, 배우들은 글로 표현되었던 극중 인물들의 감정과 극의 전개 상황을 관객들에게 제대로 전달하기 위해 다소 과장된 연기를 할 필요가 있었으며, 쉽게 지루함을 느끼는 관람객들에게 때때로 재치 있는 행동이나 입담을 선사함으로써 극에 몰입하게 할 필요가 있었습니다.

바로크 양식의 극장 내부 모습

대표적인 바로크 양식의 건축물, 베르사유 궁전

이러한 표현법은 시간이 지날수록 더욱 귀족적인 색채를 띠면서 화려하게 변해갔고, 역동적인 표현법은 비정형적인 볼륨감과 곡선 등을 강조하는 예술 작품들로 변형되었으며, 재치 있는 행동이나 입담은 귀족들의 교양 있는 말장난으로 바뀌었습니다. 이러한 변화는 건축 양식에도 영향을 끼쳤는데 비례와 비율을 중시하던 이탈리아 장인들이 14~15세기 초에 만들어낸 적절한 규모의 르네상스 건축물들에 곡선, 볼륨, 곡면, 화려한 장식과 조각들까지 추가되면서 사람들은 이런 건축물을 '바로크 양식'이라 부르기 시작했습니다. 바로크 양식의 건축은 한 마디로 기존의 고딕 양식에서 중요하게 생각했던 극한의 가능성, 웅장함, 장엄함, 위압감 대신 적절한 규모와 비례, 비율을 바탕으로 부드러움, 유려함, 운동성 등을 강조한 양식이라고 할 수 있겠습니다.

화려함과 부드러움, 세련미로 표현되었던 바로크 건축은 이내 귀족들을 중심으로 퍼져나갔고, 이후 왕족들에게 전달되어 다음에 이어질 로코코 양식을 만들어 냈으며, 중상 계층의 일반인에게도 번져 큰 유행을 이끌었습니다.

로코코 양식

가톨릭교회가 주도한 바로크 양식은 귀족층을 넘어 절대 왕정의 왕가에까지 영향을 미쳤습니다. 왕족들은 귀족보다 부유하고 풍족했으며, 한가한 시간도 더 많았습니다. 종종 절대 왕정의 왕가들은 타국과 예술, 건축 등으로 경쟁하며 자기 나라의 힘을 과시하고자 했습니다. 이 과정에서 바로크는 한 단계 더욱 진화하며 화려함을 극도로 강조하는 로코코Rococo 양식으로 변해갔습니다.

로코코 양식은 화려하지만 실용성은 떨어졌습니다. 그래서 내·외부의 치장과 장식에만 국한되어 사용되었습니다.

로코코 양식은 과도하게 화려하여 난잡해 보이는 부작용이 있었기에 피로감이 빨리 왔습니다. 로코코 양식은 1세기도 안 되는 짧은 기간 동안 유행하였다가 곧바로 아주 간결한 양식인 신고전주의로 대체됩니다. 이런 이유로 굳이 로코코라는 이름을 사용하지 않고 후기 바로크 양식이라고 칭하기도 합니다.

로코코 양식의 뮌헨 아삼 교회

로마네스크에서 고딕 양식, 그리고 바로크 양식에서 로코코 양식까지 프라하 구시가지 주변에서 볼 수 있는 모든 건축 양식들을 간단히 다루어 보았습니다. 최대한 전문 용어를 사용하지 않고 건축 양식이 발전한 이야기를 해 보았는데, 여전히 어렵게 느껴진다면 '건축 양식'이라는 단어를 '건물의 생김새'로, '건축 양식의 변화'를 '유행의 변화'로 바꿔서 이해해 보면 좋을 것 같습니다. 마지막으로 지금까지 설명 드렸던 내용을 구시가지 광장 및 그 밖의 프라하 지역에서 볼 수 있는 건물들에 적용하면서 핵심만 정리해 보겠습니다.

1 | 로마네스크 양식

로마의 뛰어난 건축물을 흉내 내 6세기 이상 지어졌던 양식. 하지만 내부 공간이 비효율적이라 기술이 발달한 12세기에 새로운 유행인 고딕 양식에 자리를 내어줌

예 광장에서 멀지 않은 곳에 있는 쿤슈타트 영주의 궁(68쪽 참조)이 대표적인 로마네스크 양식. 그 밖에 프라하성 내부의 성 이르지 바실리카(427쪽 참조)와 비셰흐라드의 로툰다 성당(477쪽 참조) 역시 로마네스크 양식

2 | 고딕 양식

로마네스크 양식의 답답한 내부 공간을 넓혀 나가는 과정에서 발달하여 오랜 세월 동안 주로 교회 건축에서 사랑받았던 양식. 하지만 너무 컸고, 위압적이었으며, 뾰족한 탑과 직선들을 많이 사용하다 보니 세련된 맛이 없었음. 이런 건축을 오랫동안 봐 왔던 사람들은 고딕 양식에 반발하여 새로운 유행을 찾음

예 구시가지 광장의 구시청사 천문시계 탑과 틴 성당(69쪽 참조), 그리고 프라하성 내부의 성 비투스 대성당(360쪽 참조), 카를교의 구시가지 교탑, 비셰흐

라드의 성 베드로 바울 성당(479쪽 참조) 등이 대표적인 고딕 양식

3 | 르네상스 양식

고딕 양식에서는 주목받지 못했던 비례와 비율을 강조한 안정감 있고 실용적인 건물로 르네상스가 유행한 중부 이탈리아 지역에서 많이 볼 수 있음

예 구시청사 시계탑 옆에 붙어 있는 건물들과 둠 우 미누티 건물(116쪽 참조), 프라하성 왕실 정원의 벨베데레 궁(351쪽 참조), 그리고 흐라드차니의 슈바르첸베르크 궁(321쪽 참조)

4 | 바로크 양식

르네상스 건축에서 유행한 적절한 규모의 비례와 비율을 강조한 건축물을 토대로, 고딕 양식에서 주로 볼 수 있는 위압적인 모습, 뾰족한 탑과 직선에 피로감을 느낀 사람들은 위압적인 모습과 날카로움 대신 세련되고 부드러운 모습을 선호하게 됨. 그래서 나온 것이 바로크. 바로크 양식은 나오자마자 화려함을 좋아하던 귀족들과 잘 맞았음

예 구시가지 광장의 성 니콜라스 성당(86쪽 참조) 등 구시가지 광장에서 볼 수 있는 많은 건물들의 외관

5 | 로코코 양식

귀족보다 더 화려함을 좋아하던 절대 왕정의 왕가에서 바로크는 더욱 화려한 모습의 로코코로 변화함

예 구시가지 광장의 골츠킨스키 궁전(90쪽 참조)

2/ 쿤슈타트 영주의 로마네스크 궁

House of the lords of Kunštátu
Dům Pánů z Kunštátu

구시가지 광장에서는 실질적으로 로마네스크 양식의 흔적을 찾을 수가 없습니다. 13세기 이전에 유행했던 로마네스크 양식은 이후에 등장한 고딕, 르네상스, 바로크, 로코코, 신고전주의 등의 새로운 건축 양식에 밀려 철거되거나 묻혀버렸기 때문입니다. 그런데 구시가지 광장에서 조금 떨어진 골목길에 로마네스크 양식의 정수를 볼 수 있는 건물이 하나 있습니다.

Řetězová 222/3에 있는 이 건물은 외관만 본다면 그리 대단한 건물처럼 보이지 않습니다. 13세기 중엽에 지어진 이 건물은 다른 건물들 사이에 끼어 있는 바람에 사람들의 주목을 받지 못하고 있는데, 대문의 왼쪽에는 이 건물이 역사적으로 중요한 곳임을 알리는 명판이 있습니다. 문제는 이 명판이 체코어로만 되어 있기에 사람들이 이 장소를 그냥 스쳐 지나간다는 것이죠. 프라하를 여행하다가 건물 벽이나 입구 주변에 이런 명판이 붙어 있는 것이 보이면 그곳은 역사적으로 중요한 곳이거나, 중요한 인물이 태어난 곳일 가능성이 높으니, 한 번쯤은 눈여겨보는 것도 좋을 것입니다.

이 건물은 15세기경에 쿤슈타트Kunštát와 포데브라디Poděbrady 지역의 영주 보체크Boček라는 귀족의 거주궁이었습니다. 이때부터 쿤슈타트와 포데브라디 영주의 궁이라고 불리기 시작했는데, 이 이후에 포데브라디 지역의 영주 출신으로 보헤미아 왕국의 왕의 자리에 오른 이르지Jiří 왕도 이곳을 주요 거주궁으로 삼았습니다.

외관만으로는 그리 강렬한 인상을 주지 못하는 이 건물의 핵심은 지하실에 있습니다. 세월이 만들어낸 지반 침하 현상으로 인해 지금은 지하실이 되었지만 이곳은 원래 건물의 1층이었습니다. 굵은 기둥과 두꺼운 벽, 나지막한 천장 등 로마네스크 양식의 표본을 보여주고 있는 이 지하실은 프라하성 내부의 성

이르지 성당^{Bazilika svatého Jiří}이나 구왕궁의 오래된 로마네스크 부분에 필적할 정도라는 건축학적인 평가를 받고 있습니다.

건물이 처음 지어졌던 1200년대로부터 지금껏 원형의 모습을 그대로 보존하고 있는 로마네스크 양식의 지하실은 현재 관람장으로 사용하고 있습니다. 또한 1층에는 카페와 와인바가 들어와 있으며 나머지 공간에는 아트 갤러리가 있습니다. 이곳에서 근현대 작가들의 예술 작품들을 감상하고 카페에서 진한 에스프레소 커피를 느긋하게 마신 다음, 800년 전에 만들어진 지하실에서 유럽 최초의 대형 건축 양식이었던 로마네스크 양식을 관찰하는 여유를 가지시는 것도 좋겠습니다.

3

틴 성당

Church of Our Lady before Týn
Kostel Matky Boží před Týnem

현재 출입문으로 사용되는 서쪽 문으로 들어가는 곳

　프라하 구시가지에서 가장 높은 건물은 80m에 달하는 두 개의 종탑을 가진 틴 성당입니다. 그래서 '구시가지의 얼굴'이라는 표현으로 종종 언급되는데, 정작 틴 성당의 내부를 둘러보는 사람들은 그리 많지 않습니다. 특별한 이유가 있지는 않습니다. 다만 입구를 찾기 힘들 뿐이죠. 이 틴 성당에 들어가기 위해서는 노천카페 사이를 비집고 들어가야 합니다.

　프라하 구시가지에 있는 건축물 중 고딕 양식을 가장 잘 보여 주는 이 틴 성당의 정식 이름은 성당 뒤에 있는 광장인 틴 광장의 이름을 따서 부르는 '틴 광장 앞의 성모 마리아 교회Kostel Matky Boží před Týnem'입니다. 하지만, 성인의 이름을 딴 성당도 아니고, 정식 명칭은 길기도 해서 간단히 '틴 성당'이라 부르는 경우가 많습니다.

이 성당이 문헌에 처음 등장하는 것은 1135년으로, 로마네스크 양식이었던 초기의 틴 성당에는 프라하 구시가지의 시민들 외에도 수많은 외국 상인들이 드나들었습니다. 성당 뒤의 틴 광장은 외국 상인들이 모여서 장사를 하던 일종의 '무역 특구'였고, 틴 성당은 그곳에서 가장 가까운 성당이었습니다.

당시 프라하에 장사를 하기 위해 왔던 외국 상인들 사이에선 이 성당에 헌금을 하면 장사와 여행길에 축복이 내려진다는 소문이 돌았기에 틴 성당에는 엄청난 헌금이 모였습니다. 틴 성당은 프라하 구시가지의 많은 성당을 제치고 가장 영향력 있고 많은 신도들이 모이는 중요한 성당이 되었고, 튼튼한 자금력을 바탕으로 14세기에 접어들어 거대한 고딕 양식 성당으로 변해갔습니다.

틴 성당이 한창 고딕 양식으로 재건되던 15세기 초, 프라하를 비롯한 보헤미아 전역은 혼란에 휩싸였습니다. 종교 개혁가 얀 후스$^{Jan Hus}$◆가 화형당하고 그를 추종하던 민중들과 신교 귀족들이 연합하여 반기를 들면서 일어난 민중 봉기가 15년에 걸친 기나긴 내전으로 번졌기 때문입니다. 그 기간 동안 틴 성당은 얀 후스를 추종하던 후스파◆의 손에 넘어가 그들의 중요 본거지로 사용되었습니다. 틴 성당을 차지했던 후스파는 보헤미아 왕국 군대는 물론, 주변 왕국의 군대들과 5차례나 걸쳐 원정을 나온 십자군에게까지 대항해 싸워야 했습니다. 놀랍게도 후스파는 수적인 열세와 무기의 열악함을 극복하고 이 모든 진압군들을 물리쳤습니다. 하지만 시간이 지나면서 전쟁에 회의를 느끼고 평화를 원하는 움직임이 일었고, 1434년에 이르러 전쟁은 어느 쪽도 승리하지 못한 채 중단되었습니다.

◆얀 후스와 후스파 : 얀 후스와 후스파에 대한 자세한 내용은 '얀 후스 군상(121쪽)' 편을 참고 바랍니다.

전쟁이 끝나고 2년이 지난 1436년, 후스파(신교)와 가톨릭(구교) 모두의 입장을 절충하여 평화 협정을 맺었습니다. 내전 기간 동안 명목뿐인 왕에 불과했던 지그문트 왕$^{Žigmund, Sigismund}$ 역시 드디어 왕으로 권한을 행사할 수 있게 되었습니다. 하지만 그는 평화 협정을 맺은 지 1년 뒤, 아들을 남기지 못한 채 죽음을 맞았고, 보헤미아 왕가의 왕위는 지그문트의 딸을 아내로 맞아들인 합스부르크 가문의 오스트리아 공작 알베르트 5세$^{Albert V}$에게 넘어갔습니다. 이 시점부터 보헤미아의 왕좌를 차지하던 프르제미슬◆ 왕가$^{Dynastie Přemyslovců}$의 혈통은 사라지고 왕위는 다양하게 계승됩니다.

임종을 앞둔 지그문트는 보헤미아에 묻히기를 원하지 않았다고 합니다. 그도 그럴 것이 내전으로 인해 제대로 왕 노릇도 못한 데다, 자신이 이단이라고 여겼던 신교와 치욕스러운 평화 협정을 맺는 등 부끄러운 과거가 모두 보헤미아 땅에서 일어났기 때문입니다. 결국 그는 당시 헝가리 왕국의 땅이던 루마니아의 오라데아^{Oradea}에 안치되었는데, 그의 무덤 이웃은 성인으로 추앙받은 헝가리의 왕 라디슬라프^{Ladislav}였습니다. 라디슬라프는 1077년부터 20년가량 헝가리의 국왕으로 왕국을 건실하게 만들고 가톨릭을 신봉했던 왕이었습니다. 아마도 지그문트는 라디슬라프의 일생을 닮고 싶었는지도 모르겠습니다.

세월이 지나 지그문트의 뒤를 이었던 오스트리아 공작 알베르트 5세가 사망하고 그의 아들이 왕위에 올랐는데, 이 아들마저 어린 나이에 급사(1457년)하며 후사를 남기지 못했기에 보헤미아의 왕좌는 공석이 되었습니다.

◆프르제미슬(혹은 프셰미슬) : 보헤미아 왕국을 최초로 다스린 왕가의 이름입니다. 프르제미슬 왕가의 탄생과 관련된 이야기는 '비셰흐라드(481쪽)' 편에서 보실 수 있습니다.

마땅한 왕위 계승자가 없었던 보헤미아 왕국에 새로운 왕으로 재위에 오른 사람은 포데브라드^{Poděbrad} 지역의 귀족 자제인 이르지^{Jiří}였습니다. 이르지는 14세에 불과한 나이에 후스파를 지지하며 전쟁에 참가하여 승리를 거둔 후스파의 귀족 대표였습니다.

혈통을 중요하게 생각했던 중세의 왕국에 왕족의 피가 한 방울도 섞이지 않은, 그리고 전임 왕조와 대립 관계에 있던 후스파의 귀족 대표 이르지가 왕위에 오르면서 보헤미아에 많은 변화가 일어났습니다.

후스에게 영향을 받은 만큼, 이르지는 백성들의 실생활에 많은 관심을 기울였습니다. 왕족들의 공간인 프라하성 안의 성당보다 민중들의 공간이었던 구시가지의 틴 성당 공사에 더 신경을 썼고, 당시까지 귀족과 무역 상인들 이상의 계층만 지나갈 수 있던 카를교의 신분 제한을 폐지하여 누구나 통행할 수 있게 규제를 철폐하는 등 이전의 왕들과는 다른 행보를 보였습니다. 틴 성당의 북쪽 탑이 완공되었고, 신교를 지지했던 이르지 왕의 조각상이 세워졌으며, 순금으로 후스파의 상징인 성배를 조각하여 박공 장식을 하였습니다. 그리고 이르지 왕의 조각상에는 얀 후스가 자주 했던 말이자 현재 체코의 국훈인 'Veritas Vincit(진실은 드러난다)'라는 글귀가 쓰여졌습니다.

전설에 따르면 1471년에 죽음을 맞은 이르지 왕의 유해는 프라하성 안의 성 비투스 대성당에 묻혔지만, 이례적으로 그의 심장은 따로 떼어서 기름을 부은 항아리에 밀봉한 다음, 틴 성당 어딘가에 묻었다고 합니다. 이르지 왕이 유언으로 남긴 말 때문이었습니다.

"비록 내 몸은 다른 곳에 묻히더라도 내 심장만큼은 시민들과 가까운 곳에 두어라."

물론 이것은 전설일 뿐 그 사실 여부는 확인하기 어렵습니다.

이르지 왕의 사후, 몇 명의 왕들이 무너져가던 보헤미아 왕가의 마지막을 지켰습니다. 국운이 기울어지는 와중에도 틴 성당의 남쪽 첨탑이 완공(1511년)되었고, 마침내 1265년 초기 고딕 양식으로 재건축을 시작한 지 250년 만에 틴 성당은 온전한 고딕 성당으로 완공되었습니다.

틴 성당 완공 후 15년이 지난 1526년, 오스트리아 합스부르크 가문의 왕이 새로운 왕위 계승자로 보헤미아의 왕이 되면서 보헤미아에서 오랫동안 수면 아래 있던 종교 갈등이 다시 표면으로 드러나기 시작했습니다. 27명의 보헤미아 귀족과 신교 지도자들이 참수당하는 등 30년 전쟁 이후로 신교의 세력이 기울면서, 오스트리아 합스부르크 가문은 틴 성당을 장식하고 있던 이르지 왕의 조각상을 없애고, 후스파의 상징인 황금 성배 장식도 철거했습니다. 그리고 그 자리에는 성모 마리아상을 덧붙인 뒤, 후스파의 상징인 황금 성배를 녹여서 만든 금으로 성모 마리아의 후광을 만들었습니다. 신교의 흔적이 모두 없어진 틴 성당은 다시 가톨릭 성당이 되었습니다.

틴 성당의 불운은 여기서 끝나지 않았습니다. 이르지의 조각상이 철거되고 성배 장식이 성모 마리아의 후광으로 바뀐 이후 53년이 지난 1679년, 성당에 벼락이 떨어졌습니다. 틴 성당의 첨탑을 때린 벼락은 곧바로 화재로 연결되었고, 이 화재로 인해 첨탑의 일부가 손상되고 틴 성당의 천장 전체가 타버리는 등 건물 전체가 큰 손상을 입었습니다. 곧바로 복구가 이루어지긴 했지만, 건물 구조 자체가 손상되어 부득이하게 원래의 높이보다 낮은 천장을 만들 수밖에 없었고, 이 과정에서 성당의 내부와 천장이 당시에 유행했던 바로크 양식으로 새 단장되었습니다. 결과적으로, 틴 성당의 건물 전체 구조는 초·중기 고딕 양식이지만 실내 장식과 천장 구조는 바로크 양식을 띠게 되었습니다.

황금 성배를 철거하고 만든 성모 마리아상이 있는 박공
부분. 성모 마리아상 아래쪽에 보이는 성배는
최근 제작하여 설치한 것이다.

바로크 양식을 띠고 있는 틴 성당 내부

틴 성당의 기둥이나 벽면에는 성인들을 기리기 위해 아름다운 성화나 조각으로 장식된 제단들이 있습니다. 그래서 중앙 제단을 비롯하여 이곳 제단들에는 많은 가톨릭 성인과 체코의 성인들이 등장합니다.

성당 바닥에서는 많은 대리석 판을 볼 수 있는데, 이것들은 무덤의 묘비들입니다. 예배를 드리는 성당 안에 무덤들이 있다니, 우리에게는 낯선 모습이지만, 유럽에서는 그다지 이상한 일이 아닙니다. 마치 불교 사찰의 대웅전 앞마당에 있는 탑에 부처님이나 고승의 사리를 모셔 놓은 것과 비슷하다고 할까요.

서구인들에게 매장지로 가장 각광 받았던 곳은 성당 주변입니다. 그중에서도 망자가 가장 평안한 안식을 얻을 수 있는 곳은 바로 성당 지하 묘지 혹은 성당의 바닥이었고, 이곳에 매장될 수 있는 사람들은 성당에 큰 기여를 했거나,

그 지역의 권력자나 유명인사, 혹은 큰 돈을 성당에 기부한 사람들이었습니다.

성당에 묻힐 수 없었던 재력도, 권력도 없는 일반 백성들은 최대한 성당 가까이에 묻히고 싶어 했습니다. 유럽에서 작은 마을의 공동 묘지 한 가운데에 크든 작든 예배당이 있는 이유가 바로 그 때문입니다.

틴 성당에 관련하여 전해지는 흥미로운 이야기가 있습니다. 바로 소변을 참다가 방광 파열이라는 어처구니 없는 병으로 임종을 맞았다고 하는 덴마크 출신의 천문학자 튀코 브라헤[Tycho Brahe]◆의 묘비에 얽힌 이야기입니다.

중세의 유럽에서는 이가 아플 때 어떻게 치료했을까요? 당시 치과 의사들은 무조건 이를 뽑아버렸습니다. 이걸 '치료'라고 부른다는 것이 머쓱하긴 합니다만, 당시로선 가장 확실한 방법이었겠죠. 이렇게 치과 의사를 찾을 수 있는 사람들은 그래도 재력이 있는 사람들이었습니다. 치과 의사의 도움을 받을 수 없었던 사람들은 민간요법에 의존할 수밖에 없었는데, 치통이 있는 프라하의 사람들은 모두 틴 성당으로 와 갑옷을 입은 모습으로 묘사된 튀코 브라헤 부조상의 오른쪽 뺨을 때렸다고 합니다. 이렇게 하면 치통이 사라진다는 미신이 있었기 때문입니다. 하도 많은 사람들이 튀코 브라헤의 뺨을 때렸기 때문에 묘비가 많이 훼손되었다는 이야기도 있습니다. 참 재미난 민간 요법입니다.

그런데 이 재미난 이야기는 어디서 나온 것일까요? 개인적인 궁금증으로 이 미신의 출처 혹은 근거를 찾기 위해 많은 자료를 찾아보았습니다만, 어떤 경로

◆튀코 브라헤 : 덴마크 출신의 천문학자로, 오스트리아의 황제 루돌프 2세의 초청으로 프라하에 거주하면서 기존의 천동설에 지동설의 개념을 접목시킨 수정 천동설을 제시하였으며, 프라하에서 학문적인 동지이자 라이벌이었던 요하네스 케플러와 함께 천문학 발전에 많은 기여를 하였습니다.

로도 그 출처를 찾아 낼 수 없었습니다. 그래서 이렇게 근거를 찾는 과정에서 알게 된 확인된 부분만 잠깐 말씀 드리려 합니다.

우선, 튀코 브라헤가 방광 파열로 죽었다는 이야기에 관한 것입니다. 민담에 등장하는 튀코 브라헤는 아주 소심한 사람이었는데, 루돌프 2세가 주최한 연회에 손님으로 참여한 그는 맥주를 많이 마셨다고 합니다. 화장실을 가야 하는 상황이 왔어도 황제가 직접 주관하는 연회에서 어떤 이유로든 자리를 뜨는 것은 많은 용기가 필요했을 것입니다. 소심한 브라헤는 연회가 끝날 때까지 소변을 참았고, 이로 인해 방광이 터져서 얼마 지나지 않아 죽음을 맞았다는 것이 민담의 골자입니다.

사실 이런 믿기 힘든 민담이 나오게 된 것에는 어느 정도 근거가 있습니다. 실제로 브라헤는 루돌프 2세의 연회에 참가한 직후부터 소변을 제대로 보질 못했고, 극소량의 소변에도 엄청난 고통에 시달리다 열흘 뒤에 사망했습니다. 죽기 전날에는 환각이 동반되는 과다행동을 보이기도 했습니다. 이 과정에서 그는 그의 수석 조수로 있었던 천문학자 요하네스 케플러에게 자신의 묘비에 '현자로 살았지만 바보로 죽다'라는 글귀를 써 넣으라고 지시하였다고 합니다.

독일 출신의 요하네스 케플러^{Johannes Kepler}◆는 천문학에 관심이 많았던 루돌프 2세의 초청으로 프라하에 왔습니다. 요하네스 케플러는 탁월한 수학 실력을 갖추고 이를 바탕으로 이미 어엿한 천문학자로 인정받고 있는 인물이었는데, 루돌프 2세는 요하네스 케플러를 튀코 브라헤의 조수 자격으로 임명하였습니다. 나름대로 천문학에서 이름을 날리던 케플러는 튀코 브라헤의 조수로

◆요하네스 케플러 : 행성 운동에 관한 제1,2,3 법칙인 타원 궤도의 법칙, 면적 속도 일정의 법칙, 조화의 법칙을 발견한 독일의 천문학자입니다.

일하는 것이 마뜩지 않았을 것입니다. 그래서인지 두 사람의 협력 관계는 그다지 매끄럽지 않았습니다. 케플러가 브라헤에게 전달해야 할 자료들을 고의적으로 늦게 전달한 적이 있고, 이로 인해 브라헤의 연구에 차질을 빚었다는 기록도 남아 있습니다.

루돌프 2세가 주관한 연회에 브라헤가 참석했으면 케플러도 그 자리에 있었을 것입니다. 브라헤의 옆자리에 있었던 케플러는 브라헤가 연회 내내 화장실을 참은 것을 지켜봤고, 연회 직후부터 소변을 제대로 못 보게 된 브라헤를 보면서 케플러는 튀코 브라헤의 병이 연회에서 시작되었다고 생각했을 것입니다. 게다가 소변을 참아서 방광이 터져 죽은 천문학자는 대중의 이야깃거리가 될 것이니, 케플러의 다친 자존심도 어느 정도 위안받을 수 있지 않았을까요?

브라헤의 사인은 오랜 세월 동안 세인들의 관심을 끌었습니다. 소변을 참아서 방광이 터졌다는 믿기 어려운 이야기를 두고 후대의 사람들은 피살의 의혹을 제기했습니다. 덴마크의 왕비와 불륜 관계에 있던 브라헤를 왕자의 사주를 받은 그의 친척이 독살했다는 설이 퍼지기도 했고, 의학이 어느 정도 발전한 19세기 후반에는 요로 결석이나 신장 결석을 사인으로 추정하기도 했습니다. 하지만 이 모든 것은 증거 없는 추론이었습니다.

1601년에 사망한 튀코 브라헤의 300주년 기일을 기념하여 1901년에 브라헤의 묘가 다시 열렸습니다. 그 과정에서 새로이 그의 무덤을 만들어 주었고, 원래의 묘비는 성당 벽으로 옮겨서 붙여 놓았습니다. 이때, 그의 수염에서 수은 성분이 검출되었고, 그 때문에 독살설에 조금 더 무게가 실렸습니다. 하지만 이것도 사실은 아니었습니다. 1901년에 추출한 표본을 가지고 2010년에 다시 시행한 독극물 검사를 통해 체내에 있는 수은 성분이 치사량은 아니라는 것이 밝혀진 것입니다.

브라헤는 젊은 시절 자신의 연구를 비웃었던 학생과 결투를 하였고, 이 결투에서 코가 잘렸습니다. 그래서 그는 금과 은으로 만든 코 싸개를 달고, 평생 약을 먹어야 했습니다. 중세의 약 대부분이 수은을 어느 정도는 함유하고 있었기 때문에 브라헤의 수염에서 수은 성분이 검출된 것이죠. 결국 내부 장기가 하나도 남아 있지 않은 시신으로는 더 이상의 결과를 알아낼 수 없기에 그의 사인은 여전히 미스터리로 남아 있습니다.

코 싸개를 하고 있는 튀코 브라헤
(코펜하겐 티볼리 가든의 부조)

그럼 튀코 브라헤 부조상의 오른쪽 뺨을 때리면 치통이 사라진다는 미신은 어떻게 나온 것일까요? 의학이 발전하지 않았던 옛날에는 다양한 민간 요법이 존재했습니다. 그중 하나가 무덤 근처에 있으면 치통이 완화된다는 믿음이었는데 일부 나라에서는 치통뿐만 아니라 종기, 부스럼, 요실금 등이 완치된다고 믿었다고 합니다. 그래서 치통을 앓았던 프라하의 시민들은 틴 성당으로 찾아와서 묘비 위에, 이왕이면 유명인의 묘비를 찾아 그 위에 서 있었겠죠. 그러다 보니 묘비의 부조상도 훼손이 심했을 것입니다.

묘비의 부조상이 때려서 훼손된 것이 아니라고 추정할 수 있는 이유는 또 있습니다. 1901년 이전의 브라헤 묘비 부조상은 바닥에 있었기 때문에 부조상의 뺨을 때리려면 상당히 불편한 자세를 취해야 했을 것입니다. 하지만 지금은 부조상이 바닥이 아닌 벽면에 붙어 있어서 뺨을 때리기 좋은 위치에 있기에 '튀코 브라헤의 묘비 부조상의 오른쪽 뺨을 때리면 치통이 사라진다.'는 미신이 만들어진 것이 아닌가 합니다.

250년간 지은 고딕 성당, 구 시가지의 랜드마크, 치통을 없애준다는 튀코 브라헤의 묘비 석상, 귀족 출신의 이르지 왕의 심장이 어딘가에 묻혀 있는 곳. 그럼에도 불구하고 관광객들이 많이 방문을 하지 않아 더욱 여유 있게 둘러 볼 수 있는 이곳은 주말은 물론이고, 평일에도 신자들이 예배를 보는 공간으로, 시간을 잘 맞춰서 가면 체코어로 진행되는 미사에도 참석할 수 있습니다.

성당 내부에 들어갈 때는 선글라스는 벗고, 남자분들은 모자도 벗어 주시고, 카메라의 플래시나 삼각대는 사용하지 않는 것이 예의입니다. 수많은 여행자들이 무분별하게 사진을 찍는 바람에 현재 틴 성당 내부는 원천적으로 사진 촬영이 금지되어 있습니다.

4/ 틴 광장

Týn Courtyard(Ungelt Square)
Týnský Dvůr

종종 운겔트^{Ungelt}(독일어식 표기)라고도 불리는 틴 광장은 구시가지 경관의 핵심인 틴 성당의 뒤쪽에 있는 조그만 광장으로, 자세히 들여다보면 광장 주변이 건물들로 둘러싸여 있어 마치 성채의 안마당처럼 보이기도 합니다. (9쪽 지도 참조. ⑩번 위치)

왜 이런 모습을 하고 있을까요?

13세기 무렵 왕들은 자신들의 재화 축적에 도움이 되는 무역상들을 끌어들이기 위해 안전하게 물건을 사고팔 수 있는 장소를 마련해 주는 데 적극적이었다는 이야기를 오베츠니 둠을 설명하면서 언급한 바 있습니다. 보헤미아의 왕가는 프라하의 구시가지에 무역 상인들을 위한 공간을 만들어 주었는데, 그 공간이 바로 틴 광장입니다. 성벽으로 둘러싸인 이 공간 안에는 숙박업소와 식당 등이 있어 체류하기 편했으며, 광장이 있어서 장사를 하기도 좋았습니다. 틴 광장에서 장사를 마친 무역 상인들은 거래가 끝나고 나면 광장 앞의 틴 성당으로 가서 헌금을 하면서 그 고마움을 표시하였다고 합니다.

이 광장에는 상당히 흥미로운 전설이 전해집니다. 광장의 한 여관 주인에게는 아주 아름다운 딸이 있었는데, 콧대가 높았던 그녀를 신부로 맞기 위해 청혼자들이 줄을 섰다고 합니다. 누구에게도 쉽게 마음을 열지 않던 그녀는 어느 날 먼 튀르크(현재의 터키 지역) 땅에서 온 상인 행렬 속 깊은 눈을 가진 매혹적인 청년을 만나게 되었습니다. 이 두 젊은 영혼들은 서로를 보자마자 사랑에 빠졌고, 매일 밤 사람들의 눈을 피해 만났습니다.

시간이 흘러 터키 상인들이 가지고 온 물건들이 모두 팔리자, 상인들은 본국으로 돌아갈 준비를 했습니다. 당연히 청년도 돌아가야 했죠. 청년은 반드시 다시 돌아오겠다는 다짐과 함께 그녀와 결혼하여 미래를 같이하겠다는 굳은 약속을 하였습니다.

청년이 떠나고, 아가씨는 기다려야 했습니다. 곧 돌아오겠다던 청년의 약속이 무색하게 시간은 흘러갔고, 수개월이 지나도 돌아올 기미는 보이지 않았습니다.

이때 연인을 기다리면서 지쳐갔던 그녀를 바라보던 한 남자가 있었습니다. 이 남자는 그녀의 일거수일투족을 살피며 매일 꽃을 바쳤습니다. 따뜻한 말로 위로를 해주었고 지극한 사랑을 베풀었습니다. 지키지 않을 약속을 하고 떠난 튀르크 청년은 점점 기억에서 잊혔고, 자신을 진심으로 위로해 주는 남자에게 점점 호감이 생기기 시작한 아가씨는 결국 새로운 남자의 청혼을 받아들였습니다.

마침내 결혼식 날이 되었습니다. 그런데 새로운 남자와 결혼식을 마치고 하객에게 인사를 하던 신부의 눈에 낯익은 얼굴이 나타났습니다. 수개월 전에 떠났던, 다시는 돌아오지 않을 것이라 생각했던 튀르크 청년이 지금에야 나타난 것입니다. 결혼식이 끝나고 시작된 연회 내내 아가씨는 정신을 차릴 수 없었습니다. 경황없이 서 있던 아가씨의 손에 어느새 쪽지가 쥐어졌는데, '돌아오겠다는 약속을 너무 늦게 지켜서 미안하다. 결혼한 것은 알고 있지만 오늘 밤에 마지막으로 둘만 만나고 싶다'는 내용을 담은 튀르크 청년의 쪽지였습니다.

약속을 어기고 다른 남자의 신부가 되었기에 청년에게 죄책감이 들었던 아가씨는 모두 잠든 밤에 튀르크 청년이 만나자는 장소로 나갔습니다. 그날 밤을 마지막으로 아가씨는 종적을 감췄고, 수년 후에 여관의 지하실을 청소하던 여관 급사 아가씨가 장작더미 뒤에서 사라진 아가씨의 잘린 머리와 시신을 발견하였습니다. 그리고 아가씨를 살해한 튀르크 청년은 죽은 뒤 귀신이 되어 아가씨의 머리를 들고 틴 광장을 떠도는 벌을 받게 되었다고 합니다.

이 전설은 오랫동안 기독교 세력과 적대관계에 있었던 이슬람 세력인 튀르크족을 악한으로 묘사한, 유럽 어디서나 쉽게 들을 수 있는 전형적인 이야기입니다. 안 그래도 야사와 전설이 많은 프라하에 또 전설 하나를 추가하는군요.

바츨라프 광장, 구시가지 광장 등 유명한 광장들도 많습니다만, 틴 광장 같은 이런 조그만 광장들도 유명한 광장들 못지않게 프라하의 오래된 모습들을 잘 보여주고 있으니, 여행하는 내내 이런 광장을 찾아다니셔도 좋으리라 생각합니다.

5 / 성 니콜라스 성당

St.Nicholas Cathedral
Kostel Sv. Mikuláše

구시가지 광장을 둘러싸고 있는 건축물 중에서 바로크 양식의 대표적인 예가 바로 이 성 니콜라스(미쿨라셰) 성당입니다. 말라 스트라나 지구에 있는 니콜라스 성당과 같은 이름을 가졌기에 종종 혼동을 하기도 하는 이 성당은, 비록 규모는 말라 스트라나의 니콜라스 성당보다 작지만 충분히 방문할 가치가 있는 성당입니다.

여느 성당과 마찬가지로 현재의 성 니콜라스 성당이 있던 자리에는 원래 다른 성당이 있었습니다. 문헌상의 기록으로는 1273년에 이 자리에 최초의 교구 교회가 서 있었다고 합니다.

보헤미아 땅에 불어 닥친 종교 개혁 전쟁 기간에 이 교회는 후스 추종자들의 집결지이자 예배 장소로 사용되었고, 후스파의 소유였던 이 성당은 17세기에 가톨릭을 신봉하던 오스트리아 합스부르크 왕가의 영향 아래 베네딕트 수도원의 소유가 되었습니다.

1730년, 노후화된 건물에 불만이 많았던 베네딕트 수도원은 골츠킨스키 궁전을 건축했던 건축가 킬리안 이그나츠 디엔첸호퍼Kilian Ignaz Dientzenhofer에게 오래된 교구 교회를 허물고 그 자리에 성 니콜라스 성당을 바로크 양식으로 건축하도록 했습니다.

바로크 양식의 대가였던 디엔첸호퍼의 작품답게 건물 내·외관 모두 유려한 바로크 양식을 보여주고 있는 성 니콜라스 성당의 재건축 초기에는 지금과는 달리 수많은 내부 장식들이 있었습니다. 하지만 1782년 당시의 오스트리아 황제 요제프 2세Joseph II가 그의 정치·종교적인 취향에 맞지 않는 성당들을 '사회적 기능을 하지 못하는 성당'으로 규정하며, 오스트리아 제국의 지배하에 있던 많은 성당들을 강제로 폐쇄하였습니다. 그때 성 니콜라스 성당도 철거되면서 수많은 내부 장식들은 강제로 철거되어 여기저기에 장식품으로 팔려 나갔고,

성 니콜라스 성당 내부. 돔 주변의 프레스코화와 러시아 정교회가 남긴 샹들리에가 보인다.

신고전주의, 신바로크주의의 영향을 받은 성당 외관

빈 건물은 한동안 곡물 저장고로 사용되다가 1871년까지 등록 기록 보관소로 사용되었습니다.

1871년에 이르러 이 건물에 러시아 정교회가 들어오면서 다시 종교적인 장소로 사용되었는데, 러시아 정교회가 20세기 초반까지 성당을 사용하면서 남긴 것이 바로 성당의 가운데에 있는 화려한 샹들리에입니다. 보헤미아산 크리스털로 만들어진 이 샹들리에는 러시아 황제 차르tsar의 왕관 형태와 흡사합니다.

20세기로 접어들면서 유행한 신고전주의, 신바로크주의의 영향으로 성당 주변에 다시 많은 석상들과 조각들이 세워졌고, 과거의 영광을 찾아가던 성 니콜라스 성당은 체코슬로바키아가 기나긴 오스트리아 제국의 지배를 벗어나 독립을 이룬 지 2년 뒤인 1920년에 이르러 다시금 후스파의 소유가 되었습니다.

현재 니콜라스 성당은 입장료를 받지 않아서, 미사가 진행되는 일요일을 제외하고 성당 문이 열려 있다면 언제라도 들어가서 성당의 아름다운 인테리어를 감상할 수 있습니다. 이 성당은 채광 창이 있는 교회의 사각 돔 주변에 그려진 성 니콜라스와 성 베네딕트의 프레스코화부터 화려한 크리스털 샹들리에는 물론, 성당 내부를 채우고 있는 풍부한 장식들로 관광객들의 각광을 받고 있습니다.

성 니콜라스 성당에서는 정기적으로 파이프 오르간 연주회가 열립니다. 성당의 규모가 그다지 크지 않아서 파이프 오르간의 소리에 잔향이 많이 섞이는 공연장은 아니지만, 프라하 구시가지에서 가장 접근하기 쉽고 눈에 띄는 곳이니, 관심이 있는 분이라면 교회 앞의 매표소에서 공연 정보들을 확인하시기 바랍니다.

6/ 골츠킨스키 궁전

Golz-Kinský Palace
Palác Golz-Kinských

프라하 구시가지 광장에서 틴 성당 왼쪽을 보면 외관이 화려한 건물 하나가 눈에 들어옵니다. 1755년에 착공하여 10년간의 공사를 통해 완공한 이 건물은 프라하에서 가장 아름다운 로코코 건물이라는 찬사를 받고 있는 골츠킨스키 궁전Palác Golz-Kinských입니다. 골츠킨스키 궁전은 바로크와 로코코 건축의 대가였던 이탈리아 출신의 안젤모 루라고Anselmo Lurago와 킬리안 이그나츠 디엔첸호퍼 Kilian Ignaz Dientzenhofer의 공동 작품입니다.

이 건물의 이름은 사실 두 사람의 이름이 연결된 것입니다. 골츠Golz 공작과 킨스키Kinský 가문의 이름에서 따온 것인데, 골츠 공작의 의뢰로 건축되었고, 그의 사후에 황실 외교관이자 당대의 유력 가문 중 하나였던 킨스키 가문에게 팔려 킨스키 가문의 거주궁이 되었기 때문입니다.

이 건물의 건설 과정에는 다음과 같은 흥미로운 야사가 전합니다. 골츠 공작으로부터 건축 의뢰를 받은 두 건축가는 건물의 설계도와 조감도를 만들어서 골츠 공작에게 내놓았습니다. 그리고 골츠 공작에게 건물을 지을 때 주변에 있는 건물들보다 광장 쪽으로 좀 더 튀어나오게 해서 지으면 그 아름다움이 더욱 두드러져 보일 것이며, 골츠 공작의 권위도 과시할 수 있을 것이라는 제안도 덧붙였습니다. 골츠 공작은 이 제안에 완전히 매료되어 프라하 시의회에 건설 부지를 광장 쪽으로 더욱 확장할 수 있는지 의뢰하였습니다.

하지만 시의회는 주변의 건물과 그 선을 맞추어야 한다는 결정을 내렸고, 이에 실망한 골츠 공작은 비공식적인 경로를 통해서라도 뜻을 이루고자 했습니다. 시의회의 도시 계획에 관련된 의원 중 돈과 술을 좋아한다고 소문이 난 3명을 사석에서 몰래 만난 골츠 공작은 그들에게 향응을 제공하면서 온갖 아부를 떨었습니다. 골츠 공작이 권하던 술과 여자, 그리고 엄청난 액수의 금액에 정신이 팔린 그들은 '아주 조금만, 아주 살짝 광장 쪽으로 건물을 내어서 짓겠다'는 골츠 공작의 거짓말도 제대로 듣지 못한 채, 건축 허가서에 서명했습니다.

비록 건축 허가를 받긴 했지만 조심할 필요가 있었습니다. 그는 공사 현장 주변에 2층 높이의 거대한 펜스를 넓게 둘러싸서 외부에서 공사가 어떤 식으로 진행되는지 알 수 없게 만들었습니다. 공사 진척도가 높아지면서 마침내 건물 벽이 펜스를 넘어서자 프라하시는 발칵 뒤집혔습니다. 골츠 공작이 짓고 있던 건물이 주변의 건물보다 7~8m는 더 앞으로 튀어나온 모양임을 확인한 시민들은 말도 안 되는 공사 허가를 내준 시의회를 비판하고 나섰습니다.

시의회에서는 골츠 공작을 불러서 어찌된 일인지 해명을 요구했습니다만, 골츠 공작은 아무것도 모르겠다는 순진한 표정으로 건축 허가서를 들이밀었습니다. 건축 허가서에 서명한 3명의 시의원들 얼굴은 백지장이 되었을 것입니다. 결국 이 사건은 당시의 프라하에서 가장 유명한 스캔들이 되었고, 부패에 연루된 3명의 의원들은 의원직을 상실하고 궁전 앞에서 교수형을 당했다고 합니다.

그럼 골츠 공작의 궁전은 어떻게 되었을까요? 당연히 철거를 했을 것 같지만 지금도 골츠킨스키 궁전은 주변 건물보다 앞으로 돌출되어 있는 처음 모습 그대로입니다.

야사는 야사일 뿐입니다. 교수형을 당한 의원들도 없었고, 건축가들은 이미 그 이전부터 돌출되어 있는 건축 부지에 건물을 그냥 지었을 뿐입니다.

지금은 갤러리로 사용되고 있는 이 건물은 1848년 체코 최초의 노벨상 문학 부문 수상자인 베르타 수트네로바Berta Suttnerova가 태어난 곳입니다. 또한 19세기 후반 이 건물 안에는 독일어 문법 학교가 있었는데, 이 학교에서 체코의 작가 프란츠 카프카^{Franz Kafka}가 1893년부터 1901년까지 8년간 공부했습니다. 그리고 카프카의 아버지는 건물 1층에 남성복 매장을 가지고 있었습니다. 이런 카프카와의 인연으로 지금 이곳에는 카프카 서점이 있습니다.

이 건물의 2층에 보이는 아름다운 발코니에는 특별한 사연이 있습니다.

1945년 5월, 7년간의 2차 대전이 끝나고 체코슬로바키아에도 해방의 기쁨이 넘쳐났습니다. 하지만 소련이 체코슬로바키아의 전후 처리를 도와주는 과정에서 점점 그 세력을 키워 나간 체코슬로바키아 공산당은 쿠데타를 통해 정권을 장악하였습니다. 당시의 공산당 최고 간부였던 클레멘트 고트발트^{Klement Gottwald}는 1948년 2월, 이곳 골츠킨스키 궁전의 2층 발코니에 올라 '체코슬로바키아의 공산당 일당 독재 체제가 시작되었음'을 선포하였습니다.

발코니는 1990년 이후 폐쇄되었는데, 아마도 40여 년에 걸친 어두운 공산주의 체제를 기억하기 싫은 체코 사람들의 의식이 반영된 결정이지 않을까 생각합니다.

클레멘트 코트발트의 연설 장면

7 천문시계

Astronomical Clock
Staromestský Orloj(Pražský Orloj)

프라하를 여행하는 모든 여행자들이 한 번은 꼭 볼 수밖에 없는 것이 바로 구시가지의 천문시계입니다. 천문시계에서 벌어지는 간단한 이벤트를 보기 위해 엄청난 사람들이 몰려들기 때문입니다. 정각 10분 전부터 모여든 사람들은 불과 40초 동안 진행되는 시계탑의 정각 이벤트를 보고, 5분 뒤면 썰물같이 빠져나갑니다.

이렇게 유명한 천문시계를 본 사람들은 공통적으로 '생각보다 작다'라고 말을 합니다. 인터넷이나 책자들에 수록된 사진으로 천문시계를 먼저 접하고 나서 실제를 보면 천문시계는 더욱 작아 보입니다. 게다가 모든 사람들이 모여서 바라보는 시계탑의 쇼는 정말 순식간에 끝이 나며 그렇게 화려하거나 거창한 쇼도 아니기 때문에 많은 사람들이 아쉬움을 느끼기도 합니다.

과연 천문시계는 소문만큼은 대단치 않은 관광 명소일 뿐일까요?

사실 천문시계가 중요한 이유는, '크다' 혹은 '아름답다' 혹은 '재미있다'에 있지 않습니다. 이 시계의 최초 제작 시점이 1410년이니 600년이 훨씬 넘었다는 점과, 그런 시계가 아직까지 정확하게 돌아가고 있다는 점, 그리고 당대의 모든 기술과 학문이 응축되어 있는 집약체라는 점이 놀라운 것이죠.

그럼에도 불구하고 상당히 많은 사람들이 이런 기술의 집약체를 외관만 보고 그저 아름다운 시계로만 보는 것이 안타깝습니다. 시계를 보는 법을 모르고 시계를 가진 것처럼 무의미한 일은 없지 않을까요? 그래서 이 책에서는 천문시계가 어떻게, 어떤 배경으로 만들어졌으며, 시계를 통해 알 수 있는 것들이 무엇인지에 대해 깊게 다루어 볼까 합니다.

천문시계를 보는 법

여러 가지 기호와 그림, 작은 인형과 조각상 들이 섞여 있는 큰 벽시계처럼 보이는 천문시계는 처음에는 한 부분으로 시작했습니다. 시간이 흐름에 따라 다른 부분이 추가되면서 현재의 모습이 된 것이죠. 천문시계를 보는 법에 대해서는 다음의 세 부분으로 나누어 이야기하려 합니다.

1. 기호가 많이 있는 가운데 원형 부분
2. 그림이 많이 있는 아래 원형 부분
3. 기둥의 인형들과 작은 이벤트가 이루어지는
꼭대기 부분

1 │ 기호가 많이 있는 가운데 원형 부분

천문시계에서 가장 먼저 만들어진 부분은 가운데 부분입니다. 1410년 이 부분을 시작으로 천문시계가 커지기 시작했지요. 여기에 천체들의 움직임이 담겨 있어서 시계의 이름이 천문시계로 불리게 되었는데, 이 시계를 만든 이유도 중요했습니다.

1350년경 카를 4세의 재위 시절, 프라하는 신성로마제국의 수도로 지정되며 인구도 증가하고 많은 발전을 이루었지만, 도시를 상징할 만한 상징물이 없었습니다.

우리가 '시드니' 하면 오페라 하우스를 떠올리는 것처럼, 당시 프라하시에도 프라하를 상징할 수 있는 상징물을 만들자는 의견이 모였습니다. 시의회의 주도 아래 상징물은 시계로 정해졌고, 이 시계를 통해 프라하의 뛰어난 기술도 보여주자는 취지에서 당대 최고의 시계 장인, 천문학자, 수학자 들을 모아 만들어낸 시계가 바로 가운데 부분입니다.

시계 제작에 참여한 많은 학자들은 당시의 지배적인 우주관이었던 천동설◆을 바탕으로 천체의 움직임과 시간을 한 원판 안에 담아냈고, 이에 이 부분을 라틴어로 '아스트롤라븀^Astrolabium(천체의 높이나 각거리를 재는 기구를 의미)'이라고 부릅니다.

◆천동설 : 아스트롤라븀이 만들어진 시점이 1410년이니, 갈릴레오 갈릴레이가 태어나기 1세기 전이었습니다. 이미 고대의 그리스 학자 중 일부는 천동설이 가지고 있는 오류에 대해 의심을 품고, 지동설에 대한 주장을 하기도 했습니다만, 그리스도교가 중세 유럽을 장악하면서 종교에 위배되는 모든 행동들이, 심지어는 과학적인 사고조차 이단으로 몰렸던 상황이니 어찌 보면 천동설은 당시에는 당연하게 받아들여진 학설이라 할 수 있겠습니다.

2월 20일, 오후 2시 20분경에 찍은 천문시계의 아스트롤라븀 부분

천문시계에서는 황금색 손가락이 달린 바늘이 시곗바늘입니다. 이 바늘이 가리키는 숫자가 현재 시각인데, 아스트롤라붐의 시간 개념은 한 가지가 아닙니다. 가장 바깥쪽 원부터 안쪽으로 들어가면서 차례차례 설명하겠습니다.

A. 가장 바깥쪽 원(테두리)에는 고대 슬라브족의 시간 관념이 중세 고딕 폰트로 된 금색 숫자로 나타나 있습니다. 15세기까지의 주요 산업은 농업이었고, 농사짓는 사람들에게 가장 중요한 시간은 해가 뜨고 지는 시간이었습니다. 이 중, 보헤미아 사람들은 해가 지는 일몰 순간을 0시, 혹은 24시로 생각했고, 이를 기준으로 하루를 24시간으로 나누었습니다.

이런 시간 관념으로 만들어진 시간을 읽으면 오늘 해가 얼마나 남았는지 쉽게 알 수 있습니다. 만약 바늘이 24시(ⅩⅩ)에 정확히 가 있다면 일몰이 시작된 것이고, 23시에 가 있다면 해가 질 때까지 1시간 남은 것입니다. 현재의 사진에는 바늘이 22시에 가 있으니 해가 질 때까지 2시간이 남아 있다고 이해할 수 있습니다. 그 남은 시간만큼 오늘 끝낼 농사일을 정리할 수 있었습니다.

그런데 문제가 하나 있습니다. 해가 지는 시간은 절기마다 달라지죠. 여름에는 길어지고 겨울에는 짧아지는 낮의 길이 때문에 이 바깥 테두리는 멈춰 있지 않고, 해가 지는 시간에 맞춰 돌아가게 고안되었습니다. 해가 가장 긴 하지로 갈 때는 원판이 시계방향으로 돌아가서 하지에는 현재 2시 방향에 보이는 24가 5시 30분 방향, 그러니까 사진에서 보이는 바깥 테두리의 6, 7 사이까지 내려옵니다. 반대로 해가 가장 짧은 동지로 갈 때는 원판이 반시계방향으로 돌아가 24가 1시 방향, 사진에서 보이는 바깥 테두리의 22 위쪽까지 올라갑니다. 그래서 언제 방문하든 일몰 순간에는 바늘이 항상 24를 가리키고 있게 됩니다.

B. 슬라브족 시간 안쪽의 로마 숫자 부분은 정오를 기준으로 오전 12시간, 오후 12시간을 나누는 개념이 표현되어 있습니다. 이곳을 통해 현재의 시간 개념에 해당하는 시각을 알 수 있는데, 사진상의 시곗바늘이 Ⅱ와 Ⅲ 사이를 가리키고 있으므로 촬영 당시 시각은 2시 20분 정도라고 할 수 있습니다.◆

단, 3월 마지막주 일요일부터 10월 마지막 주 일요일 사이를 여행하시는 분들은 서머타임에 주의해야 합니다. 해당 기간에는 유럽 전체가 원래의 시간보다 한 시간을 앞당겨서 쓰는데, 이 천문시계에는 서머타임이 적용되지 않습니다. 따라서 이 기간에는 여러분이 보는 시간에 한 시간을 더해서 계산해야 현재 시각이 됩니다.

C. 로마 숫자 안쪽의 아라비아 숫자는 고대 바빌론과 헬레니즘 문화권에서 사용하던 시간으로, 태양, 달, 수성, 금성, 화성, 목성, 토성 7개의 행·항성이 각각의 날과 시각들을 지배한다는 관념에서 태어났습니다. 그들은 1시를 일출, 13시를 일몰로 계산했는데, 현재 우리가 사용하는 어떤 시간과도 맞지 않아 이해하기 힘들고, 따라서 실용적이지 않습니다. 하지만 당대에는 주술적인 혹은 학문적인 목적으로 점성술사와 천문학자들 사이에서 종종 사용되던 시간 관념이었습니다. 사진을 촬영한 시점의 바빌론 시간은 8시 20분입니다.

D. 별도의 층으로 떠 있는 원형 띠에는 12개의 기호가 그려져 있습니다. 이 원

◆응응하기 : 앞서 슬라브족 시간으로 일몰 순간을 항상 0시 혹은 24시로 생각했다고 하였습니다. 사진 상태에서 시곗바늘이 움직여 중세 고딕 폰트 24를 가리키게 되면 로마 숫자로는 Ⅳ와 Ⅴ를 가리키게 되므로, 현재 우리가 사용하는 시간 체계로 일몰 시각은 4시 20분경이 됩니다.

형 띠는 아래층의 원판과 별개로 돌아갑니다. 이 안에 있는 기호들은 태양이 지나가는 길에 있는 12개의 서양 별자리 기호(황도 12궁)로, 각각 양(♈), 황소(♉), 쌍둥이(♊), 게(♋), 사자(♌), 처녀(♍), 천칭(♎), 전갈(♏), 사수(♐), 염소(♑), 물병(♒), 물고기(♓)자리입니다.

E. 바늘의 안쪽을 따라 내려 오면 황금색으로 칠해진 태양이 보입니다. 현재 태양이 걸려 있는 자리가 물병자리와 물고기자리인데, 태양은 지금 물병자리를 지나 물고기자리로 들어가는 중입니다. 태양은 황도 12궁 영역 안에서 1년에 한 바퀴를 돕니다.

F. 사진에서 태양의 왼쪽 위에 보이는 검은 구체는 달입니다. 이 구체의 절반은 완벽하게 은색이고, 절반은 검은색입니다. 구체는 별도의 테두리 안에서 자체적으로 돌아가는데, 정면에서 바라보았을 때 은색이 가득 보이면 보름달, 검은색이 가득 보이면 그믐달로, 달이 이지러지고 차는 모습도 알 수 있습니다. 사진을 촬영한 날의 밤에는 그믐달이 떴습니다. 사진을 촬영한 시점의 달은 양자리에서 황소자리로 넘어가는 중입니다. 이 역시도 아주 정확하며, 달은 태양과 같은 움직임을 보이지만 돌아가는 속도는 태양보다 훨씬 빠릅니다.

G. 황도 12궁 영역에서 뻗어 나온 별은 항성시 바늘입니다. 춘분점을 가상의 별로 지정하고 시간을 계산하는 방법으로, 별이 위치한 곳의 로마 숫자를 읽으면 됩니다. 이 역시 역법이나 천문학 외의 일반적인 경우에는 사용되지 않는 시간 개념입니다.

2월 20일, 오후 2시 20분경에 찍은 천문시계의 아스트롤라븀 부분

H. 중앙의 지구본은 지구가 우주의 중심에 있는 모습을 표한 것으로, 지구를 중심으로 태양, 달, 별자리들이 회전한다는 천동설을 바탕으로 한 지구의 위치입니다.

I. 가장 윗부분의 하늘색은 지평선 위의 지구, 쉽게 말하면 우리 눈에 들어오는 땅이라고 볼 수 있겠습니다. 이 면 전체에 아라비아 숫자가 쓰여 있는데, C 항목에서 언급했던 바빌론과 헬레니즘 문화권에서 일출이라 생각했던 1시에는 ORTUS(일출), 12시에는 OCCASUS(일몰)가 라틴어로 쓰여 있습니다. 바빌론 문화권에서 해가 떠 있는 기간을 나타냅니다.

J. 오렌지색 타원의 오른쪽에는 라틴어로 CREPUSCULUM(황혼), 왼쪽에는 AURORA(여명)라는 글귀가 있습니다.

K. 원형 가장 아래쪽의 검은 타원은 밤의 영역입니다.

이 책에서 가장 어려운 부분이 끝났습니다. 열 몇 개의 항목으로 나누어 천문시계를 훑어봤지만, 여전히 이 시계에는 남북 회귀선, 적도선, 춘분점, 추분점 등의 천문학적 지식들이 숨겨져 있습니다. 이렇게 당대의 내로라하는 학자들이 만들어 놓은 이 시계를 일반인이 이해하기는 상당히 힘듭니다. 이 아스트롤라븀은 당시를 살았던 사람들 중 최고의 지식을 가진 사람들만 완전하게 이해할 수 있는 부분이었습니다. 일반인은 겨우 가장자리의 슬라브족 시간과, 해가 뜬 지 얼마나 지났는지 알려주는 아라비아 숫자만을 봤을 뿐이었습니다. 프라하의 천문시계가 대단하다는 소문은 떠들썩했지만, 막상 프라하의 천문시계를 접한 대부분의 유럽인들에게 이런 대단한 내용을 이해할 수 있는 지식은 없었습니다.

이해도가 떨어지는 일반 민중들에게 아스트롤라븀은 전혀 실용적이지 않았습니다. 프라하시에서도 그것을 알아차렸는지 80년이 지난 1490년경, 일반 민중들도 쉽게 이해할 수 있는 부분을 만들었는데, 그게 아래쪽에 있는 그림이 많은 부분입니다. 아무래도 기호보다는 그림이 여러모로 이해하기 편하므로, 아랫부분은 그림과 글자로만 이루어져 있습니다.

2 | 그림이 많이 있는 아래 원형 부분

아스트롤라븀의 아래쪽은 캘린더리움^{Calendarium}이라고 불립니다. 12시 방향에 네모난 틀이 있고, 그 아래에 금색 바늘이 조그맣게 붙어 있습니다. 캘린더리움은 바늘이 돌아가는 것이 아니라, 바늘은 고정되어 있고 원판이 돌아가는 형태입니다. 읽는 방법은 아주 간단히 금색 바늘의 선을 따라가는 것입니다. 이 캘린더리움은 아스트롤라븀과는 반대로 원의 가장 안쪽부터 바깥쪽으로 나가면서 보면 이해하기 쉽습니다.

A. 원의 가장 안쪽은 프라하시의 문장입니다.

B. 프라하시 문장 바깥쪽으로는 그림으로 묘사된 황도 12궁이 있습니다.

C. 황도 12궁 바깥쪽에는 12개월 동안 농민들이 해야 할 일들을 묘사한 그림이 있습니다.

D. 가장 바깥쪽 하얀 바탕에 쓰여 있는 글씨들은 날짜와 요일을 조합할 수 있는 숫자와 알파벳, 유럽 성인들의 이름(각 365개)입니다.

사진에서는 12시 방향의 금색 바늘을 따라가면 현재 태양은 양자리에 있으며, 지금은 소를 몰고 밭을 갈아야 하는 시기입니다. 당일이 어떤 성인의 축일인지, 며칠이며 무슨 요일인지를 알 수 있는 이 캘린더리움은 이미 이름에서도 알 수 있듯이, 달력입니다.

1490년에 추가된 이 부분은 철저하게 서민들을 위해 설계되었습니다. 천문시계 앞으로 오면 지금 무엇을 해야 하는지 알 수 있었을 것입니다. 아마 사진과 같은 시계를 본 농민들은 집에 돌아가서 다들 밭을 갈았을 것입니다.

바깥쪽 부분 확대

D 금색 바늘

C

B

A

천문시계의 캘린더리움 부분

고딕 기둥 아랫줄 왼쪽 인형 / 오른쪽 인형
고딕 기둥 윗줄 왼쪽 인형 / 오른쪽 인형

3 | 기둥의 인형들과 작은 이벤트가 이루어지는 꼭대기 부분

아주 어려웠던 아스트롤라븀과 누워서 떡 먹기였던 캘린더리움에 대해 알아보았습니다. 하지만 프라하를 찾는 여행자들이 유심히 보는 것은 아스트롤라븀도, 캘린더리움도 아닙니다. 프라하 천문시계에서 가장 마지막으로 추가된 부분인 천문시계의 가장 위쪽 부분이 그 주인공입니다.

천체의 움직임을 담은 아스트롤라븀과 달력 역할을 하는 캘린더리움이 만들어지고 천문시계는 점점 유명해졌습니다. 그러다 17세기 말, 시계를 찾는 사람들에게 약간의 즐거움을 주기 위해 추가된 부분이 시계 양쪽에 세워진 고딕 기둥에 달린 8개의 인형과 하늘색 창문을 통해 움직이는 12사도(예수의 11명의 제자와 사도 바울), 황금 수탉 부분입니다.

고딕 기둥 아랫줄 가장 왼쪽에 있는 두루마리와 깃펜을 든 인형이 상징하는 것은 진리 혹은 진실, 그 오른쪽의 칼을 든 천사는 정의, 망원경을 들고 멀리 가리키는 인형은 탐험 혹은 탐구, 가장 오른쪽의 책을 든 인형은 철학이나 학문 등 대체로 좋은 덕목들을 상징합니다.

반면 윗줄 양쪽에 있는 인형들은 그 반대입니다. 가장 왼쪽의 거울을 든 인형이 상징하는 것은 자만 혹은 허영, 그 오른쪽의 금화 주머니와 지팡이를 가진 인형은 물질과 재물에 대한 탐욕, 그 오른쪽의 모래시계를 쥔 해골은 죽음 혹은 병, 가장 오른쪽의 비파를 든 인형은 향락과 유흥 등, 이 인형이 만들어진 당시의 17세기 사람들이 경멸하고 두려워하던 것들에 대한 상징입니다.

이 중 아랫줄 좋은 덕목의 인형들은 움직이지 않고, 윗줄의 네 인형들이 정각마다 간단한 인형극을 보여줍니다. 정각이 되면 죽음을 뜻하는 해골이 오른손을 흔들어 종을 치기 시작하고, 이와 동시에 왼손에 들려 있는 모래시계를

천문시계의 12사도 행진 부분(밖에서 보이는 모습과 안쪽에서 돌아가는 모습)

90도 각도로 기울입니다. 죽음이 다가온 것입니다. 해골이 이런 움직임을 보여 줄 동안, 주변의 인형들은 머리를 흔들고, 손에 쥐고 있는 것들을 흔들어댑니다. 여러 가지로 해석할 수 있겠지만, 어떤 식의 삶을 살아왔건, 죽음은 피할 수 없는 것이라는 이야기를 하고 있는 듯합니다.

이렇게 인형들이 간단한 인형극을 보여 주고 있는 동안, 천문시계에서 가장 나중에 추가된 부분인 창문이 열립니다. 그 창문 뒤로 12명의 사도가 왼쪽 창에 6명, 오른쪽 창에 6명으로 나뉘어 빙글빙글 돌면서 행진하는 모습을 보여 주는데, 이 행진이 끝나자마자 창문은 매정하게 닫힙니다. 창이 닫힘과 동시에 가장 꼭대기에 있는 황금 수탉이 홰를 치며 '꼬끼오' 하는 울음을 울고 모든 쇼가 끝이 납니다.

천문시계 제작에 얽힌 야사

해골이 종을 치면서 시작하여, 수탉의 울음으로 끝나는 이 간단한 쇼는 불과 40초도 되지 않습니다. 하지만 시계 앞에 모였던 여행자들은 모든 것이 끝났음에도 쉽사리 이 자리를 뜨지 못합니다. 뭔가 더 있지 않을까 하는 기대 심리 때문입니다.

이렇게 아쉬움을 느끼는 여행자들에게 뭔가를 더 심어주고 싶어서일까, 천문시계 앞에서 투어를 진행하고 있는 각국의 여행 안내자들은 천문시계를 만든 장인에 얽힌 야사를 풀어냅니다. 앞에서 처음 천문시계가 만들어진 시점을 1410년이라 하였는데, 야사에서는 이 시계가 만들어진 시점을 80년 뒤인 1490년이라고 이야기를 합니다.

1490년 성장기를 맞던 프라하의 시의회에서 프라하의 상징물로 정교한 시계탑을 만들기로 했습니다. 이를 위해 시계 장인들을 수소문하던 중 프라하에 있던 얀 루제Jan Růže라는 장인을 알게 되었습니다. 민간에서는 하누쉬Hanuš라는 별칭으로 불리던 최고의 기술자를 얻은 의회에서는 하누쉬에게 지금껏 유럽의 어느 도시에서도 볼 수 없었던 최고의 시계를 만들어 달라는 부탁을 하였습니다. 의뢰를 받은 하누쉬는 몇 달을 고민하고 계산하여 천문시계 시스템을 고안해 냈습니다. 그리고 마침내 천문시계가 완성되었습니다.

하누쉬의 천문시계는 너무나 훌륭했습니다. 타의 추종을 불허할 정도로 잘 만들어진 프라하의 천문시계에 대한 소문은 급속도로 전 유럽으로 퍼져나갔습니다. 이에 시의회는 고민에 빠졌습니다. 하누쉬가 혹여 다른 도시에 이와 같은, 혹은 이보다 더 뛰어난 천문시계를 만들어 주면 어쩌나 하는 것이었습니다. 만약 그렇게 된다면 천문시계의 위대함이 빛바랠 것이 두려웠던 것입니다.

시의회에서는 대책을 마련했습니다. 하인들을 일찍 귀가시킨 어느 날, 하누쉬의 집 대문을 두드리는 사람이 있었습니다. 하누쉬가 대문을 열자 복면을 한 건장한 세 사람이 나타났습니다. 놀란 하누쉬는 뒷걸음질을 치면서 도망을 갔지만 이내 두 명의 복면 괴한들에게 양팔이 잡힌 채로 벽난로 옆에 무릎 꿇려졌습니다. 나머지 한 명의 괴한은 난로에 다가가 시뻘겋게 달궈진 부지깽이를 들어서 하누쉬의 두 눈을 지져버렸습니다. 고통에 신음하고 있는 하누쉬를 뒤로하고 세 명의 괴한은 자리를 떠났습니다. 장님이 된 시계 장인은 어디에도 쓸 일이 없을 테니 시의회의 걱정이 말끔하게 해결된 것이죠.

범인이 누군지도 모른 채 시력을 잃은 하누쉬는 시름시름 앓기 시작했고 가세도 기울었습니다. 집안의 하인들도 하나둘씩 집을 떠났습니다. 하지만 하루아침에 장님이 되어 버린 주인을 안타깝게 여긴 한 하인은 시청의 허드렛일을 하면서 주인을 극진히 보살폈습니다. 시청에서 일하던 이 하인은 어느 날 우연히 시의원들이 하는 이야기를 듣게 되었습니다.

"시계 건은 잘 처리된 거 맞지?"

"확실하게 처리되었다고 들었네."

하인은 곧바로 하누쉬에게 달려가서 자신이 들은 이야기를 전했습니다. 이 이야기를 들은 하누쉬는 분노하였지만, 이미 병약해진 그에게 남은 시간은 얼마 없었습니다. 어떤 식으로 복수를 해야 할지 고민하던 하누쉬는 하인을 통해 시의회에 서신을 보냈습니다. 그 서신의 내용은 그가 필생의 기술을 쏟아서 만든 천문시계를 죽기 전에 꼭 한 번만 만져보게 해달라는 것이었습니다.

하누쉬의 서신을 받은 시의회에서는 '눈먼 장님이 뭘 할 수 있겠느냐, 그의 소원이라니 들어주자'라는 생각에 허가를 했고, 하인의 부축을 받은 하누쉬는 천문시계로 와서 부속품들을 어루만지기 시작했습니다. 비록 눈은 멀었지만 하누쉬의 머릿속에는 자신이 만든 천문시계의 구조가 완벽하게 들어있었습니다. 천문시계 부속품 하나하나를 어루만지던 하누쉬는 누구도 눈치채지 못하는 조그만 부속품 하나를, 자신에게 남은 마지막 힘을 짜내어 비틀어 버렸습니다.

하누쉬가 숨을 거둠과 동시에 그의 작품인 천문시계도 움직임을 멈추었습니다. 그 뒤로 수많은 장인들이 시계를 수리하려 하였지만 400년 동안 누구도 성공한 사람이 없었고, 1860년에 이르러서야 수리가 되어서 지금까지 작동하고 있다고 합니다.

이 흥미로운 이야기는 사실 책에도 등재되었습니다. 그런데 문제는, 그 책이 역사서가 아닌 소설이라는 것입니다. 1851년에 태어나 1930년에 세상을 떠난 체코의 근대 소설가이자 희곡작가인 알로이스 이라세크Alois Jirásek는 체코의 역사와 민담, 설화들을 소재로 하여 많은 소설을 썼습니다. 내용 전체가 완전히 허구인 소설이라면 사람들이 그렇게까지 믿지는 않았을 텐데, 조각조각 나뉘어 있는 단편적인 역사에 픽션들이 끼어들면서 이야기를 이어나가는 구조를 취하다 보니 이라세크의 작품을 실제의 역사라고 혼동하는 사람들이 생겼습니다. 그런 이야기 중의 하나가 바로 이 하누쉬에 대한 내용입니다. 게다가 이 시계에 대한 정확한 사료가 없는 상태였기 때문에 모두들 이라세크의 소설이 역사라고 믿었습니다.

1961년, 프라하 시립 고문서 보관소는 익명의 민간인으로부터 고문서 몇 점을 기증받았습니다. 1587년에 기록된 원본에서 17년이 지난 다음 만들어진 필사본이긴 하지만 원본과 다른 내용은 전혀 없었고, 원본에서는 뜯겨 나가고 없었던 앞 페이지가 남아 있었습니다. 게다가 이 필사본의 마지막 장에는 1410년에 프라하 시의회가 시계 장인에게 일을 의뢰하기 위해서 보낸 편지의 필사본까지 보관되어 있었습니다. 하지만 알로이스 이라세크는 이 자료를 보지 못했습니다. 반쪽으로만 남아 있던 천문시계 자료를 보다가 그중 한 인물을 택하여 소설의 주인공으로 둔갑시켜 버린 것입니다.

서두에 언급한 바와 같이 천문시계는 1410년 여러 사람들이 모여서 아스트롤라붐 부분을 만들어냈습니다. 1490년에는 캘린더리움과 고딕 기둥이 들어섰고, 1552년에는 얀 타보르스키라는 시계 장인에 의해 보수되었습니다. 얀 타보르스키가 천문시계를 보수한 것은 아마 시계가 제대로 돌아가지 않았기 때문이었을 것입니다. 사실 천문시계는 그 뒤로도 정기적으로 고장이 났기 때문에 자주 수리가 필요했습니다. 그러던 중 1865년에 대대적인 재보수가 이루어졌는데, 이라세크는 좀 더 드라마틱한 이야기를 만들기 위해 하누쉬가 부속품을 부러뜨리고, 1860년까지 시계가 움직이지 않았다고 이야기를 하면서 눈먼 시계공에 대한 동정을 불러 일으키고, 400년 동안이나 이 시계를 못 고칠 정도로 아주 대단한 기술이 보헤미아 사람들에게 있었다는 사실을 강조하면서 사람들의 관심을 얻어내려 한 것은 아닐까 합니다.

천문시계는 2차 대전의 말미에 큰 피해를 입었습니다. 1945년 5월, 2차 대전이 마지막으로 치달을 무렵 구시청사에서는 체코슬로바키아 국민들에게 봉기에 참여하라고 독려하는 방송이 흘러나오고 있었습니다. 나치는 장갑탄과 대공포탄을 발포하였고, 구시청사의 반쪽은 완전히 소실되었습니다. 구시청사 바로 옆에 붙어 있는 천문시계도 당연히 피해를 입었습니다. 시계는 작동되지 않았고, 12사도의 움직임을 보여주는 부분은 완전히 파괴되었습니다.

전쟁이 끝나고 3년에 걸친 복원 작업 끝에 천문시계는 다시 작동을 시작했습니다.

이 책의 개정판을 준비하고 있는 2018년 현재에도 천문시계 전체가 분해되어 보수 중입니다. 2017년 6월에 시작된 보수 작업은 2018년 9월까지 진행될 예정입니다.

천문시계를 감상할 때 눈먼 시계 장인 하누쉬의 야사를 떠올려도 좋고, 아스트롤라붐의 복잡한 천체 움직임을 탐구해도 좋습니다. 또 아주 쉬운 캘린더리움의 달력을 읽어 보아도 좋습니다. 짧은 쇼에 실망한 사람들의 얼굴을 관찰하거나, 그럼에도 불구하고 환호를 보내는 전 세계의 여행자들 사이에서 같이 기뻐해도 좋겠습니다.

이 천문시계를 어떻게 즐길 것인지는 여러분의 몫입니다.

8

구시청사

Old Town City Hall
Staroměstská Radnice

구시청사는 카렐 4세(카를 4세)의 아버지였던 얀 룩셈부르스키^{Jan lucemburský} 왕이 재위하던 1338년에 건축되었습니다. 이미 많은 사람이 모여 살던 구시가지는 얀 룩셈부르스키 이전까지만 하더라도 제대로 된 관리를 받지 못하는 상황이었는데, 이런 상황을 개선하기 위해 구시가지의 주민들은 직접 왕에게 자치 기구를 설립할 수 있도록 요청하는 탄원서를 올렸습니다. 이에 얀 룩셈부르스키는 그들에게 자치 기구를 설립하고 별도의 시청을 건축하여 그들만의 공간을 유지하게 하는 특권을 부여하였고, 이에 소요되는 모든 비용은 당시의 구시가지 주민이 판매하던 와인에 추가 세금을 부과하면서 마련되었습니다.

시계탑을 비롯한 조그만 건물로 시작한 프라하 구시가지의 구시청사 건물은 도시의 인구가 늘고 무역이 활성화되면서 점차 커졌는데, 그 과정에서 주변에 있는 건물들을 하나씩 흡수했습니다. 한 번에 지어진 것이 아니라 계속 확장되었기에 구시청사는 색깔도 다채롭고 건축 양식도 다양합니다. 지하실은 로마네스크 양식이지만 건물 전체는 고딕 양식부터 르네상스 양식까지 다양하게 섞여 있습니다.

시계탑 바로 왼쪽에 있는 나무 문이 프라하 구시청사의 주 출입구입니다. 나무로 만들어진 문을 비롯하여 문 주변의 장식들이 모두 고딕 양식에서 자주 볼 수 있는 것들입니다. 이 출입구가 있는 어두운 하얀색의 건물이 최초의 시청사 건물로, 고딕 양식이 유행할 즈

구시청사의 고딕 양식 출입구

주 출입구가 있는
최초의 시청사 건물

르네상스 양식의 두 건물
사진 전시회장(왼쪽), 여행 정보 안내소(오른쪽)

천문시계

둠 우 미누티

시계탑 건물부터 시작해 점차 확장된 구시청사

116

음에 외관이 변경되었습니다. 이 안에는 연회홀이 있어 종종 결혼식 장소로 쓰이기도 하고, 구시청사 내부 투어가 진행되기도 합니다.

최초의 시청사 왼편에는 차례로 선명한 분홍색과 하얀색의 건물들이 있습니다. 비록 건물 전면부에 고딕 양식에서 볼 수 있는 기둥 모양의 조각이 있기는 하지만, 건물 전체를 구성하고 있는 양식은 르네상스 양식에서 18세기까지의 모습을 보여 주고 있습니다. 현재 프라하시는 분홍색 건물은 여행 정보 안내소로, 하얀색 건물은 사진 전시회장으로 사용하고 있습니다.

르네상스 양식의 건물에서 왼쪽을 바라보면 상당히 흥미로운 외관을 가진 집이 보입니다. 19세기 후반까지 프란츠 카프카의 가족들이 거주하였다고 하는, '둠 우 미누티Dům U Minuty'라고 불리는 이 건물은 프라하 구시청사 건물에서 가장 늦게 확장된 구간으로, 원래 있던 집의 외관은 그대로 남기고 내부만 연결해서 시청 건물로 사용했습니다.

오스트리아 제국 지배 말기인 20세기 초에 이 집을 철거하고 새로운 건물을 짓자는 논의가 있었는데, 오스트리아 제국이 1차 세계대전을 치르는 동안 이 논의는 흐지부지되었고 건물은 용케 살아남았습니다. 그런데 체코슬로바키아가 독립한 이후인 1919년, 구시청사 건물 전체를 보수하던 중에 인부들의 부주의로 우연히 건물의 외벽이 갈라져서 떨어져 나갔는데, 벽 안쪽에 있던 다른 벽이 발견되었습니다. 어마어마한 스그라피토 장식들로 치장된 벽이 언제 만들어진 것인지 기록으로 제대로 남아있지는 않지만, 스그라피토 양식이 유행한 시점이 16세기 후반에서 17세기 중·후반 즈음이었기에 건물의 장식 연도를 대략 17세기 후반으로 추정하였고, 심도 깊은 복원 작업을 거쳐 벽 안에 숨어 있던 스그라피토의 전체를 찾아냈습니다. 이 스그라피토 기법에 대해서는 프라하성 앞의 흐라드차니 광장에서 자세히 다루기로 하겠습니다.

구시청사는 지금은 작은 건물처럼 보입니다만, 2차 세계대전이 끝나기 전만 하더라도 상당히 큰 복합 건물이었습니다. 구시청사의 시계탑이었던 천문시계 뒤로 돌아가 보면 벽면이 뜯겨 나간 듯한 흔적을 볼 수 있는데, 원래 구시청사는 성 니콜라스 성당의 바로 15m 앞까지 별관 건물이 더 있었습니다.

제2차 세계대전이 종전으로 치달을 무렵, 프라하에서는 일반 시민과 레지스탕스들이 나치의 침략에 항거하여 대규모의 봉기를 일으켰습니다. 이 봉기를 제압하기 위해, 나치 독일은 무차별 사격을 하였고, 그 과정에서 나치에 쫓기던 프라하 시민들과 레지스탕스들은 구시청사 별관의 지하실에 근거지를 두고 계속 시가전을 벌였습니다. 나치 독일은 미로 같았던 구시청사의 지하실을 효과적으로 이용하여 독일군을 혼란스럽게 했던 레지스탕스들을 일거에 소탕하겠다는 목적으로 구시청사 별관을 탱크와 자주포를 동원하여 심각하게 파괴하였습니다.

전쟁이 끝나고 난 뒤, 전후 처리를 하는 과정에서 구시청사의 별관을 재건해야 하는지 아닌지에 대한 논의가 진행되었는데, 노후된 구시청 건물 대신 인근의 마리안 광장에 있는 건물을 새로운 시청사로 사용하자는 안이 채택되면서 구시청사의 별관이 있던 자리는 공원으로 조성되었습니다.

지금은 프라하를 걷느라 다리가 아픈 여행자들에게 그늘과 앉을 자리를 제공해 주고 있는 이 공원 앞의 보도블록에는 30년 전쟁 초기에 오스트리아 연합군에 패하여 참수당한 보헤미아 신교 귀족 27명을 기리는 흰 십자가 27개가 그들의 처형 날짜와 함께 그날의 기록을 남기고 있습니다. 이 공원에서 지친 다리를 쉬면서 이곳이 보헤미아 신교도들의 저항 장소이자, 나치에 반기를 들고 일어난 프라하 시민들의 저항 본부였다는 점을 한 번 떠올려보면 좋겠습니다.

벽면이 뜯겨나간 흔적

별관 자리에 생긴 공원

구시청사 별관이 있던 자리에 공원이 생긴 모습

오스트리아 연합군에 패전하여 처형당한 보헤미아 신교 귀족을 기리는 흰 십자가

9

얀 후스 군상

Jan Hus Monument
Pomnik Jana Husa

프라하 구시가지 광장의 중앙에는 거대한 조각 군상이 있습니다. 이 조각 군상은 얀 후스Jan Hus라고 하는 종교 개혁가와 그의 추종자들을 묘사한 작품입니다. 얀 후스라는 사람이 어떤 사람인지 알아보기 전에 보헤미아 땅에 종교 개혁이라는 것이 왜, 또 어떤 방식으로 시작되었는지 이야기해 보겠습니다.

로마 제국의 붕괴 이후 유럽 사회는 점차 〈왕족 - 봉건 영주 - 상위 기사 - 하위 기사 - 농민〉의 구조를 가진 철저한 계급 사회로 바뀌었습니다. 이런 변화의 시류 아래 상위 계급에 위치했던 가톨릭 성직자들은 영적인 일만 수행하던 모습에서 점차 세속의 물질과 명예를 탐하는 양상으로 타락하였습니다. 애초에 그리스도교가 로마 제국에서 널리 퍼져 나갔던 이유 중 하나는 신분, 성별 등 어떤 것에도 구애를 받지 않는, 차별 없는 종교 활동이 가능하다는 점이었습니다.

성직자들은 민중들에게 그리스도의 가르침을 알리며 종교 활동을 도와주어 민중들을 구원의 길로 이끄는 역할을 하는 사람들이었습니다. 당시의 민중들에게는 성직자만이 구원의 길로 가는 통로로 인식되었습니다. 이런 절대적인 힘을 가진 성직자들은 자신의 힘에 도취되어 점차 타락의 길을 걷기 시작했습니다.

중세의 가톨릭 주교는 자신의 교구 안에 영지를 보유하고 있었고, 교구 내의 신도들을 대상으로 사법권과 조세 징수권을 가지고 있는 경우도 있었기에, 주교들은 웬만한 시골 봉건 영주보다 막강한 권력을 지니고 있었습니다. 본분을 망각한 성직자들은 교구 신부부터 교황까지 지위의 고하를 막론하고 신도들에게 헌금을 강요하며 사유재산을 모았고, 민중들에게 노역을 강요했으며, 심지어는 성직을 돈을 받고 팔아넘기는 일까지 자행했습니다. 이런 타락한 성직자들은 일반 민중이나 농민들, 저소득층보다는 자신들의 권위에 부합되는 귀족, 왕족들과 결탁하여 기득권을 옹호하는 일종의 앵무새 역할을 하기도 했습니다. 이렇게 많은 성직자들이 타락해갈 때, 그들과는 다른 길을 걸었던 사람들이 있었습니다.

카렐 4세$^{Karel\ IV}$(카를 4세)의 재위 기간 동안 프라하는 신성로마제국의 수도가 되었습니다. 주교령이었던 프라하가 이 기간에 대주교령으로 승격되었고, 많은 성당들이 앞다투어 지어졌습니다. 또한 많은 수도회가 기회를 찾아 보헤미아 땅으로 들어왔습니다. 이렇게 들어온 성직자들의 대다수는 마음의 위안이 절실히 필요했던 어려운 서민층을 대변했던 것이 아니라 기득권층을 대변했습니다. 다른 서유럽 지역에서 벌어졌던 종교의 타락이 보헤미아에도 시작된 것인데, 보헤미아에서는 그 피해가 더 컸습니다. 서유럽 지역에서는 4세기부터 11세기까지 7세기 동안 점차적으로 부패해갔다면 보헤미아에서는 10세기부터 14세기까지 4세기 동안 빠른 속도로 썩어 나갔다고 생각하면 당시를 살던 보헤미아 하층민들이 성직자들에게 가지던 반감을 이해하기 쉬울 것입니다. 또한 10세기부터 14세기까지 유럽에는 십자군 원정, 아비뇽 유수◆ 등 가톨릭 교구가 타격을 입은 사건들도 많이 벌어졌습니다.

1379년 프라하에서 예로님$^{Jeronym\ Prazsky}$이라는 아이가 태어났습니다. 명석한 지성과 기민한 이성을 가지고 태어난 예로님은 성직자의 길을 걷게 되었고, 가

◆아비뇽 유수 : 정치에 깊숙이 관여하던 교황을 공격했던 프랑스의 왕 필리프 4세가 교황과 교황청을 프랑스의 남부 지역인 아비뇽^{Avignon}으로 옮기게 하고, 교황청을 자신의 영향권 아래에 둔 사건입니다. 1303년부터 1377년까지 대략 70년 동안 7명의 교황이 아비뇽에 고립된 채로 교황에 선출되었습니다.

톨릭교회에서 일어나고 있던 많은 부조리들을 인식했습니다. 더 많은 가르침에 목말랐던 예로님은 파리와 볼로냐, 쾰른 등 유럽에 있던 유수의 신학교에 입학했지만, 비판적인 사고를 지닌 그의 사상이 건전하지 못하다고 여긴 학교 측으로부터 잦은 퇴학을 당했습니다.

그럴 때마다 그는 프라하로 돌아와 쉬거나 유럽을 여행했습니다. 마침내 1402년 영국을 여행하던 예로님에게 옥스퍼드 대학의 문이 열렸습니다. 옥스퍼드 대학에 입학한 예로님은 이곳에서 시간을 초월한 운명적인 만남을 가졌습니다. 14세기 중반, 옥스퍼드 대학에는 가톨릭교회의 잘못된 점을 지적하면서 소극적인 종교 개혁 운동을 시작한 당대의 지성인 존 위클리프^{John Wycliffe}가 교수로 재직했습니다. 존 위클리프는 그의 사상을 담아낸 몇 권의 책을 대학에 남겼는데, 그가 죽은 뒤 18년이 지난 1402년, 옥스퍼드 대학에 입학한 예로님은 존 위클리프를 책으로 만났습니다.

교회가 가진 사유재산과 교황에게 바쳐야 했던 세금의 부정함을 논리 정연하게 설명하고, 타락하던 성직자들의 악행을 신랄하게 비판한 존 위클리프의 사상은 예로님의 마음을 뒤흔들었고, 학업을 끝낸 예로님은 자신이 정성껏 필사한 존 위클리프의 책들을 담아서 프라하로 돌아왔습니다.

프라하로 돌아온 예로님은 장차 그의 인생을 송두리째 바꿔 놓을 두 번째 인물, 얀 후스^{Jan Hus}를 만났습니다. 보헤

신시가지에 있는 예로님 기념 동판

미아 남부의 후시네쯔Husinec라는 곳에서 태어난 얀 후스는 프라하로 와서 신부 서품을 받은 뒤, 카를 대학으로 진학하여 인문학과 신학 학위를 따고 1400년부터 카를 대학의 교양학부와 신학부의 교수로 강의를 시작하였습니다.

얀 후스 역시 가톨릭의 문제점을 뼈저리게 인식하고 있었습니다. 보헤미아 땅에 퍼져 있는 모든 성서는 엘리트의 언어인 라틴어로 기록되어 있었기 때문에 일반 민중들은 이해할 수 없었고, 성서를 민중들에게 제대로 알려줘야 할 성직자들은 이미 세속의 때에 절어 그들의 본분을 수행하기보다는 재산과 기득권을 강화하는 것에 혈안이 되어 있는 상태였습니다. 얀 후스는 이 부조리한 구조를 바꾸고 싶었습니다.

이런 얀 후스 앞에 예로님이 존 위클리프의 책을 들고 나타났습니다. 후스는 존 위클리프의 책을 통해 생각을 정리할 수 있었고, 이내 예로님과 얀 후스는 절친한 친구이자 정신적으로 교감하는 동지가 되었습니다. 얀 후스가 가진 카를 대학 교수라는 자리가 지위가 조금 더 높았기에 얀 후스가 전면에 나서고, 예로님은 그의 뒤에서 보조하는 모습으로 보헤미아 땅의 타락한 종교를 바로잡자는 움직임이 시작되었습니다.

후스가 가장 먼저 한 일은 존 위클리프의 서적을 체코어로 번역하는 것이었습니다. 이 서적이 번역되어 널리 읽힌다면 같은 생각을 가진 사람들이 나타날 것이고, 그런 사람들이 모이면 개혁의 큰 물결을 만들어낼 수 있다고 생각했습니다. 두 번째로 얀 후스가 한 일은 성서와 찬송가를 체코어로 번역하는 것이었습니다. 라틴어를 모르던 민중들이 체코어로 번역된 성경을 쉽게 읽음으로써 부패한 성직자들 때문에 왜곡되었던 그리스도의 참 가르침을 얻고, 구원받는 여건을 마련하자는 것이었습니다.

이렇게 후스에 의해 번역된 책들, 성경과 찬송가들을 통해 많은 민중들은 성경에 제시된 올바른 삶만 살면 구원의 길이 열린다는 것을 알게 되었습니다. 민중들 사이에서는 돈을 내지 않아도, 노역을 하지 않아도 착하게만 살면 된다는 핵심 가치를 두고, 최대한 쉬운 민중의 언어로 설교하며 가르침을 퍼트리는 후스의 인기가 높아졌습니다. 이윽고 보헤미아 민중의 과반수가 후스를 따르기 시작하자 얀 후스는 아주 중요한 종교계의 인물로 급부상했습니다.

하지만 민중들과는 반대로, 기득권을 쥐고 있던 유럽의 통치자들과 가톨릭 교구는 존 위클리프부터 후스에 이르기까지 기존의 사회 질서에 반기를 들던 인물들을 달갑게 여기지 않았습니다.

1414년 아비뇽 유수부터 혼란을 겪다가 원래는 단 한 명만 존재해야 할 교황 자리에 3명이나 나서서 서로 자기 자리라고 우기던 말도 안 되는 가톨릭교회의 혼란을 잠재우기 위해 독일 남부의 도시 콘스탄츠^{Konstanz}에서 큰 종교 회의가 열렸습니다. 1414년부터 1418년까지 장장 5년에 걸쳐 열린 콘스탄츠 공의회는 유럽 각국의 군주, 추기경, 대주교, 신학박사를 위시한 유럽의 명망 있는 인사들과 민중들이 10만 명 가까이 모인 유럽 최대의 종교 회의였습니다.

이 회의는 가톨릭의 정통성을 바로 잡고, 가톨릭교회 내 불화를 불식시키겠다는 의미로 열렸습니다. 콘스탄츠 공의회는 서로 정통이라고 부르짖던 교황 3명 모두를 폐위할 것을 의결한 뒤 교황조차도 신앙 및 교회의 문제에 대해선 공의회의 결정을 따라야 한다는 의지를 천명하였고, 새로운 교황을 선출하였습니다.

공의회에는 또 다른 숙제가 있었습니다. 유럽에 불고 있던 가톨릭에 대한 반발 의지를 잠재우는 일이었습니다. 공의회는 가톨릭교회를 가장 신랄하게 비판했던 사상가 존 위클리프에 대해 이단으로 판결했습니다. 1384년에 사망한 존 위클리프의 무덤은 파헤쳐졌고, 그의 저서들은 악마의 서적으로 분류되어 모조리 불태워졌습니다. 위클리프의 사상을 계승한 보헤미아의 얀 후스 역시, 공의회의 뜨거운 감자가 되었습니다. 당시의 콘스탄츠 공의회를 주최한 주요 인사 중 한 명이 바로 보헤미아의 차세대 군주이자, 신성로마제국의 황제였던 지그문트였는데, 지그문트 입장에서 후스는 민중들의 의식을 깨워 통치를 어렵게 하는 불순분자로 보였을 것입니다.

사실 후스는 공의회가 시작됨과 동시에 신변의 위험을 느끼고 잠적해 있었습니다. 후스를 끌어내기 위해 지그문트 황제는 한 가지 약속을 하였습니다. 공의회는 열린 토론이 가능한 곳이니 신학 교수의 신분으로 공의회에 출석하여 그의 생각을 이야기하면 일체의 신변을 황제의 이름으로 보장해주겠다는 것이었습니다. 피고인이 아닌 참고인으로, 종교 재판이 아닌 토론의 장으로 참석하라는 제안은 다른 사람도 아닌 황제의 약속이었습니다.

얀 후스는 결국 자기 발로 공의회장으로 향했습니다. 하지만 그를 기다리고 있는 것은 피고인 자리였으며, 각본이 짜여 있는 종교 재판이었습니다. 결국 2박 3일간 변론도 허락되지 않았던 후스에게 '이단'이라는 판결이 내려졌습니다. 공의회에서는 얀 후스에게 이단들에 대한 형벌인 화형을 언도했고, 결국 1415년 7월 6일, 얀 후스는 그의 서적들과 함께 꼬치에 꿰인 채로 화형에 처해졌습니다.

보헤미아 땅에는 후스가 이단이며 그로 인해 화형을 당했다는 소식이 전해졌고, 가톨릭 성직자들은 발 빠르게 그의 서적과 체코어 성경 들을 몰수한 뒤 소각하였습니다. 그 다음해인 1416년에는 예로님마저 공의회에 끌려가서 이단으로 선고받고 얀 후스처럼 화형에 처해졌습니다. 얀 후스와 뜻을 같이 했던 운동가들은 순식간에 명분과 입지를 모두 잃었고, 일부의 후스 추종자들은 프라하 신시청사의 감옥에 수감되었습니다.

보헤미아의 민중들은 이런 상황을 도저히 참을 수가 없었습니다. 민중 위에 군림하면서 자신들을 스스로 신성한 일을 하는 성직자라고 내세웠던 기존의 성직자들과는 달리 처음으로 민중의 눈높이에서 그리스도의 가르침을 전파하고, 사회 하층민들의 아픔을 이해해준 최초의 성직자가 허망하게 죽어버렸기 때문입니다. 후스가 펼치고자 했던 원대한 날개는 꺾였고, 후스와 같은 곳을 바라보면서 올바른 종교와 사회를 구현하고자 했던 많은 사람들은 순식간에 범죄자가 되었습니다. 이런 일련의 사건을 바라본 보헤미아의 지식인과 대중 들이 느낀 당시의 세상은 정의가 사라진 부조리한 세상, 희망의 날개가 꺾인 절망의 세상이었습니다. 거짓말로 후스를 회의에 끌어낸 신성로마제국의 황제와 후스를 앗아간 가톨릭교회에 대한 분노는 점점 커졌습니다.

민중들의 이러한 분노는 마침내 얀 후스 사망 4년 후인 1419년 7월에 집단

행동으로 터져나왔습니다. 보헤미아의 민중들은 후스를 추종하던 얀 젤리브스키^{Jan Želivský}라는 신부를 주축으로 하여 1419년 7월 30일 프라하 거리에 모였습니다. 시위대는 후스의 추종자들이 갇혀 있던 신시청사로 행진했습니다. 신시청사 앞의 카를 광장에 모인 시위대는 소리 높여 후스주의자들의 석방을 요구하였지만, 감옥의 문은 끝까지 열릴 줄 몰랐습니다. 이때 신시청사의 창문으로부터 던져져 나온 돌에 시위대의 선두에 있던 얀 젤리브스키가 정확하게 맞았고, 그 자리에서 피를 흘리면서 쓰러졌습니다.

이 광경을 바라본 시위대는 과격해질 수밖에 없었습니다. 화가 머리끝까지 치민 시위대는 체코의 장군이자 얀 후스의 추종자였으며, 후스파의 지도자였던 얀 지슈카^{Jan Žižka}를 선봉으로 신시청사로 과감하게 쳐들어갔습니다. 감옥문을 부수고 후스주의자들을 탈옥시킨 시위대는 곧바로 신시청사의 사무실로 가 시청의 관리들을 창문 밖으로 던지기 시작했습니다.

창 밖으로 던져진 시청 관리들은 곧바로 성난 시위대의 손에 죽임을 당했습니다. 이것이 바로 프라하에서 일어난 2차례의 창외 투척 사건 중 첫 번째로 일어난 사건(제1차 창외 투척 사건^{1st defenestration})입니다. 이를 계기로 보헤미아에는 민중을 기반으로 한 후스주의자들의 집단 봉기가 시작되었습니다.

민중 봉기가 일어나자마자 곧바로 시위 진압대가 형성되어 보헤미아의 민중과 왕국 사이의 싸움이 시작되었습니다. 시위대의 선봉에 섰던 얀 지슈카를 중심으로 모여든 후스파는 프라하를 떠나 플젠^{Plzeň}으로 이동하였고, 남부 보헤미아 지역의 영주들과 전투를 하는 과정에서 얻은 타보르^{Tábor}라는 도시를 근거지로 삼고 왕국 군대와 싸웠습니다.

후스파의 사기가 높았고, 이에 동조하는 귀족들은 물론 민중들까지 후스파를 열렬히 지지하였기에 보헤미아 땅은 순식간에 후스파가 주도하는 지역으

프라하 1차 창외 투척 사건을 그린 삽화

로 바뀌었습니다. 이 사태를 지켜보던 로마 교황청은 보헤미아 지역에 십자군을 파견했습니다. 이와 더불어 급진적이었던 후스의 사상이 보헤미아를 넘어서 자신들의 국가에 넘어오는 것을 바라지 않았던 주변국들도 보헤미아 왕가에 지원 병력을 파견하였습니다. 전쟁은 혼란스러웠고, 오랜 세월 지속된 전쟁으로 인해 후스파는 물론이고 보헤미아 왕국도 막대한 피해를 입었습니다. 결국 전쟁은 15년이나 이어졌고 1434년에 이르러서야 양 세력간에 평화회담이 이루어지면서 후스 전쟁은 막을 내렸습니다.

이때부터 보헤미아는 후스파로 대표되는 신교(프로테스탄트)와, 집권자와 기득권층의 대변자였던 구교(가톨릭)가 서로 공존하면서 묘한 세력 균형을 이루는 지역이 되었습니다. 하지만 이런 균형도 오스트리아 제국이 보헤미아를 본격적으로 지배하기 시작한 1526년을 기점으로 무너졌는데, 오스트리아의 합스부르크 왕가는 가톨릭 가문이었기 때문에 보헤미아의 후스파를 비롯한 신교도들은 철저히 탄압받았고, 오스트리아의 지배 기간 동안 얀 후스, 예로님, 얀 젤리브스키, 얀 지슈카 등 후스파 인물들의 이름은 입에 올릴 수도 없었습니다.

이렇게 세월은 지나갔고, 1914년이 되었습니다. 이듬해인 1915년은 정말 중요한 해였습니다. 후스가 화형 당한 것이 1415년이니 1915년은 후스 사망 500주기가 되는 해였습니다. 후스를 기념하고 싶었던 보헤미아에는 모금활동이 벌어졌습니다. 때마침 오스트리아와 독일이 시작한 1차 세계대전으로 오스트리아의 통제가 느슨해진 틈을 타서 프라하의 구시가지 광장 가운데에 민중들의 모금만으로 자금을 조달하여 거대한 후스의 동상이 제작되었습니다.

제작을 맡은 조각가 라디슬라브 살로운^{Ladislav Šaloun}은 이 군상을 통해 군건히 서 있는 후스 주변으로 추방되었던 후스파 신도들과 전사들을 승리자로 표현하였고, 후스의 뒤에서 아이를 안고 있는 젊은 엄마의 모습을 통해, 민족 국가의 재탄생이라는 염원을 담아냈습니다. 동상은 1년 가까이 제작되어 후스의 사망 500주기였던 1915년 7월 6일 그 모습을 드러냈습니다.

후스 군상은 곧 많은 의미를 담고 있는 상징물이 되었습니다. 후스는 그의 삶을 통해 불의에 대한 저항, 올바름에 대한 인식을 보여주었기에 후스 군상 앞은 침묵 시위의 장소로 사용되었습니다. 후스의 삶에 자신들의 삶을 투영시켜, 이 앞에 말 없이 앉아 있는 것은 오스트리아 지배 기간 동안은 오스트리아 지배에 대한 저항, 2차 대전 중에는 나치의 침략에 대한 저항, 그리고 공산 정권 시기에는 타락하고 부패한 전체주의 공산 정권에 대한 저항처럼 인식되었습니다. 또한 체코슬로바키아, 그리고 체코에 이르기까지 나라의 중요한 인물이 세상을 떠났을 때 국가 규모로 치르는 국장, 그 장례의 행렬 역시 이 군상을 한 바퀴 돌고 지나갑니다.

제1차 세계대전은 1918년 오스트리아의 패망으로 끝나며 신흥 독립 국가로 태어난 체코슬로바키아의 수도, 프라하의 구시가지 광장을 지키고 있던 후스 군상의 아래 기단부에는 많은 글귀들이 새겨졌습니다. 그중 하나의 글귀만은 꼭 알려드리고 싶습니다. 바로 얀 후스의 발치에 쓰여 있는 다음의 글귀입니다.

Milujte se pravdy každému přejte

나는 여러분 모두가 진실을 사랑하길 바랍니다.

중부 유럽 최초의 대학이라 할 수 있는 카를 대학을 설립하는 등
카를 4세 이후 프라하는 지성과 문화의 중심이 되었으며,
예술과 과학, 그리고 정치적으로 저명한 인사들이 프라하와 인연을 맺었습니다.
구시가지 일대의 건축물을 돌아보며
문화와 예술이 융성했던 프라하의 모습을 상상해보세요.

3
구시가지

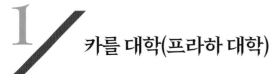

1/ 카를 대학(프라하 대학)

Charles University
Univerzita Karlova

화약탑에서 프라하 구시가지 광장으로 가는 번화한 길 첼레트나의 뒷길은 사람들의 발길이 잘 미치지 않습니다. 특색 있는 건물도 적어 보이고 유동 인구도 많지 않다 보니 상대적으로 한산하지만, 이 길에는 정말 중요한 건물이 있습니다. 친절하게도 주황색 건물의 외벽에 건물의 이름이 붙어 있어 찾기에는 어렵지 않은 이 건물은 바로 Universitas Carolina, 어감으로 짐작할 수 있듯이 대학교입니다.

넓은 캠퍼스가 있는 웅장한 규모가 아니라 건물만 멀뚱히 서 있는 곳이라서 대학교인지도 모르고 지나가는 경우가 많은데, 사실 이곳은 정말 역사 깊은 대학교입니다. 설립 연도가 1348년이니, 우리나라는 고려 말기에 접어들고 있을 시기입니다. 600년 전에 설립된 학교가 아직도 기능하고 있다니, 정말 놀라운 일입니다.

카를 4세의 일생과 그의 업적

이 대학교의 이름에는 설립자의 이름이 들어가 있습니다. 바로 'Carolina' 인데, Carolina는 라틴어로, 영어로는 Charles(찰스), 독어로는 Karl(카를), 스페인어로 Carlos(카를로스)에 해당하며, 체코에서는 Karel(카렐)이 됩니다. 즉, 카렐 4세를 말하는 것이지요. 카렐 4세는 체코 외에도 중부 유럽 전체의 역사에도 깊게 관여되어 있어 앞으로는 널리 불리는 이름인 '카를 4세'로 통일해서 이야기하겠습니다. 그의 또 다른 업적인 카를교에서 조금 더 카를 4세와 그의 재위 기간에 얽힌 이야기들을 풀어보겠지만, 카를 4세는 우리의 역사와 비교하자면, 세종대왕과 비슷하게 많은 업적을 남긴 군주입니다.

세종대왕의 많은 업적은 집현전 학사들과 많은 인재가 있었기에 가능했습니다. 이런 이유로 필자는 카를 4세의 가장 중요한 업적으로 카를 대학교의 설립을 꼽고 싶습니다.

　세종대왕보다 81년 전에 태어나, 나중에는 신성로마제국의 황제이자 보헤미아 왕국의 왕으로 보헤미아 왕국을 대국의 반열에 올려놓은 카를 4세는 비교적 복이 많은 사람이었습니다. 보헤미아의 왕이었던 그의 아버지 얀 룩셈부르스키는 장차 재위에 오를 아들이 뛰어난 통치자가 되길 바라서, 어린 카를 4세를 프랑스와 이탈리아의 궁정으로 유학을 보내 외교적 감각을 기르게 하였습니다.

　보헤미아의 왕세자인 카를 4세가 유학 동안 만났던 모든 인물들은 고위직에, 추기경에, 왕족들이었으니 인맥이 좋아진 것은 말할 것도 없었고, 인맥 구조로 얽혀 있던 유럽 왕실들의 이해관계에도 눈을 떠 외교 능력까지 갖추게 되었습니다.

　아버지의 건강이 나빠지자 프라하로 복귀한 카를 4세는 아버지의 업무를 대신하는 섭정공이 되어 왕위에 오르기도 전에 많은 국제 경험과 왕국을 다스리는 내정 실무 경험을 쌓을 수 있었습니다. 결국 1346년, 아버지가 사망하고 카를 4세는 보헤미아 왕국의 국왕이 되었습니다.

　현재의 독일 지역에 분포하던 독일 영방 국가들과 가까이 있던 보헤미아 왕국의 군주가 되었다는 것은 신성로마제국의 황제를 선출할 수 있는 위치의 선제후로 임명된다는 뜻도 됩니다. 당시에는 비텔스바흐 가문의 루트비히 4세가 가장 강력한 차기 황제 후보였는데 병으로 일찍 죽었고, 1355년에 이르러 카를 4세는 신성로마제국의 황제 자리에까지 올라갔습니다. 그리고 그는 프라하를 신성로마제국의 수도로 지정했습니다.

　카를 4세는 당시의 서유럽 왕국들보다 뒤처진 변방의 보헤미아 영토에 대대적인 정비를 시행했습니다. 정비 사업은 보헤미아 왕국의 수도이자 신성로마

나 프르지코폐

제국의 수도로 지정된 프라하에 더욱 많이 집중되었습니다. 세금을 증설하여 도로망이나 도시 편의 시설 등의 기간 산업을 확충하고, 자금이 모자랄 때에는 자신의 재산도 투자해서 프라하를 새롭게 탈바꿈시켰습니다.

　카를 4세가 제일 먼저 한 것은 구시가지 일대를 둘러싸고 있던 성벽을 없애고 해자를 매립한 뒤에 생긴 넓은 땅에 유럽 최초의 계획도시를 세운 일이었습니다. 이것이 바로 바츨라프 광장을 필두로 하는 신시가지인데, 이때 매몰된 해자는 지금 프라하의 명동 거리라 불리는 나 프르지코폐[Na Příkopě]입니다. 이 길 이름 자체가 '수로 위의 길'이라는 뜻입니다. 신시가지까지 만들어진 프라하는 당시의 런던과 파리보다 큰 도시였습니다.

신시가지를 만든 카를 4세는 이에 만족하지 않고, 길을 닦고 다리를 새로 놓았으며, 당시에는 주교령에 지나지 않던 프라하를 대주교령으로 승격시키고 성 비투스 대성당을 축조했습니다. 대규모 토목 사업은 많은 일자리를 창출하였고 확충된 기간 설비는 물류 산업 발전에 기폭제가 되었습니다. 곧 오스트리아의 잘츠부르크 지역에서 채취된 소금을 비롯한 소규모의 무역상들이 모두 프라하를 거쳐서 서쪽의 독일 영토와 동쪽의 헝가리 쪽으로 진출하였는데, 무역상들이 프라하에 지불했던 진입세, 무역세 등으로 프라하의 살림도 점점 부유해졌습니다. 이런 많은 이유들로 카를 4세가 재위했던 기간을 '프라하의 황금기'라 부르는 데 누구도 주저하지 않습니다. 그런 이유에서인지, 체코에서 가장 많이 통용되는 지폐 100코룬의 테마가 바로 카를 4세입니다.

카를 대학교의 역사

카를 4세의 이렇게 수많은 업적 중에 관광객들이나 일반 시민들이 가장 몰라주는 업적이 바로 카를 대학교입니다.

카를 4세는 보헤미아를 어느 나라에도 뒤지지 않는 강력한 나라로 만들고 싶었고, 그를 위해 절실히 필요했던 것은 바로 고급 인재의 육성이었습니다.

카를 4세 시절인 14세기 초만 하더라도 유럽에는 대학교가 몇 군데 없었습니다. 이탈리아에 볼로냐 대학교가 있었고, 프랑스에는 현재 4대학이라 불리는 소르본 대학, 그리고 영국에는 옥스퍼드 대학교가 있었습니다. 그 외의 나라에는 대학교가 없었기에 많은 인재들이 이탈리아, 프랑스 쪽으로 몰리면서 소위 인재 유출 현상이 극심해졌는데, 보헤미아도 예외는 아니었습니다.

카를 4세는 유학 시절 이탈리아와 프랑스의 대학교들에서 배출된 인재가 나라에 큰 기여를 한다는 사실을 알게 되었고, 보헤미아에도 대학교를 설립하고 싶었습니다. 그러기 위해선 교회의 우두머리, 즉 교황의 허가가 필요했습니다. 당시 대학교는 모두 신학 대학으로 시작했기 때문에 교황의 허가가 없으면 대학교를 지을 수 없었습니다. 하지만 카를 4세에게 이것은 전혀 문제가 되지 않았습니다. 유학 기간 동안 친하게 지내며 공부하던 추기경이 이미 클레멘트 6세라는 이름으로 교황 자리에 앉아 있었기 때문입니다. 대학 설립 허가는 일사천리로 진행되었고, 그가 설립한 대학교는 카를 4세의 이름을 따서 '카를 대학교'라 불리기 시작했습니다.

카를 대학교는 중세의 여느 대학과 마찬가지로 신학 대학을 기초로 총 4개의 학부를 가진 대학으로 설립되었습니다. 학부는 학생들의 출신지를 바탕으로 각각 보헤미아, 바바리아, 폴란드, 작센 학부로 나뉘었는데, 그 세부적인 지명은 아래와 같습니다.

● 보헤미아 학부 : 보헤미아, 모라비아, 남슬라브 국가, 헝가리
● 바바리아 학부 : 오스트리아, 슈바비엔, 프랑코니아, 라인
● 폴란드 학부 : 실레지아, 폴란드, 러시아
● 작센 학부 : 마이센 후작령, 튀링지아, 남북 작센주, 덴마크, 스웨덴

모든 지역명이 대학 설립 시점인 14세기 기준이라 다소 혼란스러운데, 현재의 명칭으로 따지자면, 독일 전체와 오스트리아, 슬로바키아, 헝가리, 폴란드, 러시아, 덴마크, 스웨덴, 세르비아, 루마니아 일부, 리투아니아와 벨라루스의 일부가 됩니다. 이렇게 학부를 나눔으로써 실로 엄청난 문화적 포용력을 보여주었던 카를 대학은 순식간에 중부 유럽의 모든 학생들이 가고 싶어 하는 대학이 되었습니다. 당시의 문헌에 따르면 카를 대학에 재학했던 학생 중 체코, 그

러니까 보헤미아와 모라비아 지역 출신의 학생 비율은 불과 15~20%에 지나지 않았다고 하니 상당히 국제적인 대학이었던 것입니다. 카를 대학은 카를 4세의 재위 기간은 물론 그의 아들인 바츨라프 4세가 재위할 때까지 지속적인 발전을 이뤄냈습니다.

이렇게 성장해가던 카를 대학에 커다란 소란이 일어난 것은 15세기 초였습니다.

카를 대학의 학생이었던 예로님이 1402년, 영국 옥스퍼드 대학에서 종교 개혁자였던 존 위클리프의 서적을 필사해서 카를 대학으로 돌아왔고, 서적들은 당시 카를 대학 철학과 학장이었던 얀 후스의 번역을 통해 보헤미아 학부 전체에 퍼져나갔습니다. 기존의 가톨릭 질서가 붕괴될지도 모른다는 위기감을 느낀 대학에서는 이듬해인 1403년에 보헤미아 학부 학생들 전체에게 존 위클리프의 가르침을 따르지 말라는 규제안을 발동하였습니다. 하지만 이미 보헤미아 학생들에게는 종교 개혁이라는 화두가 던져진 상태였기에 규제안은 실효를 거두지 못했습니다. 반면 이런 소동에도 보헤미아 학부를 제외한 나머지 학부들에서는 동요가 일어나지 않았습니다.

그로부터 몇 년이 지난 1409년 가톨릭교회 전반에 있던 문제점들을 해소하고자 이탈리아 피사에서 종교 회의(피사 공의회)가 열렸습니다. 서로 자기가 정통성을 가진 교황이라고 대립하고 있던 2명의 교황들에게 중재안을 얻지 못한 피사 공의회에서는 두 교황을 모두 파면하고 새로운 교황을 추대하였습니다. 카를 대학 역시 신학 대학으로서 피사 공의회의 결정에 명확한 입장을 표명해야 했습니다.

학부마다 종교 개혁에 대한 입장이 달랐던 만큼 투표를 통해서 대학의 입장을 결정할 수밖에 없었는데, 보헤미아 학부는 피사 공의회의 결정을 지지하는 의견을 내놓은 반면, 나머지 학부는 피사 공의회의 결정을 무시하고 기존의 교황 중 하나였던 그레고리오 7세를 여전히 정통 교황으로 인정하는 안을 채택했습니다. 당시에는 학부마다 1표씩의 의결권이 있었기 때문에 1:3으로 보헤미아 학부의 패배로 돌아갔고, 카를 대학에서는 피사 공의회를 부정한다는 입장을 표명할 수밖에 없었습니다.

하지만 당시 보헤미아의 군주였던 바츨라프 4세는 바바리안, 폴란드, 색슨 학부에서 지지하던 그레고리오 7세와는 정치적, 이념적으로 반대의 지점에 있었습니다. 얀 후스와 보헤미아 학부의 학생들은 이런 바츨라프 4세의 도움으로 대학의 법을 보헤미아 학부에는 3표, 나머지 학부들에는 1/3표의 의결권을 주는 것으로 바꾸었습니다. 결국 나머지 학부들이 모두 모여도 1표의 의결권만 있는 셈이니, 매우 불평등한 법(쿠트나 호라 법령)이었습니다.

이렇게 대학의 법이 바뀌자, 독일계의 교수들과 학생들이 이 결정에 반기를 들고 대학을 전원 자퇴해 독일의 라이프치히 대학을 설립했습니다. 이 시기에 카를 대학을 떠난 사람들은 교수 46명, 학생 최소 5천 명(기록으로 전해지지 않은 숫자까지 추산을 하면 약 2만 명) 이상에 이르렀습니다. 점차 카를 대학은 보헤미아 학부만 남게 되면서 점점 쇠락하여 1419년에 이르러서는 신학과, 철학과, 법학과 등의 학과가 모조리 폐쇄되고, 예술학과만 남는 암흑기를 겪었습니다.

유일하게 남은 예술학과는 얀 후스 사후에 후스파의 중심 세력으로 변모하여 종교 개혁 전쟁이었던 후스 전쟁의 사상적 대들보 역할을 수행했습니다. 후스 전쟁이 신·구교 세력 간의 평화협정으로 끝나고, 세월이 지나 합스부르크 가문이 보헤미아의 왕좌를 이어가던 16세기 중반에 예수회 학교가 프라하로 들어오면서 카를 대학은 중대한 존폐의 위기를 맞기도 하였습니다. (현재 구시가지의 신시청사 앞에 있는 클레멘티눔이 바로 이 예수회의 건물이었습니다.)

프라하에서 자리를 잡아가던 예수회 학교는 오스트리아의 지지 아래 지속적으로 성장해 나갔고, 30년 전쟁의 초반기였던 1622년에는 보헤미아, 모라비아, 실레지아 지역의 모든 교육을 예수회에서 관리하도록 하는 법안까지 발효되면서, 카를 대학을 지키던 마지막 4명의 교수들마저 사임했습니다. 이후 대학은 예수회의 관리하에 운영되며, 예수회가 모든 교육까지 독점하는 시대가 되었습니다.

오랫동안 유럽에서의 대학은 독자적인 권리와 자주권을 인정받는 자치 단체로 인식되었습니다. 따라서 자치권이 있는 대학을 예수회가 관리하는 것은 여러모로 좋지 않게 보였습니다. 이내 1638년 30년 전쟁이 후반부로 치달으면서 대학의 자치권을 다시 인정해 주어야 한다는 여론이 생겼고, 오스트리아 황제였던 페르디난트 3세는 일시적으로 카를 대학을 독립시켰습니다.

그리고 30년 전쟁이 끝난 1654년에 카를 대학과 예수회 학교를 합쳐서 카를-페르디난트 대학이라는 새로운 이름의 대학을 완성했습니다. 1718년에는 다 허물어져 가는 본관 건물을 개·보수하는 과정에서 주변 건물까지 흡수하면서 대학 본관 건물을 확장했고, 이후 합스부르크 왕가의 지배하에 신학 대학의 필수 언어인 라틴어는 강의에서 점점 사라지고 독일어로 강의가 진행되는 경우가 늘어났습니다. 더욱 시간이 지나면서 가톨릭 학생만 수용하였던 카를-페르디난트 대학은 개신교 학생과 유대인 학생까지도 받아들였습니다.

1848년, 유럽을 강타하던 프랑스 혁명에 영향을 받은 평등사상과 민족주의 물결이 카를-페르디난트 대학에도 밀려들었습니다. 학생들의 요구로 체코어 학부가 설립되었고, 1860년대에는 체코어 학부가 독일어 학부를 제치고 대학의 실권을 쥐기에 이르렀습니다.

이 과정에서 서로 대립하던 독일어 학부와 체코어 학부는 1882년에 분리되었는데, 1차 세계대전 전후의 시기까지의 독일어 학부는 카를 대학 설립 초창기의 명성을 회복할 만큼 많은 인재들이 배출되었습니다. 당시 이 대학이 배출한 인물로는 '마하'라는 음속의 개념을 정립하고 음파에 대한 연구를 한 과학자이자 철학자 에른스트 마흐Ernst Mach, 인도의 산스크리트어를 비롯한 민속학 연구자 모리츠 빈테어니츠Moritz Winternitz, 양자 역학과 상대성 이론으로 물리학의 새로운 세계를 열어낸 알베르트 아인슈타인Albert Einstein, 근대 실존주의 문학의 선구자라는 평가를 받는 프라하 출신의 작가 프란츠 카프카Franz Kafka, 작가이자 문화 비평가이며 프란츠 카프카의 친구로 카프카의 유작을 세상으로 꺼낸 막스 브로트Max Brod, 14세 연상의 여인 루 살로메를 사랑한 시인 라이너 마리아 릴케Rainer Maria Rilke 등이 있습니다.

체코어 학부에서 배출된 인재들은 상대적으로 덜 알려져 있습니다. 로봇이라는 단어를 처음으로 만들어낸 작가 카렐 차페크Karel Čapek, ABO 혈액형을 발

에른스트 마흐 / 알베르트 아인슈타인 / 프란츠 카프카

카렐 차페크 / 보후밀 흐라발 / 에드바르트 베네시

견한 얀 얀스키[Jan Janský], 『영국왕을 모셨지』로 대표되는 개성 있는 작품들을 집필한 보후밀 흐라발[Bohumil Hrabal], 체코슬로바키아의 2대 대통령으로 2차 대전 동안 영국에서 망명 정부를 유지하며 조국의 독립을 위해 싸웠던 에드바르트 베네시[Edvard Beneš] 같은 걸출한 인물들이 이 시기에 체코어 학부에서 배출되었습니다.

둘로 나뉜 독일어 학부와 체코어 학부는 서로 대학 지배권을 차지하기 위해 대립하였습니다. 오스트리아 제국이 1차 세계대전에서 패전하기 전까지는 독일어 학부가 우위를 점하다가 1918년, 체코슬로바키아가 건국된 이후로는 체코어 학부가 다시 대학의 주도권을 차지했습니다. 1920년, 정복국 황제의 이름이 대학 이름 가운데에 들어가 있는 것이 대학의 정통성을 해친다는 이유로 대학 이름에서 '페르디난트'라는 이름은 없애고 카를 대학이라는 원래의 이름으로 돌아갔습니다. 이렇게 주도권을 쥐고 있던 체코어 학부는 독일어 학부에 지속적인 압박을 가하였고, 1934년에 터진 두 학부 간의 폭력 분쟁으로 독일어 학부의 인장은 체코어 학부에게 넘어갔습니다.

1938년에는 또다시 주도권이 바뀌었습니다. 독일이 주도한 2차 세계대전이 시작되면서 독일어 학부의 인장은 체코어 학부의 손을 벗어나 다시 독일어 학부로 돌아갔습니다. 독일어 학부가 다시 주도권을 찾아가던 1939년 10월 28일, 체코어 학부 학생들은 나치의 강제 점령에 항거하는 시위를 일으켰는데 이 과정에서 체코어 학부 의과대학생인 얀 오플레탈이 총격으로 사망하는 사건이 일어났습니다.

얀 오플레탈의 장례식은 체코어 학부 학생들 거의 전원이 참가한 대규모 시위로 발전하였습니다. 나치는 이 시위를 잔인하게 진압하고 9명의 주동자를 처형하였으며 1,200명에 달하는 학생들을 수용소에 수감하였습니다.

결국 두 학부 간의 갈등은 2차 대전 후 독일어 학부가 'Collegium Carolinum'으로 이름을 변경하면서 뮌헨으로 옮겨간 뒤 해소되었습니다. 종전 후 카를 대학은 다시 정상적인 궤도에 오르려 하였지만 1948년부터 1989년까지 공산주의 체제였던 체코슬로바키아의 정치적 특성 탓에 국제적인 대학 평가에서 상위에 오르기 어려웠습니다. 하지만 1989년 동유럽에 분 개혁과 민주화의 바람에 카를 대학 학생들이 주도적으로 참여하면서 벨벳 혁명◆을 이룩해 냈고, 민주화된 체코에서 카를 대학은 프라하 대학으로 명칭을 다시 바꾸고 점차 독보적인 교육 기관으로 자리를 잡아가고 있습니다.

마지막으로, 여러분께서 보시는 이 건물은 대학교의 본관 건물에 불과하다는 사실을 말씀드립니다. 본관을 제외한 카를 대학교의 학부 건물들은 프라하 전역에 흩어져 있는데 모두 공통적으로 'Carolina'라는 글귀가 쓰여 있습니다.

◆벨벳 혁명 : 1989년 겨울, 체코슬로바키아가 공산주의 정권으로부터 평화롭게 정권을 이양 받은 혁명으로, '바츨라프 광장(179쪽)' 편에서 자세히 설명합니다.

대학의 역사가 660년이 넘다 보니 일어난 일도 많고, 언급해야 할 인물과 사건들도 많았습니다. 이렇게 역사 깊은 학교에는 1951년에 설립된 한국학과도 있습니다. 우리가 체코슬로바키아와 수교를 맺은 것이 1990년인 것을 감안하면 수교를 맺기 전부터 한국학과가 있었다는 말인데, 그렇다고 이상할 것은 없습니다.

한국(Korea)이라는 명칭은 대한민국과 북한에 동시에 적용되는 명칭입니다. 공산주의 체제의 체코슬로바키아는 북한과 수교를 맺고 있었고, 두 나라는 상당히 밀접한 관계를 가지고 있었습니다. 북한의 많은 엘리트들이 체코슬로바키아로 와서 교육을 받았던 것을 생각하면, 체코슬로바키아에도 한국학 관련 학과가 있을 법도 한 일입니다. 그렇게 시작된 한국학과는 예술 철학 분과 아래 있습니다. 한국학과에서 한국어는 물론, 한국의 고전 문학과 한국 불교, 한국 역사와 예술에 대한 강의가 진행되고 있으며, 졸업생들은 한국계 회사, 코트라, 외교부 등에 종사하면서 체코와 한국 간의 거리를 좁히고 있습니다.

2/

스타포브스케 극장

Estates Theatre
Stavovské Divadlo

1781년 초석을 놓고 공사를 시작하여 그리스 건축물을 연상시키는 신고전주의♦ 건축 방식으로 완공된 이 극장은 이름이 자주 바뀌었습니다. 처음에는 국립 극장으로, 19세기에는 창립자의 이름으로, 공산 정권에서는 틸 극장으로 불렸으며, 벨벳 혁명으로 민주화가 된 이후부터 현재까지는 스타포브스케 극장이라는 이름으로 불리고 있습니다.

200년이 넘는 세월 동안 프라하의 중요한 공연장으로 자리 잡고 있는 스타포브스케 극장에 대해서는 만들어진 배경부터 살펴보려 합니다.

16세기부터 오스트리아 제국의 영향권에 들어간 보헤미아 사람들 중 사교계에 발을 담그고 살았던 부유층들은 17, 18세기로 넘어오면서 게르만계로부터 문화적 소외감을 느꼈습니다. 프라하에 인접한 오스트리아와 독일 지역에서는 바흐, 헨델로부터 시작해 모차르트, 베토벤으로 어어지며 찬란하게 꽃피웠던 유명 음악가들의 공연이 활발하게 열렸지만, 프라하에서는 이런 공연들을 접하기 힘들었습니다. 현재와 같이 미디어가 발달하지 않았던 당시에는 이런 대가들이 직접 방문해야 공연을 볼 수 있었는데, 프라하에는 유수의 대가들이 와서 공연을 할 만한 좋은 공연장이 없었기에, 보헤미아 상류층들은 프라하에 제대로 된 공연장이 있으면 좋겠다는 열망을 토로했습니다.

당시 보헤미아 귀족 중 한 사람인 프란티셰크 안토닌 노스티체 리예네크

♦신고전주의 : 바로크와 로코코의 화려함에 염증을 느낀 건축가들이 시작한, 간결하고 정리된 모습을 한 그리스 신전을 모방하는 형태로 지은 건축 양식으로, 주로 건물 전면부에 그리스 신전의 열주를 연상시키는 기둥들을 세웠습니다. 유럽에서는 그리스 시대의 철학이나 문화, 문학들을 고전이라 불렸기 때문에, 그리스의 건축을 재해석한다는 의미에서 이렇게 유행한 건축 양식을 신고전주의라고 불렀습니다.

František Antonín Nostic-Rieneck 백작은 이런 부유층의 의
견을 수렴하여, 당시의 황제였던 오스트리아의
요제프 2세에게 자신의 영지에 극장을 지을 수
있도록 허가를 요청했고, 요제프 2세는 이를 승
낙하였습니다.

모차르트

이런 과정을 거쳐 18세기 후반에 지어진 스타
포브스케 극장은 명성을 쌓기 위해 많은 음악가들을 끌어들이기 시작했는데, 이
극장을 찾았던 그 많은 음악가 중 가장 유명한 사람은 바로 모차르트였습니다.

천재 중의 천재, 그 누구도 따를 수 없는 독창성의 소유자, 하늘이 내린 선물
등, 그를 따르는 수식어만 해도 어마어마한 볼프강 아마데우스 모차르트Wolfgang
Amadeus Mozart는 1756년 1월, 오스트리아의 잘츠부르크에서 태어났습니다. 모차
르트는 한 번 들은 곡은 절대 잊어버리지 않았고, 악기에 대한 재능도 남달라
서 어릴 때부터 왕궁에 불려가 신동이라 불리며 음악가로 성장했습니다. 청년
기에 접어든 모차르트는 잘츠부르크로 돌아왔다가, 파리를 거쳐, 빈에서 자리
를 잡았습니다. 채 서른이 되기도 전에 그는 대가의 반열에 올랐고, 오페라도
발표했습니다.

드라마와 음악, 무용과 더불어 화려한 무대장치 등으로 꾸려진 오페라는, 영
화가 존재하지 않았던 당시로선 최고의 유흥이었습니다. 소품집으로 시작해
서 교향곡을 많이 작곡했던 모차르트는 오페라까지 쓰면서 작품 활동의 영역
을 넓혀 갔는데, 모차르트가 최초로 만든 오페라가 바로 누구나 한 번쯤은 제
목을 들어보았을 〈피가로의 결혼〉입니다.

〈피가로의 결혼〉은 지금이야 모두가 그 이름을 알고 있는 유명한 작품이지
만, 그 시작은 좋지 않았습니다. 피가로의 결혼이 1786년 빈에서 초연되었을

때, 이미 많은 오페라와 음악들을 꾸준히 접해오며 한껏 콧대가 높아진 빈의 상류층 다수는 발랄하고 재기 넘치는 모차르트의 오페라를 저열한 수준이라 평가했고, 결국 9회 만에 막을 내렸습니다.

요즘 말로 흥행 참패를 기록한 모차르트는 이 오페라를 들고 빈을 떠나 인접 도시들로 순회공연을 나섰습니다. 하지만 독일, 오스트리아 지역의 관객 모두 빈의 관객과 비슷한 반응을 보였습니다.

〈피가로의 결혼〉은 1787년 1월에 프라하까지 왔습니다. 당시에 새로 만들어져 유명한 음악가를 끌어들이고자 했던 스타포브스케 극장에서 순회 중인 모차르트를 초청했는데, 2회에 걸쳐 진행된 공연은 예상 밖의 엄청난 반응을 불러 왔습니다. 그동안 공연장이 없어서 프라하에서는 볼 수 없던 슈퍼스타의 공연에 관객들은 열광했고, 기립 박수는 끊이지 않았습니다.

이제껏 냉담한 반응만 보이던 다른 도시의 관객들과 프라하의 관객들은 달라도 너무 달랐습니다. 공연하는 사람 입장에서 반응 좋은 관객보다 더 좋은 보상은 없습니다. 아마도 모차르트는 '프라하만 내 작품을 제대로 이해하고 나의 예술을 즐길 줄 아는 도시다'라고 생각했을 것입니다.

이렇게 자신을 알아준 프라하에 의미 있는 보답을 하고 싶었던 모차르트는 극장 관계자의 호의 아래 다음으로 만들 오페라의 초연 장소를 이곳 스타포브스케 극장으로 정했습니다. 후원가들은 모차르트에게 프라하 외곽의

돈 조반니 포스터(2012년 스타포브스케 극장)

별장을 제공했고, 모차르트는 거의 1년 가까이 프라하에 머물며 오페라를 썼습니다. 1787년 10월 29일, 이 스타포브스케 극장에서 초연된 이 오페라의 제목은 역시 누구나 한 번쯤은 들어보았을 '돈 조반니'입니다.

오페라는 작곡가의 출신지나 오페라가 쓰여진 곳보다는 초연된 곳을 고향이라 칭하는데, 결국 이 스타포브스케 극장이 〈돈 조반니〉의 고향이며, 프라하도 〈돈 조반니〉의 고향이 됩니다. 그러니 프라하 관객들에게 〈돈 조반니〉는 의미가 남다릅니다. 〈돈 조반니〉는 모차르트의 〈피가로의 결혼〉을 가장 잘 즐겨준 프라하 관객들에 대한 화답으로 모차르트가 프라하에서 쓴 오페라이고, 그런 오페라를 프라하 관객들이 제일 처음 관람했으니 프라하와 〈돈 조반니〉 사이에 끈끈한 관계가 있는 것도 전혀 이상하지 않습니다.

이후 모차르트는 유럽을 순회하면서 여러 곳에서 공연을 했습니다만, 그가 공연을 했던 수많은 극장들은 시간이 지나면서 폐업하거나, 다른 목적으로 재건축되어 옛날의 모습을 가늠하기 힘듭니다. 하지만 이 스타포브스케 극장만은 전 세계에서 유일하게 모차르트가 공연했을 당시의 모습을 그대로 가지고 있으며, 여전히 극장으로 사용되는 건물입니다. 잘 보존된 〈돈 조반니〉 프리미어 공연장이라는 의미에서의 스타포브스케 극장에는 모차르트 애호가들의 발길이 끊이지 않습니다. 그래서 극장의 앞에는 〈돈 조반니〉의 극중 등장인물인 유령의 동상이 세워져 있기도 합니다.

스타보프스케 극장은 영화에도 등장했습니다. 1984년 〈아마데우스〉라는 제목으로 모차르트의 일생에 적절히 픽션을 섞어 넣은 영화가 한 편 개봉되었습니다. 불세출의 천재 모차르트에게 열등감을 느끼다 결국은 모차르트를 파멸로 몰아넣은 숙적과 같은 인물로 살리에리를 등장시킨 이 영화는 개봉된 해

〈돈 조반니〉의 등장인물인 유령 동상

의 모든 영화제에서 상이란 상은 모조리 휩쓸었습니다. 모차르트의 일생을 다뤘으니 영화 촬영지가 모차르트의 주 무대였던 잘츠부르크와 빈일 거라 생각할 수 있지만, 영화 〈아마데우스〉는 체코에서, 주로 프라하에서 촬영되었습니다. 잘츠부르크나 빈보다는 옛 모습이 많이 남아 있는 프라하에서 촬영을 하면 불필요한 세트를 많이 만들지 않아도 되고, 또 영상이 훨씬 자연스러워 보이기 때문에 모든 촬영을 체코에서 했는데, 감독 역시 밀로슈 포먼^{Milos Forman}이라는 체코슬로바키아 출신의 감독이었습니다.

밀로슈 포먼은 작가 동맹◆을 지원하다 '프라하의 봄' 이후 미국을 향한 망명 길에 올랐습니다. 15년의 세월을 미국에서 보내며 〈뻐꾸기 둥지 위로 날아간 새〉 같은 영화들을 감독하면서 세계의 주목을 받는 감독으로 성장한 밀로슈 포먼에게 〈아마데우스〉의 대본이 전달되었습니다.

탄탄한 대본에 매료된 밀로슈 포먼은 흔쾌히 감독직을 수락했고, 촬영 장소를 물색하던 제작자에게 프라하에서 촬영하자는 역제안까지 했습니다. 프라하를 촬영지로 택한 이유는 고국에 대한 그리움일 수도 있고, 고국을 세계인에게 보여주고자 하는 열망일 수도 있었겠지만, 그 이유와는 상관없이 영화는 프라하를 통해 훌륭하게 모차르트의 시대를 그려냈습니다.

밀로슈 포먼은 살리에리의 병원, 모차르트가 아버지를 만나는 계단, 모차르트의 집 내부, 그리고 극 초반에 등장하는 극장, 이렇게 4개만 세트장으로 만들어 촬영했고, 나머지는 모두 프라하에 있는 실제의 거리와 저택들을 사용했으

◆작가 동맹 : 국민을 억압하는 공산주의 정부를 비판하며 국민들의 의식 개혁을 추진했던 연극 작가, 수필가, 소설가 등이 모여서 만든 단체로, 68년 '프라하의 봄' 혁명의 중추 역할을 했습니다. 그 대표적인 인물로는 「참을 수 없는 존재의 가벼움」을 집필한 밀란 쿤데라가 있습니다.

며, 모차르트가 직접 지휘하면서 공연을 진행한 극장 장면은 모두 이 스타포브스케 극장에서 찍었습니다. 그러니 영화 〈아마데우스〉를 통해 스타포브스케 극장을 간접적으로 볼 수 있는 셈입니다.

영화 이야기가 나와서 좀 더 덧붙이자면, 모든 영화가 그렇듯이 아마데우스도 픽션이 많이 가미된 영화입니다. 실제 역사의 살리에리는 모차르트와 동시대 인물이지만 대립 관계는 아니었고, 정신병자처럼 묘사된 모차르트가 그 정도의 사회 부적응자도 아니었으며, 허영심 많고 아무 생각 없는 여자로 묘사된 모차르트의 부인이 실제로는 모차르트의 일정 관리를 할 정도로 현명한 사람이었다는 점 등, 영화에는 재미를 위해 실제의 역사와는 다르게 묘사된 부분들이 많습니다. 그러니 영화를 역사로 이해하는 오류를 범하시지 않길 바랍니다.

하지만 영화의 마지막, 장례비가 없을 정도로 파산해서 따르는 사람 하나 없이 공동묘지에 던져져 쓸쓸한 죽음을 맞는 모차르트의 모습은 놀랍게도 실제의 역사를 잘 그려냈습니다.

예나 지금이나 예술가들은 금전적으로 넉넉하지 않은 경우가 많습니다. 운좋게 좋은 후원가가 있다면 그들의 후원을 받으면서 창작 활동을 할 수 있는데, 그러면 후원자의 눈치를 봐야 한다는 문제도 생깁니다. 청년기까지 모차르트는 각계각층의 후원가들의 도움으로 음악 활동을 했는데, 오페라를 만들면서부터 모차르트는 모든 후원을 거절하기 시작했습니다. 오페라를 통해 귀족이나 상류층을 풍자하기 위해서는 그들이 주는 돈으로부터 자유로워져야 한다고 생각했기 때문인데, 〈피가로의 결혼〉, 〈돈 조반니〉를 통해 오페라는 성공했지만 후원이 사라지며 점점 모차르트의 재정 상태가 심각해졌고, 덩달아 건강도 나빠지기 시작했습니다.

결국 모차르트는 모두에게 '밤의 여왕' 아리아로 잘 알려진 그의 마지막 오페라 〈마술 피리〉를 완성한 후 1791년 12월 5일, 공연이 2달쯤 진행되고 있을 무렵에 사망했고, 당시 그는 제대로 된 장례를 치를 수 없을 정도로 궁핍했습니다. 결국 모차르트의 시신은 공동묘지에 매장되는데, 매장에 참여하기로 한 지인들이 나타나지 않아 인부들만 시신을 매장하는 바람에 모차르트의 무덤이 정확하게 어디인지는 아직도 알 수 없습니다. 오스트리아 빈의 음악가 묘지에 있는 모차르트

마술피리 포스터(스타포브스케 극장)

의 비석은 실제 무덤이 아니라 상징적으로 세워 놓은 기념비에 불과합니다.

모차르트의 사망 소식을 들은 프라하의 부유층들은 개인재산을 털어서 현재 말라 스트라나 지구에 있는 미쿨라셰 성당에서 4천 명이 모인 성대한 임종 미사를 치뤄주었는데, 아이러니하게도 그의 주 활동 무대와 그의 고향에서는 모차르트의 죽음에 한동안 냉담한 반응을 보이다 시간이 꽤 지난 다음에 모차르트의 추도를 시작하였습니다.

현재 이곳은 체코 국립 극장 산하의 오페라 극장으로 활발히 공연이 이루어지고 있고, 지난 2017년 10월 29일에는 유명 성악가 플라시도 도밍고의 지휘 아래 〈돈 조반니〉 초연 230주년 기념 공연이 열리기도 했습니다.

큰 타이틀을 지닌 극장이기에 공연 가격이 비쌀 거라고 짐작하시겠지만, 스타포브스케 극장의 일반석 가격은 한국 돈으로 2만 원에서 5만 원 사이 정도입니다. 극장에서 직접 공연을 보는 것이 가장 의미가 깊겠지만 사정이 허락하지 않는다면 〈아마데우스〉 영화를 통해 스타포브스케 극장을 만나셔도 좋겠습니다.

3

하벨 시장

Havel's Market
Havelské Tržiště

바츨라프 광장부터 구시가지 광장으로 연결되는 큰 도로를 따라 구시가지 광장으로 걸어가다 보면 온갖 기념품이란 기념품은 다 모여 있는 재래식 시장을 하나 만나게 됩니다. 이곳이 바로 '하벨 시장'이라 불리는 곳입니다.

하벨 시장은 1232년 프라하 시민들에게 달걀, 치즈, 우유, 버터 등의 낙농 제품을 판매하는 시장으로 장사를 시작했습니다. 시장의 뒤편에 하벨 성당이라는 성당이 있었기 때문에 사람들이 처음에는 '하벨 성당 앞의 시장'이라고 부르던 것이 시간이 지나며 줄여져서 이제는 단순히 '하벨 시장'이라고 부르게 되었습니다.

관광객의 접근을 허락하지 않는 하벨 성당 안에는 프라하 시내의 대부분 성당에 작품을 남긴, 프라하 출신의 화가 카렐 슈크레타Karel Škréta의 무덤이 있습니다. 이름 있는 대작은 없지만, 다작을 한 화가인 그와 그의 공방에서 만들어진 수많은 작품들은 프라하의 귀족 저택, 수도원 그리고 성당 들에 팔려 나가 프라하에서 가장 만나기 쉬운 그림들이 되었습니다.

시작이야 어떻게 되었든, 현재의 하벨 시장은 그야말로 혼란의 도가니입니다. 판매대를 가득 채우고 있는 것은 박수 소리에 반응하여 발을 구르면서 괴기스러운 웃음소리를 내는 마귀할멈 인형을 비롯하여 냉장고 자석, 조잡하게 만들어진 원산지 불명의 기념품들, 공장에서 찍어낸 듯 프라하 전 지역에서 보이는 똑같은 풍경화, 티셔츠, 가죽제품, 그리고 과일과 채소 들입니다.

이 하벨 시장을 우리나라 재래식 시장으로 생각하고 접근하면 상당히 곤란합니다. 재래식 시장은 무조건 일반 매장보다 쌀 것이라는 선입견을 갖는 순간, 하벨 시장의 모든 물건 가격에 놀라게 될 테니 말입니다. 대표적인 것이 바로 과일입니다. 프라하를 돌아다니면서 피곤해진 관광객 눈에 가장 먼저 들어

오는 상큼한 블루베리와 체리 등의 가격은 모두 한 바구니 전체의 가격이 아닌 100g당의 가격입니다. 간혹 사이즈가 조금 큰 과일은 개당의 가격을 써 놓는 경우도 있으니, 가격표를 꼭 잘 확인하시기 바랍니다.

4/

유대인 지구

Jewish Town
Josefov

프라하의 구시가지 광장에서 파리지슈카^{Pařížská} 길, 블타바강, 그리고 구시가지에서 루돌피눔으로 통하는 카프로바^{Kaprova} 길을 연결하면 나타나는 공간 일대가 유대인 지구입니다. 현재는 요세포프^{Josefov}라고 부르는 이 지역에는 큼직한 표지판이 없기에 종종 사람들이 이곳이 유대인 지구인 줄도 모르고 지나가는 경우가 많습니다.

이곳은 오랫동안 보헤미아로 이주한 유대인들이 모여 살던 곳이었지만, 현재는 몇 개의 유대교 예배당과 특이한 외관을 가진 몇 건물들, 히브리어로 써진 현판 일부를 제외하고 나면, 유대인들이 살았던 곳이라는 흔적은 거의 보이질 않습니다.

대개 '유대인' 하면 나치 독일을 연관해서 떠올립니다. 2차 세계대전을 다룬 많은 영화, 소설, 각종 매체에 항상 최대의 피해자로만 그 모습이 묘사되어, 실제로 그들이 어떤 사람들이며 왜 핍박을 받았는지에 대해서는 잘 알려져 있지 않은 것 같습니다. 유대인 지구를 둘러보기 전에 유대인들에 대해 알아보는 것도 좋겠습니다.

유대인들은 어떤 사람들이며 왜 박해를 받았을까?

유대인들은 구약성경에 등장하는 야곱의 4번째 아들인 '유다'에서 이름을 따온 유대 왕국에서 살던 민족입니다. 이 고대 왕국은 바빌론의 공격으로 멸망했고, 이후 2,000년 동안 유대 민족은 나라를 잃은 채 소아시아 지역을 거쳐 유럽 각지로 퍼져 전 세계를 유랑하는 신세가 되었습니다.

유대 왕국이 있던 가나안은 중동 지역이었습니다. 중동이 고향이었던 유대인과 유럽인들은 생김새부터 매우 달랐습니다. 그 외에도 유대인들이 핍박을 받게 된 데에는 여러 가지 이유가 더 있습니다.

첫 번째는 종교적인 문제입니다.

야훼를 모시는 유일신 신앙을 가졌던 유대인들은 다신주익를 채택하고 있던 초기 로마 제국에 의해 많은 박해를 받았습니다. 로마가 그리스도교를 국교로 채택하고 난 뒤에도 박해는 끝나지 않았는데, 신약성경에 유대인이 예수를 배반한 민족(유다)으로 묘사되어 있다는 이유 때문이었습니다. 이런 이유로 십자군 원정 초기에는 유대인을 찾아 살해하면서 전의를 다진 후에 출정하는 것을 십자군의 비공식 일정으로 간주할 정도로 유대인에 대한 증오는 컸습니다.

중세로 접어들면서 세속에 물든 성직자들의 부패로 그리스도교가 많은 반발에 부딪치자, 반발자들의 주의를 다른 곳으로 돌릴 필요가 있었던 통치자와 성직자 들은 또다시 유대인을 희생양으로 삼았습니다. 생김새도 다르고, 이질적인 종교를 가진 데다가, 예수님을 배반한 민족인 유대인이 무리에 섞여 있기에 하늘의 심판을 받고 있다는 유언비어를 퍼트리기도 쉬웠습니다. 그래서 병이 돌아도 유대인 탓, 화재가 나도 유대인 탓이라는 핑계를 댔고, 사람들은 그 이야기를 진실로 받아들였습니다.

두 번째는 직업입니다. 유럽 땅으로 흘러들어온 유대인들은 한곳에 정착해 살기가 힘들었습니다. 그래서 농사처럼 땅에 묶여 있는 직업보다는 언제라도 다른 지역으로 옮겨가 계속할 수 있는 직업, 즉 수공업과 은행업(고리대금업) 등의 직업을 택했습니다.

수공업을 택한 유대인들은 같은 수공업자 모임인 길드의 미움을 받았습니다. 중세의 수공업은 도제(제자)라는 폐쇄적인 방식으로 기술을 전수하면서 자신들의 이익을 지키던 길드로 운영되었기 때문에, 한곳에서 이미 자리를 잡은 특정 업종의 길드가 있다면 같은 업종의 길드는 더 이상 진출할 수 없었습니다. 그런데 유대인들은 이곳저곳 돌다가 유대인들이 모여 사는 동네에 슬그머니 들어가서 수공업을 하니, 곱게 보였을 리가 없습니다.

소위 고리대금업이라 불리는 은행업에 종사한 유대인 또한 미움의 대상이 되었습니다. 중세에서 근대로 넘어오면서 상업 중심으로 산업 구조가 바뀌자, 농민 등 평민들은 피땀 흘리면서 일해야만 버는 돈을 유대인들은 너무 쉽게 버는 것처럼 보였습니다. 유럽의 평민들은 유대인이 얻은 소득을 부도덕한 부로 인식하였고, 살기가 어려워진 평민들은 유대인을 미워하게 되었습니다.

세 번째 원인은 이들의 풍습에서 찾을 수 있습니다. 유대인의 율법에는 매우 복잡하고도 세분화된 행동 규정이 있습니다. 이 책에서는 식습관에 대한 생활 규범인 '코셔Kosher'에 대해 이야기를 나누고자 합니다. 이야기를 시작하기에 앞서 코셔는 유대인들이 정착한 나라 및 환경에 따라 수많은 종류가 존재함을 미리 말씀드립니다.

앞발굽이 두 갈래로 갈라진 반추동물(소화 과정에서 한번 삼킨 먹이를 다시 게워내어 씹어 먹는 동물)은 깨끗한 동물(소, 양, 사슴 등)로 간주합니다. 앞발굽이 두 갈래라도 반추동물이 아니거나, 반추동물이라도 앞발굽이 두 갈래가 아니라면 깨끗하지 않은 동물(토끼, 낙타, 돼지 등)이기 때문에 절대 먹어서는 안 됩니다. 깨끗한 동물도 일정의 의식을 거친 선별된 도축자에 의해 율법에 맞게 도축을 해야만 먹을 수 있습니다. 도축 과정에서 피는 모조리 빼야 합니다.

또한 어미와 자식을 같이 먹는 것을 금한다는 조항이 있는데, 이것이 확장되어 한 동물에서 나온 고기와 젖을 같이 먹는 것이 금지되어 있습니다. 쇠고기 요리를 먹으면서 우유를 마시는 것, 닭고기와 달걀이 한 식사에서 같이 제공되는 것, 포도주와 포도도 같이 먹는 것을 금합니다. 이 개념은 조금 더 확장되어 쇠고기를 조리한 조리기구에 소에서 추출된 유제품을 조리하는 것도 금지합니다. 미국인들이 사랑하는 햄버거와 밀크셰이크 조합은 유대인의 율법을 엄격하게 지키는 유대인들에게는 상상도 할 수 없는 메뉴입니다.

필자의 지인 중에 유대인이 있어 귀동냥한 것만 간단히 옮겼을 뿐인데도 정말로 난해하고 복잡한 기준으로 보입니다. 이 율법에 맞춰 식사를 해야 한다고 할 때, 소시지와 맥주를 즐기는 파티에서 다른 먹을거리를 찾거나, 파티에서 제공된 음식에는 손도 대지 않는 손님을 보는 파티 주최자의 기분은 썩 좋지 않을 것입니다.

오랫동안 유럽인들의 관점에서는 생김새도, 종교도, 하는 일도, 먹는 것까지 하나같이 참 별나게 보인 것이 바로 유대인들입니다. 필자의 관점에서는 이 '별남', '다름'이 유대인에게 자행되었던 모든 박해에 대한 근본적인 원인이라고 보입니다. 다름을 '차이'로 인식하는 것이 아니라 '옳고 그름'의 문제로 인식하며 자신들과 다른 이방인들을 '적'으로 인식하였던 유럽의 이전 세대 때문에 유대인에게 자행된 모든 고통들이 시작된 것은 아닌가 합니다.

그러면 유대인에 대한 박해는 전적으로 유대인을 곱게 보지 않은 타민족의 책임일까요? 어설픈 양비론이 될 수도 있겠지만, 필자는 유대인들에게도 책임의 일부가 있다고 생각합니다. 엄밀히 말하면 그들은 이방인이었습니다. 이방인으로 새로운 사회에 편입되어 살 때는 그 사회의 규율과 관습을 받아들이고 그 속에 섞여 들어가야 하는데, 유대인들은 오랫동안 그들의 종교와 전통에 대해선 타협의 여지를 보여주지 않았습니다. 그들이 가진 종교와 전통이 바로 토착민들과 그들을 구분 짓는 가장 큰 경계였음에도 전혀 양보가 없었으니 스스로 사회로부터 고립되었고, 이런 고립 현상을 선민사상으로 포장하기도 하였습니다. 신으로부터 선택받은 민족이니 다른 민족, 다른 인간들의 이해는 필요 없다는 생각 역시도 건강한 사고 방식은 아니라고 생각됩니다.

유대인 지구 둘러보기

1 | 스페니시 시나고그

1868년도에 지어진 이 시나고그는 이름에서 알 수 있듯, 스페인풍의 시나고그^{Španělská synagóga}입니다.

스페인에는 이슬람으로부터 영향을 받은 건물들이 많이 지어졌는데, 외관은 단순하지만 내부 장식은 화려하기 그지없었던 이슬람식 치장법이 보헤미아 지역에까지 전파되면서 이 시나고그가 건축되었습니다.

20년이 넘는 기간 동안 일반인의 접근이 금지되었던 이 시나고그는 건축 130주년 기념으로 1998년에 재개관하였고, 현재는 유대인 음악가의 공연을 주관하는 콘서트홀과 체코슬로바키아에 정착한 유대인의 근대역사박물관으로 사용되고 있습니다. 이 시나고그 옆에는 체코의 유명한 작가이자 유대인인 프란츠 카프카를 형상화한 동상이 서 있습니다.

스페니시 시나고그 전면

스페니시 시나고그 내부

시나고그 앞의 카프카 동상

2 | 마이셀 시나고그

마이셀 시나고그^{Maiselova synagóga}는 1590년대에 지어졌습니다. 당시의 유대인 지구 시장이었던 모데차이 마이셀은 환경이 열악했던 유대인 지구를 르네상스풍으로 재단장하는 사업에 사재를 털어 막대한 후원을 했습니다. 유대인 지구의 정비와 더불어 르네상스식으로 새로운 시나고그도 지었는데, 이 시나고그를 그의 이름을 따서 '마이셀 시나고그'라 부르게 되었습니다.

마이셀 시나고그는 100년가량 유대인 지구의 새로운 건물 아이콘으로 자리를 잡지만, 1689년에 일어난 화재로 건물의 토대를 제외하고 모두 유실되었습니다. 이 이후에 바로크 양식으로 재건축되어 지금까지 유대인 지구를 지키고 있는데, 현재의 마이셀 시나고그는 유대인 이주역사박물관과 유물 보관소로 사용되고 있습니다.

마이셀 시나고그

3 | 핀카스 시나고그

핀카스 시나고그^{Pinkasová synagóga}는 1479년에 지어졌습니다. 13세기경에 본격적으로 보헤미아 땅에 유입된 유대인 중 프라하에 자리를 잡은 유대인 일부는 이미 많은 부를 축적하고 있었습니다. 이 중 '핀카스'라는 가문에서 가족 예배당을 지었다가 이후에 공공 목적으로 사용하게 된 곳이 핀카스 시나고그입니다. 500년이 지난 지금까지도 잘 보존되어 있는 이 예배당은 현재, 나치 독일에게 희생되었던 체코슬로바키아 출신의 유대인 77,297명의 기념관으로 사용되고 있습니다.

2차 세계대전 당시 체코슬로바키아 출신의 정치범과 유대인, 집시, 행려병자 등은 프라하에서 북쪽으로 70km가량 떨어져 있는 테레진이라는 수용소에 수감되었습니다. 테레진 수용소는 전 유럽에서 죽음의 공장이라 불리는 아우

핀카스 시나고그

희생된 유대인들의 이름이 기록된 벽과 수용되었던 어린이의 그림

슈비츠로 이송되어가는 정치범들과 유대인들의 일종의 환승 수용소였기 때문에 대규모의 학살은 일어나지 않았지만, 수용소 상황이 너무 열악하고 노동의 강도가 상상을 초월하였기에 많은 희생자가 나왔습니다. 이때 희생된 77,297명의 유대인 이름들이 기재되어 있는 벽이 이 시나고그 안에 있습니다. 또한 당시 수용소에 감금되었던 사람들이 그린 그림들이 용케 온전히 전해져서 이 시나고그에 전시되어 있는데, 그 그림의 아래에는 그림을 그린 사람의 운명이 같이 기록되어 있습니다.

4 | 구(久) 유대인 묘지

살아 있을 때도 격리된 곳에서 살아야 했던 유대인들은 죽은 뒤에도 지정된 장소를 벗어날 수 없었습니다. 구 유대인 묘지는 15세기 중반에 유대인 지구 내에 만들어진 묘지입니다. 이 묘지의 가장 오래된 비석에 기록된 연도는 1439년입니다. 이 묘지가 1787년까지 사용되었으니 거의 350년간 묘지로 사용된 것입니다. 이 좁은 곳에 꽂혀 있는 비석의 숫자만 1만 2천여 개에 달하는데, 실제로 이곳에 묻힌 사람의 숫자는 비석 숫자의 몇십 배는 될 것입니다. 무덤들이 겹겹이 쌓여 있기 때문에 이런 말도 안 되는 숫자가 가능한 것입니다.

이 묘지에 매장된 사람 중 가장 유명한 사람은 1609년에 사망한 유대교 랍비 유다 로웨 벤 베잘엘입니다. 랍비 로웨로 더 유명한 이 사람이 바로 골렘 설화(171쪽 참조)의 주인공입니다.

구 유대인 묘지

5 │ 구·신 시나고그

구 시나고그도 아니고, 신 시나고그도 아닌 모호한 이름을 가진 구·신 시나고그Staronová synagóga는 1270년에 지어져, 유대인 지구에 있는 건물 중에서는 가장 오래된 건물입니다. 현재까지 수많은 관광객이 찾는 관광 명소이자 유대인들이 실질적으로 예배를 보고 있는 중요한 시나고그입니다.

이 시나고그의 애매한 이름에 관해서는 다음과 같은 이야기가 전합니다.

13세기 중엽, 보헤미아로 집단 이주한 유대인이 어디에 시나고그를 지을 것인지 고심하던 중 한 랍비가 나타나 묘한 말을 남기고 사라졌습니다.

"우리가 이 땅에 오기 오래전부터 우리가 올 것을 예상하고 하느님께서 준비해 놓으신 장소가 있습니다. 시나고그를 새로 지을 필요 없이 우리는 그 장소를 찾기만 하면 됩니다."

이 말을 들은 사람들은 랍비가 말한 건물의 자취를 찾아 나섰고, 유대인 지구 안에 있던 조그만 둔덕에서 이상한 돌덩이가 삐죽 튀어나와 있는 것을 발견했습니다. 사람들은 삽으로 둔덕을 파기 시작했고, 삽이 딱딱한 물체와 부딪쳤습니다. 흙을 치워봤더니 나타난 것은 건물의 지붕이었고 놀란 사람들이 둔덕을 다 파내자 둔덕에 묻혀 있던 시나고그가 발견되었다는 것입니다. 이때부터 사람들은 오래전부터 있었던 건물이지만 새로 발견해 냈다는 의미에서 이 시나고그를 구·신 시나고그라고 부르기 시작했다고 합니다.

물론 믿기 힘든 이 이야기는 민간에서 전해지는 이야기일 뿐입니다. 구·신 시나고그는 프라하에 집단 이주한 유대인들이 실질적으로 건축한 최초의 대형 예배당이었습니다. 이 예배당을 지었던 1270년에 사람들은 이를 '새로운 시나고그'라고 불렀을 것입니다. 하지만 세월이 지나면서 새로운 시나고그들이 하나씩 지어졌고, 그 예배당들도 '새로운 시나고그'라고 부르다 보니 명칭

구·신시나고그 전면   구·신시나고그 뒤쪽(사다리가 끊긴 모습)

에서 혼란이 왔습니다. 그래서 이 시나고그를 다른 시나고그와 구별 지어서 구·신 시나고그라고 부르게 되었습니다.

구·신 시나고그 뒤에는 사다리가 끊긴 모습이 보이는데, 이것과 관련해 전하는 이야기는 골렘의 전설과 관련이 있습니다.

유대인들은 늘 주변으로부터 멸시와 냉대를 받았기 때문에 불안감을 안고 살았습니다. 이런 유대인들을 위해 랍비 로웨는 유대교에 대대로 전해져 오는 비법을 이용하여 그들을 보호하고자 하였습니다.

로웨는 블타바강에서 퍼 올린 진흙으로 인형을 빚은 후, 이 인형에게 생명력을 불어 넣고, 인형의 이마에 'Emet'(진실, 혹은 현실을 뜻하는 히브리어)를 새겨

넣어 '골렘'이라는 존재를 만들었습니다. 골렘은 먹지도, 마시지도, 잠자지도 않으며 생명력을 준 랍비의 명령에 복종하는 존재로, 로웨의 명령을 충실히 따르며 유대인 지구와 유대인들을 밤낮으로 보호했습니다.

하지만 시간이 지남에 따라 골렘에게 인격이 생겼고, 골렘은 통제가 어려울 정도로 광폭하고 흉포한 존재로 변해갔습니다. 유대인 지구를 파괴하고, 유대인을 공격했으며, 프라하 시내까지 나타나 파괴를 일삼다 보니 시민들의 공포는 나날이 커졌습니다.

이런 문제가 발생하자 당시의 황제 루돌프 2세는 랍비 로웨를 궁으로 불러 유대인에 대한 차별과 멸시, 공격을 금지할 테니 골렘을 없애달라는 부탁을 하였습니다. 이에 랍비 로웨는 골렘의 이마의 글씨 Emet 중 첫 글자 E를 지워 met로 만들었습니다. 'Met'는 히브리어로 죽음을 뜻합니다. 그 순간 골렘은 곧바로 생명을 잃었지만, 랍비 로웨는 혹시라도 황제가 약속을 어길 경우, 곧바로 골렘을 다시 살리기 위해 구·신 시나고그의 다락방에 숨겨 놓고, 부정한 사람들의 손이 닿지 않도록 다락방에서 내려오는 사다리를 지상 4m가량부터 끊어 놓았다고 합니다.

이후 프라하에 침입한 나치 병사 한 명이 이 전설이 사실인지 확인하려고 구·신 시나고그에 왔다가 의문의 죽임을 당했다는 소문이 퍼지면서, 나치 독일군이 이 건물 주변에 접근하는 것을 꺼려했기 때문에 2차 대전 중에도 건물이 온전히 보전될 수 있었다는 이야기도 전해집니다. 지금은 출입이 엄격히 금지된 방인데, 전설에 매료된 영화 제작자들과 설화 수집가들이 카메라를 들고 다락방을 몰래 찾았지만 골렘의 흔적은 찾을 수 없었다고 합니다.

참고로, 유명한 유대교 전설 중 하나인 이 골렘 이야기를 담고 있는 레스토랑이 마이셀 시나고그 옆에 있으니 관심 있는 분은 들러보셔도 좋겠습니다.

6 | 클라우센 시나고그

클라우센 시나고그Klausová synagóga는 1573년 프라하의 유대인 지구를 방문한 막시밀리안 2세를 기념하기 위해 기존에 있던 3개의 건물을 밀어버리고 세운 건물입니다. 하지만 처음의 건물은 1689년에 유대인 지구에 있었던 대규모의 화재로 소실되었고, 그 후 몇 차례의 복원과 개축을 통해 현재의 모습으로 남게 되었습니다.

클라우센 시나고그는 유대인 지구 내에 있는 가장 큰 시나고그로, 유대인 지구의 핵심 건물로 자리 잡고 있습니다. 현재 클라우센 시나고그는 유대인의 관습과 생활상에 대한 자료들을 전시하는 박물관으로 사용되고 있습니다.

클라우센 시나고그

고대 국가 바빌론에 나라를 빼앗기고 오랜 세월 동안 이리저리 떠돌면서 천덕꾸러기로 학대와 멸시를 받았던 유대인들은 팔레스타인 지구에 살던 팔레스타인인들을 밀어내고 1948년 유대인의 국가로 이스라엘을 출범시켰습니다. 오랜 세월을 방랑자로 살았던 유대인들에게 국가가 드디어 생긴 것입니다. 하지만 이로 인해 팔레스타인인은 나라를 잃게 되었고, 이스라엘은 토착민들을 밀어냄으로써 중동의 화약고를 자처하고 있다는 국제사회의 따가운 눈총을 견뎌야 했습니다.

이스라엘이 세워지자 전 세계에 흩어져 살던 수많은 유대인들이 꿈에 그리던 유대인의 나라로 돌아왔습니다. 오랫동안 흩어져 살면서 각자 살던 곳의 문화와 관습에 적응하며 살아온 다양한 사람들이, 2천 년 전에는 한 민족이었다는 이유만으로 조그만 땅에 다시 모이다 보니, 이스라엘은 정책을 결정하는 것부터 생활 전반에 이르기까지 많은 갈등과 불화가 잠재되어 있습니다.

이런 나라를 효과적으로 운영할 때 가장 쉬운 방법은 외부의 강력한 적을 만드는 것입니다. 역사적으로 많은 통치자들이 써온 방법이기도 한데, 안보를 위협하는 외부의 강력한 적 앞에서 국민들은 뭉칠 수밖에 없습니다. 이스라엘은 이런 전략으로 개국부터 지금까지 나라를 유지해 오고 있는 것 같습니다.

프라하에서 유대인 지구를 걷다 보면, 이스라엘 국기를 들고 유대인학살기념관인 핀카스 시나고그부터 일종의 성지순례를 다니는 이스라엘 관광객이나, 선조들의 고난의 장소를 둘러보는 수학여행단을 종종 마주치는데, 핀카스 시나고그에서 구·신 시나고그로 가는 길목에 있는 유대인 시청사 앞을 지나던 이스라엘 중학교 수학여행단의 인솔자가 골목 어귀에 학생들을 세워놓고 이런 말을 하는 것을 들은 적이 있습니다.

"여러분들은 지금 이스라엘에 있는 것이 아닙니다. 학교에서도 여러 차례 이야기를 했지만 이스라엘을 떠나는 순간 전 세계가 유대인 혐오주의에 빠져 있다고 해도 과언이 아니니, 여러분들의 안전을 보장하는 것이 저의 가장 중요한 일입니다. 누군가가 우리를 뚫어지게 처다본다면 그것은 바로 유대인들에 대한 뿌리 깊은 증오가 있기 때문입니다. 위험한 여행이지만 우리 선조들이 얼마나 힘들게 살아왔는지 둘러보고 나면 우리의 이스라엘이 얼마나 선택받은 나라인지 알게 될 것입니다. 또 여러분들의 안전을 위해 특수한 군사 훈련과 경호 훈련을 받은 특수부대 요원들을 여러분이 가는 경로 곳곳에 배치해 놓았으니 나라에 대한 고마움을 가지기 바랍니다."

우연인지 모르겠지만, 이 여행단이 지나고 있던 길목이 유대인 시청사가 있는 곳이었고, 유대인 시청사에는 항상 사복경찰이 수신기를 귀에 꽂고 주위를 경계하고 있습니다. 이 선생님은 특수 부대 요원을 언급하면서 유대인 시청사 앞의 사복경찰 쪽으로 눈길을 주고 있었습니다.

히브리어를 전혀 이해하지 못하는 제가 이 인솔자가 한 말을 알게 된 것은 그날 저와 같이 길을 걸어가고 있던 미국계 유대인 친구가 친절히, 하지만 상당히 당황하면서 인솔자가 한 말을 통역해주었기 때문입니다.

플로리다에서 태어나 살다가 이스라엘로 이주해서 5년을 산 뒤, 가치관의 혼란을 느껴 프라하로 이주해서 지금까지 프라하에 살고 있는 이 친구는, 왜 이스라엘을 떠났는지 물어보면 말을 아끼지만, 다시 이스라엘로 돌아갈 계획은 없느냐는 질문에는 항상 'Never'라고 답합니다.

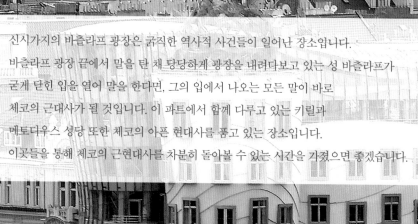

신시가지의 바츨라프 광장은 굵직한 역사적 사건들이 일어난 장소입니다.

바츨라프 광장 끝에서 말을 탄 채 당당하게 광장을 내려다보고 있는 성 바츨라프가

굳게 닫힌 입을 열어 말을 한다면, 그의 입에서 나오는 모든 말이 바로

체코의 근대사가 될 것입니다. 이 파트에서 함께 다루고 있는 키릴과

메토디우스 성당 또한 체코의 아픈 현대사를 품고 있는 장소입니다.

이곳들을 통해 체코의 근현대사를 차분히 돌아볼 수 있는 시간을 가졌으면 좋겠습니다.

4

신시가지

1

바츨라프 광장

Wenceslas Square
Václavské Náměstí

프라하 시내에 있는 광장 중 가장 거대한 광장이 바츨라프 광장입니다. 광장 끝의 체코 중앙박물관부터 성 바츨라프 왕의 기마상을 지나 길게 펼쳐진 이 광장은, 길이가 길면서 넓다 보니 각국의 여행 안내서에 다음과 같이 설명되는 경우가 많습니다.

바츨라프 광장은 총 길이가 750m에 달하며, 그 넓이는 45,000m^2에 육박하는 아주 큰 광장으로 수많은 레스토랑과 기념품 가게, 그리고 클럽이 줄지어 서 있는 번화가이며 프라하를 여행하는 여행자라면 꼭 한 번은 들러야 할 관광 명소이다.

이것이 잘못된 말은 아니지만, 만약에 이런 관점을 가진 분들이 광주 금남로를 이야기한다면 다음과 같이 이야기할 것 같습니다.

광주 금남로는 광주천 발산교 앞에서부터 문화전당역 북쪽의 로터리를 잇는 왕복 6차선 도로로, 맛집들이 많이 있어 광주를 여행하는 사람이라면 한 번은 들러야 할 관광 명소이다.

여전히 잘못된 이야기는 아니지만, 1980년 광주에서 어떤 일이 일어났는지, 그리고 그로 인해 우리나라에 어떤 변화가 일어났으며, 그 장소가 어떤 의미인지 잘 알고 있는 사람들이 들었을 때엔 정말 아연실색할 이야기가 아닐 수 없습니다. 현충원을 이야기하면서 그곳에 잠든 순국선열 대신, 그 면적이나 편의시설을 말할 수 없는 것과 마찬가지입니다.

필자는 이 바츨라프 광장에서 눈으로만 보고 이해할 수 있는 이야기가 아닌, 파고들지 않으면 볼 수도, 들을 수도, 알 수도 없는 지난 시간들에 대한 이야기를 하고 싶습니다.

이 광장이 어떤 역사를 겪으며 지금까지 왔고, 광장에는 어떤 의미가 담겨 있는지 하나씩 시간순으로 풀어내자면 정말 긴 이야기가 될지도 모르겠습니다. 또 어떤 이야기는 바츨라프 광장과 직접적인 관계가 없는 이야기가 될 수도 있겠습니다. 하지만 앞으로 들려드릴 과거 이야기가 현재를 이해하는 데 도움을 주리라 믿어 주시면 좋겠습니다.

14세기~19세기

이 광장은 프라하의 황금기를 가져온 카를 4세의 재위 기간에 광장으로 조성되었기 때문에 14세기의 보헤미아 사람들은 이곳을 '신시가지 광장'으로 불렀습니다. 신시가지가 커지면서 14세기 후반에는 여기에 말을 주로 거래하던 가축 시장이 열렸는데, 이런 이유로 사람들은 이곳을 '말 시장 광장'이라고 부르기도 했습니다.

꽤 오랫동안 사용된 이름인 '말 시장 광장'은 직관적이었지만, 산업혁명 이후 19세기에는 도시 내에서 말을 타는 일이 없어졌고, 더 이상 가축 시장도 열리지 않게 되자 이를 대체할 새로운 이름이 필요했습니다.

이 시기에 18세기 말부터 유럽에 맹렬히 불던 민족주의 열풍이 보헤미아까지 상륙했습니다. 보헤미아에는 민족주의 신문이 창간되었고, 인문과 예술 등 모든 문화 영역에서 민족 문화를 재건하자는 움직임이 시작되었습니다. 민족주의 성향을 가진 보헤미아의 지식인과 운동가, 그리고 독립의 열망을 품던 민중 들은 많은 장소에 새로운 의미와 이름을 부여하기 시작했습니다.

말 시장 광장을 그린 삽화　　　　　　　　　성 바츨라프 왕 기마상의 초창기 모습

퇴색한 이름인 '말 시장'을 다르게 부르고 싶었던 이들이 선택한 이름은 10세기 초반의 보헤미아를 공명정대하게 훌륭히 다스렸던 인자한 군주이자, 젊은 나이에 사망한 뒤 성인으로 추앙되기까지 한 성 바츨라프(성 바츨라프의 일생에 대해서는 403쪽 참조)였습니다. 1887년에는 광장의 끝에 성 바츨라프 왕의 기마상까지 제작되면서 지금까지 이 광장은 줄곧 '바츨라프 광장'이라 불리고 있습니다.

1918년 10월 28일 – 체코슬로바키아의 독립

보헤미아에 민족 문화 부흥 운동이 한창일 때, 유럽의 제국주의 열강들은 복잡한 이해관계에 얽혀 있었습니다. 자원과 노동력을 식민지로부터 착취해서 폭발적인 성장을 꾀하는 방식인 제국주의 노선을 택한 유럽의 열강들은 앞다투어 영토를 넓히고 영향력을 키우고자 했습니다. 동시에 유럽 땅 내에 식민지를 가지고 있던 나라들은 식민지가 독립하지 않게 막아야 했고, 이웃 제국의 확장까지 견제해야 했습니다. 이렇게 팽팽하게 벌어지던 열강들의 물밑 싸움이 최고조에 이르렀던 1914년 6월, 보스니아의 수도 사라예보로 외교 순방을 갔던 오스트리아의 황태자 부부가 세르비아계 청년의 총에 암살당한 사건인 '사라예보의 총성'이 벌어지며 유럽 열강 사이의 모든 갈등이 터져 나왔습니다.

오스트리아는 암살의 배후로 러시아 제국을 지명하고 선전포고를 하였고, 이내 오스트리아와 헝가리, 오스만 제국, 불가리아 왕국 그리고 독일 등의 동맹국들에 대응하여 영국, 프랑스, 러시아, 이탈리아 등이 차례차례 연합군으로 참전하며 전쟁은 점점 커졌습니다. 마침내 일본과 미국까지 연합군에 참전하며 전쟁은 유럽 땅을 넘어 주변 대륙까지 퍼졌는데, 이것이 우리가 알고 있는 제1차 세계대전입니다.

5년 동안 많은 나라의 이해관계가 얽히면서 벌어진 1차 세계대전은 결국 1918년 동맹국의 패배로 막을 내렸습니다. 동서고금을 막론하고 전쟁에서 패한 나라는 승자로부터 여러 가지 제재를 받습니다. 1차 세계대전의 중심국이 었던 오스트리아가 패전국이 되면서 받았던 핵심 제재는 바로 그들이 소유한 모든 식민지를 독립시키는 것이었습니다. 식민지를 해방시키고 나면 제국주의식 확장이 불가능해지고, 또 다른 전쟁을 꿈꿀 의지도, 힘도 사라질 것이라는 계산이었습니다.

이때, 오스트리아-헝가리 이중 제국의 지배를 받고 있던 많은 지역이 독립하여 신흥 국가가 되었는데, 이 신흥 국가들은 민족주의적인 색채를 많이 띠고 있었습니다. 남부 발칸 반도의 국가들은 세르비아를 중심으로 뭉쳐, 훗날 유고슬라비아라고 불리게 될 남슬라브족의 나라를 건국하였고, 서쪽에 있는 체코와 슬로바키아는 합쳐져서 체코슬로바키아라는 서슬라브족의 나라를 건국했습니다. (체코와 슬로바키아는 같은 서슬라브족으로, 오랫동안 체코는 오스트리아의 지배를, 슬로바키아는 헝가리의 지배를 받았습니다.)

1918년 10월 28일, 오랫동안 타민족의 지배를 받아 오던 체코와 슬로바키아 서슬라브족에게 드디어 그들의 나라가 생겼습니다. 기쁨이 넘쳐 흐르는 체

1919년, 중부 유럽 국가들의 국경선

독립선언문이 낭독되고 있는 바츨라프 광장

코슬로바키아 전역에서 독립선언문이 동시다발적으로 낭독되었는데, 체코슬로바키아의 수도로 정해진 프라하에서는 중요한 두 장소에서 낭독되었습니다. 한곳은 민족 문화 부흥 운동의 중심지인 오베츠니 둠이었고, 다른 한 장소는 바로 바츨라프 광장의 성 바츨라프 왕 기마상 앞이었습니다. 민족의 선조이자, 수호성인인 성 바츨라프 왕의 기마상 앞에, 그리고 바츨라프 광장 가득히 들어찬 사람들은 한마음 한뜻으로 나라의 독립을 진심으로 축하했습니다.

1938년 9월 30일 – 뮌헨의 배신

체코슬로바키아가 주권 국가로 인정받은 지 꼭 20년이 되는 해였습니다. 산업혁명을 통해 축적된 기술과 넓은 평야를 가지고 있어 상업에 유리했던 체코와, 많은 구릉과 산지로 농업, 목축업에 유리했던 슬로바키아의 결합은 큰 내수 시장을 만들었습니다. 큰 내수 시장과 뛰어난 기술 및 인재들, 풍요로운 물자, 그리고 주권을 가진 국가로 여러 방면에서 발전해 나가던 체코슬로바키아는 1920년대에 이미 상용 자동차를 생산하고 있었으며, 유럽의 많은 영화 감독과 배우가 모여서 촬영과 편집을 하던 문화의 장이었고, 1930년대 초반에는 비행기도 만들어 냈습니다.

하지만 체코슬로바키아의 서쪽 이웃, 독일의 상황은 달랐습니다. 오스트리아와 같이 1차 세계대전의 패전국이었던 독일은 국외의 모든 식민지를 빼앗겼고, 엄청난 금액의 전쟁 배상금을 고스란히 국민의 세금으로 지불하고 있었습니다. 거기에 1929년, 미국에서부터 밀려온 세계 대공황의 여파로 실업자는 증가했고, 물가는 가파르게 올라가고 있었습니다. 이렇게 혼란스러운 시대를 틈타, 독일 내부에서 게르만족이 세계에서 가장 우월한 민족이라는, 극도로 우편향적인 민족주의 성격을 내세우며 정치의 전면부에 나타난 정치 세력이 있었습니다. 이들이 바로 국가 – 사회주의 – 독일 – 노동자당(Nationalsozialistische Deutsche Arbeiterpartei), 줄여서 '나치Nazi'라고 부르는 정당이었습니다.

1930년 초반, 수장 히틀러를 중심으로 나치당은 독일을 장악했고, 나치 독일은 주변 국가들을 방심하게 하면서 물밑으로는 전쟁을 준비하고 있었습니다. 팽창을 원했던 독일이 가장 먼저 택했던 영토는 오스트리아였습니다. 같은 게르만족으로 구성된 오스트리아의 정치 세력들 사이를 암암리에 파고 들어간 나치 독일은 외교적으로도 많은 속임수를 동원하여 1938년 3월 오스트리아를 독일에 병합시켰습니다.

이에 가장 촉각을 곤두세웠던 것은 다름 아닌 프랑스와 영국을 위시한 1차 세계대전의 승전국들로, 독일이 만약 이 분위기를 타서 다시 전쟁을 일으킨다면 1차 세계대전의 복수부터 시작하리라는 것을 직감하고 있던 그들은 이전부터 나름대로의 준비를 하고 있었습니다. 하지만 그 대비책이라는 것도 결국은 아무 짝에 쓸모도 없었던 마지노선을 만드는 것 같은 소극적인 수준이었으며,

프랑스와 영국 등은 오스트리아를 병합한 독일을 사실상 방치했습니다.

주변국의 바응이 허술하자 히틀러는 한 걸음 더 나갔습니다. 독일, 오스트리아와 국경을 접하고 있던 체코슬로바키아는 다음으로 좋은 먹이였습니다. 비록 체코슬로바키아가 건국된 지 20년이 지났지만 '주데텐란트Sudetenland'라고 불리는 독일과 오스트리아 국경 지역에는 뿌리가 게르만계인 사람들이 많이 살고 있었습니다. 나치는 이 지역의 친나치 성향 게르만계 정치 세력들을 몰래 포섭했고, 나치에게 포섭된 이들은 체코슬로바키아로부터 독립해서 자치권을 가지게 해 달라는 주장을 펼쳤습니다. 당시 체코슬로바키아 땅 면적의 1/4을 차지하는 지역이자, 국경이며, 군사 요충지였던 주데텐란트의 게르만계에게 자치권을 준다는 것은 체코슬로바키아 정부에게는 국경을 포기하라는 말과 같은 것이었습니다. 상황이 긴박했고, 사안이 중대했기에 체코슬로바키아 정

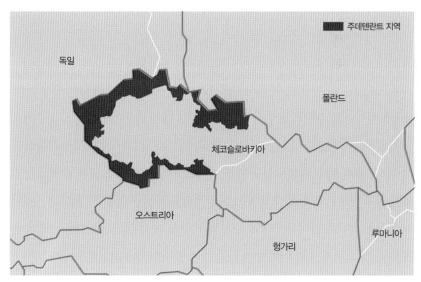

게르만계 체코슬로바키아 사람들이 살고 있던 주데텐란트 지역

부가 신중히 움직이고 있을 때, 독일의 뮌헨에서 영국, 프랑스, 이탈리아, 그리고 독일의 핵심 권력가들이 모였습니다.

여기 모인 나라 중 이미 이탈리아는 히틀러와 관계가 깊은 극우주의 파시스트당의 무솔리니가 장악하고 있었기에 독일을 지지했고, 이미 이빨을 드러낸 독일을 무시할 수도 없고 전쟁을 하기는 두려웠던 영국과 프랑스는 독일을 달래기 위해 독일의 요구를 승인했습니다. 이에 체코슬로바키아의 주데텐란트는 곧바로 독일의 영토로 편입되었습니다. 자기 나라에 전쟁이 일어나지 않게 하려고 다른 주권 국가의 영토를 넘겨준 이 협정의 이름은 뮌헨 협정으로, 이 자리에 체코슬로바키아 정부 측 인사는 단 한 명도 참석하지 않은 채로 모든 협정이 진행되었기에 체코와 슬로바키아인들은 이 협정을 '뮌헨의 배신^{Munich betrayal}'이라고 부릅니다.

1939년 – 나치의 침공

뮌헨의 배신 이후 1939년 3월 15일, 국경과 군사요충지를 전쟁 한 번 못해보고 날려버린 체코슬로바키아에 나치의 군대가 진입했습니다. 체코슬로바키아 정부는 망명길에 올랐고, 손쉽게 체코슬로바키아를 손에 넣은 나치 독일은 체코슬로바키아를 그들의 군수 공장으로 철저히 유린했습니다.

체코슬로바키아가 나치 독일의 점령을 받은 지 8개월이 지난 11월, 나라가 강제로 점령당한 참담한 현실을 더는 바라보고 있을 수 없던 많은 대학생과 젊은이 들이 바츨라프 광장에 모여 나치 강점을 규탄하는 시위를 열었습니다. 나치 독일은 곧바로 군인과 경찰을 동원해 시위를 진압하였는데, 이때 군중에 숨어 있던 사복 경찰이 발포한 총에 카를 대학 의과대 학생이었던 얀 오플레탈^{Jan Opletal}이 사망했습니다.

나치의 침공

얀 오플레탈의 장례식

11월 15일에 거행된 얀 오플레탈의 장례식에는 학생과 직장인, 일반인 등 많은 사람들이 참석했으며, 마침내 장례식 행렬은 거대한 시위로 번졌습니다.

나치 독일은 이 시위대마저 무력으로 진압하고, 수많은 사람들을 구금했습니다. 이틀 뒤인 11월 17일에는 시위에서 주동자 역할을 했던 9명의 학생들을 처형했고, 체코슬로바키아의 모든 대학교를 폐쇄하라는 조치를 내림과 동시에 시위에 참여했던 학생 1,200여 명을 모두 집단 수용소로 보냈습니다.

1945년 2차 대전이 끝나고, 11월 17일은 '학생 운동의 날'로 지정되었습니다.

1945년 5월 - 4일에 걸친 프라하의 민중 봉기

1939년부터 시작된 2차 세계대전의 초반에는 뛰어난 무기를 앞세워 파죽지세로 유럽을 점령해가던 나치 독일의 위세에 눌려 유럽 어떤 나라도 독일을 상대할 수 없었습니다. 전쟁이 중반에 이른 1941년에는 영국과 소련을 제외한 유럽 대륙의 상당수는 이미 나치 독일에 점령되었거나 협력하는 중이었는데, 이때 미국과 소련이 전쟁에 본격적으로 뛰어들며 그 양상이 바뀌었습니다.

이때부터 서쪽에서는 미국과 연합군이, 동쪽에서는 소련이 독일을 압박하면서 독일은 승기를 잃었고, 결국 1945년 4월에는 독일의 수도 베를린까지 소련의 붉은 군대가 진격해 들어오면서 전쟁은 막바지로 치달았습니다. 더 이상 빠져나갈 곳이 없다고 판단한 히틀러는 4월 30일 베를린의 지하 벙커에서 권총으로 자살했습니다. 나치 독일이 패망 일보 직전이라는 소식이 전 유럽으로 퍼져나갔고, 이 소식은 나치 독일의 점령지였던 프라하에도 전해졌습니다.

1945년 5월 5일, 몰래 프라하 라디오 방송국을 장악한 체코슬로바키아 저항군이 시민들의 봉기를 독려하는 방송을 내보냈습니다. 저항군을 체포하기 위해 곧바로 나치 친위대와 친나치 경찰들이 투입되었고, 이들 사이에 격렬한 육탄전이 벌어졌는데, 이 육탄전마저 라디오 전파를 타고 고스란히 프라하 시민들에게 전달되었습니다. 이 방송을 들은 프라하 시민들은 모두 길거리로 뛰쳐나와 독일어로 된 표지판과 간판들을 떼어내고, 신호등을 파괴했으며, 나치 독일이 사용하던 주요 건물들을 점거하기 시작했습니다.

나치의 잔여 병력은 탱크와 장갑차를 몰고 프라하 시내로 진입했고, 시민들과 나치 군대 사이에 격렬한 시가전이 벌어졌습니다. 변변한 무기 하나 없었던 시민들은 손에 쥘 수 있는 모든 것을 무기로 활용하며 나치 군대로부터 도시를 지켜냈습니다. 구시가지의 시청사를 비롯한 주요 건물들은 프라하 민중의 저항 본거지로 쓰이면서 엄청난 포격을 받아 파괴, 소실되었고, 건물 지붕에서 돌을 던지고, 골목에서, 광장에서 나치에 저항하던 수많은 시민들은 나치 군대의 총격으로 사망해 그 시신을 수습하기도 힘들 정도였습니다. 이렇게 프라하 시민들은 1945년 5월 5일부터, 나치 독일이 항복을 선언한 5월 8일을 지나 소련의 붉은 군대가 프라하로 진입한 5월 9일까지 4일간이나 프라하를 지켜냈습니다.

지금도 프라하 시내를 걷다 보면 사진과 같은 안내판을 쉽게 볼 수 있습니다. 이 안내판들은 하나같이 날짜가 1945년 5월 5일에서 9일 사이이며, 그 자

1945년 프라하에서 일어난 시민 봉기   프라하 시내에서 볼 수 있는 안내판

리에서 사망한 시민들을 기리기 위해 그들의 이름이 쓰여 있는데, 이 4일간 사망한 프라하 시민들의 숫자는 1,700명에 육박합니다.

1945년~1967년 – 소련의 위성 국가가 된 체코슬로바키아

7년간의 지긋지긋한 전쟁이 끝났지만, 체코슬로바키아를 비롯한 전 유럽의 피해는 상상을 초월했습니다. 1945년부터 48년까지 전 유럽의 대다수 국가가 전범 재판을 열고, 도로 등의 기간 산업들을 재건하고, 인구 조사를 다시 실시하는 등, 정치, 경제, 사회, 문화 전반에 걸친 큰 혼란의 시기를 겪었습니다.

이 시기에 큰 피해를 입은 유럽 국가들이 빨리 일어서게 도와주자는 명분에서 미국과 영국이 주축을 이룬 연합국과 소련이 나섰습니다. 협상 테이블에 앉은 그들은 먼저 독일이 헛된 꿈을 다시는 꿀 수 없도록 독일을 동서로 나누었고, 유럽 대륙을 크게 반으로 나누어 서쪽은 연합국이, 동쪽은 소련이 전후 처리를 돕기로 합의했습니다.

불행히도 체코슬로바키아는 동쪽이었고, 스탈린이 장악하고 있던 소련의 영향권 아래에서 체코슬로바키아의 공산당이 점차 힘을 얻으며 결국 1948년 2월 공산당 쿠데타가 일어났습니다. 이후 체코슬로바키아는 공산당 일당 독재 체제의 공산주의, 사회주의를 표방하는 소련의 위성 국가로 전락했습니다.

이론적으로 '모두가 욕심부리지 않고 물질을 공유해서 풍요롭게 사는 이상적인 경제 구조'를 지향하던 공산주의, 그리고 '개인의 이기적인 자유보다는 공동체의 이익을 중요하게 생각하는 공리적인 사회 구조'를 지향하던 사회주의는 철저하게 변질된 채 현실 세상에 그 모습을 드러냈습니다. 1960년대에 접어들며 체코슬로바키아의 경제 상황은 점점 나빠졌고, 이에 불만을 가진 사람들이 여론을 만들어내는 것을 막기 위해 도청, 감청을 강화하고, 모든 매체를 검열하였습니다. 출판의 자유, 언론의 자유, 이주의 자유, 집회의 자유 같은 현대 인간 사회의 기본권이 모두 무시되자, 1967년 후반부터 체코슬로바키아의 의식 있는 사람들을 중심으로 비판의 목소리가 모이기 시작했습니다.

1968년 – 프라하의 봄

1968년 1월, 이변이 벌어졌습니다. 총리와 많은 장관들의 임기가 끝나면서 대다수의 정부 관리들이 새로운 인물들로 채워졌는데, 알렉산더 둡체크[Alexander Dubček] 총리를 필두로 새로 임기에 오른 관리들은 합리적인 사고를 하던 온건 개혁파들이었습니다. 이들은 지난 20년 동안 체코슬로바키아에서 자행된 기본권에 대한 제한은 진정한 공산주의와 사회주의의 모습이 아니라고 판단했고, 대규모의 개혁 정책을 단행했습니다.

새로운 정권이 내건 슬로건은 국가와 권력자를 위한 사회주의가 아닌 '인간의 얼굴을 가진 사회주의'로, 이들은 국민들의 목소리를 듣기 시작했습니다. 곧바로 도청, 감청, 모든 사전 검열들은 철폐되었고, 여행과 이주의 자유, 언론과 출판의 자유, 시위와 집회의 자유가 허락되자, 국민들은 더 많은 목소리를 내며 지난 20년간 잘못되었던 정책들을 비판했고, 사회 각계각층의 다양한 의

견들이 표면으로 드러났습니다. 이런 현상을 바라보고 있던 둡체크 정부는 공산당이라는 하나의 정당만으로 다양한 국민들의 목소리를 수용하기 힘들다고 판단했고, 이내 공명정대한 선거를 통해 공산당 외에 다른 목소리도 공론화하자는 민주적인 선거법도 제창했습니다.

체코슬로바키아에 일어나고 있는 개혁의 물결은 체코슬로바키아 국민들의 의식을 깨우기 시작했습니다. 하지만 소련을 위시한 이웃의 동유럽 공산 국가들은 체코슬로바키아에 일어나고 있던 변화의 바람이 두려웠습니다. 이런 변화의 바람이 자신들의 통치 기반까지 무너트리게 될 도화선이 될 것을 두려워한 이들은 둡체크의 체코슬로바키아 정부를 정치, 경제, 외교 등 다방면에서 압박했습니다. 수많은 압박에도 불구하고 둡체크 정부가 개혁 의지를 놓지 않자, 결국 이웃 나라들은 무력 침공까지 강행했습니다.

1968년 8월 20일, 당시 인구가 89만 명 내외이던 프라하시 외곽으로 소련, 불가리아, 헝가리, 폴란드의 다국적 군대 20여만 명이 탱크와 장갑차 2,000여 대를 끌고 집결했습니다. 이들은 프라하로 들어가고 나오는 모든 도로를 봉쇄한 뒤, 8월 20일에서 21일로 넘어가는 자정을 기해 프라하 시내로 기갑 부대를 앞세우고 진입했습니다. 대군 앞에 프라하 시민들은 인간 벽을 만들며 대치했지만, 결국 군부대 내에서 발포 명령이 떨어지며 소련의 탱크는 바츨라프 광장을 지나 프라하 시내를 짓밟으며 민간인들에게 무차별적으로 발포했습니다. 도시를 지키고, 가족을 지키고, 나아가서는 그들이 꿈꾸던 올바른 미래를 지키고자 길가의 돌을 뽑아서 던지고, 길거리에 방치된 버스와 트램을 끌고 와서 탱크의 진입을 막아보려 했던 시민들은 3일 동안 치열하게 싸웠지만, 강력한 무력 앞에서 이 시위는 8월 23일, 137명의 사망자와 500명 이상의 중상자만 남긴 채 시민들의 패배, 그리고 체코슬로바키아 둡체크 정부의 패배로 끝났습니다.

이 상황은 몰래 프라하에 잠입해 있던 해외 외신 기자들에게 고스란히 취재되었습니다. 그들은 본국으로 기록 영상과 사진, 기사들을 보냈고, 외신들은 8월 21일부터 23일까지 벌어진 프라하의 참극을 신문의 1면에 실으며 공통적으로 '과연 프라하에도 봄은 올 것인가'라는 문장을 헤드라인이나 본문에 담았습니다. 그래서 그때부터 사람들은 1968년 8월, 계절로는 여름에 벌어진 이 사건을 '프라하의 봄'이라 부르기 시작했습니다.

1969년 – 청년들의 저항

프라하에 봄은 오지 않았습니다. 소련과 위성 국가들이 보낸 군대에 의해 민중들은 처참하게 진압되었고, 개혁 의지는 꺾였으며, 모든 개혁파 정치인들은 강제로 정치에서 물러나야 했습니다. 민중들의 목소리를 들어주던 주요 정치인들이 떠난 자리는, 권력을 잡고 싶어서 혈안이 되어 있던 기회주의자들의 몫이 되었습니다. 그렇게 바라 마지않던 정의로운 사회가 강대국의 힘에 짓눌려 단 3일간의 무력 진압으로 물거품이 되어버린 것을 본 체코슬로바키아 사람들 일부는 분노했고, 일부는 침묵했으며, 다수는 좌절했습니다.

인류 역사를 보면 이렇게 기성 사회가 주저앉아 있을 때, 침체된 사회를 움직일 수 있을 정도로 강렬한 자극을 주는 젊고 피 끓는 의인들을 많이 만날 수 있습니다. 프라하의 봄은 실패했지만 이것은 한 번의 실패에 불과하니 다시금 사람들이 일어날 수 있게 하자고 생각했던 몇 명의 학생들은 매달, 같은 장소에서 같은 행동을 하여 국민들을 깨우고자 계획했습니다.

계획을 가장 먼저 행동으로 옮긴 학생은 당시 20세의 얀 팔라흐Jan Palach라는 카를 대학교 학생이었습니다. 얀 팔라흐는 1969년 1월 16일 중앙박물관 앞으로 나와 거침없이 자신의 계획을 행동으로 옮겼습니다. 손에 들고 있던 휘발유를 몸에 붓고, 성냥을 그어, 온몸에 불을 붙인 얀 팔라흐는 불길에 휩싸인 채로 그 자리에서 쓰러져 병원으로 옮겨졌지만, 3일 후인 1월 19일 사망했습니다. 이 광경을 목격한 사람들은 큰 충격을 받았고, 이내 소문은 체코슬로바키아 전역으로 퍼져나갔습니다.

이건 시작에 불과했습니다. 다음 달인 2월 25일, 얀 팔라흐가 분신자살을 시도한 바로 그 장소에서 당시 18살이었던 얀 자이츠Jan Zajíc라는 학생이 분신을 시도했고, 얀 자이츠는 그 자리에서 사망했습니다. 사태의 심각성을 깨달은 당시의 체코슬로바키아 정부는 곧바로 중앙박물관 주변을 완벽히 통제하여 아무도 접근할 수 없게 만들었습니다. 하지만 이건 끝이 아니었습니다. 4월 4일 프라하가 아닌, 체코슬로바키아의 지방 도시 이흘라바Jihlava에서 얀 팔라흐와 얀 자이츠의 행동에 힘을 실어주고 싶었던 당시 38살의 에브셴 플로체크Evžen Plocek까지 총 3명이 분신자살하자, 체코슬로바키아 국민들은 충격에 빠졌습니다. 당장이라도 움직여서 이들이 의롭게 흘린 피를 싹 틔우고 싶었던 사람들이 많았겠지만, 시대는 체코슬로바키아의 편이 아니었습니다.

1989년 – 베를린 장벽의 붕괴와 벨벳 혁명

영원할 것 같던 소련의 위세도 1980년대에 접어들며 내·외부적인 이유로 점차 약해졌습니다. 소련은 원유와 기름을 포함한 자원의 수출이 중요한 산업이었는데, 80년대 오일 쇼크로 국제 유가가 폭락하면서 외화 보유고가 점차 바닥을 드러냈고, 외화가 부족하자 외부로부터 구입해와야 할 곡물을 비롯한 필수 물자들을 들여올 수 없게 되어 배급 체제에 막대한 차질이 생겼습니다. 게다가 1986년, 소련의 우크라이나 체르노빌 원자력 발전소가 폭발하며 도시 전체가 날아가는 전대미문의 사건을 제대로 처리하지 못한 채로 그 진실을 은폐

하려 한 것까지 소련 내부와 전 세계에 알려지며, 소련의 국민들은 소련 정부를 극도로 불신하기 시작했습니다.

당시 소련의 정치 실권자였던 미하일 고르바초프^{Mikhail Sergeyevich Gorbachyev}는 소련의 정치, 사회 구조 전반을 수정해야 살아남을 수 있다고 판단하여, 국유화된 사업 일부를 민영화하고, 공산당 일당 체제였던 정치 구조에 국민 의회라는 개념을 도입하는 등 수정된 사회주의 노선을 시도했습니다.

자기 발등의 불을 끄느라 정신 없던 소련은 위성 국가들을 제대로 관리할 수 없었습니다. 1989년, 불만이 가득하던 위성 국가들은 하나씩 소련으로부터 등을 돌리기 시작했습니다. 그 첫 번째는 폴란드로, 전기 노동자 출신의 바웬사^{Lech Wałęsa}가 이끌어낸 바웬사 혁명이 성공하며 1989년 8월, 동유럽 국가 중에서 가장 먼저 민주화의 길로 접어들었습니다. 두 달 뒤인 10월에는 헝가리가 공산당 일당 독재 체제를 버리고 다당제를 채택하기로 결정하며, 헝가리 역시 민주화의 길로 접어들었습니다. 얼마 지나지 않아 11월 19일에는 동서 냉전의 상징과도 같았던 베를린 장벽까지 붕괴되며, 동유럽 전체에 큰 변화의 바람이 일었습니다.

체코슬로바키아에 학생 운동 기념일인 1989년 11월 17일이 다가왔습니다. 이날은 1939년 나치의 총탄에 숨진 얀 오플레탈의 50주기로, 원래 희곡 작가였지만 '프라하의 봄' 기간 동안 공산주의, 사회주의의 폐단을 지적하다 온갖 고초를 겪으면서 민주화 운동의 중심에 서게 된 바츨라프 하벨^{Vaclav Havel}의 주도하에 총 15만 명이 넘는 시민과 학생, 예술가 들이 프라하로 모였습니다.

그들은 50년 전, 얀 오플레탈의 장례 행렬이 지나갔던 길을 걸으며 평화로운 시위를 이어가 시내로 행진했습니다. 시위대는 바츨라프 광장까지 행진하려 했지만, 정부가 배치한 무장 경찰들이 상상을 초월하는 무자비한 폭력으로

베를린 장벽의 붕괴. 사람들이 브란덴부르크 문 근처 베를린 장벽 위에 올라가 있다.

시위대를 제압했으며, 결국 시위대는 강제 해산되었습니다. 이 소식은 체코슬로바키아 전역으로 퍼져나갔고, 국민들은 분노했습니다.

이날 밤 프라하의 모든 배우와 작가, 학생 들은 정부가 보여준 과격 진압에 대한 항거의 의미로 총파업과 수업 거부에 들어가기로 했습니다. 곧바로 다음 날부터 프라하의 모든 연극 극장에서 배우들의 파업이 시작되었고, 공연이 없는 극장들은 토론의 장이 되었습니다. 수업 거부를 선언한 전국의 학생들까지 극장으로 모이자, 체코슬로바키아의 모든 지방 도시 극장들과 배우들까지도 파업에 동참했습니다. 이런 움직임에 힘입어, 바츨라프 하벨을 중심으로 프라하의 한 극장에 모인 사람들은 '시민 포럼'이라는 조직을 만들었고, 이 조직을 통해 다양한 국민들의 요구를 한 곳에 수렴해서 정부에게 전달하기 시작했습니다. 그리고 만약 정부가 요구 사항을 들어주지 않는다면 11월 27일 전국 규모의 총파업을 통해 정부에게 국민의 힘을 보여주겠다는 배수의 진을 치고, 정부와 협상에 나섰습니다.

국민들의 요구는 어렵지 않았습니다. 시위를 과잉 진압한 책임자를 처벌하고, 문제를 일으킨 정치인들을 파면시키고, 부당하게 감옥에 갇힌 사람들을 풀어주라는 것이 시민 포럼에서 모아낸 국민들의 요구였습니다. 하지만 당시의 체코슬로바키아 정부는 합당한 요구를 하는 국민들의 목소리를 무시하고, 정부 소유의 관영 언론사를 활용하여 거짓말로 시민 포럼을 매도하며, 국민들의 눈과 귀를 가리려 하였습니다. 그 거짓말을 덮으려 더 많은 거짓말을 쏟아내다 보니, 언론사마저 참다못해 하나씩 양심선언을 하며 정부의 통제에 의해 말할 수 없었던 사실들을 보도하기 시작했습니다.

11월 17일의 무력 진압 이후 일주일이 지났지만, 체코슬로바키아 정부는 국민들의 목소리를 듣지 않았습니다. 이제 국민이 없는 정부는 존재할 수 없다는 것을 정부에게 똑똑히 보여주는 방법만 남게 되었습니다.

11월 22일, 바츨라프 하벨은 양심선언을 한 언론사의 TV 생중계를 통해 체코슬로바키아 전 국민에게 11월 27일로 예정된 파업의 시간은 정오부터 오후 2시까지로, 이 두 시간 동안 우리와 뜻을 같이하는 국민들은 파업에 참여해 달라는 메시지를 보냈습니다.

마침내 다가온 11월 27일 총파업의 날에 체코슬로바키아 국민의 무려 75%가 파업에 참여하여 일을 하지 않는 바람에 교통, 통신, 전기, 수도 등의 국가 기간 설비가 2시간 동안 완벽하게 먹통이 되었습니다. 정부는 총파업을 통제하기 위해 갖은 노력을 다하였지만, 헛수고였습니다. 그제야 더 이상 버틸 수 없다는 것을 깨달은 체코슬로바키아 정부는 시민 포럼에게 점진적으로 권력을 이양해 주기 시작했습니다. 권력을 이양받은 시민단체에서는 민주적인 의회를 열고, 새해를 이틀 앞둔 1989년 12월 29일, 선거를 통해 연극 작가이자 인권활동가로 시민운동의 주축 역할을 했던 바츨라프 하벨을 대통령으로 선출하며 체코슬로바키아를 민주주의 국가로 바꾸어 놓았습니다.

1989년에 일어난 일련의 운동은, 그 과정에서 부상자는 있었지만 단 한 명의 사망자도 발생하지 않았고, 권력이 민중에게 이동될 때에도 아주 부드럽게 진행되었기에, 부드러운 천 벨벳에 빗대어 '벨벳 혁명'이라 부르게 되었습니다.

벨벳 혁명 성공 후 바츨라프 광장에 모여든 인파들

바츨라프 광장이 아닌 다른 곳에서는 이야기하기가 힘들기에 이곳에서 체코슬로바키아의 근대사를 한 호흡에 풀어보았습니다. 이야기가 늘어지지 않도록 하기 위해 굳이 이야기하지 않아도 충분히 공감할 것이라고 생각되는 부분은 많이 덜어냈음에도, 20쪽이 넘는 분량으로 독자 여러분을 힘들게 한 것 같습니다.

여기에 제가 풀어낸 이야기는 외부에서 바라본 요약된 이야기에 불과합니다. 저 역시 이 모든 사건들을 몸소 겪은 세대도 아니고 체코인도 아니기 때문에, 바츨라프 광장에 대한 이야기를 할 때마다 각 사건을 어떻게 이해해야 할지 혼란스러울 때도 있습니다. 한 이야기를 두고 너무 가까이 다가가서 바라보면 과도하게 감정이 이입되어 큰 그림을 놓치고 감정적인 판단만 하게 되는가 하면, 멀리 떨어져서 거시적인 관점에서의 국제 정치로만 이해를 하다 보면 실제로 당시를 살았던 사람들이 흘린 피와 눈물이 보이지 않기도 합니다. 또, 글을 쓰는 도중에 체코의 근대사와 우리나라의 근대사가 계속 겹쳐 떠오르며 '앞으로는 이런 일이 누구에게도, 다시는 벌어지지 않았으면' 하는 염원을 가지게 되었습니다.

시대를 막론하고 많은 사람들은 이런 말을 합니다.

'과거에 연연하지 말고 미래로 나가자'

이 말을 '과거는 잊어버리고 미래만 생각하자'로 이해한다면, '현재'를 만들어 낸 '과거'는 의미가 없어지고 '미래' 역시 어떤 방향으로 가야 할지 모르게 됩니다. 가끔은 불리하거나 잘못된 과거를 반성하고 바른길로 나가길 노력하는 대신, 이 모든 것이 사람들의 머릿속에서 잊히기만 기다리는 부도덕한 정치인들이 자주 사용하는 문장이기도 해서, '과거에 연연하지 말고 미래로 나가

얀 팔라흐가 쓰러진 장소에 새겨진 십자가　　바츨라프 광장에 있는 얀 팔라흐와 얀 자이츠를 기리는 석판

자'는 말 대신 '과거를 바탕으로 미래를 준비하자'라는 말을 더 많이 하면 좋겠다는 생각도 해 봅니다.

　이 광장에서 벌어진 모든 이야기들을 기억해 주십시오. 그리고 현재의 바츨라프 광장의 끝, 중앙박물관 앞의 공간을 찾아 주십시오. 그리고 여러분 모두 이곳에서 1969년 1월 16일, 그리고 2월 25일, 더 나은 세상을 열기 위해 자신의 목숨을 숭고하게 내던진 얀 팔라흐와 얀 자이츠가 쓰러진 곳에 심어 놓은 십자가를 발견해 주시길 바랍니다.

2

댄싱 하우스 & 키릴과 메토디우스 성당

Dancing House & Ss. Cyril and Methodius Cathedral
Tančíci Dům & Chrám svatých Cyrila a Metoděje

프라하성 쪽에서 블타바^{Vltava} 강변을 바라보면 찌그러진 것처럼 보이는 아주 특이한 모습의 건물이 보입니다. 특히 건축과 디자인 학도들에게 유명한 이 건물은 '댄싱 하우스'라고 불리는 건물로, 벨벳 혁명이 끝나고 난 1990년대에 민주화된 체코슬로바키아 건축가들과 해외 건축가들이 협력하여 지은 국제 협력 작품이라 볼 수 있습니다.

건물의 모티프는 당시의 세계 사교댄스 챔피언이었던 진저$^{Ginger\ Rogers}$와 프레드$^{Fred\ Astaire}$ 커플의 역동적인 춤사위였다고 합니다(왼쪽은 치마를 입은 여자 댄서, 오른쪽은 남자 댄서를 연상시킵니다). 지금이야 건축학도들을 비롯한 전 세계의 관광객들이 관심을 가지는 건물이지만, 이 건물이 지어질 당시에 프라하 시민들은 주변 경관과 전혀 어울리지 않는, 뚱딴지 같은 건물이라는 이유로 크게

주변의 바로크식 건물 등과 어울리지 않는다고 논란이 되기도 했던 댄싱 하우스

반대하기도 했습니다. 필자는 아직까지도 이 건물을 천덕꾸러기로 생각하시는 어르신들을 가끔 만납니다.

블타바강을 등지고 댄싱 하우스가 서 있는 레슬로바 거리^{Resslova ulice}를 걷다 보면 왼편으로 총탄 자국이 선명한 성당을 볼 수 있습니다. 이 성당은 9세기의 형제 선교사, 키릴과 메토디우스('성 비투스 성당' 편 377쪽 참조)에게 봉헌된 성당입니다.

슬라브족에게 아주 중요한 두 성인에게 봉헌된 이 성당은 나치 독일의 지배를 받던 체코슬로바키아 역사에서 아주 가슴 아픈 일이 벌어진 곳으로 유명합니다.

체코슬로바키아에서 독일계 주민이 많이 살고 있던 주데텐란트 영토를 독

레슬로바 거리 왼쪽의 키릴과 메토디우스에게 봉헌된 성당

일에게 넘겨주기로 한 뮌헨 협정을 통해 나라의 일부를 독일에 빼앗긴 체코슬로바키아는 곧이어 완전히 나치 독일의 지배하에 들어갔고, 나라를 빼앗긴 체코슬로바키아의 망명 정부가 영국에 세워졌습니다.

나치 독일은 2차 대전 초반, 군수 장비 제작용으로 양질의 철강을 확보하기 위해 핀란드를 비롯한 북유럽 국가들을 손아귀에 넣었습니다. 이곳에서 얻은 철강은 폴란드의 그단스크^{Gdansk} 항구를 통해 유럽 본토로 수송되었고, 그단스크에서 체코슬로바키아까지는 철도로 수송되었습니다. 체코슬로바키아는 이렇게 공급된 철강으로 나치 독일의 군수품을 만들어야 했습니다. 나치는 체코슬로바키아 국토 전역에 공장을 세웠고, 자동차 회사 슈코다^{Skoda}의 생산 라인을 약탈하여 탱크를 만들고, 비행기 공장은 지하에 건설해서 적들의 공습을 막았습니다.

이런 상황에서 영국에 있던 체코슬로바키아의 망명 정부는 영국에서의 더부살이가 편하지 않았습니다. 결과적으로 체코슬로바키아에서 만들어내는 장갑차와 포탄, 탱크, 비행기들이 연합군의 목숨을 앗아가는 도구로 사용되었기 때문입니다. 나치 독일에 동조하여 같이 전쟁을 했던 헝가리 같은 취급을 받지는 않았지만, 체코슬로바키아 망명 정부의 입지는 점점 위태로워졌습니다.

1941년, 이미 유럽 대부분이 나치 독일의 지배하에 들어갔습니다. 유럽 대륙에서 유일하게 나치 독일이 점령하지 못한 땅은 영국이라는 조그만 섬나라 하나뿐이었습니다.

이때, 나치 독일의 프랑스 점령을 환영하면서 이에 동조하는 비시^{Vichy} 정부라는 괴뢰 정부까지 탄생한 프랑스에서는 시민들을 중심으로 레지스탕스 운동이 본격적으로 시작되었고, 영국에 주둔하고 있던 유럽 국가 망명 정부들은 본격적으로 본국의 레지스탕스를 독려하는 선언과 밀지를 보내기 시작했습니다.

이 시기에 무언의 압박을 받고 있던 체코슬로바키아 망명 정부는 2차 대전 동안 그 누구도 해내지 못했던 일을 수행하기로 계획했습니다. 지휘 계통에 있는 정예 장교들을 암살하여 나치 독일의 후방을 흔들어 놓겠다는 작전이 그것이었습니다. 당시의 체코슬로바키아 망명 정부로 모여든 일단의 공군 장교들, 특수 부대원, 그리고 많은 일반인 중에 특별히 선별된 인원들은 영국의 특수 부대와 같이 훈련을 하면서 본격적으로 작전에 투입되기만을 기다렸습니다.

때마침 프라하에는 라인하르트 하이드리히Reinhard Heydrich라는 나치 독일의 최고위층 장교 한 명이 파견되었습니다. 하이드리히는 나치 독일 비밀경찰의 수장이었으며, 아돌프 히틀러를 총통의 자리로 올려놓은 결정적인 조력가이자, 나치 독일이 저지른 비윤리적, 비인간적 행위의 표상인 인종 말살 정책의 총책임자로, 히틀러의 오른팔 역할을 했던 인물이었습니다.

그는 프라하로 부임하는 순간 계엄령을 선포했고, 공포 분위기를 조성하면서 체코슬로바키아에 싹트려 하던 저항군 활동을 원천 봉쇄하며 무소불위의 권력을 가진 절대자로 행동했습니다. 절대 권력을 가졌다고 생각한 하이드리히는 오만했습니다. 암살의 위험에 노출되기 쉬움에도 불구하고 자신이 이동할 때 사용하는 이동 수단이나 이동 경로를 군이 비밀에 부치는 노력을 하지 않았습니다. 자신을 가로막을 것은 아무것도 없다고 자만했던지 하이드리히는 벤츠에서 제공한 신형 오픈카를 타고 프라하를 누비고 다녔습니다.

1941년 12월 28일, 체코슬로바키아 요세

히틀러의 오른팔 라인하르트 하이드리히

프 가브치크^{Jozef Gabčík} 준위와 얀 쿠비쉬^{Jan Kubiš} 하사를 포함한 특수 부대원 7명은 독일 공군의 레이더를 피하며 체코슬로바키아로 이동하던 소형 비행기에 타고 있었습니다. 애초에 플젠^{Plzeň}으로 가려던 계획과 달리 조종사의 실수로 비행기가 프라하 동쪽의 소도시를 지나게 되자, 가브치크 준위와 쿠비쉬 하사는 낙하산을 타고 고국의 땅을 디뎠습니다. 이들은 원래의 계획대로 플젠으로 이동하여 동료들과 만난 다음 프라하로 잠입하였습니다.

프라하에 도착한 이들은 프라하 시내에 있던 반나치 기관과 일반 시민들의 도움을 받아 숙식을 해결하면서 하이드리히를 암살할 계획을 짰습니다. 첫 번째 계획은 하이드리히와 같은 열차에 타서 그를 암살하는 것이었지만, 현실성이 없어 보여 실행하지 않았습니다.

다음 계획은 하이드리히가 프라하 시외로 순시를 갔다가 돌아오는 길목에 있는 숲길을 노리는 것이었습니다. 숲길에 굵은 케이블을 묻어 놓았다가 하이드리히의 차가 지나갈 때 양쪽에서 케이블을 들어 올려 차를 세운 다음, 하이드리히를 암살하려 하였지만, 이 계획도 하이드리히가 이동 경로를 바꾸는 바람에 무산되었습니다.

체코슬로바키아에 낙하산으로 잠입한 지 5개월이 지났지만, 어느 것 하나 성공하지 못한 특수 부대원들은 조급해졌습니다. 결국 이들은 자신들의 안위는 생각하지 않는, 극도로 위험하고 극단적인 작전을 수행하기로 결정했습니다. 하이드리히를 프라하 시내에서 암살하겠다는 것이었습니다.

하이드리히는 프라하에 부임해서 프라하성의 왕궁에서 살았습니다. 그러다 싫증을 느꼈는지 외곽 지역에 있는 대저택으로 이사를 갔고, 독일에 있던 자신의 가족까지 불러들였습니다. 하이드리히는 이 저택으로부터 20km가량 떨어져 있는 프라하성으로 출퇴근했습니다.

당시의 암살 직후 현장 사진. 트램이 지나가기 때문에 민간인이 서 있어도 수상하게 보이지 않았고, 내리막길에 오른쪽으로 급커브를 돌아야 하는 도로의 특성상 속도를 줄일 수밖에 없는 곳으로, 암살하기에는 최적의 장소였다.

파괴된 하이드리히의 차

이 출퇴근길이 특수 부대원들의 작전 장소가 되었습니다. 저택에서 프라하 시내로 진입하는 길 중 완만한 경사를 가지고 코너를 돌아야 하는 도로가 있었습니다. 이 도로를 따라서 차를 운전하다 보면 트램 선로와 겹쳐서 지나가는 길이 있었는데, 이곳을 지나가는 차량은 속도를 줄여서 가야 했기 때문에 작전을 펼치기에 안성맞춤이었습니다. 하이드리히의 차가 이곳을 지날 때, 가브치크 준위는 스텐 건Sten Gun으로 불렸던 자동 소총을 최대한 가까이 접근해서 발사하고, 혹시라도 이 방법이 실패할 경우에는 그 뒤에 있던 쿠비쉬 하사가 탱크 폭파용 수류탄을 개조해서 만든 특수한 수류탄을 던지기로 계획을 세웠습니다.

1942년 5월 27일 아침 10시 30분. 작전 장소 100m 전방에서 하이드리히의 차를 확인한 특수 대원의 신호가 가브치크 준위의 시선에 들어왔습니다. 하이드리히의 차가 코너를 빠져나오자마자 가브치크 준위는 하이드리히의 차로 뛰어들어 방아쇠를 당겼지만, 용수철이 수축과 팽창을 반복하면서 연사가 되는 구조였던 가브치크 준위의 총은 고장 나 있었습니다. 당황한 가브치크 준위는 모든 소지품을 버리고 도주를 하기 시작했습니다. 놀란 하이드리히가 차를 세우고 자리에서 일어나 가브치크 준위를 향해 권총을 쏘려는 순간, 두 번째 계획대로 쿠비쉬 하사가 수류탄을 던졌습니다.

이 수류탄은 하이드리히의 차 안에서 터져야 했습니다. 하지만 불행히도 바깥에서 폭발했고, 수류탄을 던진 쿠비쉬 하사에게도 그 파편이 튀었습니다. 쿠비슈 하사 역시 부상을 입은 상태로 가브치크 준위를 따라 도주했습니다.

차에서 내린 하이드리히는 이들을 향해 뛰어가면서 권총을 발사했지만 채 몇 걸음 옮기지 못하고 자리에 쓰러졌습니다. 쿠비쉬 하사가 던진 수류탄의 파편들이 차를 뚫고 하이드리히의 늑골에 박혔기 때문입니다. 하이드리히는 곧바로 인근의 병원으로 옮겨졌지만, 아주 작은 조각들이 신체 조직에 촘촘히 박혔기 때문에 수류탄 파편을 제거하는 수술은 성공적이지 않았고, 수류탄 파편에서부터 흘러나온 세균으로 인해 패혈증에 걸린 하이드리히는 얼마 뒤에 숨졌습니다.

하지만 특수 부대원들은 이런 상황을 모른 채 작전이 실패했다고 생각했고, 당시 까렐 보로메이스키 교회라고 불렸던 러시아 정교회의 건물, 즉 현재의 키릴과 메토디우스 성당 건물로 숨어들었습니다.

암살 작전은 성공했습니다만, 히틀러의 오른팔이자 나치의 최고위 장교 중 한 명이던 하이드리히가 생각지도 못한 체코슬로바키아 땅에서 암살되자 히틀러의 분노는 걷잡을 수 없이 커졌습니다.

하이드리히의 장례는 베를린에서 제3제국 국민장으로 성대하게 치러졌고, 곧이어 체코슬로바키아에 민간인을 대상으로 한 대규모의 보복이 뒤따랐습니다.

암살 장소에 버려졌던 특수 부대원들의 소지품들을 바탕으로 나치 독일 경찰의 수사가 본격적으로 진행되었습니다. 이 과정에서 7명의 특수 부대원들과 연관이 있는 사람들을 포함해 총 13,000여 명이 체포되었고, 얀 쿠비쉬 하사의 여자 친구부터 특수 부대원들에게 잠자리를 제공해 주었던 시민들, 가브치크 준위와 쿠비쉬 하사에게 영문도 모르고 자전거를 빌려준 어린 여자아이까지 공범으로 지목되는 등 무려 5,000명 이상이 관련자로 처형되었습니다.

특수 부대원들이 숨어 있을 거라는 의심을 받았던 마을은 철저하게 파괴되었습니다. 먼저 리디체Lidice 마을의 청장년 남성 188명이 마을 광장에서 모조리 처형되었고, 195명의 여성들은 유린당한 뒤 수용소로 보내졌습니다. 95명에 달하는 마을의 어린이 중, 게르만계의 혈통을 가지고 있는 것으로 판단된 8명의 어린이는 독일인 가정으로 입양되었지만, 나머지 어린이들은 얼마 지나지 않아 가스실에서 생을 마감하였습니다. 또, 레쟈키^{Ležáky} 마을의 모든 주민들은 연령과 성별에 상관없이 모조리 사살되었습니다. 두 마을을 철저하게 파괴한 나치는 마을 전체에 불을 질러 이 두 마을을 지도상에서 없애 버리는 만행을 한 치의 망설임도 없이 저질렀습니다.

대규모 보복으로 체코슬로바키아인들의 공포심을 최대로 키운 나치 독일은 영상과 라디오를 통해 7인의 특수 부대원의 소재를 알려 주는 사람에게 거액의 포상금을 주고, 출세를 약속해 준다는 방송을 계속 송출했습니다.

슬프게도 극도의 공포심과 거액의 포상금에 사로잡혀 나라를 빼앗은 약탈자의 편에 서게 된 체코인들의 신고가 잇달았습니다. 아울러 체포한 사람들에게 무자비한 고문을 가하면서 얻어낸 정보가 조금씩 모이면서 결국 나치는 7명의 특수 부대와는 별도로 체코슬로바키아에 잠입했던 카렐 추르다^{Karel Čurda}를 잡았습니다.

게슈타포(나치 비밀경찰)에게 잡힌 카렐 추르다는 비겁했습니다. 게슈타포는 그에게 알고 있는 모든 정보를 이야기하면 50만 제국 마르크라는 거액의 포상금과 더불어 새로운 신분을 주고, 안전을 제공해 주겠다는 미끼를 던졌습니다. 이에 응한 추르다의 입에서 프라하를 비롯한 인근 도시들의 비밀 안전 가옥들에 대한 정보가 쏟아져 나왔습니다. 이를 바탕으로 나치는 곧바로 모든 안전 가옥들에 대한 대규모 수색 작업을 시작했습니다.

1942년 6월 18일 새벽 3시, 결국 키릴과 메토디우스 성당에 특수 부대원들이 숨어 있다는 사실을 알게 된 나치는 700명의 병사를 동원하여 성당을 포위하였습니다. 나치는 특수 부대원들을 생포하여 공개 처형함으로써 대중에게 경각심을 심어주고자 했지만, 특수 부대원들의 저항은 거셌습니다.

처음 벌어진 2시간의 총격전으로 얀 쿠비쉬 하사를 비롯한 3명의 특수 부대원이 숨졌습니다. 요세프 가브치크 준위를 비롯한 남은 4명의 특수 부대원들은 끝까지 나치에게 항복하지 않겠다는 의미로 성당 지하 묘지로 들어가서 자신들을 고립시켰습니다. 나치는 지하 묘지에 최루탄을 던져 이들을 끌어내려 하였지만 부대원들은 여전히 저항의 끈을 느슨히 하지 않았습니다. 결국 나치 독일은 생포를 포기하고, 마지막 수단으로 소방차를 불러서 그들이 숨어 있던 지하 묘지에 물을 부어 모두를 익사시키려 했습니다.

남은 특수 부대원들은 나치의 손에 죽임을 당하는 대신, 마지막 총알을 장전하고 자신들의 머리에 총구를 겨누었습니다. 결국 이들은 1942년 6월 18일의 일출을 보지 못한 채 숭고한 죽음을 맞았습니다.

이들의 신원을 확인한 것은 배반자 카렐 추르다였습니다. 성당 밖으로 끌려 나온, 한때는 동지였던 특수 부대원들의 얼굴과 이름을 나치에게 확인시켜 줬던 추르다가 어떤 생각을 하고 있었는지는 전혀 알 수 없습니다.

7인의 특수 부대원을 숨겨줬던 키릴과 메토디우스 성당의 고라즈 주교 역시 나치의 손에 의해 처형당했습니다. 2차 대전이 끝난 이후 고라즈 주교는 동방 정교회로부터 성인으로 추앙되었습니다.

카렐 추르다는 나치가 약속한 포상금을 받고 칼 예르홋이라는 새로운 신분으로 독일인 여성과 결혼한 후 2차 세계대전이 끝날 때까지 나치의 스파이로 같은 국민을 팔아 넘기는 반민족 행위를 했습니다. 전쟁이 끝난 뒤 생포된 추르다는 결국 반역 행위로 교수형을 선고받고 사형 집행 되었습니다.

1942년 6월에 일어난 이 사건은 여전히 이 성당에 고스란히 기록되어 있습니다. 건물 외부에 있는 총탄 자국을 없애지 않고 그대로 남겨 놓았으며, 부대

지하 묘지의 환기구에 소방 호스로 물을 붓고 있는 나치 군대의 모습

고라즈 주교 및 7인의 특공대를 기리는 기념 동판과
총탄 자국이 선명한 환기구. 성당의 외벽에 있다.

원들이 마지막으로 저항했던 지하 묘지는 그때의 모습을 여전히 간직한 채로, 의롭게 숨진 7명의 영혼을 달래 주는 기념관으로 사용하고 있습니다.

하이드리히 암살 작전의 작전명은 유인원 작전Operation anthropoid이었습니다. 이 작전은 〈새벽의 7인Operation Daybreak 1975〉과 〈Operation Anthropoid 2016〉이라는 작품으로 영화화되기도 하였습니다. 기회가 된다면 프라하를 방문하기 전에 감상해 보시면 어떨까 합니다.

마지막으로 우리의 윤봉길 의사나 안중근 의사와 같이, 비록 살아생전에 고국의 해방을 맞지는 못했지만, 숭고한 대의 아래 소중한 생명을 바친 7인의 희생을 기억하면서 이곳을 둘러보면 좋겠다는 말씀도 드리고 싶습니다.

연간 1억 명 이상이 찾는, 관광지로서의 프라하의 위상을 몸으로 느낄 수 있는
프라하 최고의 관광 명소 카를교는 세계인들이 일생에 한 번쯤은 걸어보고 싶어하는
보행자 전용 다리입니다. 굳이 설명하지 않아도 누구나 한 번쯤은 들를 곳이지만,
600년이 넘은 다리인 만큼 오래된 이야기를 간직하고 있는 곳입니다.
더불어 다리의 아름다움에 빠져 정면으로만 걸어가지 말고,
혼잡한 카를교에서 탈출하여 30초만에 느긋한 여유를 맛볼 수 있는
캄파 지구도 잊지 말고 들러보시기 바랍니다.

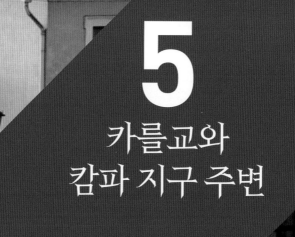

5

카를교와
캄파 지구 주변

1/

루돌피눔

Rudolfinum

블타바강에 면해 있는 루돌피눔

　루돌피눔이라고 불리는 이 건물은 대형 공연장 겸 복합 문화 공간으로, 1885년에 완공된 건물입니다. 이 건물이 왜 만들어졌고, 어떻게 쓰였는지 알아보기 위해서 건물이 지어지기 이전인 1800년대로 돌아가 보겠습니다.

　현재의 루돌피눔 건물 정문을 바라보고 서면, 건물 왼쪽으로 블타바강이 흐르고 있습니다. 총 450km의 길이로 체코의 남북으로 흐르며 체코의 젖줄이라 불리는 블타바Vltava강(독일어 권에서는 몰다우강으로 부름)은 중세에는 주요 무역로로 사용되었습니다. 하지만 치명적인 단점이 있었는데, 바로 홍수와 범람이 자주 일어난다는 것이었습니다.

　1800년대 중반까지만 하더라도 현재의 루돌피눔 자리는 강의 수위보다 그리 높지 않은 강둑이 있던 곳으로, 황무지처럼 방치된 상태였기에 강의 범람이 있을 때마다 상습적으로 침수되었고, 상류에서 떠내려온 온갖 부유물까지 쌓여 대형 쓰레기 매립장과 같은 모습이었습니다.

도시의 중심부에서 그리 멀지 않은 곳에 전혀 관리가 되지 않는 황무지, 혹은 대형 쓰레기장이 방치되어 있는 것은 위생상으로도 좋지 않았는데, 이는 비단 프라하만의 문제가 아니었습니다. 유럽 대륙 전체가 오랫동안 위생 관념과는 담을 쌓고 살다 보니 중세에는 흑사병 같은 전염병도 자주 돌곤 했습니다. 그러다 1800년대 중반, 위생에 대한 관심이 커지며 유럽의 도시들은 근대화된 상하수도 설비를 갖추는 등 시내의 공공 위생 설비를 늘려 나갔습니다.

프라하시 또한 오랫동안 고립되고 낙후되어 슬럼화된 유대인 지구를 둘러싸고 있던 벽을 철거하고, 유대인 예배당을 제외한 나머지 건물들을 개축하였습니다. 그리고 화약탑처럼 전쟁 피해를 입은 건물들을 보수·복원하고, 도시 전체를 관통하는 상하수도 설비도 완성하였습니다. 마지막으로 상습적으로 침수되던 블타바강 주변의 낮은 강둑에 대규모 매립 사업을 펼쳤는데, 이렇게 새로 생긴 매립지는 기관들과 부유층들에게 순식간에 팔려 나갔습니다.

현재 루돌피눔이 있는 매립지는 당시 가장 성공한 은행 중 하나였던 체코 저축은행(당시 독일식 이름 Böhmische Sparkasse)에서 곧 다가올 개업 50주년을 기념하는 건물을 지을 목적으로 매입했습니다. 하지만 50주년 기념 건물보다는 문화 공간을 만들어 프라하 시민들에게 제공하면, 이익의 일정 부분을 사회에 환원하는 셈이 되어 은행의 이미지를 제고하게 되는 효과가 있으니, 시민들을 위한 문화 공간으로 만들자는 쪽으로 건축 방향이 바뀌었고, 결국 건물은 공연장과 전시장, 박물관, 그리고 카페 등을 갖춘 복합 공간으로 완공되었습니다.

1885년에 완성된 이 건물의 이름은 '루돌피눔'으로 결정되었습니다. 어떻게 정해진 이름인지 확실하게 알려져 있진 않지만, '루돌피눔'이라는 이름은 당시 보헤미아를 지배하고 있던 오스트리아 제국의 '황태자 루돌프'를 연상시켰고, 실제로 이들이 개관식에 초청한 각계각층의 인사 중, 황태자 루돌프가 최고위층 인사들 사이에 포함되어 있었습니다.

애초에 정해진 개관식 날짜는 1월 24일이었는데, 당시 루돌프 황태자가 병중이라 은행에서는 개관식을 한 달 뒤인 2월 7일로 연기했습니다. 하지만 한 달을 미뤘음에도 루돌프의 병세는 호전되지 않았고, 결국 2월 7일에 열린 개관식은 루돌프 황태자 없이 진행되었습니다. (황태자 루돌프는 개관이 한참 지난 1885년 4월에서야 이곳을 방문할 수 있었습니다.)

이렇게 루돌프 황태자가 개관식에 참여하게 하려고 개관식 날짜까지 연기하고, 게다가 개관식에 연주된 첫 음악이 게르만계 음악가인 베토벤의 음악이었다고 하니, 이 건물의 이름이 '루돌피눔'으로 정해진 것이 우연은 아닌 것 같습니다.

새롭게 개관한 건물의 이름에 대한 시민들의 반응은 다양했습니다. 당시 프라하를 식민 통치했던 지배층(오스트리아)과 밀접한 관계를 맺고 있던 부유층은 긍정적인 반응을 보였습니다. 반면 당장 먹고사는 문제에 매달리던 서민들은 전혀 관심이 없었고, 민족주의 예술가들은 건물의 이름이 게르만계의 이름인 데다 정복국의 황태자 이름이기에 치욕스럽게 여겼습니다.

이름이야 어떻게 정해졌든, 이 건물에서는 많은 공연과 전시가 열렸습니다. 루돌피눔 내 공연장 중 가장 큰 공연장은 총 1,148석 규모인데, 여기에서 1896년 체코 출신의 유명한 음악가 안토닌 드보르자크[Antonin Dvořák]의 지휘 아래 당시에 처음 만들어진 필하모닉 오케스트라가 공연을 한 이후, 이 공연장의 이름은 '드보르자크 홀'이라고 불리기 시작했습니다. 드보르자크의 지휘를 시작으로 루돌피눔에서는 민족적인 색채를 가진 작품들이 많이 연주되었습니다.

1918년 오스트리아 제국이 1차 세계대전의 패전국이 되고, 체코슬로바키아는 서슬라브족의 나라로 신흥 독립 국가가 되었습니다. 새로이 나라가 만들어졌으니 대통령이 집무를 볼 공간도, 국민들의 의견이 모이는 국회의사당 같은 건물도 많이 필요했습니다. 이때 프라하성의 일부는 대통령의 집무 공간으로 사용되었고, 루돌피눔은 국민 의회 장소로 사용하기로 결정되었습니다. 루돌피눔은 프라하 시내에 있어서 어디에서도 접근하기 좋았고, 루돌피눔 앞의 광장은 사람들이 모이기에 좋았으며, 드보르자크 홀은 음향학적으로 잘 설계되었기 때문에 연설을 하기에 좋았습니다.

이때, 루돌피눔이라는 이름이 문제가 되었습니다. 오랫동안 타민족의 지배를 받았던 체코슬로바키아에는 도로나 마을, 건물의 이름부터 일상적인 언어에 이르기까지 식민지 시절의 잔재가 많이 남아 있었는데, 이런 식민 피지배의 그림자를 걷어 내는 의미에서 그런 이름들을 바꿔서 부르자는 의견이 많았습니다. 루돌피눔 역시 그 대상이 되었습니다. 결국 사회 각층에서 많은 이름들을 제안했고, 새로이 채택된 국민 의회 장소의 이름은 '예술가의 집$^{Dům\ umělců}$'으로 결정되었습니다. 하지만 이런 결정에도 불구하고 습관적으로 이 건물을 루돌피눔이라고 부르는 사람들도 상당히 많았습니다. 식민 지배를 벗어나 새롭게 만들어진 신생 국가의 초반에는 이런 혼란들이 자주 벌어지는 것을 생각해 보면 이런 현상도 그리 이상한 것만은 아닌 것 같습니다.

이렇게 1918년부터 1938년까지 20년 가까운 세월 동안 이 건물은 '예술가의 집'이라고 불리면서 체코슬로바키아 국민들의 의사가 모여서 법안이 결정되는 중요한 장소이자, 체코슬로바키아 문화 예술의 중심지로 사용되었습니다. 이대로 체코슬로바키아가 아무런 시련 없이 지금까지 왔다면 아마 이 건물은 아직까지 '예술가의 집'이라고 불렸을 테지만, 전 세계를 전쟁터로 만들었던 2차 세계대전이 벌어지며 상황이 달라졌습니다.

체코슬로바키아를 침략해서 이곳을 그들의 군수공장으로 유린했던 나치 독일은 게르만 민족 외의 나머지 민족들을 열등하고 미천한 민족으로 인식했습니다. 음악도, 예술도 게르만계의 음악과 예술만이 최고이며, 나머지 민족들의 문화 예술은 미천한 수준이라고 여겼던 나치 독일은 체코슬로바키아를 점령하자마자 체코슬로바키아에 일어나고 있던 민족 문화 부흥 운동과 식민 잔재 청산 작업을 짓누르는 문화 압제 정책을 펼쳤습니다. 그러면서 옛날 이곳이 게르만족의 지배를 받고 있을 때, 그러니까 오스트리아 제국의 지배하에 있을 때 사용하던 이름들도 다시 사용하도록 강제했습니다.

개관식 이후 30년 간은 '루돌피눔'으로, 체코슬로바키아 건국 이후 약 20년 동안은 '예술가의 집'과 '루돌피눔'이라는 두 개의 이름으로 불리다가, 나치 독일이 자행했던 문화 압제 정책으로 다시 '루돌피눔'이라고 불렸던 이 건물은 2차 세계대전이 끝난 후에도 빼앗겼던 이름인 '예술가의 집'을 회복하지 못했습니다.

사람들은 오랫동안 익숙했고, 또 상대적으로 짧은 이름인 '루돌피눔'을 더 편하게 생각했고, 지금까지 그 영향이 미쳐 현재 대부분의 사람들은 이 건물을 오스트리아 제국의 지배를 받던 시절에 만들어진 이름, '루돌피눔'으로 부르고 있습니다. 이에 반대하여 여전히 이 건물을 '예술가의 집'이라고 부르고 있는 체코인들도 있습니다만, 그 숫자는 극히 소수입니다. 어떤 이들은 이 건물을 완전히 다른 이름으로 부르기도 합니다. 바로 '체스카 필하모니에'입니다. 이름에서 알 수 있듯이 현재 이 건물은 체코 필하모닉 오케스트라의 공연장으로 사용되고 있습니다. 이곳의 드보르자크 홀은 1946년부터는 체코슬로바키아 필하모닉 오케스트라의 주 공연장으로, 1993년부터는 체코 필하모닉 오케

루돌피눔 드보르자크 홀

스트라의 주 공연장으로 사용되고 있습니다. 또한, 매년 봄에 열리는 '프라하의 봄' 음악 축제의 공연 중 상당 부분이 이곳에서 소화되고 있으며, 가을에 열리는 '드보르자크의 프라하'라는 음악 축제의 공연장으로도 사용됩니다.

건물에 대해 알아보면서 그 배경으로 체코의 근대사까지 같이 훑어보았습니다. 이 건물을 어떤 이름으로 기억할 것인지는 오롯이 여러분의 결정에 맡기면서 이야기를 마무리하겠습니다.

'루돌피눔'

'체스카 필하모니에'

그리고 '예술가의 집'

안토닌 드보르자크

베드르지흐 스메타나^{Bedřich Smetana}와 더불어 체코의 양대 음악가로 불리는 드보르자크는 1841년에 푸줏간 집의 아들로 태어났습니다. 그의 아버지는 가업을 이어 푸줏간을 운영하길 바랐지만, 드보르자크는 아버지의 바람과는 달리 어릴 때부터 바이올린을 연주하면서 음악적인 감성을 키워 나갔습니다.

나이가 들면서 바이올린과 비올라 연주자로 두각을 나타낸 드보르자크는 오케스트라의 연주자로 발탁되었는데, 당시 오케스트라의 지휘를 맡은 스메타나를 사사하면서 단순한 연주자를 넘어서서 작곡가로 성장했습니다.

그에게 새로운 길을 열어주었던 음악적 스승, 스메타나는 당대의 보헤미아에 불어 든 민족 문화 부흥 운동의 한 가운데에서 주도적인 역할을 하던 예술가였고, 그가 작곡한 음악들도 민족 문화를 고스란히 담고 있는 것들이 많았습니다.

스메타나를 사사한 드보르자크 역시 스승인 스메타나처럼 슬라브족의 민족성과 음악성에 주목하여, 〈슬라브 무곡〉이라는 명작을 만들어 냈습니다. 〈슬라브 무곡〉은 전 세계의 호평을 받으며 유명해졌고, 40대에 접어든 드보르자크는 차이콥스키의 초청을 받아 러시아를 방문하고, 프라하 음악원의 교수에 위촉되는 등, 국제적인 음악가로 성장했습니다.

1890년대에 접어들어서는 드보르자크의 명성을 익히 듣고 있던 미국의 뉴욕 국립 음악원에서 세계적으로 유명해진 드보르자크를 원장으로 모시기 위해 미국으로 초청했습니다.

유럽에서는 아직까지 신대륙이라고 부르던 미국에 머물며 많은 지역을 여행한 드보르자크는 그곳에서 아메리카 대륙의 원주민인 인디언들과 흑인 노예들의 참상을 목격했습니다. 원래 아메리카 대륙의 원주민이었던 인디언들은 이주민에 불과한 백인들에 의해 점점 외곽으로 내몰리며 정해진 구역 안에서만 비참하게 살았고, 인디언들을 쫓아낸 자리에 만들어진 백인들의 농장에는 싼값에 아프리카 대륙에서 팔려온 흑인 노예가 백인들의 이익을 위해 착취당하며 인간 이하의 대우를 받고 있었습니다.

드보르자크는 그 광경을 보며, 오스트리아 제국의 지배를 받고 있는 고향과 보헤미아 민족이 떠올랐을지도 모르겠습니다. 드보르자크는 아메리카 대륙의 토속 인디언 민요들을 수집했고, '소울soul'이라고 불리는 흑인들의 영가도 수집했습니다. 드보르자크는 인디언 민요와 흑인 영가, 거기에 어릴 때부터 들어와서 이미 익숙했던 보헤미아 농민들의 민속

루돌피눔 앞에 서 있는 드보르자크 동상

무용 음악까지 합쳐 총 4장에 달하는 교향곡을 작곡해 냈는데, 이 교향곡의 이름이 바로 〈신세계 교향곡〉입니다.

지면을 통해서 이 곡을 여러분들에게 전달할 수 있다면 좋겠지만, 필자에게 그 정도의 재능은 없는 것 같습니다. 하지만 장담하건대, 이 곡을 듣는 순간 어디선가 들어본 음악임을 모두 알아차리실 것입니다. 마지막 악장의 도입부는 영화 〈조스〉의 테마 음악에서도 차용되었으니 말입니다.

1895년 미국에서 돌아온 드보르자크는 오페라와 실내악 작곡에 매진하며, 〈루살카Rusalka〉와 〈아르미다Armida〉 같은 작품들을 선보였지만, 조국이 독립하기 14년 전인 1904년 5월 1일, 향년 63세의 나이에 심장마비로 운명하였습니다. 루돌피눔을 마주 보고 있는 동상이 바로 이 안토닌 드보르자크의 동상입니다.

2

카를교

Charles Bridge
Karlův Most

프라하에는 가장 높은 유동인구 밀집도를 보여주는 카를교(카렐교)Karlův most : 까를루브모스트가 블타바강을 건너 구시가지와 말라 스트라나(261쪽 참조)를 연결하고 있습니다. 프라하에는 카를교 외에도 많은 다리가 있지만, 이곳처럼 여행자들이 많이 모이는 다리는 없습니다. 만들어진 지 650년이 넘어 고풍스러운 멋이 있고, 보행자 전용 다리라서 걷기에 좋으며, 그 경관이 아름답기까지 해서 프라하를 찾는 모든 여행자들이 이 다리를 한 번쯤은 꼭 지나는 것 같습니다. 그래서 여행지로 각광 받는 프라하의 위상을 한눈에 볼 수 있는 곳으로 자리매김하고 있는 다리가 바로 이 다리입니다.

카를교와 같은 유적을 이야기할 때면 건축 연도, 다리 길이, 다리의 폭 등 '수치'에 집착하여, 다리가 510m냐 515m냐, 폭이 9m인지, 10m인지 등을 따지느라 정작 중요하게 다루어야 할 유적에 얽힌 '이야기'들을 잊고 지나가는 경우가 많은 것 같습니다.

이런 오류에 빠지지 않기 위해 필자는, 카를교에 대한 이야기를 하면서 이해를 돕기 위해 꼭 필요하다고 생각되는 연도와 숫자들을 제외한 나머지의 숫자들은 과감히 생략하려고 합니다. 그 대신 이 다리가 왜 만들어졌으며, 어떻게 만들어졌고, 어떻게 사용되어 왔는지, 이 다리가 겪은 이야기들을 중심으로 다리에 대한 이야기를 풀어보도록 하겠습니다.

프라하시는 블타바강을 중심으로 만들어진 도시로, 동남쪽에는 구시가지가, 서북쪽에는 프라하성이 강을 경계로 나뉘어 성장하고 있었습니다.

강을 중심에 두고 있었기 때문에 두 지역을 왕래하려면 배와 뗏목을 이용해야 했습니다. 따라서 여러모로 불편함이 많았지요. 그러다가 12세기 말 보헤미아에도 고급 토목 기술이 전파되며 현재의 카를교 부근에 다리가 건설되었

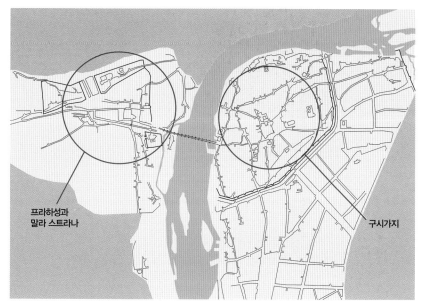

프라하성과
말라 스트라나

구시가지

는데, 이때 만들어진 다리의 이름은 유디틴 다리입니다. 당시의 한정된 기술력 때문에 나무와 돌을 섞어서 만든 다리였는데, 재료가 너무 달라서 나무와 돌이 만나는 접합점이 그렇게 튼튼한 편은 아니었지만, 배와 뗏목보다 훨씬 효율적이었던 유디틴 다리는 프라하를 지나가는 무역 상인들의 무역로로, 귀족과 왕족의 편안한 통로로 근 200년 넘게 유용하게 사용되었습니다.

그런데 1342년, 프라하에 대홍수가 터지면서 그때 불어난 물은 유디틴 다리를 완전히 파괴했습니다. 구시가지와 말라 스트라나를 이어주던 교역로가 사라지자 무역상들의 물품 수송이 힘들어졌고, 프라하 시민들의 불편도 커졌습니다. 이대로 가면 무역 도시로 커가던 프라하의 입지가 좁아질 것을 염려한 당시 보헤미아의 군주 카를 4세는 새로운 다리 건설을 계획했습니다. 이전의 다리가 자연재해로 완전히 파괴되었던 것을 떠올린 카를 4세는 어떠한 일이 있어도 파괴되지 않을 다리를 만들라는 지시를 내렸고, 천문학자들과 점성술사들의 조언까지 받으면서 새로운 다리의 착공 시점을 세심하게 준비했습니다.

새로운 다리를 착공하며 초석을 놓을 날짜는 1357년 7월 9일, 시간은 정확히 오전 5시 31분으로 정해졌습니다. 1342년에 유디틴 다리가 무너지자마자 바로 새 다리를 공사하지 않고 근 15년을 기다린 것은 초석을 놓기로 결정한 1357년 7월 9일 오전 5시 31분이 특수한 날, 특수한 시간이었기 때문입니다.

현재 우리나라는 날짜를 이야기할 때 연 – 월 – 일의 순서로 읽지만, 당시 중부 유럽은 연 – 일 – 월의 순서로 날짜를 읽었습니다. 이렇게 이해하고 당시 보헤미아 사람들의 관점으로 초석을 놓은 날짜와 시간을 재배열하면【1 3 5 7 9 7 5 3 1】(1357년, 9일, 7월, 5시, 31분)의 순서로 짝수 없는 홀수만의 배열인 데다,

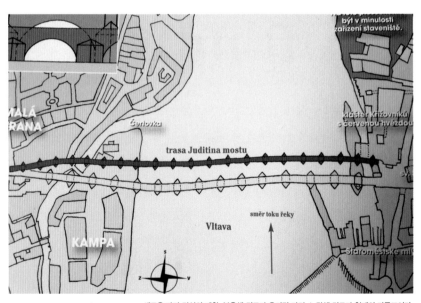

새로운 다리 건설의 계획. 붉은색 경로가 유디틴 다리, 노란색 경로가 현재의 카를교이다.

1로 시작해서 1로 끝이 나고, 왼쪽에서 오른쪽으로 읽어도, 오른쪽에서 왼쪽으로 읽어도 똑같은 숫자들의 배열입니다. 이 날짜가 택해진 이유를 두고 빙글빙글 돌고 도는 숫자의 배열은 보통의 원형 상징물들이 뜻하는 바와 같이 영원성을 상징하기에 다리가 영원하기를 바라서 택한 날짜라는 설도 있고, 점성술과 숫자점을 좋아하던 카를 4세가 좋아하던 숫자의 배열이었다는 설도 있습니다.

날짜를 그렇게 정한 이유야 어떻든, 새로 착공하는 다리는 유디틴 다리보다 훨씬 튼튼하게 만들기 위해 순전히 돌로만 만들기로 계획했습니다. 하지만 물이 흐르는 강에 다리를 놓는 것은 어려운 일이었고, 많은 준비가 필요했습니다. 교각을 세우기 위해서 일정 공간을 둑을 친 다음에, 둑 안의 물을 퍼내어 강바닥이 드러나면 인부들이 둑 안으로 들어갔습니다. 모든 재료들은 배와 뗏목, 그리고 공사를 위해 설치된 가교를 따라 둑 안으로 전달되었고, 인부들은 그

카를교 공사 공정

안에서 교각을 쌓아 올렸습니다. 초보적인 기중기 외엔 이렇다 할 장비가 없었던 시대였던 만큼 대부분의 작업들은 철저히 사람의 힘만으로 이루어졌습니다. 그리고 오래 걸렸습니다.

공사가 시작된 지 20년이 지났지만 아직 다리는 절반도 완성되지 않았고, 카를 4세는 1378년 62세의 나이로 사망했습니다. 다리의 공사는 카를 4세의 아들인 바츨라프 4세에게 넘어갔는데, 공사는 여전히 더디었습니다. 결국 카를교는 착공한 지 45년이 지난 1402년에야 겨우 완성되었습니다.

45년 동안 다리 공사에 들어간 재료며, 인건비는 엄청났습니다. 이렇게 엄청난 국고를 소진한 뒤에 만들어진 다리의 통행에는 신분 제한이 있었고, 통행세도 비쌌습니다. 이런 이유로 새로운 다리가 만들어졌음에도 여전히 프라하의 하층민들은 배와 뗏목으로 강을 건넜습니다. 그러다가 15세기 중반, 친서민 정책을 많이 펼치던 이르지 왕('틴 성당' 편 73쪽 참조)의 재위 시절인 1457년, 다리 착공 100주년을 기념으로 다리에 걸려 있던 신분 제한이 풀렸고, 고액의 통행세도 사라지면서 많은 사람들이 다리를 지나갈 수 있게 되었습니다. 이 시절, 프라하에는 이 다리 외에 다른 다리가 전혀 없었기에 사람들은 이 다리를 '프라하 돌다리'Prazske kammeny most'라고 불렀습니다.

이후 18세기 초반까지 오랜 세월 동안 다리를 사용하는 사람들이 폭발적으로 증가하고, 그 영향으로 중부 유럽 전체에 프라하 다리, 돌다리가 점점 유명해지자 다리의 명성에 이끌린 개인, 단체, 학교, 귀족 가문 등이 자발적으로 조각상을 만들어 기증하면서 다리 위는 성인상들로 채워졌고, 여기에 기름을 사용하는 가로등까지 설치되었습니다. 이때까지만 해도 아무것도 없어 밋밋해 보이던 다리에 새로 세워진 성인상들은 조명과 더불어 다리를 한껏 아름답게 만들었습니다.

카를교 초입의 광장에 있는 카를 4세의 동상

　그러다 1848년, 다리의 착공을 명령한 카를 4세의 동상을 기증받은 프라하
시에서 카를 4세의 동상을 이 다리 앞에 설치하면서 사람들은 이 다리를 프라
하 돌다리 대신, '카를 다리(카를교)'라는 현재의 이름으로 부르기 시작했습니
다. 카를교는 1842년까지 블타바강에 있는 프라하 유일의 다리로 사람들의 사
랑을 독차지했고, 1842년을 기점으로 프라하에 더 많은 다리가 만들어졌지만,
프라하 돌다리는 여전히 시내 중심부를 관통하는 가장 좋은 위치의 다리로 꾸
준한 사랑을 받고 있습니다.

　위치가 너무 좋다 보니 프라하시에서는 큰 실수를 했습니다. 1883년, 다리
위에 선로를 깔아서 말이 끄는 전차가 지나갈 수 있게 다리를 개조한 것입니

다. 기술이 더 발달하자 1905년에는 말이 끄는 전차 대신 전기로 움직이는 트램이 그 선로 위를 지나갔고, 트램에 전기를 공급하기 위해 전선까지 설치하면서 다리는 많은 피해를 입었습니다. 이후에는 트램 대신 버스가 카를교를 왕복했고, 2차 세계대전 중에는 나치 독일의 군부대도 카를교를 지나갔습니다. 그리고 2차 세계대전이 끝난 뒤에는 트램과 버스 같은 대중교통을 제외한 많은 차량들이 카를교를 지나갈 수 있었습니다.

트램이 다니는 선로가 설치된 카를교.
오른쪽으로 카를 4세 동상이 보인다

프라하시는 1965년이 되어서야 카를교의 모든 교통을 제한하고, 다리를 원래의 모습으로 복원하기 시작했습니다. 그래서 현재, 우리가 보고 있는 카를교가 보행자만 지나갈 수 있는 보행자 전용 도로가 된 것입니다.

지금까지 카를교가 어떻게 만들어졌고, 어떻게 사용되어 왔는지 이야기해보았습니다. 이제 다리를 아름답게 만들어주는 성인상 중, 전 세계 여행자들의 사랑을 독차지하고 있는 특정한 성인상에 얽힌 이야기를 알아보겠습니다.

18세기 초반부터 다양한 이유로 각계각층에서 프라하시에 기증한 성인상은 총 30개로, 다리를 버티는 교각의 좌, 우로 배치되어 있습니다. 이 성인상들이 강한 강바람에 풍화되는 것을 막고자 원본은 프라하에 있는 여러 갤러리에서 나누어 보관하고 있고, 현재 카를교 위에 있는 성인상들은 일부를 제외하고는 거의 다 복제품들입니다. 구시가지 쪽에서 말라 스트라나 쪽으로 다리를 건널 때 나타나는 성인상들을 순서대로 소개하면 아래와 같습니다.

좌	우
성 이베스	성모 마리아와 성 베르나르드
성 엘리자베스, 성 마가렛, 성 바바라	성모 마리아와 성 도미니크, 성 토마스
피에타상	십자가에 못 박힌 예수
성 요셉	성 안느
성 프란시스코 하비에르	성 키릴과 성 메토디우스
성 크리스토퍼	성 세례 요한
성 프란체스코 보르자	성 노르베르트, 성 바츨라프, 성 지그문트
성 루드밀라와 성 바츨라프	성 요한 네포무크(얀 네포무츠키)
성 프란체스코 아시시	성 안토닌 파두아
성 빈센트 페라라, 성 프로코피우스	성 유다 타데우스
성 니콜라스 토렌티노	성 아우구스틴
성 뤼트가르데	성 카예타누스
성 아달베르트	성 필립 베니치우스
성 요한 마샤, 성 펠릭스 발로이스	성 비투스
성 바츨라프	성 코스마스, 성 다미안, 치유하는 예수

이 성인상 중 전 세계 여행자들의 사랑을 독차지하고 있는 성인상은 단연 얀 네포무츠키의 성인상으로, 찾는 것은 어렵지 않습니다. 머리 위에 별 다섯 개를 이고 있는 얀 네포무츠키의 성인상은 돌로 만들어진 다른 성인상과는 달리 동상이며, 아래쪽에는 양옆으로 동판 부조가 하나씩 붙어 있습니다. 성인상을 지나는 이라면 누구나 한 번쯤은 만지고 지나가는 바람에 동상에 붙어 있는 동판 부조의 일부분은 반질반질 빛나기까지 합니다. 남들이 하는 것을 따라 하는 것도 좋겠지만, 어떤 이야기가 담겨 있길래 사람들이 찾는 것인지 정도는 알고 만지는 것이 좋지 않을까 합니다.

얀 네포무츠키Jan Nepomucký는 보통 요한 네포무크Johannes Nepomuk(네포무크의 요한이라는 뜻)라고 부르는 보헤미아 출신의 성인입니다. 이 성인에 얽힌 이야기는 정사와 야사, 이렇게 두 종류의 이야기가 있는데, 항상 야사가 쉽고 흥미로운 편이니 야사를 먼저 다뤄보겠습니다.

야사에서 얀 네포무츠키는 다리를 완공시킨 왕, 바츨라프 4세 시절의 궁정 신부로 왕실에서 이루어지는 모든 제례를 주관하는 위치에 있었습니다.

당대의 왕들은 혈통이나 나라의 이익을 위해 정략결혼을 하는 경우가 많았는데, 애초에 애정이 없는 결혼을 하다 보니, 고위층에서는 비공식적인 애인을 두는 경우가 빈번했습니다. 바츨라프 4세도 예외는 아니었는데, 몇 번의 정략결혼을 통해 마지막으로 얻은 왕비가 상당히 매력적인 사람이었다는군요. 바츨라프 4세는 이 왕비를 총애했고, 왕비를 많이 아낀 만큼 '왕비가 혹여 누구를 만나는 것은 아닐까'라는 걱정과 불안감도 감추지 못했다고 합니다.

그러던 중, 바츨라프 4세가 잠깐 궁을 비웠다 돌아왔더니 신하 하나가 달려와서 "폐하께서 자리를 비우신 사이에 왕비님께서 궁정 신부를 불러서 고해성사를 하는 모습을 제가 목격했습니다."라고 귀띔했습니다. 이 이야기를 듣자

얀 네포무츠키의 성인상

마자 바츨라프 4세는 고해성사는 죄가 있으면 하는 것이고, 그 죄라는 것이 왕비의 불륜 문제일 것이라고 확신했습니다. 왕비의 부정에 분노한 바츨라프 4세는 불륜의 증거를 잡기 위해 고해성사를 들었던 궁정 신부 얀 네포무츠키를 불러 고해성사의 내용을 말하라고 다그쳤습니다.

하지만 얀 네포무츠키는 아무 말도 하지 않았습니다. 성직자가 고해성사 중에 들은 말은 자신의 몸을 통해 신에게 가는 말이기에 누구에게도 발설하면 안 된다는 성직자의 윤리를 지킨 것입니다. 바츨라프 4세는 분노했습니다. 바츨라프 4세의 눈에는 얀 네포무츠키가 왕비의 불륜을 숨겨주려는 것처럼 보였을 것입니다. 어떻게든 얀 네포무츠키의 입을 열고 싶었던 바츨라프 4세는 얀 네포무츠키를 모질게 고문까지 했지만, 끝내 얀 네포무츠키는 아무 말도 하지 않았습니다. 머리끝까지 화가 난 바츨라프 4세는 병사들에게 지시해서 아무 말도 하지 않는 얀 네포무츠키의 혀를 뽑아냈고, 얀 네포무츠키를 카를교 위로 끌고 가서 블타바강으로 던져버렸습니다.

그런데 정말 기이한 일이 일어났습니다. 물에 던져진 얀 네포무츠키의 시신은 곧바로 가라앉았는데, 한 달이 지나도 시체가 떠오르지 않는 것이었습니다.

한 달이 지난 뒤, 시신은 던져진 바로 그 장소에 떠올랐습니다. 강물에 떠내려가지도 않았고, 시신의 모습이 죽을 때의 모습 그대로라 물속에 한 달간 잠겨 있던 시신이라 볼 수도 없었을뿐더러, 시신의 머리를 둘러싸고 5개의 별 모양이 떠서 은은하게 빛나고 있었습니다. 이를 기적이라 여긴 사람들은 바츨라프 4세에게 탄원을 올렸고, 바츨라프 4세는 그의 시신을 수습하여 성 비투스 성당에 고이 안치했습니다.

여기까지가 야사인데, 얀 네포무츠키 동상 아래에 있는 두 부조판은 야사의 이야기를 표현해 놓았습니다.

안 네포무츠키상의 오른쪽 동판

오른쪽 동판의 반질거리는 부분에는 중년의 미부인이 몸종처럼 보이는 아이와 함께 가방을 싸고 있는 듯한 모습이 보이고, 그 뒤에는 그들의 도망을 종용하는 것 같은 모습의 기사가 보입니다.

가운데에 있는 중년의 미부인이 바로 의심을 받았던 왕비입니다.

애정 없는 결혼을 하고 의심도 받고 있는 마당에 고해성사를 집전한 신부마저 사망하자, 더 이상 프라하에 남아 있을 이유가 없었던 왕비는 짐을 싸서 친정으로 돌아가려 하는 것 같습니다. 옛날 귀부인들은 수발을 들어줄 몸종이나 호위해 줄 기사 없이는 다니기 힘들었기에 그들과 같이 프라하를 떠나는 모습인데, 이때 왕비는 "이렇게 아름다운 프라하, 내가 지금은 떠나지만, 죽기 전에 꼭 다시 돌아오겠다"라는 말을 남기고 떠났습니다.

시간이 흐른 후 왕비는 그녀가 남겼던 말대로 다시 프라하로 돌아왔다고 합니다. 그래서 부조 동판의 왕비 부분을 만지면 왕비처럼 '언젠가는 프라하에 다시 돌아올 수 있게 된다'는 이야기가 돌았고, 프라하를 또 찾고 싶은 사람들의 손길이 닿으며 왕비 부분이 심하게 반질거리게 되었습니다.

왕비의 머리 위를 잘 보면, 다리에서 밀려 떨어지는 사람의 모습이 조그맣게 묘사되어 있습니다. 그 사람은 당연히 얀 네포무츠키로, 이 부분을 만지면 다리에서 떨어져 죽은 성인의 영혼을 위로하는 것이며, 그 반대급부로 만지는 사람의 소원이 이루어진다고 합니다. 그래서 떨어지는 얀 네포무츠키 신부의 모습도 심하게 반질거립니다.

왼쪽 동판은 상대적으로 인기가 조금 떨어집니다.

갑주를 입은 사람이 사냥개를 쓰다듬고 있고, 그 오른쪽으로는 조그마한 공간에서 대화를 나누는 남녀의 모습이 묘사되어 있습니다. 대화를 나누는 남녀는 왕비와 얀 네포무츠키로, 고해성사를 하는 모습이고, 개를 만지고 있는 사람은 다름 아닌 당시의 왕 바츨라프 4세입니다.

바츨라프 4세의 모습을 가까이서 보면 왠지 씁쓸해 보입니다. 총애하던 왕비가 자신을 배신했고, 궁정 신부마저 자신을 외면하고 진실을 말하지 않는다고 여겼으니, 암담하고 인간에 대한 배신감마저 들었겠지요. 그런 상황에, 키우던 사냥개가 꼬리를 흔들며 다가오자 바츨라프 4세는 '사람들은 다 나를 외면하는데도, 말 못 하는 짐승인 너는 나에게 꼬리를 흔드는구나. 네가 오히려 사람보다 나에게 더 충성스럽구나'라는 생각을 하며 사냥개를 쓰다듬고 있습니다. 그래서 사람들은 바츨라프 4세의 사냥개가 '개가 인간에게 보여 주는 맹목적인 충성심'을 상징한다고 말합니다. 역시나 이 사냥개 부분도 심하게 반질

얀 네포무츠키상의 왼쪽 동판

거리는데, 개연성은 조금 떨어지지만, 바츨라프 4세의 사냥개를 만지면 각자의 집에서 키우는 반려견들의 소원이 이루어진다고 합니다.

여기까지는 얀 네포무츠키 신부에 얽힌 야사였습니다. 야사라는 것이 애초부터 사람들의 입에서 입으로 전해지는 것이기에 혹자는 이 이야기를 더욱 자극적으로 꾸며 소위 막장 드라마로 재해석하기도 합니다. 야사라는 것이 애초에 사람들의 입에서 입으로 전해지는 것이기에 여러 갈래의 이야기가 존재합니다. 어떤 이는 이 이야기를 더욱 자극적으로 꾸며 소위 막장 드라마로 재해석하기도 합니다. 그래도 다양한 형태로 존재하는 야사들이 갖는 공통점이 있습니다. 바로 얀 네포무츠키가 고해성사를 통해 왕비의 불륜 사실을 알았음에도 불구하고, 죽을 때까지 고해성사의 비밀을 지켰다는 것입니다.

지금부터는 정사입니다. 정사에는 야사에서 핵심적으로 나오는 '고해성사의 비밀을 지킨' 이야기가 전혀 나오지 않습니다.

얀 네포무츠키가 살았던 때는 1300년대 후반으로, 그는 당시 프라하 대주교의 비서 역할을 하던 고위 성직자였습니다. 이 시기의 유럽은 종교의 힘이 막강했고, 세속 군주들은 그 틈을 비집고 들어가 영향력을 키워 나가던 중이었습니다. 따라서 프라하 교구의 우두머리였던 프라하 대주교와 세속 군주인 바츨라프 4세는 정치적인 라이벌 구도에 서 있었습니다.

당시의 유럽에서는 아비뇽 유수를 전후하여 교회의 분열이 진행되고 있었습니다. 한 명만 존재해야 할 교황이 아비뇽과 로마에 각각 한 명씩, 두 명이나 있었고, 서로 자기가 정통 교황이라고 부르짖는 어처구니없는 일이 일어나고 있었는데, 바츨라프 4세는 아비뇽파였고, 프라하의 대주교는 로마파였습니다. 종교 역시 통치 이념으로 이용하던 중세에, 각기 다른 교황을 지지하는 바츨라프 4세와 프라하 대주교는 정치적으로 대척점에 있었습니다.

하지만 두 사람이 결정적으로 대립한 것은 돈 문제 때문이었습니다.

프라하의 대주교가 그의 영지와 맞붙어 있던 바츨라프 4세의 영지를 침범해 그것의 자신의 영지라고 주장하기 시작했습니다. 측량 기술이 발달하지 않았던 당시에는 이런 식의 영지 분쟁이 상당히 많았습니다. 바츨라프 4세는 이를 무시했고, 대주교는 바츨라프 4세에게 소송까지 걸었습니다.

바츨라프 4세 입장에서 이것은 자신에 대한 큰 도전이었습니다. 이를 방치한다면 사람들은 왕이 대주교의 눈치를 보느라 아무것도 못하는 것이라고 말할 것이 뻔했고, 그렇게 되면 왕의 통치력에 심각한 타격을 입을 것이 분명했습니다. 바츨라프 4세는 대주교를 처단하고자 대주교에게 성으로 들어오라는 서신을 보냈습니다.

하지만 대주교도 바보는 아니었습니다. 이대로 성에 들어가면 필시 좋은 꼴은 보지 못할 것이라는 직감으로 자신은 몸을 피하고, 비서인 얀 네포무츠키 신부를 대주교의 대리인 자격으로 궁궐에 보냈습니다.

노렸던 대주교는 오지 않고 대리인이 왔으니 바츨라프 4세의 분노는 하늘을 찔렀을 것입니다. 도망간 대주교를 잡기 위해 군대를 동원하면 문제가 너무 커질 위험이 있었기에 특별한 선택지가 없던 바츨라프 4세는, 대주교에게 아주 강력한 경고를 하는 방법을 택했습니다. 바츨라프 4세는 대주교의 대리인 얀 네포무츠키 신부에게 모진 고문을 가하고, 그 처참한 형태의 시신마저도 프라하 사람들이 다 볼 수 있도록 블타바강에 던져서, 그것을 보는 모든 사람들에게 '왕의 힘은 막강하고, 왕명을 거역하는 자의 말로는 이렇게 비참하다'는 것을 느끼게 했습니다.

이렇게 사망한 얀 네포무츠키의 시신은 자연법칙을 거스를 수 없었습니다. 그의 시체는 한참 뒤, 강의 하류에서 많이 훼손된 상태로 건져졌습니다.

한 인물에 얽힌 정사와 야사가 이렇게나 다릅니다. 야사에서 얀 네포무츠키는 성직자의 윤리를 지키다 죽임을 당한 뒤 기적을 보여준 사람이며, 바츨라프 4세는 질투심에 눈이 먼 사람으로 등장합니다. 반면, 정사에서 얀 네포무츠키는 권력 암투의 희생양에 불과하고, 바츨라프 4세 역시도 왕권을 확립하고자 하는 왕이라면 누구나 할 수 있는 결정을 한, 현실적인 왕이었습니다. 하지만 사람들은 진짜지만 재미가 없는 정사보다, 가짜지만 재미가 있는 야사를 선호합니다. 유럽에도 이처럼 얀 네포무츠키에 얽힌 야사가 떠돌기 시작했는데, 17세기에 이르러 하도 이 야사가 돌다 보니 결국 얀 네포무츠키는 야사를 토대로 성인으로 추앙되었습니다.

폴란드 브로츠와프 성 요한 대성당 앞에 있는 성 얀 네포무츠키상

야사의 골자인 '고해성사의 비밀을 죽을 때까지 지켰다'는 것으로부터 '고해성사 비밀 유지의 수호성인'으로, 얀 네포무츠키가 던져진 블타바강이 홍수, 범람이 자주 일어나는 강이라는 것에서는 '홍수, 범람 예방의 수호성인'으로, 그리고 마지막으로 물에 빠져서 사망했다는 것에서 '익사자들의 수호성인'으로 추앙되었고, 이런 이유에서 얀 네포무츠키는 프라하 외에도 중부 유럽 도시들에서 자주 만날 수 있는 성인이 되었습니다. 주로 고해성사실 옆이나 강 위의 다리, 혹은 호수 주변의 예배당들에서 찾을 수 있는 얀 네포무츠키의 성인상은 공통적으로 머리 위에 별 다섯 개를 이고 있는 모습입니다. 의도적인지는 모르겠으나 라틴어로 '침묵'을 뜻하는 단어 'tacet' 역시 다섯 개의 스펠링으로 이루어져 있습니다.

단언컨대, 프라하를 여행하는 여행자 중 카를교를 지나가지 않는 사람은 없습니다. 이 책을 읽으시는 여러분 중, 프라하에 다시 돌아오고 싶다고 생각을 하는 분이라면 누구나 한 번쯤은 카를교를 지나며 얀 네포무츠키 성인상 아래의 동판, 왕비 부분을 만지지 않을까 생각합니다.

하지만, 여러분이 수년, 혹은 수개월 뒤에 다시 프라하로 돌아올 수 있게 되었다 하더라도 여러분이 왕비를 만졌기 때문이라고는 생각하지 않으셨으면 합니다. 여행에 필요한 경비도, 시간도 왕비님이 주신 것이 아니라, 여러분 스스로가 힘들게 일하고 돈을 모아서, 또 어렵게 휴가를 내고 오신 거니까요. 즉, 여러분의 노력과 인내와 의지가 프라하에 또 오게 만든 것이지, 이 동판이 한 일은 아무것도 없습니다. 동판에 재미 이상의 가치를 부여하지 않으셨으면 하는 생각에 말씀드립니다.

마지막으로, 야사는 야사이지 진짜 있었던 일은 아니라는 것도 기억해 주셨으면 좋겠습니다.

3

캄파 지구

Kampa

복잡한 카를교에서 계단을 따라 내려오면 만날 수 있는 캄파 지구

여행자들로 가득한 프라하에서도 카를교처럼 많은 사람이 모여 있는 곳은 없습니다. 다리 위에서 바라보는 프라하의 풍광도 아름다워서 사람들은 앞만 보고 다리의 한쪽 끝에서 다른 쪽 끝까지 걷습니다. 이런 이유로 대부분의 여행자들이 카를교 중간에 다리를 벗어날 수 있는 계단이 있다는 것도 모른 채 다리를 건넙니다. 카를교에서 이 계단을 따라 내려가면 만날 수 있는 '캄파'라는 조그만 광장은, 다리 아래에 있고 주변에 건물들이 있어서 사람들이 쉽게 알 수는 없지만, 인공적으로 만들어진 조그만 섬입니다.

이 섬에는 조용한 공원과 많은 예술 갤러리, 사랑을 기원하며 잠가 놓은 자물쇠들로 가득한 조그만 다리가 있고, 이곳을 가로지르는 조그만 하천 주위로 집들이 옹기종기 모여 있어 아기자기하고 고즈넉합니다. 카를교에서 계단을 타고 내려와서 다리를 등지고 계속 걸으면 넓은 공원이 나오는데, 이 주변 지역이 카를교와는 비교가 안 될 정도로 한적하고 여유롭습니다. 혼잡한 곳에서 탈출하는 데 걸리는 시간은 불과 30초입니다.

캄파 공원에서는 체코의 괴짜 작가인 다비드 체르니^{David Černý}의 특이한 작품도 만날 수 있습니다.

다비드 체르니는 1967년 프라하에서 태어난 작가로, 프라모델 키트 같은 것에서 영감을 받은 작품들로 시작하여 많은 작품들을 전 세계에 전시한 특이한 예술가입니다. 프라하에는 프라하 3구의 TV탑 기둥들에 붙어 있는 기괴한 얼굴의 아기 조각상, 구시가지 Husova 길 위의 건물에 설치해 놓은 한 손으로 아슬아슬 매달려 있는 지그문트 프로이트의 조각상, 바츨라프 광장 인근 Lucerna라는 극장 건물 통로의 죽은 말을 뒤집어서 타고 있는 성 바츨라프 왕의 동상, 나로드니 트리다의 테스코 건물 뒤편에 있는 카프카 흉상, 카프카 박물관 앞마당의 체코 지도 모양 위에서 오줌 줄기로 땅따먹기 싸움을 하는 성인 남성 2명의 조각상, 프라하 5구의 예술 지원 센터 벽에 푸줏간에 걸린 고기처럼 꿰어 있는 자동차 모형 등 많은 작품을 전시하고 있습니다. 캄파 공원에는 TV탑에 붙어 있는 아기의 조각상이 실물 사이즈로 일반인들이 보고 만질 수 있게 야외에 전시되어 있습니다.

이 부근은 블타바강 옆에 있던 낮은 강둑이라 상습적인 침수 때문에 오랫동안 사람이 살 수 없는 곳이었고 이름도 없었습니다. 그러다가 유럽을 강타했던 30년 전쟁(416쪽 참조)이 17세기 초반에 벌어지며, 스페인군이 프라하에 주둔해야 하는 상황이 되었는데, 프라하 시내에서 가깝고 사람들이 사용하지 않던 넓은 공간이라 대군이 주둔하기 제일 좋았던 곳이 이 강둑 주변이었습니다. 이

TV탑 기둥들에 붙어 있는 아기 조각상 / 캄파 공원에서 볼 수 있는 실물 사이즈의 아기 조각상
체코 지도 모양 위에서 오줌 줄기로 땅따먹기 싸움을 하는 2명의 남성
카프카 흉상 / 죽은 말을 뒤집어서 타고 있는 성 바츨라프 왕의 동상

곳을 주둔지로 정한 스페인 군대는 30년 전쟁이 끝날 때까지 아주 오랫동안 이 강둑 주변에서 머물며, 이곳을 단순하게 '캄푸스campus(들판이라는 뜻)'로 불렀는데, 보헤미아 사람들도 따라 부르며, 이름이 '캄파kampa'로 굳어졌습니다.

스페인 군대가 주둔하자, 자연스럽게 군대에 필요한 식량과 옷가지 그리고 각종 물품을 파는 상인들이 몰려들었고, 작은 규모의 시장과 마을이 만들어졌습니다. 스페인 군대가 오랫동안 머물면서 시장과 마을은 조금씩 커졌는데, 30년 전쟁이 끝나 군대가 철수한 뒤에는 다른 성격의 사람들이 캄파로 몰려들었습니다. 캄파는 상습 침수 지역이고, 군대가 주둔하던 곳이라 이 지역의 건물 임대료가 다른 지역에 비해 저렴했기 때문에 작업실이 필요하던 가난한 도자기 장인들, 화가들이 몰려들면서 앞다투어 공방을 세웠습니다.

이때부터 캄파는 상업과 공업 지구처럼 발전했습니다. 사람들이 캄파 지구를 관통하는 인공적인 하천을 만들어 블타바 강물을 끌어들이면서 캄파는 인공 섬이 되었고, 캄파를 흐르는 인공 하천에 물레방아를 이용한 정미소까지 들어오면서 캄파를 찾는 사람들의 발길은 더욱 잦아졌습니다.

유동 인구가 많아지니 자연스럽게 캄파의 도자기 장인들과 가난한 화가들의 수입도 늘어났고, 이들은 캄파 지구를 떠나지 않았습니다. 이런 이유로 지금도 캄파 부근을 걷다 보면 프라하의 다른 지역보다 압도적으로 많은 갤러리와 공방 들을 만날 수 있습니다.

한 손으로 매달려 있는 지그문트 프로이트의 조각상

4/ 존 레넌의 벽

John Lennon Wall
Lennonova Zeď

카를교의 말라 스트라나 쪽 교탑을 지나서 몇 골목을 꺾어서 걷다 보면, 전면이 그래피티로 뒤덮인 긴 벽이 등장합니다. 이 벽이 바로 프라하를 찾는 젊은이들이 많이 방문하는 존 레넌의 벽입니다.

존 레넌은 현재까지도 전 세계인의 사랑을 받고 있는 비틀스라는 밴드의 리더이자, 밴드 해체 후 솔로 활동을 하며 많은 명곡을 만들어 낸 대중음악가입니다. 이렇게 유명했던 존 레넌은 1980년 12월 8일, 집으로 돌아가는 길에 집 앞에서 그를 기다리고 있던 광팬이 쏜 총에 맞아 사망했습니다.

사실, 존 레넌은 살아생전 프라하를 방문한 적도 없고, 그렇다고 그의 유품이 이 벽에 묻혀 있는 것도 아닙니다. 그럼에도 불구하고 이 벽은 '존 레넌의 벽'이라고 불리는데, 왜 이곳과 전혀 관계가 없는 그의 이름이 이 벽에 붙게 되었는지를 알기 위해서는 존 레넌 사망 당시 체코의 상황을 알고, 당시 사람들의 심정에 공감해야 할 것 같습니다.

이미 '바츨라프 광장' 편에서 상세히 다루었던 '프라하의 봄' 이후, 체코슬로바키아는 주변 국가, 특히 소련으로부터 강한 압제를 받았습니다. 압제라는 표현보다는 체코슬로바키아의 섣부른 민주화 운동에 대한 보복으로 표현하는 것이 더 정확한 표현일 텐데, 둡체크를 비롯하여 1968년 1월부터 개혁을 추진했던 모든 개혁 성향의 정치인들은 소련의 압력으로 차례차례 중앙 정치에서 물러나 지방으로 좌천되었고, 개혁파가 물러나면서 비어 버린 중앙 정치의 요직은 권력을 잡고 싶어 혈안이 되어 있던 기회주의자들로 채워졌습니다.

이렇게 소련의 힘을 등에 업고 권력을 쥐게 된 기회주의자들의 정권은 둡체크 정부가 1968년 1월부터 8월까지 약 7개월 간 국민들의 의견을 반영해서 펼쳤던 개방, 개혁 정책을 전면 부정하며 소련의 앞잡이 노릇을 자청했습니다.

이들이 집권하자마자 둡체크 정부가 시도했던 모든 정책은 무효화되어 과거로 돌아갔습니다.

비록 7개월의 짧은 기간이었지만 체코슬로바키아 사람들은 국민들의 목소리를 들어주는 정부와 국가가 어떤 모습일지 엿볼 수 있었습니다. 그런데 이들이 그렇게 꿈꾸던 이상적인 나라는 3일 만에 무력으로 강제 진압되었고, 숨통을 틔워주었던 개방 정책들마저 무효화된다는 것은 참으로 견디기 힘든 일이었습니다. 사회 각계각층에서, 특히나 프라하의 봄에 주도적인 역할을 했던 의식이 있는 계층에서 불만이 터져 나올 것은 뻔했습니다.

새로 집권한 정권은 이 사실을 잘 알고 있었습니다. 그래서 이들은 국민들이 그 불만마저 표출하지 못하도록 아주 강한 힘으로 찍어 누르는 일종의 공포 정치를 펼쳤는데, 당시에 집권한 정권이 내건 슬로건은 '체코슬로바키아의 정상화'였습니다. 이들에게 '정상'은, 모든 것이 통제되고, 모든 것이 정부의 관리 아래 있는 것처럼 보였던 1968년 이전의 20년이었고, 68년 1월부터 8월까지는 '비정상적인 시대'였습니다. 이 '정상화'는 이후 1987년까지 지속되었습니다.

한번 깨어난 민중을 다시 누르기 위해서는 더 많은 압제가 필요했습니다. '프라하의 봄' 기간 동안 민중의 편에서 열심히 싸웠던 작가들, 배우들에게는 매일 미행이 따라붙었고, 모든 매체는 전보다 더 촘촘하게 검열되었으며, 도청과 감청을 더욱 활발하게 펼쳐서 국민들을 사찰했습니다. 어쩌다가 시내에서 일어나는 아주 작은 규모의 시위도 경찰들에 의해 과도하게 진압되었고, 시위 장면들은 모조리 카메라에 담겨, 시위에 참여한 사람들을 옥죄는 증거로 사용되었습니다. 이런 일들이 일상에서 밥 먹듯이 벌어지자 사람들은 서로를 믿지 못했고, 소통은 점점 사라졌습니다.

이렇게 응어리진 것은 많았지만 어디에도 응어리를 털어놓을 수 없었던 시

정상화가 시작된 1969년 체코슬로바키아의 모습(정상화에 동조하는 조직된 시위)

대에 사람들을 달래 주던 것이 하나 있었는데, 그건 바로 라디오였습니다. 라디오를 틀다 보면 운 좋게 서방 세계의 전파가 잡히는 경우도 종종 있었는데, 그때 잠깐 들을 수 있는 음악들은 체코슬로바키아 젊은이들의 마음을 달래 주었습니다.

당시에 전 세계인들의 가장 큰 사랑을 받던 밴드는 비틀스였습니다. 비틀스의 리더인 존 레넌은 1965년, 영국 문화의 위상을 드높였다는 이유로 영국 왕실로부터 훈장을 받았을 정도로 영향력이 컸는데, 1960년 중반, 원래의 부인과 헤어지고 오노 요코라는 전위예술가이자 반전운동가, 사회운동가를 만나면서 이전과는 다른 행보를 보였습니다. 오노 요코의 영향으로 본업인 음악보다는 사회 운동가로, 그리고 사회 운동의 도구로 음악을 사용하며 활동 영역을 넓혔습니다.

1969년, 베트남 전쟁과 나이지리아 전쟁에 존 레넌의 고국인 영국이 참전한다는 소식이 들리자, 존 레넌은 영국이 공격받는 것도 아닌데 이념과 이익 때문에 타국의 분쟁에 끼어드는 영국에 대한 분노와 부끄러움을 표현하기 위해서 왕실이 수여했던 훈장을 영국 왕실에 반납해 버렸습니다. 또한 그는 오노 요코와 함께 '전쟁을 중단하고 사랑을 나누자'는 계몽 운동을 시작했고, 부정한 방법으로 부를 모은 자본가들과 무기를 만들어 팔면서 부자가 된 군사 재벌 등을 비판하며 단순한 대중음악가를 넘어서서 사회에 영향력을 끼치는 운동가로 주목을 받았습니다.

사실, 현대를 사는 우리가 바라봤을 때, 존 레넌이 했던 말과 운동들은 상식적인 범주에 속하지만, 존 레넌이 이런 활동을 하던 시대에는 상황이 달랐습니다. 2차 세계대전이 끝나고 난 뒤, 소련으로 대표되는 공산·사회주의 진영과 미국으로 대표되는 시장·자유주의 진영으로 양분된 시절, 이 이념을 핑계로 서로 좀 더 많은 영토, 영향력, 이익을 취하기 위해 전 세계에서 많은 전쟁이 벌어지고 있었습니다. 이 모든 전쟁들을 사회주의 진영에서는 '자본가와 제국주의자들로부터 우리의 인민들을 수호하기 위한 전쟁'이라고 포장하고 있었고, 민주주의 진영에서는 '공산·사회주의자들로부터 우리의 자유와 민주주의를 수호하기 위한 전쟁'이라고 포장하던 중이었습니다. 이렇게 경쟁이 더욱 심해질 때마다 양 진영에서 계속 강조를 했던 것은 '이념은 깨지지 않아야 한다는 것'이었습니다.

이런 시대에, 서구의 극단주의자들은 존 레넌의 발언에 또 다른 의미를 덧씌웠습니다. '어떤 숭고한 목적이라도 타인을 죽이면서 얻어내는 것은 인간적이지 않다'는 인본주의 관점에서 시작된 존 레넌의 '전쟁을 그만하자'는 계몽 운동은, '전쟁을 그만두면, 우리가 지고, 사회주의자가 승리하게 두라는 말이냐?'로, 부정한 방법으로 부를 모은 자본가들과 군사 재벌들을 비판하는 존 레넌의 발언은 '자본가들의 노력을 통해 축적된 자본까지 부정하는 너는 공산 경제를 옹호하는 사람이냐?'로 호도되었습니다. 이런 극단적이고 편협한 견해가 서방 세계로 흘러 나가면서 확대, 재해석되었고, 존 레넌을 비틀스로만 알고 있던 사람들까지 존 레넌을 공산주의자, 사회주의자, 무정부주의자, 이상주의자로 변해버린 팝스타로 인식했습니다.

서구 사회가 존 레넌을 이렇게 매도하고 있을 때, 아이러니하게도 존 레넌의 활동을 알게 된 프라하의 젊은이들은 그에게 완전히 매료되었습니다. 강압적인 공산주의, 사회주의 치하에서 '정상화'를 겪고 있는 체코슬로바키아 젊은이들에게 '전쟁을 그만두자'는 말은 1968년에 있었던 '프라하의 봄' 사태를 떠올리게 했고, 부정한 자본가를 비판하는 말들은 그들이 68년에 이루고자 했던 올바르고 정의로운 사회에 대한 이야기처럼 보였으며, 나라가 준 훈장까지 거침없이 반환해 버리는 존 레넌의 행동은 국가라는 시스템 아래에서 아무 말도 못하고 있는 체코슬로바키아 젊은이들이 꿈으로만 꿀 수 있는 행동이었습니다. '정상화' 기간 동안 재갈이 물린 체코슬로바키아 젊은이들이 하고 싶었던 말을 대신 해주는 대변인으로, 하고 싶었던 행동을 대신 해주는 대리인으로, 그리고 음악을 통해 삭막한 현실을 달래 주는 음악인으로 존 레넌을 추종하는 젊은이들이 급속도로 많아졌습니다.

1980년 12월 8일, 존 레넌이 사망했다는 소식이 프라하에 전해졌습니다. 이 소식은 오랫동안 존 레넌을 추종했던 프라하의 젊은이들에게 큰 충격이었습니다. '정상화'가 아직도 진행 중인데, 더 이상 그들의 목소리를 대신 내어줄 사람도, 그들을 달래줄 사람도 이 세상에 없다는 것에 안타까움을 느낀 젊은이들은 일부러 찾지 않으면 찾기 힘든 이 벽에 모여 존 레넌이 마지막으로 가는 길이라도 위로하자는 취지에서 추모의 글을 써넣기 시작했습니다. 같은 생각을 하는 학생들이 많았기에 금세 이 벽은 추모의 글로 가득 채워졌고, 젊은이들은 이 벽을 '존 레넌의 벽'이라고 부르기 시작했습니다.

처음에 이 벽을 채웠던 글들은 대부분 추모의 글이었습니다. 그러다가 1981년 초, 이 벽의 한쪽에 누군가가 존 레넌의 곡 〈Imagine〉의 가사를 글로 남겼습니다. 이 곡이 하도 유명하다 보니 곡을 아시는 분은 많지만, 그 가사 내용까지는 모르시는 분들도 많은 것 같습니다. 가사의 내용은 아래와 같습니다.

Imagine

천국이 없다고 상상해 보세요. 해보면 쉬운 일이에요.
땅 밑에 지옥도 없고, 머리 위에는 그냥 하늘이 있을 뿐이라고
모든 사람이 현재를 위해 산다고 상상해 보세요.

나라가 없다고 상상해 보세요. 어려운 일이 아니에요.
나라를 위해 누군가를 죽일 이유도, 내가 죽을 필요도 없고
종교도 없다고 말이죠.
모든 사람이 평화롭게 산다고 상상해 보세요.

소유 재산이 없다고 상상해 보세요. 그럴 수 있을지 모르겠지만요.
욕심을 내거나 굶주릴 필요가 없죠. 형제애만 있을 뿐이죠.
모든 사람이 함께 세상을 산다고 상상해 보세요.

당신은 내가 몽상가라고 말할지 몰라요.
하지만 나만 이런 생각을 가진 게 아니에요.

언젠가 당신도 우리와 함께하리라 믿어요.

그리고 세상은 하나가 될 거예요.

이 가사가 벽에 등장하며, 가사로부터 감화를 받은 사람들은 추모의 글을 넘어서서 당시의 타락하고 부패하고 오만하던 공산 정권을 비판하는 글, 현실 세상에서는 보기 힘들던 사랑과 평화를 염원하는 글, 자유를 소망하는 글들을 써 나갔습니다. 언론과 표현의 자유가 허락되지 않았던 당시의 의식 있는 젊은이들에게 존 레넌의 벽은 익명성이 보장되는 유일한 토론의 장으로 활발히 사용되었는데, 당시의 정권에서 이런 사태를 좋아할 리 만무했습니다. 공산 정권에서는 정기적으로 벽에 페인트칠을 해서 이런 글들을 지웠지만, 벽에 바른 페인트가 마르기도 전에 공산주의를 성토하고 사랑과 평화를 원하는 글귀들이 다시 채워졌습니다.

개정판을 쓰고 있는 2018년 기준으로 이 벽의 나이는 38살입니다. 존 레넌이 사망한 뒤로 지금까지, 존 레넌의 벽은 하루도 같은 모습인 적이 없었습니다. 벽 위의 글귀, 그 위에, 또 그 위에 수많은 사람들이 계속 써 온 글귀들과 그림들로 매일 새로운 모습으로 하루를 보냅니다. 필자가 꼽는 존 레넌의 벽의 묘미는 바로 이 생명력입니다.

정말 안타까운 것은 많은 여행 안내서에는 이 '존 레넌의 벽'이 언급되어 있지 않다는 점입니다. 설사 언급된다 하더라도 '이 벽은 비틀스의 존 레넌이 죽고 난 다음, 프라하 젊은이들의 낙서장으로 사용되었고, 현재에는 전 세계인들이 찾는 낙서장이다.' 같은 문구로 간단히 이야기를 마무리합니다. 그리고 종종 이런 짧은 글들에 덧붙여, '존 레넌 벽은 지금도 많은 사람들이 와서 색감이 다채로운 낙서를 남기는 바람에 이 벽을 배경으로 사진을 찍으면 정말 색감이 좋고 화려한 사진을 얻을 수 있는 프라하의 대표적인 포토존이다'라는 말까지 남깁니다.

존 레넌의 벽에 대한 요약은 참 잘 되었지만 이 요약에는 중요한 것이 빠져 있습니다. '왜 존 레넌이었으며'와 '어떻게 존 레넌 벽이 되었는지' 이 두 가지가 빠진 채로는 이 벽이 지금까지 존재할 수 있는 이유를 설명하기에 역부족입니다.

우리가 요즘 너무 급하게 살기 때문일까요, 우리는 점점 어떤 사건이나, 사물이나, 인물이 가진 본질적인 가치보다는 눈에 쉽게 보이는 이미지만을 중요하게 생각하다 보니, 이 벽에 얽힌 이야기보다는 그냥 눈에 보이는 현재의 모습만 신경 쓰는 것 같습니다.

이 벽을 즐기는 방법은 여러 가지가 있습니다. 문화재보호법이 강한 프라하에서 유일하게 글귀나 그림, 그 어떤 것을 남겨도 아무런 방해와 제재를 받지 않는 공공장소로, 이 벽에서만은 하고 싶은 낙서를 다 하셔도 됩니다. 그리고 수년, 혹은 수개월 뒤에 프라하로 돌아왔을 때 여러분들이 남긴 글귀나 그림이 보이지 않는다고 슬퍼하시지 않으셨으면 좋겠습니다. 그 위로 또 다른 사람들의 목소리가 덧씌워졌기에 안 보이는 것이지 사라진 것은 아니라는 것을 기억해 주십시오.

또, 벽에 있는 글귀들과 그림들을 하나씩 곱씹어 보시는 것도 좋습니다. 사람은 제각기 다르기에 이 벽에 있는 글귀들과 그림들도 정말 다양한 이야기들을 담고 있습니다. 여전히 의미가 있는 글귀들도 있지만, '나 왔다 감' 같이 형식적인 기행문도 발견할 수 있으니 '한 장소에 이렇게 다양한 이야기들이 모일 수도 있구나' 같이 가벼운 마음으로 존 레넌 벽을 만나도 좋겠습니다.

존 레넌의 벽에서 사진 찍는 사람들

이 벽을 배경으로 사진을 찍으시는 것도 좋습니다. 존 레넌 벽을 배경으로 찍은 사진이 아름답게 잘 나온다는 것은 필자도 부정할 수 없는 사실입니다. 하지만 눈으로 볼 수 있는 존 레넌의 벽은 이 모든 이야기를 담고 있는 존 레넌의 벽의 시각적인 부분에 불과하다는 것을 잊지 말아 주십시오.

프라하성을 방문할 때 트램과 같은 교통수단 대신 구시가지에서 카를교를 지나
프라하성 쪽으로 걸어가는 방법을 택한 분들이라면 이곳 말라 스트라나를 만날 수 있습니다.
'작은 동네', '소시가지' 정도로 번역되는 말라 스트라나는 구시가지보다 한산하지만,
바로크 양식의 건축물이 가득하며 방문할 가치가 있는 건물들이 있으니
낯선 도시를 걷는 즐거움도 느끼면서 소개한 장소들을 방문해 보기를 권합니다.

6

말라 스트라나
& 흐라드차니

1

말라 스트라나(소시가지)

Lessor Town
Malá Strana

구시가지로부터 카를교를 지나 프라하성 쪽으로 걸어가면 만날 수 있는 동네가 바로 말라 스트라나입니다. 말라 스트라나라는 말 자체를 한국어로 직역하면 '작은 동네', 혹은 '작은 쪽'이 되는데, 구시가지에 비해 다소 발전이 더디었던 지역입니다.

9세기 후반에 최초로 지어진 프라하성은 언덕 위의 목조 요새에 가까웠기 때문에 그 주변에 건물이 많이 없었습니다. 그러던 중, 보헤미아 왕국의 위상이 올라가 프라하성이 점차 요새에서 통치궁으로 변화하면서 성 아래쪽 동네도 활성화되었는데, 이때 만들어진 동네가 말라 스트라나입니다.

1257년, 당시 보헤미아의 왕이었던 오타카르 2세Ottakar II는 성 아래쪽 동네를 공식적인 주거 지역으로 선정했고, 프라하의 왕족과 조금이라도 가까이 건물을 지어서 서로 소통할 필요가 있었던 지방 봉건 영주들, 프라하성의 공사와 보수를 맡은 석공들, 소규모의 상인과 수공업자들이 말라 스트라나로 몰려들었습니다.

하지만 말라 스트라나는 인구 밀도가 높지 않았고, 동네 중앙의 광장(말라 스트라나 광장, 현재는 트램역이 있음) 규모가 작았기에 프라하의 구시가지에 비해 각광을 받지 못하는 주거 지구였습니다. 그래서 오타카르 2세 이후의 보헤미아 왕들은 왕가의 주도로 말라 스트라나를 발전시켜 나갔는데, 1541년에 대화재가 덮치면서 동네 전체가 치명적인 피해를 입었습니다.

화재가 일어난 1541년은 오스트리아의 합스부르크 가문이 보헤미아 왕좌를 계승하기 시작한 즈음으로, 이때 오스트리아 제국의 본국에서 많은 이주민들이 보헤미아, 특히 프라하로 밀려들어왔습니다. 주로 약사, 변호사, 법률가, 회계사 같은 귀족을 제외한 평민 중에서는 고위 직종군에 속하던 이들이었는

밀라스트라나 광장을 둘러싼 바로크 양식의 건축물들

데, 불타서 폐허가 된 말라 스트라나는 좋은 정착지였습니다. 화재로 소실되어 가치가 떨어진 말라 스트라나의 부지와 건물들을 매입한 오스트리아 출신 이주민들은 16세기 중반부터 큰 건물과 저택을 짓고 말라 스트라나에 모여 살았는데, 이런 이유로 말라 스트라나의 건물들은 비슷하게 바로크 양식의 외관을 하고 있습니다.

현재 오스트리아 이주민들이 사용하던 대형 저택들은 각국의 대사관저와 체코의 상·하원의회장 및 각종 정부 기관과 교육 기관들로 많이 사용되고 있습니다.

많은 여행자들이 오가는 프라하성에 가까이 있어서 말라 스트라나를 걷는 여행자가 많을 듯하지만, '등잔 밑이 어둡다'는 속담처럼 말라 스트라나 지구는 한산한 편입니다.

높은 지대에 있는 프라하성까지 걸어가는 것은 조금 힘이 들기 때문에 대중교통을 이용해서 바로 프라하성으로 올라가는 경우가 많은데, 시간적인 여유가 있다면 조금 힘이 들더라도 말라 스트라나 지구를 지나, 이후에 소개할 발렌슈타인 궁, 네루도바 거리 등을 거치면서 프라하성으로 천천히 올라가시는 방법을 권합니다.

2

발렌슈타인 궁

Wallenstein Palace
Valdštejnský Palác

발렌슈타인 궁은 중부 유럽 최초의 세계대전에서 중요한 역할을 했던 발렌슈타인 백작이 지은 궁전입니다. 유럽 최초의 세계대전이라는 말 때문에 1차 세계대전을 연상하시는 분들도 계시겠지만, 유럽 최초의 세계대전이라고 불리는 전쟁은 다름 아닌 1618년에 일어나 1648년에 끝난, 딱 30년 동안 지속되어 '30년 전쟁'이라 불리는 전쟁입니다. 30년 전쟁의 참전국은 스웨덴, 프랑스, 덴마크, 노르웨이, 보헤미아, 네덜란드, 작센, 라인 강변의 팔라틴 공작령, 브란덴부르크 프러시아, 영국, 트란실베니아, 헝가리 내의 반오스트리아 연합, 오스만 제국, 우크라이나 코삭스 지방, 오스트리아, 스페인 왕국, 헝가리, 크로아티아 등에 이르기에 세계대전이라고 해도 손색이 없을 정도입니다.

30년 전쟁은 프라하의 구왕궁에서 일어난 2차 창외 투척 사건(416쪽 참조)을 시발점으로 하여 전 유럽으로 번져나간 전쟁으로, 〈가톨릭 신봉 국가였던 오스트리아 제국과 그의 동맹들인 헝가리, 크로아티아, 스페인 왕국〉 대(VS) 〈나머지 신교 국가들〉의 싸움으로 시작된 전쟁 초반에는 종교 전쟁의 성격이었습니다.

발렌슈타인 궁을 지은 발렌슈타인 백작은 오스트리아 제국의 페르디난트 2세Ferdinand II의 편에서 무수한 활약을 한 군벌 귀족이었습니다. 1583년 9월 24일 보헤미아의 헤르즈마니쩨Heřmanice라는 지역에서 태어난 발렌슈타인 백작의 정식 이름은 알브레흐트 폰 발렌슈타인Albrecht von Wallenstein으로, 보헤미아가 오스트리아 제국의 영향 아래 있던 시기 독일어를 구사하던 아버지와 체코어를 구사하던 어머니 사이에 태어나 2개 국어를 모국어처럼 했습니다. 그의 부모는 보헤미아 지방 귀족 다수와 마찬가지로 신교를 신봉하는 쪽이었는데, 아버지는 독일의 루터파, 어머니는 후스파의 분파인 우트라퀴스트Utraquist를 종교적 토양으로 삼고 있었기에 알브레흐트 역시 신교도로 자라났습니다.

그의 부모는 발렌슈타인 가문의 직계 혈통은 아니었기에 작은 마을인 헤르즈마니쩨를 본거지로 주변 마을에 총 7개의 성을 가지고 있었는데, 모두 규모가 너무 작았고 소유지 또한 넓지 않았습니다.

발렌슈타인 초상화

알브레흐트가 10살이 되던 해 어머니가 죽고, 2년 뒤에는 아버지까지 세상을 뜨면서 그는 삼촌의 손에서 자랐습니다. 후스파의 분파였던 삼촌은 알브레흐트가 15살이 되자 그를 동부 보헤미아 지역의 코슘베르크Košumberk로 보내 학업을 이어가도록 도와주었습니다.

학교에서 본격적으로 공부하면서 그의 독일어 실력은 일취월장하였고, 이후 그가 18세가 될 때까지 신성로마제국, 이탈리아, 프랑스, 스페인 등을 여행하면서 실레지아의 라틴어 학교, 뉘른베르크의 알트도르프Altdorf 대학, 파두아Padua 대학, 볼로냐Bologne 대학 등에서 지식을 쌓았는데, 여행을 마친 그는 모국어인 체코어를 시작으로 독일어, 라틴어, 이탈리아어를 능숙하게 구사했고, 스페인어는 듣고 이해하는 데는 무리가 없는 정도, 프랑스어는 생활에는 지장이 없을 정도로 구사하는 수준의 인재가 되었습니다. 뉘른베르크의 알트도르프 대학에서 공부할 때 펜싱 결투를 자주 벌여 감옥에 수감되기도 하였다고 하니, 단순한 공부벌레가 아닌, 지식과 건강한 육체를 겸비한 인물로 컸다고 할 수 있겠습니다.

그가 21살이 되던 1604년, 신성로마제국의 황제였던 루돌프 2세Rudolph II는 신성로마제국 내외에서 벌어진 위협들을 처리하기 위해 황제 직속 군대를 모집하였는데, 우연한 기회에 이 황제군에 들어간 알브레흐트는 이탈리아 출신의 명장 조르지오 바스타^{Giorgio Basta}의 지휘 아래 헝가리 반군 및 오스만튀르크 제국과의 전쟁을 가까이서 접할 수 있었습니다. 이 2년간의 군대 경험을 통해 알브레흐트는 큰 깨달음을 얻었는데, 그것은 바로 신분이 미천한 자신에게 열려 있는 유일한 출세의 길이 군대임을 알아차린 것입니다.

알브레흐트는 본격적으로 인생 계획을 짜기 시작했는데, 가장 먼저 처리한 것은 그의 종교 문제였습니다. 신교도가 많던 보헤미아 왕국의 왕좌에는 가톨릭(구교)을 장려하던 합스부르크 가문이 앉아 있었습니다. 따라서 중앙 정부로 나가거나 영향력 있는 귀족으로 성장하기 위해선 신교라는 족쇄를 끊어버릴 필요가 있었습니다. 그는 1606년에 이르러 가톨릭 예수회의 인물들과 교류를 맺고 왕래하던 중 신교를 버리고 가톨릭으로 개종하였습니다.

그가 개종한 이듬해, 오스트리아 제국에 우호적인 입장으로 정부의 요직에 진출해 있던 처남과 친척의 추천을 통해 알브레흐트는 당시 신성로마제국의 황제였던 마티아스 황제^{Matthias}의 시종으로 임명되었습니다. 힘없는 지방 귀족의 아들로 태어나 고아로 유년기와 청년기를 보낸 알브레흐트가 본격적으로 역사에 등장하는 시점이기도 한 이때, 그는 재산을 늘리기로 결심했습니다. 아무리 작위가 높은 고위 관리로 임명되었다 하더라도 본인에게 가진 재산이 없으면 상류 사회로 진입하기가 어려웠기 때문에 내린 결정이었는데, 가장 손쉬운 해결책은 바로 '정략결혼'이었습니다.

그는 정략결혼의 상대로 동부 모라비아 지역에 걸쳐 광활한 영지를 소유하고 있던 유력 가문의 미망인을 택했는데, 이를 통해 알브레흐트는 일정한 재산을 축적할 수 있었습니다. 행운은 여기서 그치지 않았습니다. 결혼 5년만인 1614년 그의 부인이 사망하자 부인 앞으로 상속되었던 모든 영지마저 알브레흐트의 소유가 되었습니다. 그리고 이때부터 그는 알브레흐트라는 이름보다 발렌슈타인이라는 가문의 이름을 먼저 내세우며 재산을 효율적으로 사용해 명망 있는 왕가와 귀족들에게 도움을 주었고, 귀족 사회 내에서 입지를 다졌습니다.

그의 이러한 행보가 결실을 맺게 된 것이 바로 1617년에 벌어진 우스코스 전쟁으로, 스페인 왕국과 연합한 오스트리아 제국이 영국, 네덜란드, 베네치아의 연합군과 아드리아 해상의 주요 교역권을 놓고 맞붙은 이 전쟁에는 오스트리아의 왕족은 물론 일반 귀족들도 대거 참여하였습니다. 이 중에는 얼마 지나지 않아서 신성로마제국의 새로운 황제가 될 예정이었던 보헤미아의 왕, 페르디난트 2세도 포함되어 있었는데, 발렌슈타인은 최고의 명마 200마리를 페르디난트 2세에게 아무런 조건 없이 선물하였습니다. 페르디난트 2세는 이때부터 발렌슈타인을 자신의 최측근으로 인식하게 됩니다.

이듬해인 1618년 5월 23일, 프라하성의 구왕궁에서 제2차 창외 투척 사건이 터지며 서로 이해관계가 얽혀 있던 유럽의 많은 나라들이 전쟁에 속속 참전하자, 발렌슈타인에게도 불똥이 튀었습니다. 전쟁 초반부에는 신교도들이 승리하는 경우가 많았는데, 이 과정에서 그가 가지고 있던 상당수의 영지가 신교 귀족들의 손에 넘어갔습니다. 영지를 되찾고 싶었던 발렌슈타인은 오스트리아 제국과 부쿼이Bucquoy 지역의 귀족 샤를 백작과 손잡고 군대를 만든 뒤, 보헤미아와 모라비아 지역 전반에 걸친 신교 소탕 전쟁을 대규모로 벌였습니다. 그중 비교적 초반에 그를 유명하게 만들어 준 전쟁이 바로 빌라 호라의 전투bitva na bílé hoře, battle of white mountain(420쪽 참조)라고 불리는 전쟁인데, 그는 이 전쟁 외에도 황제군의 편에 선 의용부대 형식으로 참전해 이후에 벌어진 크고 작은 전쟁을 계속 승리로 이끌었습니다. 1622년에 이르러 그는 잃었던 영지보다 더 넓은 영지를 확보했고, 이렇게 확대된 그의 입지를 상징하듯 팔라틴Palatine 백작이라는 작위까지 손에 넣었습니다.

전쟁 중이던 1623년, 발렌슈타인 백작에게 또 다른 호재가 찾아왔습니다. 당대의 부호로 이름 나 있던 하라흐^Harrach 공작의 첫 딸과 다시 정략결혼을 한 것입니다. 그의 재산은 폭발적으로 증가했고, 팔라틴 가문의 계승자라는 작위가 주어졌으며, 2년 뒤인 1625년에 이르러서는 프리드란트^Friedland 공작의 작위까지 부여되었습니다. 2번에 걸친 정략결혼으로 보헤미아 지역의 귀족 중에서 최고로 많은 재산을 자랑하는 재력가에, 발렌슈타인 가문의 백작이자, 팔라틴 가문의 계승자이며, 프리드란트 공작이기도 한 발렌슈타인은 한층 높아진 위상을 과시하기 위해 아주 화려한 궁전을 프라하성의 바로 아래에 짓도록 하였습니다. 이것이 바로 발렌슈타인 궁입니다.

30년 전쟁의 2차 시기에 해당하는 1625년, 스웨덴과 덴마크 등 신교 국가들의 엄청난 지원으로 가톨릭 편인 신성로마제국은 수세에 몰려 있었습니다. 병사도, 무기도 부족하던 신성로마제국의 황제 페르디난트 2세는 고민에 빠졌습니다. 이때 발렌슈타인 공작은 자신의 재산을 털어서 마련한 군수 물자와 3만 명의 병사를 황제에게 헌납했습니다. 이미 몇 년 전에 최고 수준의 군마 200필을 받아서 발렌슈타인 공작에게 호의를 가지고 있던 페르디난트 2세는 그를 곧바로 황제군의 총사령관에 임명했고, 발렌슈타인은 30년 전쟁의 주역으로 등장했습니다.

이 모든 상황은 발렌슈타인이 계획한 것이었습니다. 총사령관에 임명된 발렌슈타인 공작은 용병의 규모를 5만 명까지 키웠습니다. 훌륭한 무기와 많은 수의 병사들을 바탕으로 1625년부터 실레지아^Silesia 지역에서 신교 소탕 작전을 벌였던 발렌슈타인 공작은 2년 만에 실레지아 지역의 신교도들을 완전히 몰아냈습니다. 황제 페르디난트 2세는 그를 크게 신임하게 되었고, 덴마크의 왕 크리스티앙 4세Christian IV가 신성로마제국을 침범하자 다시 한 번 발렌슈타인을 총사령관에 임명했습니다. 덴마크와 싸웠던 발렌슈타인은 주로 독일 지역에서 전투를 벌였는데, 전쟁을 하는 도중 독일 내의 신교 세력까지 진압하며 독일 내부에도 엄청난 크기의 영지를 획득했습니다. 그가 이끄는 군대는 그의 지휘 아래 파죽지세로 승리를 거두었습니다.

하지만 발렌슈타인의 잇따른 성공은 독일계 귀족들의 반발을 불러왔습니다. 가난한 몰락 귀족 가문 출신이 운 좋게 공작이라는 귀족 최고의 지위를 얻게 된 것도 모자라, 중부 유럽에서 가장 넓은 영지를 지니게 된 것을 고깝게 여긴 그들은 비공식적인 자리에서 발렌슈타인에 대한 안 좋은 이야기를 퍼트리며 그를 깎아내렸습니다. 이때 발렌슈타인 공작에 대해 가장 널리 퍼져 있던 악담이 바로 발렌슈타인 궁에 관한 것이었습니다. 보헤미아에서 가장 큰 성인 프라하성 아래에 그에 못지않은 화려한 궁전을 지어 놓은 것을 두고, 발렌슈타인이 보헤미아 왕국의 왕좌를 탐하는 야심가라는 이야기가 퍼져나간 것입니다.

발렌슈타인은 이런 소문이 돌아도 오스트리아 황제군의 총사령관 역할을 충실히, 그리고 효과적으로 수행하고 있었습니다. 그는 독일의 영지를 점령하며 승기를 굳혔고, 이내 덴마크에 승리를 거두며 스웨덴까지 고립시켜 버렸으며, 북해와 발틱해까지 관리하에 두었습니다. 황제는 곧이어 그를 제독에 임명했고, 발렌슈타인의 군대가 볼가스트Wolgast 지역에서 덴마크 국왕 크리스티앙 4세의 군대를 격파하자, 덴마크와 연합하던 스웨덴의 국왕 구스타프 아돌프Gustav II Adolf는 본국으로 퇴각할 수밖에 없었습니다.

이렇게 발렌슈타인 공작이 최전방에서 용맹하게 싸우면서 가톨릭의 수호자 역할을 톡톡히 할 때, 가장 큰 수혜자였던 페르디난트 2세는 후방인 빈에서 편안한 나날을 보내고 있었습니다. 당시 신성로마제국 전체가 이미 전쟁은 이겼다고 생각했고, 귀족 사회는 발렌슈타인에게 너무 높은 작위와 너무 많은 영지가 생겼다고 생각했습니다. 발렌슈타인이 없어도 충분히 전쟁에 이길 수 있다고 자만한 귀족 사회는 토끼 사냥이 끝나면 사냥개는 삶아 먹는다는 고사성어처럼 발렌슈타인 공작을 총사령관 직위에서 파면해야 한다는 청원을 황제 페르디난트 2세에게 잇따라 올렸습니다.

원래부터 심지가 굳거나 전법에 밝은 사람이 아니었던 페르디난트 2세는 귀족들의 반발이 큰 데다, 발렌슈타인이 보헤미아의 왕좌를 욕심 낸다는 소문까지 돌자 1630년 9월 발렌슈타인 공작을 총사령관에서 해임하고 본국으로 돌아오라고 지시했습니다.

해임 명령을 받은 발렌슈타인 공작은 이런 정치적 변화를 어느 정도는 예견했다는 듯 담담하게 총사령관직을 후임 장군에게 넘겨주고 그의 영지로 돌아가 은거하면서 여가생활을 즐겼습니다. 기록으로 많이 남아 있지 않은 발렌슈타인의 은거 생활은, 일부 문헌을 인용하자면 '황제 같은 생활을 하는 은거자'였다고 합니다. 이미 높은 작위와 황제도 부럽지 않을 정도로 광활한 영지, 그리고 막강한 사병까지 거느리고 있었으니, 그의 이런 생활은 충분히 짐작 가능한 일이었습니다.

하지만 발렌슈타인 공작의 모든 전공들이 그의 재산만으로 이루어진 것은 아니라는 점을 잊으면 안 됩니다. 아무리 병사가 많고 군수 물자가 풍족하다고 해도 장수가 무능하다면 전쟁을 승리로 이끄는 것은 불가능한 일이니까요. 게다가 발렌슈타인 공작의 후임으로 총사령관에 임명된 틸리의 공작 요한 체클라에스Johann Tserclaes of Tilly는 유능한 장군이 아니었습니다.

마치 짜기라도 한 듯, 발렌슈타인이 물러나자마자 신교 연합군이 다시 전세를 뒤덮고 오스트리아와 스페인 연합군을 차례차례 격파했습니다. 덴마크가 패전하자 잠깐 후퇴했던 스웨덴의 국왕 구스타프는 틸리 공작을 상대로 연이어 승리를 거두었고, 이 과정에서 총사령관이었던 틸리 공작이 사망했습니다. 그리고 그 여파를 몰아 스웨덴의 군대는 보헤미아 영토의 국경 바로 너머에 있는 독일의 뮌헨까지 진격해 들어왔습니다. 상황이 이렇게 되자 페르디난트 2세를 비롯한 오스트리아 및 신성로마제국의 가톨릭 귀족들의 마음이 급해졌습니다.

1632년, 황제의 명에 따라 다시 황제군의 총사령관으로 임명된 발렌슈타인은 단시간에 병력을 보강하는 건재함을 과시하면서 스웨덴군과의 전쟁에 돌입하였습니다. 그리고 보헤미아, 뉘른베르크와 뮌헨 지역에서 벌어진 전쟁에서 국왕 구스타프마저 사살하는 공적을 이뤄냈습니다. 국왕을 잃은 스웨덴군은 혼란스러워졌고, 전선에서 퇴각해야 했습니다.

스웨덴 국왕이 사망한 다음 해인 1633년, 30년 전쟁은 소강 상태에 빠졌습니다. 전쟁이 시작된 지 15년이 지난 터라 지출한 비용이 막대했고, 그에 따른 영지 피해도 상당해 전쟁에 참전한 대부분의 나라들이 소극적인 움직임을 보였습니다. 종전이나 휴전을 원하는 나라들 사이에 외교적인 접근이 치열하게 벌어졌는데, 먼저 화해의 손길을 내민 것은 신교 연합으로, 그들은 페르디난트 2세에게 평화 조약을 맺자는 제안을 내놓았습니다. 하지만 전 유럽을 손아귀에 넣으려는 욕심에 눈이 먼 페르디난트 2세는 이 제안을 거절했습니다.

발렌슈타인은 종전을 원했습니다. 이미 전쟁을 통해 막강한 권력도, 많은 영지도 손에 넣은 그는 소모전 양상으로 접어든 전쟁을 통해 더 이상 얻을 것이 없었습니다. 그럼에도 불구하고 페르디난트 2세의 편에서 소규모의 전투를 계속하던 중 겨울을 맞았습니다. 겨울은 어느 편에게나 가혹한 계절이었기 때문에 겨울에는 전쟁을 하지 않고 군대를 재정비하는 기간으로 삼는 경우가 많았습니다. 1633년 겨울, 발렌슈타인도 자신의 군대를 보헤미아의 플젠^{Plzeň} 지역으로 후퇴시켰습니다.

오스트리아 제국의 수도, 빈의 귀족들 사이에서는 발렌슈타인의 플젠으로의 퇴각이 오스트리아 제국을 뒤엎기 위한 쿠데타를 준비하는 작업이라는 소문이 떠돌았습니다. 마침내 빈에서 비밀 법정이 열렸고 발렌슈타인은 반란자라는 판결이 났습니다.

발렌슈타인 공작은 이 소식을 듣자마자 자신의 생명이 위태롭다는 것을 깨달았습니다. 그는 적국이었던 스웨덴 측과의 협상을 통해 자신과 자신을 따르던 군대까지 모두 스웨덴 측으로 이동하려는 계획을 세웠습니다. 그런데 이 병사들 중에는 충성심보다는 돈에 민감했던 용병들이 많았습니다. 스코틀랜드와 아일랜드 출신의 용병들은 오스트리아 제국으로부터 범죄자로 낙인 찍힌 발렌슈타인을 잡으면 큰 포상이 있을 거라고 기대했고, 발렌슈타인 공작은 1634년 2월 25일, 51세의 나이에 이들의 손에 암살당하여 시체로 프라하에 돌아왔습니다.

가난한 귀족 집안의 아들로 태어나 가장 부유한 귀족으로 성장하고, 오스트리아 제국군의 총사령관까지 역임했던 자수성가형 영웅인 발렌슈타인 공작은 이렇게 비극적인 죽음을 맞이함으로써 이후 많은 예술가들에게 작품의 소재를 제공했습니다. 괴테와 쌍벽을 이루며 독일 문학의 황금기를 이뤄낸 프리드리히 폰 쉴러^{Friedrich von Schiller}는 발렌슈타인의 일생을 담은 작품 『발렌슈타인』을 써냈고, 베드르지흐 스메타나^{Bedřich Smetana}는 1859년 〈발렌슈타인의 캠프〉라는 교향시를 발표해서 그를 기렸습니다. 또, 19세기 후반의 일부 작가의 작품에서는 카르타고의 한니발 장군처럼 전공은 높지만 병사들의 생명은 신경도 쓰지 않는 냉혹한 전쟁광이라는 이미지로 묘사되기도 했습니다.

어찌 됐든 자금 조달 능력에서만큼은 누구도 부정할 수 없는 탁월한 능력을 발휘했던 사람이 발렌슈타인 공작입니다. 2번의 정략결혼으로 재산을 불린 것을 시작으로, 페르디난트 2세에게 '전쟁세*'를 도입하자는 제의를 하기도 했습니다. 실제로 채택은 되지 않았지만 전쟁세가 도입되었더라면 오스트리아 제국은 30년 전쟁을 상당히 일찍 끝낼 수 있었을 것이라는 역사가들의 분석이 있을 정도로 탁월한 제안이었습니다.

이렇게 파란만장한 일생을 살았던 발렌슈타인이 가장 자랑스러워했던 거처가 바로 프라하성 아래에 있는, 발렌슈타인 궁입니다. 발렌슈타인은 프라하성에 필적할 만한 규모의 궁을 짓기 위해 엄청난 재산을 투자했습니다. 26개의 저택과 6개의 정원, 성벽 자리까지 모두 사들여 철거한 다음 지반 공사를 하고 궁을 지었습니다. 또한 건물 내부의 본동과 회랑, 접견장 등의 내부를 장식하고 있는 인테리어 소품들을 구입하는 데만 20만 굴덴이 들었다고 합니다. 현재 가치로 정확하게 환산하기는 어렵지만, 대략적으로 추산을 해 보면 한화로 340억 원 정도 되는 금액입니다. 소품들에만 이 정도의 금액을 투자할 정도면, 전체 건물에는 얼마가 투자되었는지 계산하기도 힘듭니다.

◆ 전쟁세 : 발렌슈타인이 고안해 낸 전쟁세는 우방 영지의 모든 백성들, 신성로마제국 및 페르디난트 2세에게 호의적인 입장이었던 지방 귀족 영지에 거주하는 백성들 전부로부터 보호세의 명목으로 걷는 세금이었습니다. 당시에는 황제군의 보유 금고와 전쟁에서 점령한 적군의 영지 및 영주에게서 얻어 내는 배상금이 전쟁을 지속할 수 있는 유일한 자금줄이었는데, 자신의 편에 있던 영주와 영지들에게서도 보호세 명목으로 세금을 걷으면 군수 물자를 충당하기 위한 자금이 최소 1.8배는 증가할 것이라는 예상에서 추진했던 법안이었습니다. 결국은 우방 영주들의 반발로 무산되었습니다.

발렌슈타인 궁의 조각상이 늘어서 있는 공원. 이곳을 지나 비너스와 큐피드 분수가 있는 정원 앞에는 정면으로 보이는 거대한 무대 (Sala Terrena)가 있다.

　발렌슈타인은 몸값이 비싸기로 소문난 이탈리아 장인들에게 건축을 맡겨 아름다운 바로크 양식의 건물에 조각으로 장식된 이탈리아풍의 정원, 기하학적인 미로까지 설계하길 원했습니다.

　발렌슈타인 공작이 원했던 것처럼 아름답게 만들어진 이탈리아풍의 정원에는 네덜란드 출신의 조각가 아드리안$^{Adriaen\ de\ Vries}$의 작품이 줄지어 서 있습니다. 그런데 안타깝지만 그리스·로마 신화의 주인공을 소재로 만들어진 이 작품들은 모두 모조품입니다. 발렌슈타인 사후 15년 뒤, 30년 전쟁의 마지막 시기에 프라하를 침공한 스웨덴군이 발렌슈타인 공작에게 복수라도 하듯 조각 작품 전부를 약탈해 갔기 때문입니다. 이 조각들의 원본을 보기 위해선 스웨덴의 드로트닝홀름^{Drottningholm} 궁전에 가야만 합니다.

한 가지 아이러니한 것은 궁전이 완성된 때가 1630년이라, 전쟁 중이던 발렌슈타인 공작이 이 궁에서 실제로 거주한 것은 그가 죽기 1년 전인 1633년 단 한 해뿐이라는 점입니다.

1994년에 개봉한 베토벤의 일생을 다룬 영화 〈불멸의 연인〉을 보신 분이라면 이 궁전이 낯이 익을지도 모르겠습니다.

발렌슈타인 궁전으로 들어가는 입구는 주로 사용되는 곳이 두 군데가 있는데, 하나는 말로스트란스카Malostranská 메트로 역 바로 옆의 조그만 출입구이며, 나머지 하나는 발렌슈타인이라는 이름의 체코어식 표현인 발트슈테인스카 길에 나 있는 입구입니다.

메트로 역 쪽의 출입구를 통해 들어가면 중앙에 헤라클레스상이 있는 큰 연못을 시작으로 미로 정원, 조각이 늘어서 있는 정원, 인공 종유석 벽, 거대한 무대 순서로 이어지고, 발트슈테인스카 길로 들어가면 그 역순으로 궁전을 관람할 수 있습니다. 어느 쪽으로 들어가더라도 궁전의 큰 규모는 사람들의 탄성을 자아냅니다.

주 정원 앞에 커다란 무대처럼 보이는 'Sala Terrena'라는 곳은 3면이 트여 있는 방(복도)으로, 스투코Stucco를 이용해 바로크 양식으로 아라베스크 문양, 꽃과 과일로 구성된 화관, 조개 문양, 여러 가지 동작의 천사들이 화려하게 장식되어 있으며, 천장에는 그리스·로마의 신화를 표현한 프레스코화가 그려져 있습니다.

발렌슈타인 공작은 그리스·로마 신화를 주제로 한 프레스코화를 통해 자신의 야망을 표출하였습니다. 그리스 신화에서는 아레스Ares, 로마 신화에서는 마르스Mars라 불리는 전쟁의 신을 자신의 모습으로 그려 놓았는데, 전쟁을 통해

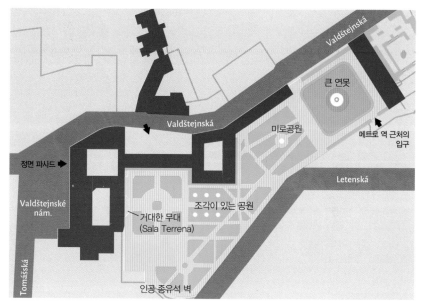

발렌슈타인 궁 평면도

헤라클레스상이 있는 큰 연못 / 미로 정원 / 인공 종유석 벽 / 거대한 무대

무대의 천장 벽화

일약 영웅이 된 인물이었으니 스스로를 전쟁의 신으로 묘사한 것일 수도 있고, 황제라 할지라도 자신의 모습을 보기 위해서는 고개를 들어서 천장을 바라봐야만 한다는 발렌슈타인의 자신감이 반영된 것이라 해석하는 사람도 있습니다.

1634년, 발렌슈타인이 죽은 뒤 1945년까지 300년이 넘는 세월 동안 이 궁의 소유주는 발렌슈타인 가문이었고, 1945년, 2차 세계대전이 끝나면서 궁 전체가 국가 소유로 압수되었다가 현재는 체코공화국의 상원 의회 건물로 사용되고 있습니다. 대통령 궁인 프라하성 단지도 여행자들이 마음대로 드나들 수 있는 것처럼, 상원 의회 건물인 발렌슈타인 궁 역시 비교적 자유롭게 방문할 수 있습니다. 물론 상원 의회에서 실질적으로 사용하는 내부 공간은 입장이 제한되지만 나머지 정원 및 전시장은 일반인의 방문을 환영하고 있습니다.

상원 의회 건물로 사용되고 있는 발렌슈타인 궁

　여름철에는 정원에서 시민들을 위한 무료 음악회가 열리는 경우도 있으니 발렌슈타인 궁에서 음악 소리가 들린다면 방문하셔서 아름다운 정원과 함께 야외 음악회를 즐기시는 것도 좋겠습니다.

3/ 네루도바 거리

Nerudova

프라하성 아래에는 필자가 프라하성을 방문할 때 가장 선호하는 경로이기도 한 '네루도바Nerudova'라고 불리는 거리가 있습니다. 대사관들과 아름다운 건물들이 늘어서 있어 아주 고풍스러운 거리로, 끝자락에는 많은 체코인의 사랑을 받았던 얀 네루다Jan Neruda라는 시인의 생가가 있습니다.

1834년 말라 스트라나 지구의 식료품 가게 주인의 아들로 태어난 얀 네루다는 학교 선생님으로 일하다가, 보헤미아 땅에 민족 문화 부흥 운동이 일어나던 때에 교직을 그만 두고 1860년대부터 프리랜서 저널리스트와 작가로 전향하여 수많은 기사와 시, 수필, 산문 들을 써냈습니다. 저널리스트로 활동하면서 써낸 그의 기사들은 제국주의의 실체를 여실히 보여주었고, 그가 써낸 작품들은 당시 오스트리아 제국의 식민지 주민으로 살아야 했던 체코 사람들의 정서를 어루만져 주었습니다. 이내 체코와 슬로바키아에 불던 민족 부흥 운동의 중요 인사로 떠올랐던 얀 네루다는 안타깝게도 1891년 8월 22일, 조국의 독립을 보지 못한 채 일생을 마쳤습니다. 현재 그의 묘지는 프라하의 비셰흐라드 내에 있는, 우리나라의 국립묘지 격에 해당하는 슬라빈 묘역 부근에 모셔져 있습니다.

네루도바 거리에는 두 가지 특이한 점이 있습니다.

첫 번째는 '덧문'입니다. 일반적인 유리문, 혹은 출입문 외에 바깥쪽에 나무 문이 하나씩 더 달려 있는 것입니다.

알프스 인근 지역을 여행하다 보면 많은 펜션들을 보게 되는데, 이런 펜션들에도 이와 같은 덧문이 달려 있습니다. 참고로 알프스 산맥에 있는 집들의 덧창문은 고도가 올라갈수록 그 두께가 두꺼워지고, 고도가 낮아질수록 얇아지는데, 이런 덧문이 필요한 이유는 간단합니다. 난방 기술이 발달하지 않은 중세 시대 때 혹독한 겨울 날씨와 바람에 버티기 위해서였습니다.

네루도바 길의 아래 편에는 블타바강이 있습니다. 추운 프라하의 겨울 날씨에 차가운 강바람이 골목을 치고 올라가니 이곳에도 덧문이 필요했을 것입니다. 이 길목에 있는 몇몇의 덧문들은 섬세한 문양으로 장식되어 있지만 이를 보기 위해선 상점들이 모두 문을 닫은 후에 네루도바 길을 찾으셔야 합니다.

두 번째 특징은 비교적 쉽게 찾을 수 있지만, 이것의 용도를 알아채기는 힘듭니다. 네루도바 길에 있는 집들을 유심히 보다 보면, 건물 2층 정도의 높이에 부조나 그림들이 있는 것을 발견할 수 있습니다. 검은 독수리를 비롯해서, 바이올린이 세 개가 겹쳐진 조각 등 골목 전체에서 이런 것들을 볼 수 있습니다. 이것은 집 표지입니다.

프라하뿐 아니라 유럽의 오래된 도시를 가 보면 공통적으로 우리의 호기심을 자아내는 광경을 볼 수 있는데, 바로 건물 사이에 간격이 전혀 없이 모두가 서로 붙어 있다는 점입니다. 왜 이런 식으로 건물들을 붙여서 지었는지에 대해 이해하려면 조금 오래 전으로 돌아가야 합니다.

현재의 튀니지 지역에 해당하는 곳에는 기원전 9세기경 시작되어 기원전 2세기경에 로마에게 멸망당한 카르타고라는 나라가 있었습니다. 코끼리 부대를 이끌고 알프스 산맥을 넘었던 명장 한니발로 유명한 카르타고는 영토는 작지만 막강한 해군력을 갖춘 나라였습니다. 육군이 부족하던 카르타고는 주변 국가로부터 침략을 막기 위해 도시 전체를 3중 성벽으로 둘러쌌는데, 안 그래도 좁은 영토에 3중 성벽까지 있으니 땅이 더 좁아져, 전성기에 이르러 늘어난 인구를 수용할 영토가 턱없이 부족했습니다.

이에 카르타고의 기술자들은 궁여지책으로 지상층은 상가와 공용 공간으로 쓰고 2층 높이부터는 거주용 건물로 사용하는 최초의 아파트에 해당되는 건

나무 덧문이 달려 있는 네루도바의 상점

2층 높이에서 발견할 수 있는 집 표지

축 개념을 만들어 냈습니다. 석재와 목재를 혼합해서 최고 6층 높이까지 지어졌던 아파트는 상하수도 설비가 갖추어져 있었고, 좁은 영토에 많은 인구를 수용할 목적이었기에 서로 벽을 마주 대고 지어졌으며, 일부의 공간들은 한 벽을 두 집이 나눠서 쓴 흔적도 있습니다. 카르타고의 아파트 시스템은 정말로 독보적인 시스템이었는데, 카르타고가 포에니 전쟁을 통해 로마 제국으로부터 멸망당하며 대부분이 파괴되는 바람에 현재의 튀니지에는 기껏해야 원래의 모습을 짐작할 수 있는 토대만 발굴될 뿐입니다.

카르타고를 멸망시킨 로마인들은 카르타고의 공동 주택 건축을 다소 변형된 양식으로 수용하여 로마 제국 내에 전파했습니다. 당시의 로마는 카르타고에 비해서 땅이 압도적으로 넓었기 때문에 인구 과밀집 상태를 해소하겠다는 목적보다는 성벽으로 둘러싸인 한정된 공간에서 최대한의 인원이 살아갈 수 있는 요새의 개념으로 카르타고의 건축을 흡수했습니다. 로마 제국은 새로운 식민지를 얻게 되면 로마인들을 집단으로 이주시켰는데, 식민지의 토착민들이 언제라도 반란을 일으킬 수 있었기 때문에 이주된 로마인들의 안전을 보장할 목적으로 카르타고의 시스템을 사용한 것입니다.

하지만 카르타고가 중요하게 생각했던 상, 하수도 기술은 많이 무시된 채로 로마 제국 영토 전역에 퍼져나갔고, 로마 제국의 직간접적인 영향을 받은 중세 유럽의 오래된 도시들에서도 비슷한 방법으로 건물이 지어졌습니다.

이렇게 건물을 지으면 장점이 몇 가지 있습니다. 건물을 대충 지어도, 바로 옆에 또 건물이 서 있기 때문에 무너질 염려가 적고, 좁은 공간에 많은 사람이 살 수 있다는 점들입니다. 하지만 건물 간의 소음 문제가 심각하고 화재에 취약하다는 치명적인 단점도 존재합니다. 네루도바 거리가 있는 말라 스트라나도 1541년에 며칠에 걸친 대화재를 겪었었고, 1666년에 일어난 런던의 대화재는 무려 4일 동안이나 런던의 거의 모든 집들을 불태워 버렸습니다. 작은 화재도 초기에 진압하지 않으면 이렇게 대화재로 번지기 쉬웠습니다. 유럽을 여행하다 보면 분수대를 꽤 많이 만나실 수 있는데, 이 분수대의 대부분은 애초에 만들어질 때엔 화재를 빨리 진압하기 위한 소화전으로 만들었다가 점차 장식이 들어가면서 관상용의 분수대로 바뀐 것입니다.

이런 주거용 건축의 또 다른 단점은 집들이 다 비슷비슷해 보이고 구획이 없어서, 외부인이 집을 찾기가 어렵다는 점이었습니다. 건축 양식도 비슷한데 서로 틈도 없이 붙어 있으니 구별이 쉽지 않았던 것이죠. 이것을 극복하기 위해 초기에는 건물들의 색깔을 다르게 칠했습니다. 지금도 벽은 붙어 있더라도 옆 건물과 색깔을 다르게 칠한 것을 쉽게 보실 수 있습니다. 예를 들면 한 집은 파란색으로 칠하고, 다음 집은 노란색으로 칠해서 집을 찾아오고자 하는 사람에게는 파란색 집을 지나서 노란색 집으로 오라는 식으로 알려준 것입니다. 인구가 많지 않고, 건물의 숫자가 얼마 되지 않을 때는 이렇게 알려줘도 충분히 사람들이 찾아올 수 있었지만, 인구가 늘어나면서 도시가 커지고 건물들이 계속 지어지면서 더 이상 색깔로는 집들을 구별하기가 힘들어졌습니다. 색 이외에 자신의 집을 특징지을 수 있는 표시가 필요해지자 나타난 것이 바로 하우스 사인(집 표지)입니다.

여러분들이 네루도바 거리에서 만날 수 있는 부조와 조각들이 이 하우스 사인입니다. 이 하우스 사인의 모습은 여러 가지 요소에 영향을 받습니다. 첫째 요소는 바로 집 주인의 직업으로, 가톨릭 미사에 사용하던 성배를 만들던 귀금속 세공사가 사는 집에 성배 부조를 달아 놓는 것이 이 경우에 해당합니다. 앞에서 보았던 세 개의 겹쳐진 바이올린 부조가 있는 집은 오래 전에 3대가 바이올린을 만들던 장인이 살던 집이었습니다.

이런 하우스 사인이 꼭 직업을 나타내는 것만은 아닙니다. 집 주인이 좋아하는 동물이나 사물이 될 수도 있고, 성경 구절이나 집 주인이 좋아하는 성인의 모습 등 자신의 집을 주변으로부터 특징지을 수만 있다면 무엇이든 상관없었습니다. 녹색 바닷가재부터 흰 양, 금색 뱀, 곰, 독수리 등등 다양한 모습을 만날 수 있습니다.

프라하 전반에는 이러한 하우스 사인들이 넘쳐나는데 그중 네루도바 거리는 하우스 사인들이 집중적으로 몰려 있는 것으로 유명합니다. 체코에서 그리 멀지 않은 오스트리아 잘츠부르크의 게트라이더 거리에서도 이와 비슷한 장식들을 볼 수 있는데, 문맹이 많았던 중세의 일반인들에게는 글로 써 놓는 것보다는 이런 직관적인 그림이 더 많은 도움이 되었을 것입니다.

프라하에 있는 하우스 사인들 중 최고로 오래되었다고 추정하는 것이 1300년대에 만들어진 것들인데, 이런 하우스 사인은 1770년경에 오스트리아의 여제 마리아 테레지아가 보헤미아 영토에 거리 이름을 바탕으로 건물의 순서에 따라 번지수를 부여하는 근대적인 주소 시스템을 도입한 시점까지 계속 만들어졌습니다.

얀 네루다 생가의 하우스 사인은 두 개의 태양입니다. 네루도바 거리를 지난다면 이 점을 기억하면서 얀 네루다의 생가를 찾아보세요. 그리고 다른 하우스 사인들도 관찰하면서 천천히 네루도바 거리를 즐기세요.

하우스 사인이 몰려 있는 잘츠부르크 게트라이더 거리

네루도바 거리 끝에 있는 얀 네루다의 생가

4

스트라호프 수도원

Strahov Monastery
Strahovský Klášter

네루도바 길이 끝날 즈음에 오른쪽을 보면 양쪽으로 올라가는 길(한쪽은 계단, 한쪽은 경사로)이 보이는데, 이 길은 프라하성으로 이어집니다. 이곳으로 올라가지 않고 네루도바 길에서 오던 방향으로 쭉 가면 우보스^{Úvoz} 길이 이어지는데, 이 길을 쭉 따라가다 보면 왼쪽으로 버려진 버스 정류장처럼 생긴 조그만 건물이 나옵니다. 여기에서 왼쪽 길로 꺾어 들어가면 탁 트인 프라하의 전경을 바라볼 수 있는 넓은 공원이 등장합니다.

여기서 조금 더 위쪽으로 올라가면 첨탑 두 개로 확연히 눈에 띄는 큰 건물이 등장하는데, 이곳이 스트라호프 수도원입니다. 수도원으로 진입하는 길목에는 수도원 소유의 포도밭이 나오고, 수도원 후문 앞에는 음식 질에 비해 가격이 비교적 높게 책정되긴 했지만 멋진 전망을 가지고 있는 레스토랑이 있습

우보스 길에서 꺾어져 들어가는 곳

두 개의 첨탑이 눈에 띄는 스트라호프 수도원

수도원 앞에서 내려다본 프라하

니다. 그리고 식당 아래의 조그만 정원에서는 프라하의 멋진 풍경을 볼 수도 있습니다.

이 스트라호프 수도원은 정상적인 성장 배경을 가진 수도원은 아닙니다. '정상적'이 아니라는 말이 이상하게 들릴 수도 있습니다만, 원래 수도원은 특정한 가톨릭 성인의 가르침, 혹은 특정한 성경의 가르침에 감화를 받은 사람들이 순수하게 구도의 길을 걷기 위해 자신들을 속세와 떨어진 공간에 자발적으로 격리시키면서 시작되었습니다. 이탈리아 아시시의 프란체스코 수도원이 이런 경우에 해당하는데, 고결한 수도자들에 감화를 받은 사람들이 모여들면서 점차 큰 수도원으로 자리를 잡고, 이렇게 성장한 수도원들은 계파 확장과 대중 교육을 위해 여러 지역으로 퍼져나갔습니다.

하지만 이 스트라호프 수도원은 시작이 달랐습니다.

모라비아의 수도 올로모우츠^{Olomóc}의 주교였던 즈딕^{Jindřich Zdík}은 야심이 큰 사람이었습니다. 그는 주교로 재임하던 올로모우츠가 작은 도시여서 영향력을 발휘할 수 없다고 생각했기에 프라하로 진출하고 싶었습니다. 이내 그는 프

올로모우츠 주교 즈딕

라하의 주교와 왕을 설득하여 자금을 얻고 수도원 건물을 지었는데, 지어진 수도원에는 문제가 있었습니다. 수도원을 관리할 수도회가 없었던 것입니다. 보헤미아 땅에 먼저 들어온 베네딕트 수도회와 도미니크 수도회, 프란체스코 수도회 등은 이미 자신들의 거점을 확보해 놓은 상태였고, 따라서 굳이 즈딕이 만든 수도원 건물을 사용해야 할 필요성을 느끼지 못했습니다. 지어 놓은 아파트는 있는데 들어올 입주자가 없는 상황이었던 것입니다.

이때 프레몽트레 수도회가 프라하에 진출했습니다. 프레몽트레 수도회는 정신적인 가치는 성 아우구스틴^{St. Augustine}을 따르되 생활 규범은 시토회에 뿌리를 두고 있는, 라인 강 서쪽에서 시작된 신흥 수도회였습니다.

당시 수도원은 이미 구도의 길이 아닌 세속의 명예와 권력, 재산을 늘리는 길을 걷고 있었습니다. 세속의 부귀영화에 흠뻑 젖어 있던 그들의 눈에 새로운 수도회는 그들의 이권을 위협하는 경쟁자로 보였고, 이미 한 지역을 장악하고 있는 수도회는 그 지역에 새로운 수도회가 들어오는 것을 막으려 하였습니다.

프레몽트레 수도회는 이미 다른 세력들이 굳건하게 자리 잡은 서쪽이 아닌 동쪽으로 영역을 넓혀 나갔습니다. 프랑스와 서부 독일 지역은 오래전부터 로

마 제국의 영향을 받아왔고, 이로 인해 수도원이나 성당들이 비집고 들어갈 틈이 없을 정도로 자리를 잡은 상태였지만, 동쪽에는 이제 막 그리스도교를 수용하기 시작한 보헤미아와 모라비아, 헝가리 등이 있었기 때문입니다.

수도원을 지었지만 관리할 수도회가 없어 고심하던 즈딕과, 수도회는 있지만 거점 수도원이 없어 고민하던 프레몽트레 수도회의 이해관계는 서로의 등을 긁어 주는 것처럼 절묘하게 맞아떨어졌습니다.

1140년, 독일 라인강 출신의 프레몽트레 수도회는 수도원을 건축한 대주교 즈딕의 융숭한 대접을 받으며 수도원으로 안내되었고, 그 이후 스트라호프 수도원은 프레몽트레 수도회의 관리 아래 14세기까지 프라하에서는 가장 규모가 큰 수도원으로 자리 잡게 되었습니다.

시간이 흘러 1420년경의 보헤미아에는 구시가지 광장에서 언급하였던 후스 전쟁이 터졌습니다. 주로 농민들과 하층 수공업자들이 주축을 이루었던 후스 지지자들은 구왕궁과 성 비투스 대성당을 비롯한 프라하성 전체에 무자비한 파괴와 약탈을 감행하며 스트라호프 수도원까지 몰려왔습니다.

다소 민족주의적인 성격을 띠고 발전하였던 후스 전쟁에서 스트라호프 수도원은 성난 군중들의 표적이 되었습니다. 이미 수도원은 부패한 성직자들이 모여 있는 곳인 데다 프레몽트레 수도회는 보헤미아 사람들도 아닌 독일 사람들이었으니 말입니다. 스트라호프 수도원으로 밀려든 성난 민중들은 성당이며 수도사들의 생활 공간, 포도밭까지 닥치는 대로 파괴하고 불 질렀습니다. 이 전쟁으로 장서를 많이 소장하고 있기로 유명하던 스트라호프 수도원의 도서관이 피해를 입었고, 수많은 장서들 역시 불길 속에 사라졌습니다. 인류의 소중한 문화유산이 잿더미 속에 사라진 것이라 볼 수 있지만, 당시의 민중들에게 이런 장서들은 그들의 고혈을 짜냈던 성직자들이 누리던 지적 사치 이상은 아니었을 것입니다. 수도사들이 누리던 모든 것들은 결국 민중에게서 갈취한 재산으로 만들어진 것이었기 때문입니다.

15년간의 후스 전쟁이 끝나고 구교와 신교 간의 평화 조약이 이루어진 후에도 스트라호프 수도원이 입은 피해는 쉽게 복구되지 않았습니다. 후스 전쟁 이후 가톨릭을 옹호하던 입장의 보헤미아 왕가의 혈통이 사라지고 신교를 옹호하던 포데브라디의 이르지 왕이 귀족들의 추대를 받아 보헤미아 왕국의 왕위에 오름으로써 구교는 보헤미아 지역에서 도저히 힘을 쓸 수 없는 상태가 되었기 때문입니다.

하지만 16세기 중반, 보헤미아의 왕좌에 합스부르크 가문이 앉은 이후 가톨릭을 장려하던 합스부르크 가문의 영향으로 스트라호프 수도원도 대대적인 개축을 할 수 있게 되었습니다. 새로이 성당이 건축되고, 공동 수련장이 지어졌으며 수도사들의 생활 공간과 수도원 식당도 대규모로 증축되었습니다. 그리고 후스 전쟁의 여파로 모조리 압수되었던 수도원의 영지도 차곡차곡 되찾아 마침내 1594년, 스트라호프 수도원은 다시 보헤미아 영지에서 가장 거대한 수도원이 되었습니다.

1612년에는 스트라호프 수도원 출신의 얀 로헬리우스Jan Lohelius가 프라하의 대주교로 선출되었습니다. 프라하의 대주교가 된 그는 자신의 출신 수도원을 물심양면으로 지원하였습니다. 이때, 스트라호프 수도원은 대주교의 막대한 지원으로 주변의 건물들과 오래된 양조장들을 매입하여, 건물들을 철거한 뒤 그 자리에 새로운 수도원과 고위 성직자단까지 만들며 입지를 단단히 다졌습니다. 당시의 수도원장은 여기에 머무르지 않고 프레몽트레 수도회 내부의 교육적인 가치를 드높이고자 수도회의 창설자인 성 노르베르트Saint Norbert의 가르침을 연구하는 신학 대학까지 신시가지에 설립하였습니다. 이 모든 건축에 소요된 비용이 앞서 알아보았던 발렌슈타인 궁의 공사에 소요된 비용과 비슷하다고 하니 당시 스트라호프 수도원의 위상을 쉽게 짐작할 수 있을 것 같습니다.

이렇게 스트라호프 수도원이 위세를 떨치자 30년 전쟁이 벌어지던 1627년, 프레몽트레 수도회의 창설자인 성 노베르트의 유해가 마그데부르크에서 스트라호프 수도원으로 옮겨져 프라하의 스트라호프 수도원은 명실공히 프레몽트레 수도회의 본산이 되었습니다.

하지만 30년 전쟁의 후반부, 오스트리아 제국이 다른 나라들을 견제하는 동안 스웨덴군이 보헤미아로 침공해 들어왔습니다. 보헤미아의 수도인 프라하로 밀려든 스웨덴군은 프라하성과 그 일대, 그리고 이 스트라호프 수도원도 장악하고 약탈하였습니다.

30년 전쟁이 끝나고 세월이 지난 1670년, 스트라호프 수도원은 또 보수 공사를 했는데, 이때 아주 중요한 공사가 이루어졌습니다. 당시 수도원장에 선출된 예로님 히른하임Jeroným Hirnheim이 새로운 도서관을 지었는데, 1742년에 있었던 프랑스군과 바바리안 군대의 포격에도 용케 살아남아 지금도 여전히 그때의 모습을 간직하고 있는 이 도서관의 이름은 '신학의 방'이라고 불립니다.

신학의 방

1670년 착공하여 1678년에 완공된 신학의 방은 당시에 유행하던 바로크 양식으로 건축되었습니다. 이 이전에 유행했던 로마네스크 양식이나 고딕 양식의 도서관들은 책들을 아래에서 위로 쌓아 나가는 형태였는데, 바로크 양식으로 만들어진 도서관들은 우리가 현재에 책을 보관하는 모습처럼 선반 위에 수평으로 세워나가는 모습을 하고 있습니다. 이 선반들 위에는 금박을 입힌 나무

로 만든 두루마리 장식이 있는데, 이것들은 각 선반에 있는 책들이 어떤 분야에 관련 있는 책인지 알려 주는 일종의 색인 역할을 하였습니다.

1727년, 프레몽트레 수도회의 창설자인 성 노르베르트의 유해가 스트라호프 수도원으로 옮겨진 지 100년이 되는 해를 맞아 신학의 방은 더 넓혀졌고, 도서관의 천장에는 프레스코화가 만들어졌습니다. 이 프레스코화는 경건한 신앙심과 신에 대한 두려움을 통해 얻을 수 있는 진실한 지혜를 상징하는 이미지들로 채워져 있는데, 여기엔 이성을 통해 신을 입증하고 이해하려 했던 스콜라철학에 반대하던 당시의 수도원장의 의지가 녹아 있습니다. 당시의 수도원장은 이 프레스코화를 통해 신에 대한 두려움과 의심 없는 믿음만이 신으로 다가가는 유일한 길이라는 것을 나타내고 싶었습니다. 신학의 방 반대편 끝에 있는 철문에는 '지혜의 시작은 신에 대한 두려움(Initium Sapientiae Timor Domini)'

신학의 방 프레스코화

이라는 글귀까지 남겨 자신의 생각을 강력히 내비쳤습니다.

하지만 신학의 방에는 한 가지 모순된 점이 있습니다. 신앙을 철학적으로 접근하는 것에 대해 병적으로 거부감을 느꼈던 수도원장 역시도 스콜라 철학으로부터 완전히 자유롭지는 않았기에 자신도 몇 권의 책을 집필했고, 또한 스콜라 철학에 영향을 받은 책들을 이 도서관에 보관하였다는 점입니다. 이런 책들은 금지 도서 목록이라 이름 붙인 선반에 넣었습니다. 이 선반들은 도서관 출입구 위에 놓여 있었는데, 자물쇠로 채워져서 당시의 일반 수도사들은 열람할 수 없었습니다. 현재는 이런 금서 목록들이 모두 풀려서 신학의 방에 전시되고 있으며, 이 신학의 방에는 총 18,000권가량의 장서들이 보관되어 있습니다.

철학의 방

1779년 스트라호프 수도원장에 새로 임명된 바츨라프 메이어^{Vaclav Mayer}는 수도원에서 보유하고 있는 책이 너무 많아져, 기존의 신학의 방만으로는 보관이 곤란해지자 새로운 도서관을 증축하기로 결정했습니다. 곡물 저장고로 쓰이던 공간을 허물고 지은 새로운 도서관의 이름은 '철학의 방'입니다.

길이 32m, 넓이 22m, 높이는 14m에 달하는 서가의 가장 윗줄의 책을 보기 위해선 책들로 가려진 원형 계단을 통해 올라가야만 할 정도로 규모가 거대한 철학의 방은 당대에 유행하던 신고전주의의 영향을 받아 지어졌으며, 당시 유럽의 가장 비싼 건축 재료 중 하나였던 호두나무를 대량으로 사용하였습니다.

철학의 방 천장에도 신학의 방처럼 프레스코화가 있는데, '인류의 지적인 성장'이라는 제목을 가진 이 프레스코화는 빈 출신의 안톤 마울베르취^{Anton Maulbertsch}가 보조 한 명만 데리고 6개월 만에 그려낸 것으로 유명합니다. 이 프레스코화에는 과학과 종교가 서로 도움을 주면서 발전했다는 내용과 더불어, 인

류의 첫걸음부터 도서관이 만들어질 때까지 인류가 추구해 왔던 지식 탐구의 역사를 묘사해 놓았습니다. 이 프레스코화에서 종교적인 부분은 중앙에 등장하는 모세와 십계, 그리고 그 뒤에 성궤와 더불어 아담과 이브, 카인과 아벨, 노아, 솔로몬, 다비드 등의 구약 성경 등장인물들로 묘사가 되고, 과학과 철학의 부분은 고대 그리스 문명의 대표자들인 알렉산더 대왕과 그의 스승이었던 아리스토텔레스, 소크라테스, 디오게네스, 데모크리토스와 더불어, 과학과 수학의 선구자였던 피타고라스와 감옥에 갇힌 소크라테스로 묘사되어 있습니다.

철학의 방에서도 신학의 방과 같은 아이러니를 엿볼 수 있습니다. 철학의 방이 만들어질 당시, 백과사전이라는 개념을 처음 만들어낸, 백과사전학파라는 것이 프랑스를 중심으로 퍼졌습니다. 18세기의 백과사전학파는 계몽주의와 합리주의, 입헌군주제 같은 새로운 정치적, 문화적인 시대의 움직임에 부응하

철학의 방 프레스코화

여 발전한 사상으로, 구시대의 유물이라 생각했던 가톨릭에 종종 강력한 비판을 가했습니다. 바츨라프 메이어는 백과사전학파를 종교 불신자로 맹렬하게 비판했습니다. 하지만 그들의 백과사전은 도서관의 폭넓은 수용성을 보여주겠다는 의미로 철학의 방에서 가장 처음으로 진열해 놓았습니다.

이렇게 관용의 미덕을 가지고 여러 분야에 걸친 도서를 두루 망라하여 보관하던 철학의 방의 명성은 18세기 후반에 이르러 전 유럽을 강타했습니다. 전 유럽에서 스트라호프 수도원의 철학의 방에 있는 도서들을 열람하고자 하는 유명인사들의 발걸음이 끊이지 않았는데, 이 중에는 영국의 저명한 철학자 윌리엄 해밀턴[William Hamilton], 트라팔가르 해전의 영웅 넬슨 제독[Viscount Horatiao Nelson] 등도 포함되어 있었습니다. 현재는 42,000권 이상의 장서들을 보관하고 있는 철학의 방에는 철학은 물론, 천문학, 수학, 역사, 언어학 등에 대한 서적들이 종류별로 분류되어 있습니다.

현재 스트라호프 수도원 도서관은 입장료를 받고 있는데, 신학의 방과 철학의 방에 대한 부푼 기대를 안고 들어서면 큰 실망감을 느낍니다. 가까이서 볼 수 있는 것은 두 도서관을 연결하는 복도와 거기에 진열되어 있는 진열품 외엔 없기 때문입니다. 원래는 철학의 방이나 신학의 방 모두 개방되어 있었지만, 사람들의 입김에서 나오는 이산화탄소가 책은 물론, 천장 프레스코화에까지 영향을 미쳐 현재는 입장이 통제되어 있습니다.

물론 이 복도에 전혀 쓸모 없는 물건만 있는 것은 아닙니다. 현재는 멸종되어 더 이상 볼 수 없는 도도새의 뼈나, 진귀한 해양 생물들의 전시를 비롯하여 약학, 법학, 연금술과 금속제련에 관계된 고서적들은 물론, 860년에서 865년 사이에 제본되었다고 하는 족히 1,150년은 넘은 스트라호프 수도원의 보물, 성

그레고리의 스트라호프 복음서 등이 전시되어 있습니다.

하지만 도서관이라면 그 안에 보관된 책들을 열람할 수 있어야 의미가 있지, 도서관 건물이 얼마나 멋있게 생겼는지를 보는 것은 중요하지 않은 것 같습니다. 이렇게 도서관의 핵심인 철학의 방과 신학의 방은 막아 놓은 상태에서 입장료를 받는 것은 필자의 관점에서 조금 이해가 가지 않습니다. 그럼에도 불구하고 밧줄 너머 복도에서 보는 것만으로도 그 위용을 내뿜고 있는 철학의 방과 신학의 방을 보기 위해 저는 스트라호프 수도원의 도서관을 자주 방문합니다. 스트라호프 수도원의 철학의 방과 신학의 방이 일반인에게 다시 개장하게 될 날을 기대하며 말입니다.

5

체르닌 궁전

Czernin Palace
Černínský Palác

현재는 체코의 외교부가 사용하고 있는 체르닌 궁전은 스트라호프 수도원에서 프라하성으로 진입하는 길목에 있는 귀족의 저택입니다. 총 길이만 150m에 달하는 바로크 양식 건물로, 단일 양식으로는 프라하에서 가장 거대한 건물입니다.

1669년, 이탈리아의 궁정 대표자라는 자신의 입지를 과시하기 위해 프라하에 거대한 궁전을 짓고 싶었던 체르닌^{Černín} 공작은 광활한 토지를 매입하고 명망 있는 건축가 프란체스코 카라티^{Francesco Caratti}를 고용하여 저택 공사에 착수하였습니다.

체르닌 공작의 저택은 그 규모와 건축가의 유명세로, 프라하 시민들뿐 아니라 레오폴트 황제까지도 직접 공사 현장을 수차례나 방문할 정도로 세간의 큰 관심을 끌었습니다. 하지만 완공을 앞둔 1673년, 공사 현장을 다시 방문한 레오폴트 황제는 체르닌 궁을 "덩치만 크지, 제대로 된 출입문도 없는 헛간 같은 건물"이라는 평가를 내렸고, 이 때문에 체르닌 가문은 레오폴트 황제를 매우 증오했다고 합니다. 황제의 비난에도 불구하고, 완공된 체르닌 궁전은 프라하에 있는 수많은 건물 중 바로크 양식을 가장 잘 담아낸, 프라하 바로크 양식의 걸작이라는 세간의 평가를 받았습니다.

체르닌 가문의 거주궁이었던 이 궁전 안에는 회화 갤러리가 있었습니다. 이 갤러리에 보관되던 작품들은 주로 체르닌 공작이 이탈리아를 왕래하는 과정에서 수집한 르네상스 화가들의 작품들이었는데, 공작 사후 그 아들에 이르러서도 예술 작품 수집욕은 사그라질 줄 몰랐습니다. 체르닌 가문의 후계자들은 자신들의 재정 상황에는 아랑곳하지 않고 자신들이 얼마나 문화와 예술을 사랑하는 참 귀족인지를 알리기 위해 예술 작품을 구입하는 데 돈을 물쓰듯 사용했습니다.

이렇게 체르닌 가문의 재정 상태가 악화되어가던 1742년, 오스트리아 황제 선출과 관련하여 프랑스군과 바바리아군이 연합하여 프라하를 침공해 들어온 전쟁이 벌어졌습니다. 프랑스와 바바리아 연합군은 체르닌 궁을 점령하고 방어용 요새로 개축하였는데, 그 과정에서 벽을 뚫어 군대의 동선을 확보하는가 하면, 값비싼 가구들은 바리케이드가 되었고, 넓은 정원은 공격용 투석기를 보관하기 위해 갈아 엎었습니다. 오스트리아 군대와 맞붙은 프랑스와 바바리아의 연합군 간의 전쟁에서 체르닌 궁은 주요 격전 장소로 사용되며 150발이 넘는 포격을 맞았습니다.

오스트리아 왕위 승계 전쟁이 끝나고 프라하로 다시 돌아온 체르닌 가문에게는 뼈대만 남은 건물이 기다리고 있었습니다. 체르닌 가문은 남은 재산으로 조금씩 건물을 수리해갔지만, 또 다른 악재가 찾아왔습니다.

1757년, 독일의 프러시아 군대가 프라하를 침공했습니다. 이 전쟁에서 체르닌 궁전은 12일 동안이나 집중 포격을 받았고, 더 이상 저택을 재건할 금전적인 여유가 없었던 체르닌 가문은 프라하에 있는 체르닌 궁을 버리고 그들의 본거지를 오스트리아 빈으로 옮겨버렸습니다. 2번에 걸친 전쟁으로 인해 폐허가 된 주인 없는 체르닌 궁은 곧바로 군대가 인수해서 1918년, 체코슬로바키아가 건국되기 전까지 오스트리아 군대의 군용 병원으로 사용되었습니다.

체코슬로바키아가 건국된 지 2년이 지난 1920년, 오스트리아 제국이 완전히 빠져나가면서 자연스럽게 빈 건물이 된 체르닌 궁전에 체코슬로바키아의 외교부가 설립되었습니다. 군용 병원이었던 체르닌 궁전을 외교부 건물로 재건축하는 과정에서 체르닌 궁의 원래 설계도가 발견되었고, 체르닌 궁전은 원래의 모습대로 복원되었습니다. 그 이후로 지금까지 체르닌 궁은 꾸준히 이 나라의 외교부 건물로 쓰이고 있습니다.

단, 국권을 상실한 2차 세계대전 동안은 이 건물이 외교부가 아니었는데, 2차 대전이 끝난 3년 뒤인 1948년 3월 10일에는 이 건물에서 의문스러운 사건이 일어났습니다. 당시의 외교부 장관인 체코슬로바키아 초대 대통령 토마쉬 가리구에 마사리크^Tomáš Garrigue Masaryk의 아들 얀 마사리크^Jan Masaryk가 창문에서 투신 자살을 한 상태로 발견된 것입니다. 전 대통령의 아들이자 영국

얀 마사리크

대사를 거쳐 외교부 장관을 지내던 그가 자살할 이유는 없었기 때문에 이 사건은 순식간에 여러가지 소문을 만들어냈습니다.

당시의 상황이 어떤지 이해하려면 2차 대전의 시작부터 얀 마사리크의 행적을 알아야 합니다.

2차 세계대전 초기, 뮌헨 협정(1938년)을 통해 독일이 체코슬로바키아의 서쪽 영토를 강제로 병합하자, 당시의 대통령이었던 에드바르트 베네시^Edvard Beneš와 대부분의 관리들은 영국에서 망명 정부를 구성하고 체코슬로바키아의 독립을 위해 투쟁했습니다.

이때 얀 마사리크는 주 영국 대사직을 사임하고 영국에 머물면서 에드바르트 베네시와 같이 조국의 독립을 위해 싸웠습니다. 얀 마사리크가 했던 역할은 BBC 방송국의 도움 아래 체코슬로바키아에 라디오 방송을 송출하여 저항군

활동을 독려하는 것이었습니다. 이 때문에 얀 마사리크의 목소리는 독립의 목소리로 알려졌고, 그는 체코슬로바키아 시민들에게 큰 희망이 되었습니다. 이런 인지도를 바탕으로 1940년 이후 얀 마사리크는 망명 정부에서 외교부 장관직을 수행하게 되었습니다.

1945년 5월, 2차 세계대전이 끝나고 망명 정부에서 활동하던 이들이 조국으로 돌아왔지만 소련으로부터 전후 처리를 지원받는 과정에서 망명 정부의 위상은 격하되었고, 반면 체코 공산당의 발언권과 정치력은 격상되었습니다. 1946년에 있었던 선거에서 이런 현상이 극명하게 드러났는데, 정부 내각의 대부분을 공산당이 차지하는 사태가 벌어졌습니다. 선거 부정이 일어났다는 소문에 1948년 초에는 비공산당 의원들이 재선거를 요구하면서 집단 사임을 하는 사태까지 벌어졌는데, 얀 마사리크는 정계의 이런 혼란에도 굴하지 않고 외교부 장관직을 성실히 수행해 나갔습니다. 정권을 장악하려던 공산당의 입장에서 의중을 전혀 알 수 없는 외교부 장관 얀 마사리크는 눈엣가시 같은 존재였을 것입니다.

1948년 2월 10일, 공산당 총비서였던 클레멘트 고트발트[Klement Gottwald]가 쿠데타를 성공시키고, 체코슬로바키아를 공산당 일당 독재 국가로 명명하는 선언을 한 지 정확하게 한 달 뒤인 3월 10일, 얀 마사리크는 그의 침실 창문 아래 잠옷만 입은 채로 투신 자살한 모습으로 발견되었습니다. 창문은 열려 있었고 입고 있는 잠옷은 허술했으며, 창문과 문틀에는 손톱자국처럼 보이는 수상한 흔적들도 널려 있었습니다.

1948년 당시 경찰은 이 사건을 단순 자살로 발표했는데, 사람들은 정권을 의심했습니다. 물론 그 생각을 입 밖으로 낼 수는 없었습니다. 그 후 20년이 지난 1968년, 체코슬로바키아에 온건 개혁파 정부가 집권한 기간에 벌어진 재

수사에서는 이를 '타살의 가능성을 배제하지 않은 상황의 사고사'로, 그리고 1990년 민주화 혁명인 벨벳 혁명이 이루어진 다음에 이루어진 마지막 수사에서는 '잠정적인 타살'로 결론이 났습니다. 자살에서 사고사로, 사고사에서 타살로 결정이 나기까지 40년이라는 세월이 걸린 셈입니다.

얀 마사리크의 죽음을 타살이라 이야기했던 사람들은 얀 마사리크의 죽음을 두고 3차 창외 투척 사건이라고 부르기도 했습니다. 신시가지 시청사에서 일어난 1차 창외 투척 사건은 후스 전쟁의 불씨를 불러 일으켰고, 구왕궁에서 일어난 2차 창외 투척 사건은 30년 전쟁의 도화선 역할을 하였으며, 체르닌 궁전에서 일어난 3차 창외 투척 사건은 40년간의 암울한 공산 정권의 시작을 알리는 사건이었다고 말입니다.

6

로레타 성당

The Loreto
Loreta

사실 프라하는 유럽의 가톨릭 신자들에게 고딕 성지 순례 도시 중 하나로 알려져 있습니다. 프라하 전역에 있는 많은 수도원들은 둘째 치고, 말라 스트라나 지구에 있는 성모 전승 교회의 기적을 행하는 아기 예수 밤비노의 상과 프라하성 위쪽에 있는 로레타 성당이 있기 때문입니다.

로레타 성당의 건물 전체는 ㅁ 모양으로, 가운데에 '산타 카사Santa Casa'라고 불리는 특이한 건물이 있습니다. 사실 로레타 성당은 가운데에 있는 이 건물을 보호하기 위해 지은 성당입니다.

산타 카사는 성모 마리아가 대천사 가브리엘로부터 예수 그리스도를 잉태할 것이라는 예고를 받고, 예수를 낳고, 그 이후에 일평생을 산 집입니다. 성모 마리아가 승천한 뒤, 예수의 제자였던 사도 요한이 그 집터 위에 예배당을 지었는데, 로마 제국의 황비 헬레나가 336년에 이 성지를 방문한 다음 큰 재산을

로레타 성당 안의 산타 카사

들여 예배당을 거대한 바실리카 예배당으로 증축하며 산타 카사는 예수의 탄생과 성모 마리아의 일생을 기리는 건물로 재탄생했습니다. 로레타 성당은 프라하에도 있지만, 이탈리아의 레카나티^{Recanati}에도 있고, 미국 뉴멕시코주의 산타페^{Santa Fe}에도 있습니다.

그런데 뭔가 이상합니다. 왜 성모 마리아의 집터 위에 지은 성당이 머나먼 지역들에 흩어져 있는 것일까요? 이유는 간단합니다. 이탈리아 레카나티에 있는 하나를 제외한 나머지는 모두 복제품입니다. 그런데 왜 산타 카사의 복제품이 체코 땅에 있는 것일까요?

이에 대한 이해를 위해 우리는 십자군 원정이 시작된 11세기로 가야 합니다. 십자군 원정이란 11세기부터 13세기까지 그리스도교의 성지였던 예루살렘을 탈환하고, 중부 유럽에 위협을 가하면서 급격하게 성장한 이슬람 세력인 셀주크튀르크의 진격을 막기 위해 벌어진 종교 전쟁입니다.

1037년부터 막강한 세력으로 등장한 셀주크튀르크는 현재의 터키와 이란, 시리아, 요르단, 레바논을 비롯하여 비잔틴 제국의 영토를 하나씩 침범하면서 세력을 확장했습니다. 이렇게 영토를 잃어가던 비잔틴 제국의 알렉시우스 황제^{Alexios I Komnenos}는 1095년, 교황청에 군사적 원조를 요청했습니다.

당시의 교황 우르바누스 2세^{Urbanus II}는 영주들을 모아 이슬람교도들을 몰아내자고 연설했습니다. 곧이어 수많은 왕족, 귀족, 영주들과 기사, 그리고 그들이 지휘하던 군대들이 연합하였고 1차 십자군이 창설되었습니다. 1차 십자군 출정식의 연설을 다시 맡은 교황은 십자군의 사기를 돋우기 위해 '이교도와 싸우다 죽으면 모든 죄 사함을 받고 천국으로 간다'는 이야기까지 덧붙이며 십자군을 격려했고, 교황의 격려를 받은 이들은 천국에 대한 희망과 이교도를 물리친다는 사명감을 안고 지체 없이 출정했습니다.

전쟁의 당위성과 보상으로 사기가 높았던 1차 십자군 원정은 성공적이었습니다. 1차 십자군은 비잔틴 제국으로 침입해 들어온 셀주크튀르크를 몰아냈고, 이슬람의 지배하에 있던 성지 예루살렘도 탈환했습니다. 예루살렘을 탈환한 뒤, 십자군의 일부는 예루살렘에 남고, 일부는 본국으로 돌아갔습니다. 당시의 전쟁이라는 것이 약탈이 수반되는 것이었으므로, 본국으로 돌아간 십자군에겐 엄청난 전리품도 뒤따랐습니다. 그리스도교도들의 성지인 예루살렘 인근에서 나온 전리품들은 성물의 가치를 지니는 것이 많았음은 물론, 이국적인 소아시아의 예술품으로 가치가 매우 높았습니다. 본국으로 돌아온 1차 십자군의 참전 기사들은 고귀한 성지를 탈환한 용사라는 명예와 더불어, 막대한 부까지 얻었습니다.

이렇게 시작된 전쟁은 이내 이슬람의 반격을 받으며 복잡한 양상을 띠게 되었고, 13세기 말까지 계속되었습니다. 사실 1차 십자군 원정부터 시작된 이 전쟁은, 비잔틴 제국과 이슬람 세력의 영토 확장 다툼에 중서부 유럽이 종교를 핑계 삼아 끼어든 것에 불과했습니다. 겉으로는 사랑과 평화를 설파하는 그리스도의 가르침을 지켜야 한다고 말하며, 실제로는 증오와 전쟁을 통해 영향력을 키우고자 했던 십자군 원정은 회차가 지날수록 세속적으로 변질되었습니다.

유럽 내에 있던 수많은 왕국들이 서로를 침공하는 구실로 종교를 끌어들여서 십자군이라는 이름 아래 타국을 침범하는 경우도 발생했고, 심지어는 소년, 소녀 십자군이라는 말도 안 되는 부대를 만들어 성지로 끌고 가다가 어린이들을 노예로 팔아버리기까지 했으니 그 타락은 끝을 모를 정도였습니다.

전쟁이 오래 지속되자 그 틈에 기회를 잡은 사람들도 등장했습니다. 이탈리아의 베네치아, 제노바 지역 등의 항구 도시를 중심으로 발전한 상인 가문들이 바로 그들인데, 당시 이들은 소아시아로 이동하는 십자군에게 배를 제공하고,

무기와 갑옷, 식량 같은 군수 물자까지 지원해 주면서 십자군을 따라다녔습니다. 이 과정에서 상인들은 십자군의 보호 아래 새로운 무역로를 개척할 수 있었고, 엄청난 재산을 모으게 되었습니다.

염불보다는 잿밥에 관심이 있었던 이들이 참전하자, 성지로 향하는 십자군의 병력 이탈 현상은 점점 심해졌습니다. 집단 도덕성이 바닥에 떨어진 상태라, 목적지로 가는 동안 마을이 보이면 대열에서 이탈하여 마을을 약탈하고, 적절한 장소에 숨었다가 다시 나타나 이교도와 싸우고 왔다고 말을 하면 누구도 의심하지 않았습니다. 설사 의심을 한다 하더라도 원정에 참가한 대부분의 병사들이 비슷한 행동을 했습니다.

십자군의 마지막 원정에서 이런 병력 이탈 현상이 극심해지자 십자군 원정을 기획한 사제와 왕족들은 한 가지 소문을 퍼트렸습니다. 이들이 퍼트린 소문은 성모 마리아의 집 위에 지은 산타 카사가 이슬람교도의 손에 의해 파괴될 위기*에 처해 있다는 것이었습니다.

대규모 십자군 원정이 끝난 지 20년이 지난 1291년에 이탈리아 공국의 영토 테르사토Tersatto(현재의 크로아티아 리예카Rijeka)의 조그만 언덕에 난데없이 산타 카사가 등장했습니다. 이곳은 예루살렘과는 2,500km가 넘게 떨어져 있는 먼 곳이라, 뜬금없이 이탈리아의 영토에 나타난 산타 카사를 둘러싸고 많은 소문이 생겨났습니다.

◆이슬람교도들이 산타 카사를 파괴할 이유는 전혀 없습니다. 지금이야 가톨릭, 개신교, 이슬람교가 물과 기름처럼 분열되어 있지만, 사실 모두가 한 뿌리를 가진 유일신 신앙입니다. 가톨릭과 개신교로 대표되는 그리스도교와 이슬람교의 가장 큰 차이점은 예수를 신으로 보는가, 인간으로 보는가에 대한 인식의 차이입니다. 이슬람교에서는 예수를 인간의 몸으로 위대한 선지자의 역할을 한 사람으로 평가하기에 무슬림도 예수를 마호메트 이전의 선지자로 존경합니다. 그런 선지자가 태어난 장소는 이슬람교도들에게도 성지입니다.

예루살렘에 있던 산타 카사가 이슬람교도의 손에 파괴될 위험에 처하자, 성소를 보호하기 위해 하늘에서 천사들이 내려와서 건물 전체를 공중으로 들어올린 다음 안전한 이탈리아로 옮겼다고 주장하는 사람들이 나타났고, 소문은 생명력을 가지고 사람들 사이에 퍼졌습니다. 그리고 산타 카사가 있는 언덕에 살던 장님이 눈을 뜨고, 앉은뱅이가 걷게 되고, 죽은 사람이 다시 살아난다는 소문까지 꼬리에 꼬리를 물고 퍼져나갔습니다. 게다가 이 소문이 진실인지 확인하기 위해 예루살렘으로 파견된 사람들이 예루살렘에서 산타 카사가 사라진 것을 확인한 뒤, 테르사토 산타 카사는 곧바로 모든 기적의 중심지가 되었습니다.

하지만 천사들은 테르사토에 산타 카사가 있는 것도 마음에 별로 들지 않았던 모양입니다. 천사들은 1294년에 다시 하늘에서 내려와, 테르사토에 있는 산타 카사를 다시 공중으로 들어 올린 다음, 이탈리아의 레카나티라는 도시 옆의 숲으로 옮겼습니다. 이런 기적을 목격한 사람들은 이토록 성스러운 건물을 숲에서 이웃 언덕으로 옮긴 뒤, 건물을 보호하기 위해 주변에 성당을 지었습니다. 천사들이 산타 카사를 내려놓은 숲의 이름이 라틴어로 라우레툼Lauretum이라, 이 뒤로 산타 카사를 보호하고 있는 성당을 로레타Loreto 성당이라 부르게 되었습니다.

이후 1491년과 1507년, 두 번에 걸쳐 교황들이 칙령을 내려 로레타 성당을 기적이 발현되는 성당으로 인정한 뒤로, 로레타 성당은 그리스도교도들에게 성지 순례의 장소가 되었습니다. 그 이후로 이탈리아에 있는 로레타 성당을 본따서 성당을 지으면 성당이 있는 동네는 물론이고 성당을 지은 사람에게도 기적이 일어나며 복을 받게 된다는 소문이 퍼지면서 우후죽순으로 로레타 성당들이 지어졌습니다. 심지어는 청교도가 집단으로 이주하여 만들어졌기에 신교 비율이 압도적으로 높은 미국에서도 이 로레타 성당을 뉴멕시코의 산타페에 지을 정도였으니 정말 대단한 이야기입니다.

그런데 천사가 내려와서 건물을 옮겼다는 이야기가 현실적으로 가능한 이야기일까요? 사실 산타 카사에 대한 모든 이야기는 소문을 바탕으로 만들어졌습니다.

마지막 십자군 원정에서 십자군들이 이슬람교도들과 전쟁을 하는 동안, 전쟁에 따라붙었던 수많은 상인 가문 중, 신앙심이 깊었던 'Angeli'라고 하는 가문이 있었습니다. 이들은 산타 카사가 이슬람교도들로부터 위협받고 있다는 소문을 듣고 산타 카사를 보호해야 한다는 강한 사명감에 사로잡혔습니다. Angeli 가문은 건물의 내·외관 모두를 극도로 정교한 그림으로 기록한 다음, 벽돌 하나씩, 장식도 하나씩 순서대로 번호까지 붙이면서 건물을 해체했습니다. 그리고 이렇게 분해된 건물을 그들의 본거지였던 테르사토로 옮긴 후 다시 조립하여 1291년에 완성시켰습니다.

당연히 산타 카사에 대한 소문이 돌기 시작했습니다. 일이 어떻게 진행된 것인지 잘 알았던 첫 번째 사람은 이렇게 말했을 것입니다.

"Angeli 가문이 산타 카사를 예루살렘에서 분해해서 테르사토로 가지고 온 다음에 다시 지었다."

이 이야기를 들은 두 번째 사람은 자기가 이야기하기 편한 대로 이렇게 말했을 것입니다.

"Angeli가 산타 카사를 예루살렘에서 테르사토로 가지고 왔다."

가문이라는 단어가 빠지고, 분해와 조립이라는 절차까지 생략되면서 이야기가 약간 달라졌습니다. 누군지 모르겠지만 Angeli는 정말로 엄청난 힘과 능력의 소유자인 듯 보입니다. 그런데 가문의 이름 자체에 천사(Angel)라는 단어가 들어가 있습니다. 이야기는 점점 뒤틀리면서 Angeli 가문은 천사들로 둔갑하였습니다. 결국 "천사들이 산타 카사를 예루살렘으로부터 들어 올려서 테르사토로 가지고 왔다."라는 이야기가 완성된 것이죠. 이렇게 발전한 산타 카사와 천사의 이야기는 곧바로 더욱 생명력을 가지고, 병자를 치유하는 기적의 장소라는 소문까지 나면서 '로레타의 기적'이라는 이름으로 유럽 전체에 퍼져나갔습니다.

로레타의 기적에 대한 이야기가 중서부 유럽에 급격도로 퍼져나간 시점은 흑사병이 창궐한 때였습니다. 1620년을 전후로 전 유럽에 흑사병이 돌고 있을 때, 유럽 전역에 많은 로레타 성당이 지어졌습니다. 프라하에 있는 로레타 성당이 지어진 연도가 1626년이니 이 역시 이 기간에 해당됩니다.

프라하의 로레타 성당은 로레타 신앙에 매료된 로브코비츠^{Lobkowitz}라는 가문의 귀족 부인의 후원에 힘입어 건축된 성당입니다. 로브코비츠 가문은 이탈리아로부터 최고의 건축가를 고용하여 프라하로 초빙하였고, 성당 건축 비용의 전액을 부담하였을 뿐만 아니라, 이탈리아의 로레타 성당으로 사람을 보내 진짜 산타 카사의 벽돌 5장을 사올 정도로 열의를 보였습니다. 비록 벽돌 5장이긴 하지만 원래의 건물에서 가져온 자재로 재구성했기에 프라하의 로레타 성당은 순도 0.000005% 정도의 진짜 로레타 성당이라는 말로 표현해도 좋겠습니다.

실제로 프라하 로레타 성당 안의 산타 카사는 이탈리아에 있는 산타 카사에 못지않은 정교함과 예술성을 담고 있습니다. 건물의 네 외벽에는 제레마이어와 이사이아, 아모스 같은 구약의 선지자들의 모습과 더불어 성모 마리아의 탄생, 가브리엘의 수태고지, 예수의 탄생, 그리고 천사들이 옮긴 산타 카사, 이렇게 4개의 이미지가 유려한 부조로 묘사되어 있습니다.

예배당 내부는 소아시아 지역에 분포된 초창기 그리스도교 예배당의 분위기를 고스란히 전달해 줍니다. 25㎡ 정도밖에 안 되는 좁은 공간에 아주 작은 창문들만 나 있는 이 예배당의 중앙 제단에는 성모 마리아와 아기 예수가 원래 그들의 고향을 말해 주듯, 검은 피부를 가진 중동 사람처럼 묘사되어 있습니다.

산타 카사를 둘러싸고 있는 로레타 성당의 1층에는 그리스도교의 핵심 성인들과 천사들에 대한 종교화들, 그들의 유래, 설화들에 대한 해설이 복도를 따라 펼쳐져 있습니다. 1층 복도의 코너에는 성인들에게 바쳐진 제단이 있는데 이 중, 상당히 특이한 모습을 가진 십자가상을 볼 수 있습니다. 라틴어로 '강인한 처녀'라는 뜻의 'Virgo fortis'라는 이름을 가진 이 여인은 특이하게도 수염이 있고, 예수처럼 십자가형을 받고 있는 모습입니다.

아버지의 명령에 따라 이교도의 왕에게 강제로 시집을 가야 했던 귀족 가문의 아가씨가 있었습니다. 그리스도를 부정하는 사악한 이교도의 왕을 남편으

산타 카사의 내부 모습

빌게포르티스의 십자가상

로 맞아들여야 한다는 사실에 좌절한 아가씨는 평생 순결하게 살겠다는 맹세와 함께 그리스도에게 자신을 구원해 달라고 기도했습니다. 아가씨의 기도는 이루어졌습니다. 다음 날 아침에 일어난 아가씨의 얼굴에는 남자처럼 수염이 자라서 결국 결혼이 성사되지 않았고, 이에 분노한 아버지는 딸을 십자가에 못 박아 버렸다고 합니다. 이 아가씨는 이후 남편의 폭력에 희생되는 부녀자들을 위로하는 성인으로 추앙되었습니다.

로레타 성당의 2층에는 성당 건축에 관계된 로브코비츠 가문의 핵심 인물들의 초상화와 그들에 대한 기록 및 16~18세기에 이 성당과 로브코비츠 가문에서 사용하던 성물들이 전시되어 있습니다. 이 성물 보관소에는 로브코비츠 가문의 부인이 기증한 6,222개의 다이아몬드가 박힌 '프라하의 태양'이라는 이름을 가진 화려한 성체 안치기를 비롯한 수많은 성배와 성체 안치기, 그리고 이동식 제단 등을 비롯한 성물들이 전시되어 방문객의 눈길을 끕니다.

프라하의 로레타 성당은 입장권을 구입해야 입장할 수 있는 유료 관광지입니다. 성당 내부의 사진을 찍으려면 별도로 촬영권을 구입해야 하며, 성당 내부에서는 카메라 삼각대를 사용할 수 없습니다. 이곳을 방문하면 유럽을 여행하면서 항상 봐 왔던 로마네스크와 고딕 양식의 성당에서 벗어나 초기 소아시아의 교회 양식을 느낄 수도 있고, 귀족들이 사용하던 화려한 예배 기구들의 아름다움도 볼 수 있습니다. 꼭 입장을 하지 않더라도, 로레타 성당의 종탑에 있는 27개의 크고 작은 종들이 정각마다 울리면서 만들어내는 아름다운 음악을 듣는 것도 색다른 경험이 될 것입니다.

7 / 흐라드차니 광장

Castle Square
Hradčanské Náměstí

흐라드차니 광장Hradčanské Náměstí은 성 광장Castle Square이라는 뜻으로, 프라하성 정문 앞 광장을 말합니다. 이 광장은 프라하 대주교의 궁과 중앙 정부의 통치궁에 근접하여 지은 귀족들의 저택으로 가득한데, 이런 건물들의 대다수는 현재 박물관, 전시회장, 관공서 등으로 사용되고 있습니다.

이 광장을 중심으로 볼 수 있는 건물 중 영화 〈아마데우스〉의 모차르트 집으로 나오는 건물인 마틴 궁Martinicky palac과 현재는 바로크 예술 박물관으로 사용되는 슈바르첸베르크 궁Schwarzenbersky palac 외벽은 특이한 장식으로 가득합니다.

이 기법의 이름은 스그라피토sgraffito(혹은 독일어 발음으로 즈그라피토)라고 불리는데, 난해한 듯 들리지만 이 단어의 어원은 '스크래치(긁다) + 그라피토(그림) = 스그라피토(긁어서 만든 그림)'로 아주 간단합니다.

스그라피토는 화려하고 볼륨감 넘치며 곡선의 아름다움으로 가득 찬 바로크 양식이 유행할 즈음에 등장한 기법입니다. 아이러니하게 이때 유럽 땅에 흑사병이 창궐했는데, 당시의 사망자들에게는 안타까운 일이지만 흑사병은 유럽에 큰 역사적, 경제적 전환점을 가져왔습니다. 쥐를 매개체로 전파된 흑사병의 주 희생자들은 상대적으로 비위생적인 환경에 살았던 농민, 도시 빈민, 하층 수공업자, 허드렛일을 하는 하층민들이었는데, 이들이 사망하자 노동 인구는 급감하고, 반면 노동의 가치는 증가했습니다.

예를 들어, 흑사병 발병 이전에는 1골드로 10명의 인부를 한 달간 쓸 수 있었다고 하면, 흑사병 발병 이후에는 1골드를 가지고 3명의 인부를 보름밖에 못 쓰는 사태가 벌어진 것입니다. 흑사병 자체는 저주받은 전염병이었지만, 이로 인해 유럽에는 인권에 대한 새로운 시각이 싹텄습니다.

슈바르첸베르크 궁

마틴 궁

다시 바로크 양식으로 돌아와서, 바로크 양식은 직선과 평면보다는 곡선과 볼륨감을 강조함으로 인해, 엄청난 비용과 인력, 그리고 시간이 필요했습니다. 이런 건물이 각광 받던 시기에 흑사병이 터지며 노동 가치가 상승하니 바로크 양식은 점점 실현하기 어려운 건축으로 인식되었습니다. 바로 이때 구세주처럼 나타난 것이 스그라피토 기법이었습니다. 로마 시절부터 유럽의 식민지 역할을 했던 아프리카 원주민들은 특정한 의식이나 행사, 혹은 전쟁을 앞두고 색깔 있는 돌을 갈아 물에 개어 물감을 만들고, 그것을 온몸에 끼얹은 다음 손가락이나 나뭇가지 등을 이용해서 긁어 내어 장식을 해 왔는데, 르네상스 시기에 아프리카의 표현 기법은 큰 관심을 끌었습니다.

사실 우리도 학교 미술 시간에 한 번쯤은 이 기법을 접한 적이 있습니다. 스케치북에 온갖 색의 크레파스를 칠한 다음, 그 위를 검은색 크레파스로 새까맣게 칠합니다. 그리고 못이나 자 등으로 긁어내면서 밑바탕 색이 드러나게 하는 것이죠. 이제는 다들 감을 잡으셨을 것이라 생각합니다.

스그라피토 기법은 건물 외벽 장식에도 사용되었습니다. 벽면에 0.5~1cm 정도의 균등한 두께로 석회를 바르고, 이게 다 마르기 전에 파내기만 하면 되기에 시간이 오래 걸리지 않았고, 입체적으로 표현을 하지 않아도 되니 표현 면적이 줄어들었습니다. 또 조각은 단 한 번의 실수로도 새로운 작업을 시작해야 했지만, 스그라피토 기법에선 실수한 부분에 다시 석회를 바르기만 하면 수정할 수 있는 편리함도 있었습니다. 게다가 손이 닿을 수 있을 정도의 낮은 벽에는 최대한 간단한 모양의 반복 무늬를 그려 넣었기에 견본 그림만 있다면 숙련도가 높은 사람을 고용할 필요도 없었습니다. 결과적으로, 바로크 양식의 외관을 만들 때 필요했던 수많은 조각가와 화가들, 그리고 허드렛일을 해 줄 인부들의 숫자에 비해 인력을 크게 줄일 수 있었습니다.

스그라피토는 이탈리아에서 시작해 프랑스와 독일을 거쳐 보헤미아 지역까지 전파되었습니다. 보헤미아까지 전파된 스그라피토는 순식간에 퍼져나갔는데, 스그라피토가 유행할 즈음 보헤미아의 귀족들은 사치를 즐기기 시작했고, 스그라피토 양식을 가진 건축물을 최고의 세련된 건물로 받아들였기 때문입니다. 귀족들에 이어 중산층까지도 이런 행렬에 끼어들다 보니 스그라피토는 남부 보헤미아 지역을 비롯해 프라하까지 쉴 새 없이 접할 수 있는 보헤미아 건물 장식의 특징이 되었습니다. 프라하에서의 스그라피토 건물은 구시청사에서 이미 '둠 우 미누티'를 통해 만난 적이 있지만, 이곳 슈바르첸베르크 궁은 가장 거대한 규모의 스그라피토 건물이라 할 수 있습니다.

체코를 여행하시면서 만날 수 있는 스그라피토 건물들이 저마다 가진 특색을 관찰해 보는 것도 좋은 문화 예술 기행이 될 수 있겠습니다.

구시청사에서 만났던 둠 우 미누티 건물의 스그라피토

프라하성을 프라하성 '단지'라고 표현하는 이유는 프라하성 자체가
한 개의 건물로 이루어진 것이 아니기 때문입니다.
여러 개의 건물로 이루어져 있고, 또 오랜 역사를 간직하고 있는 곳이다 보니
책에서도 꽤 많은 분량을 차지하게 되었습니다. 관광객들이 주로 방문하는
주요 장소들을 먼저 동선 순서로 설명하되, 별도의 비용으로 입장하게 되는 공간들은
뒤에서 한꺼번에 말씀드리도록 하겠습니다.

7

프라하성 단지

1

프라하성 단지 개요

Prague Castle
Pražský Hrad

체코의 역사학자들은 프라하성이 처음 지어진 것을 870년에서 880년 사이로 추정하는데, 최초의 프라하성은 당시 보헤미아의 군주였던 보르지보이 공작과 그의 부인 성 루드밀라가 도시를 내려다볼 수 있는 언덕 위에 세운 나무 요새였습니다.

프라하성이 처음 지어진 9세기 후반만 해도, 보헤미아는 독일 영방 국가 Territorialstaat(중세 신성로마제국의 제후국들)의 영향력 아래에 있는 소국으로, 보헤미아의 군주들은 왕이 아닌 공작의 작위였기에 당시의 보헤미아는 보헤미아 왕국이 아닌, 보헤미아 공국으로 불렸습니다.

이렇게 지위가 낮은 나라로 시작한 보헤미아는 13세기 중반, 국제 정세를 잘 읽었던 군주인 오타카르 1세Otakar I, Ottokar I에 의해 그 위상이 높아집니다. 오타카르 1세는 독일 영방 국가들 사이에 벌어진 전쟁에 적극적으로 끼어들어 많은 전공을 쌓았고, 그의 공로를 인정한 로마 교황 이노첸트 3세Innocent III와 신성로마제국의 황제 프레데릭 2세Frederick II는 오타카르 1세를 왕으로 인정해 주었습니다. 이때부터 보헤미아는 공국이 아닌, 왕국으로 지위가 격상되었고, 왕의 작위를 받은 오타카르 1세는 보헤미아 영토 전체에 막강한 권력을 행사하며 보헤미아 왕가의 통치궁이었던 프라하성 단지를 대폭 증축했습니다.

프라하성 단지가 중부 유럽의 정치, 사상, 종교적 중심지로 도약한 때는 보헤미아 왕국의 황금기라 불리는 카를 4세 치하였습니다. 프라하를 신성로마제국의 수도로 삼은 카를 4세는 프라하성을 신성로마제국의 통치궁으로 사용하였는데, 성은 이전보다 더욱 커졌고, 황제의 위엄에 맞춰 구왕궁도 재건축되었으며, 주교령에 불과한 프라하를 대주교령으로 승격시키기 위해 기존의 성 비투스 바실리카 교회를 허물고 지금의 성 비투스 대성당을 건축하기 시작했습니다. 하지만 15세기 초반, 보헤미아에 벌어진 후스 전쟁으로 대성당 건축과 같은 성 단지 내의 대규모 공사가 중단되고, 성 전체에 걸쳐 약탈이 이루어졌으며, 후스 전쟁 후에는 프르제미슬 왕가의 혈통이 끊어지며 프라하성의 주인도 계속 바뀌었습니다.

15세기 중반, 큰 피해를 입었던 프라하성 단지를 보수하는 동안에는 현재의 오베츠니 둠 자리에 있던 왕궁으로 잠시 통치 권력이 이동했습니다. 하지만 1471년에 왕위에 오른 블라디슬라프^{Vladislav Jagellonský} 왕은 다시 프라하성으로 거처를 옮기고, 프라하성 단지에 화약탑과 백탑, 달리보르 탑 등의 방어 목적을 지닌 건물들을 증축하고, 왕궁은 더 확장하여 블라디슬라프 홀이라는 거대한 통치홀 겸 연회홀을 개축하였습니다.

1526년, 오스트리아 합스부르크 왕가가 보헤미아를 다스리기 시작한 시점은 르네상스의 물결이 넘쳐나던 시기였기에 프라하성의 내·외부는 르네상스풍으로 재건되었습니다. 9세기부터 16세기 중반까지 보헤미아의 통치자는 프르제미슬 왕가에서 룩셈부르크 왕가로, 야겔론스키 왕가에서 일시적인 귀족정까지 지나오면서 변화하였지만, 그들의 통치궁은 계속 프라하성 단지였습니다. 하지만 합스부르크 왕가가 보헤미아를 다스리게 된 후 프라하성 단지는 합스부르크 가의 여름 별장 정도로 격하되었고, 왕실 정원과 여름 별궁 등이 왕족들을 위한 위락 시설로 건축되었습니다. 그러다 18세기 중반 오스트리아의 여제 마리아 테레지아^{Maria Theresia}가 주도적으로 진행한 대규모 재건축으로 프라하성 단지의 건물들 모두가 연결되어 거대한 단지를 구성하게 되었는데, 이때 현재의 프라하성 단지의 외관이 만들어졌습니다.

결과적으로 프라하성은 천 년이 넘는 시간 동안 자연스럽게 만들어진 거대한 단지라고 할 수 있겠는데, 현재는 체코 대통령의 집무실까지 자리 잡고 있습니다.

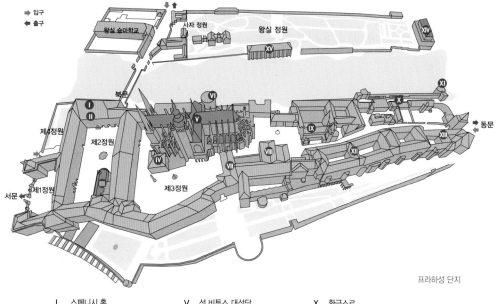

⇒ 입구
⇐ 출구

왕실 승마학교

사자 정원

왕실 정원

XIV

XV

XI

북문

VI

X

동문

I
II

제4정원

V

IX

XIII

제2정원

IV

VIII

XII

VII

IV

제3정원

III

제1정원

서문

프라하성 단지

I.   스페니시 홀
II. 프라하성 미술관
III. 성 십자가 성당
     (성 비투스 대성당 유물 전시실)
IV. 구 주교궁

V.   성 비투스 대성당
VI. 미훌카 탑
VII. 구왕궁
VIII.프라하성 역사 전시관
IX. 성 이르지 바실리카

X.   황금소로
XI. 달리보르 탑
XII. 로줌베르스키 궁전
XIII. 로브코비츠 궁전
XIV. 구기 경기장
XV. 벨베데레 궁전

  프라하성 단지로 들어가는 입구는 총 3개가 있습니다. 흐라드차니와 연결
된 서쪽 문은 4정원으로 연결되는 문이고, 2정원에서 북쪽에 있는 북문을 통해
나가면 왕실 정원과 왕실 승마학교, 그리고 트램 정거장이 나옵니다. 마지막으
로 동문은 달리보르 탑 부근에 있는 문으로, 이 문으로 나가면 바츨라프 포도
밭과 트램 정거장, 메트로 정거장으로 갈 수 있는 긴 계단을 만나게 됩니다. 이
책에서는 흐라드차니에서 서문을 통과해 4정원, 2정원을 거쳐 1정원을 만나고
(설명은 여기서부터 시작됩니다), 2정원에서 북문으로 나간 뒤 왕실 정원을 보겠

습니다. 그리고 다시 2정원을 거쳐 3정원, 그리고 마지막으로 동문으로 나가는 동선으로 이야기를 풀어나가겠습니다.

　　프라하성 단지의 내부 공간들을 입장할 수 있게 고안된 티켓은 여러 가지가 있습니다. 아래와 같이 설명할 수 있는 이 티켓들은 개인 사유지인 로브코비츠 궁전을 제외하고, 프라하성 내에 있는 매표소에서 표를 구입해서 입장할 수 있습니다.

티켓 종류	입장료	비고
Prague Castle–Circuit A	350kc/175kc	Circuit B+로줌베르스키 궁전, 프라하성 역사 전시관
Prague Castle–Circuit B	250kc/125kc	성 비투스 대성당, 구왕궁, 성 이르지 바실리카, 황금소로, 달리보르 탑
Prague Castle–Circuit C	350kc/175kc	성 비투스 대성당 유물 전시실, 프라하성 미술관
The Story of Prague Castle	140kc/70kc	프라하성 역사 전시관
Prague Castle Picture Gallery	100kc/50kc	프라하성 미술관
Powder Tower Mihulka	70kc/40kc	미훌카 화약탑, 체코 군대 박물관
The Treasure of St. Vitus Cathedral	250kc/125kc	성 비투스 대성당 유물 전시실
Great South Tower with a View Gallery	150kc	남쪽 첨탑 전망대
Lobkowitz Palace	275kc/200kc	로브코비츠 궁전

여행 시기에 따른 입장료 변동은 홈페이지(www.hrad.cz/en)를 참조하세요.

티켓의 가짓수는 많지만 이 티켓은 크게 3가지로 나눌 수 있습니다.

첫 번째는 프라하성 내부의 핵심 공간들인 성 비투스 대성당, 구왕궁, 성 이르지 바실리카, 황금소로 이 네 곳을 관람할 수 있게 만들어 놓은 Circuit B 티켓입니다. 보통 프라하성 단지를 방문하는 여행객들이 가장 많이 구입하는 티켓이기도 합니다. 이 코스를 제대로 보기 위해서는 대략 3시간에서 4시간가량이 소요됩니다.

다음 티켓은 Circuit A라고 불리는 티켓인데, 이 티켓은 Circuit B 티켓으로 갈 수 있는 4군데의 유료 입장지 외에 구왕궁 아래의 프라하성 역사 전시관, 로줌베르스키 궁전 이렇게 2군데의 전시실을 더 들어갈 수 있게 만들었습니다.

Circuit C부터 나머지 티켓들은 자신이 원하는 곳만 따로 볼 수 있게 해 놓은 티켓인데, 이 티켓에는 성 십자가 성당에 있는 성 비투스 대성당 유물 전시실을 비롯하여, 프라하성 역사 전시관, 미홀카 화약탑, 프라하성 미술관, 첨탑 전망대 등이 있습니다. 이렇게 구입한 티켓들은 바코드가 있어, 매 전시실을 들어갈 때마다 전시실 입구에 있는 개찰구에 인식시킨 뒤 입장하시면 됩니다.

2 / 정문 타이탄 석상

Main Gate(Battling Titan)
Hlavni Brana(Bojovat Titan)

프라하성 단지는 프랑스 베르사유 궁$^{Château\ de\ Versailles}$처럼 화려하거나 사치스럽지 않고, 오스트리아 쉔브룬 궁전$^{Schloss\ Schönbrunn}$처럼 압도적으로 넓지도 않으며, 독일 노이슈반슈타인 성$^{Schloss\ Neuschwanstein}$보다 자연경관이 수려하지도 않습니다.

프라하성은 현재의 역할을 비교할 때 드디어 진가가 드러납니다. 베르사유 궁, 쉔부른 궁 같은 유명한 성과 궁전들은 현재는 옛 귀족과 왕족들이 어떤 생활을 했는지 보여주는 박물관 겸 관광지로 쓰이지만, 프라하성 단지는 굳이 우리 식으로 표현을 하자면 체코의 청와대라 부를 수 있는 공간입니다. 조금 더 정확히 말하면 청와대와 경복궁을 합쳐 놓은 공간이라고 부를 수 있는데, 지금도 체코 대통령이 집무 공간으로 사용하는 곳을 전 세계의 여행자들이 아무런 제재도 받지 않고 드나들고 있습니다.

프라하성의 모든 문에는 두 명의 의장대 군인들이 경비를 서고 있습니다. 종종 심하게 덥거나 추운 날, 혹은 악천후에는 이들을 볼 수가 없습니다. 이들이 대통령의 경호 업무까지 하는 것은 아니지만 의장대 소속의 근위병들은 매시간 교대를 합니다. 교대식은 상당히 간단하지만, 정오의 교대식은 나름 규모가 있습니다. 그렇긴 해도 영국 버킹엄 궁전의 근위병 교대식과 비교를 하기엔 약간 미안한 규모입니다.

흐라드차니에서 프라하성을 바라보면 아주 큰 문이 있습니다. 현재 관광객 출구로 사용하고 있는 이 문은 서쪽 문으로, 프라하성의 가장 큰 문입니다. 문의 양 옆, 초소에 서 있는 경비병 머리 위쪽을 보면 '타이탄의 전투'라는 이름을 가진 두 개의 석상이 있어 그 위용을 자랑하는데, 이 석상들은 한 거인이 다른 거인을 완전히 제압한 상태에서 곤봉과 단검으로 위협을 가하고 있는 모습

타이탄의 전투

을 하고 있습니다. 많은 사람들은 이 작품에 대해 '오스트리아 제국이 보헤미아 사람들에게 보내는 경고'라고 해석하는데, 보헤미아의 역사를 돌이켜본다면 충분히 가능한 해석입니다.

그런데 너무 노골적으로 보입니다. 게다가 지금은 체코가 오스트리아 제국의 지배를 받고 있는 나라가 아님에도 이걸 그냥 세워둔다는 것은 필자의 관점에서는 쉽게 이해가 가지 않습니다. 만약 이 석상이 원본이라면 '예술적인 가치가 있는 작품이고, 또 과거의 아픈 기억을 잊지 않게 해 줄 테니 억지로 남겨 놓았다'고 생각할 수 있는데, 석상의 원본은 1770년에 파괴되어 지금 볼 수 있는 것은 1902년에 다시 만들어진 복제품입니다. 20세기 초, 보헤미아와 모라비아 전 지역에 독립의 열풍이 불 때, 이렇게 노골적으로 압제하겠다는 의미를 보여주는 복제품을 프라하성 가장 큰 문에 다시 세운 것은 큰 의구심을 불러옵니다.

필자는 이러한 의구심을 바탕으로 조금 다른 해석을 해볼까 합니다.

석상의 제목은 '타이탄의 싸움'입니다. 그리스 신화에서 타이탄은 제우스, 헤라 등 올림포스의 신들이 나타나기 이전인 황금기에 세상을 지배하던 종족이었습니다. 세상을 만든 대지의 여신 가이아와 하늘의 신 우라노스 사이에서 태어난 그들은 올림포스의 신들을 낳았습니다. 하지만 세월이 지나면서 힘을 얻기 시작한 올림포스의 신들은 제우스를 필두로 해서 이 타이탄족(또는 티탄족)으로부터 세상의 주도권을 빼앗아 오기 위한 전투인 타이탄의 전투(또는 티타노마키아^{Titanomachia})를 벌였고, 타이탄족은 이 전투에서 패했습니다.

타이탄의 전투에서 올림포스의 주신인 제우스는 벼락을 치는 번개, 아폴론은 활과 화살 같은 멋진 무기를 사용한 반면, 나머지의 유명하지 않은 올림포스의 신들은 변변한 무기 없이 곤봉과 단검으로 타이탄족에 대항해서 싸웠습니다. 석상에서 볼 수 있는 상대를 제압하고 있는 두 사람의 무기 역시 청동 곤봉과 청동 단검입니다. 청동제 무기를 들고 있는 둘은 올림포스의 신들이고, 그들에게 제압당해 있는 둘은 타이탄족들입니다.

이 석상의 원본이 만들어진 때는 1770년으로 그 당시 유행하던 예술 사조는 르네상스와 바로크를 지나, 그리스의 신화를 자주 예술의 주제로 삼았던 신고전주의였습니다. 이런 이유로 필자는 이 타이탄의 싸움이라는 작품을 신고전주의 양식이 유행했던 시점의 보편적인 조각 장식이고, 따라서 거기에 큰 의미를 부여하는 것은 순수 예술을 너무 확대 해석한 것이 아닌가 하는 생각을 조심스레 해봅니다.

그럼, 타이탄의 싸움 아래에서 근무 시간 내내 그들을 웃기고자 하는 수많은 여행자들과 웃지 않기 위해 싸우는 근위병들을 지나, 4정원으로 연결되는 입구를 거쳐 2정원으로, 그리고 다시 1정원으로 이동해 보겠습니다.

3

제1정원

1st Courtyard
Prvni Nádvoří

현재의 1정원은 흐라드차니 광장에서 바로 진입할 수 있게 평지로 만들어져 있지만, 최초에 프라하성이 지어질 시점에는 이 자리에 얕은 계곡이 있었습니다. 지금은 오랜 세월이 지나며 성이 확장되어 그 흔적을 전혀 찾아볼 수 없지만, 얕은 계곡은 프라하성을 방어하는 천연 해자의 역할을 했습니다. 따라서 흐라드차니 광장에서 성으로 진입하기 위해선 무조건 다리를 건너야 했을 것이며, 최초의 프라하성 모습은 아래의 사진과 같았을 것이라 유추할 수 있습니다.

1정원에서 성 단지 안쪽을 보면, 꽤 오래돼 보이는 문이 눈에 들어옵니다. 이 문은 마티아스의 문Matyášova brána이라고 불리는데, 오스트리아 제국의 황제였던 마티아스Matthias 황제가 1614년에 공사한 성의 정문입니다. 당시에는 1정원이 없었기 때문에 이 문이 프라하성과 흐라드차니 광장을 나누는 중요 출입구였습니다.

프라하성을 유추해볼 수 있는 해자 다리

마티아스 문의 가장 윗부분에 적힌 라틴어는 합스부르크 가문, 마티아스 황제의 정식 직함 중 일부입니다. 마티아스 황제의 정식 직함은 아래와 같습니다.

Matthias, by the grace of God elected Holy Roman Emperor, forever August, King in Germany, of Hungary, Bohemia, Dalmatia, Croatia, Slavonia, Rama, Serbia, Galicia, Lodomeria, Cumania and Bulgaria, Archduke of Austria, Duke of Burgundy, Brabant, Styria, Carinthia, Carniola, Luxemburg, Württemberg, the Upper and Lower Silesia, Prince of Swabia, Margrave of the Holy Roman Empire, Burgau, Moravia, the Upper and Lower Lusatia, Princely Count of Habsburg, Tyrol, Ferrette, Kyburg, Gorizia, Landgrave of Alsace, Lord of the Wendish March, Pordenone and Salins, etc. etc.

마티아스 황제는 신성로마제국의 황제이자 독일의 왕이었으며, 헝가리와 크로아티아의 왕, 보헤미아의 왕, 오스트리아의 대공작이었으니 문에는 이 정도로만 축약해서 쓸 수밖에 없었을 것입니다.

마티아스 문의 가운데 부분에는 많은 문장들이 있는데, 가장 가운데에 있는 문장은 노란 바탕에 검은색 독수리 문장이며, 왕관도 씌워 놓았습니다. 오스트리아를 여행하다 보면 자주 볼 수 있는 이 문장은 오스트리아 합스부르크 가문의 문장입니다. 이를 중심으로 양옆에 있는 문장들은 당시 합스부르크 가의 지배하에 있던 많은 영토와 왕국들의 문장으로, 당시의 오스트리아 제국의 지배를 받고 있던 지역들의 일람표라고 생각하시면 되겠습니다.

합스부르크 가문의 문장 좌우로 현재의 체코와 관계가 있는 문장들도 볼 수 있습니다. 현재의 체코 공화국은 국토의 왼쪽 절반을 차지하고 있는 보헤미아 지역과 오른쪽 절반을 차지하는 모라비아 지역, 그리고 북동쪽 끝자락에 조그

마티아스 황제 직함 중 일부

여러 문장들

합스부르크 문장

마티아스의 문

실레지아
Czech Silesia

보헤미아
Bohemia

모라비아
Moravia

체코의 세 지역

보헤미아 문장   모라비아 문장   실레지아 문장   체코 문장

맣게 자리 잡고 있는 실레지아 지역, 이렇게 세 지역으로 구성되어 있는데, 합
스부르크 문장 바로 왼쪽에 있는 붉은 바탕에 두 갈래의 꼬리를 가진 은색 사
자 문장은 보헤미아 영토와 보헤미아 왕가를 동시에 상징하는 보헤미아의 사
자 문장입니다. 이것은 프라하와 체코 전역에서 가장 쉽게 볼 수 있고, 체코의
동전 뒤에 있는 문장이기도 합니다.

　합스부르크 문장에서 오른쪽으로 두 번째에 있는 푸른 바탕에 흰색과 붉은
색이 섞인 독수리 문장은 모라비아 지역을 상징하는 모라비아의 얼룩 독수리
문장입니다.

마지막으로 모라비아 문장의 오른쪽에는 있는 노란 바탕에 가슴에 흰 띠가 둘러진 검은 독수리 문장은 실레지아의 검은 독수리 문장입니다.

마티아스의 문 좌우는 체코의 국기가 게양되어 있습니다. 붉은색과 흰색, 그리고 파란색이 어우러져 있는 체코의 국기에서 각각의 색깔이 상징하는 바가 있는데, 붉은색은 용기, 푸른색은 자유, 흰색은 평화를 상징한다고 합니

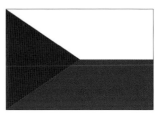

체코 국기

다. 또 일부에서는 붉은색은 보헤미아 왕가의 문장 바탕색에서, 푸른색은 모라비아 지역 문장의 바탕색에서, 흰색은 실레지아 독수리의 가슴에 있는 띠에서 그 색을 따 왔다고 해석하기도 합니다만, 체코의 국기가 이렇게 함축성이 강하다 보니 국가의 문장이 전면에 나서는 경우도 많습니다.

위에서 알아본, 보헤미아, 모라비아, 실레지아 지역을 상징하는 3개의 문장들이 합쳐져 있는 문장이 체코의 국가 문장입니다. 세계 대회에 참가한 국가 대표의 유니폼에, 경찰의 유니폼에, 그리고 프라하성을 지키는 근위병의 양 상박부에도 국기 대신 이 문장이 새겨져 있습니다. 체코를 여행하다가 국가 문장이 붙어 있는 건물이 보이면, 그곳은 체코 공화국의 공공건물이라고 이해하면 됩니다.

프라하성에는 체코의 국가 문장이 담긴 깃발이 하나 더 있습니다. 항상 나부끼는 것이 아니기 때문에 여러분들이 여행하실 때 보지 못할 수도 있습니다만, 1정원에서 보았을 때, 오른쪽 건물의 지붕에 있는 깃발의 가운데에도 체코의 문장이 박혀 있습니다. 이 깃발의 가운데에는 체코의 국가 문장이 있고, 깃

발의 테두리에는 체코의 국기에서도 볼 수 있는 적, 청, 백 3개의 색깔이 교차로 둘러져 있으며, 아래쪽에는 붉은 배너에 흰 글씨로 'PRAVDA VÍTĚZÍ'라는 글귀가 쓰여있습니다. '진실은 드러난다.'로 직역할 수 있는 이 글귀는 보헤미아의 종교 개혁자인 얀 후스가 했던 "생명이 다할 때까지 진실을 찾고, 진실을 듣고, 진실을 공부하고, 진실을 사랑하고, 진실을 말하고, 진실을 가지고, 진실을 지키라."는 말에서 뽑아낸 것인데, 체코슬로바키아의 초대 대통령이 사용한 이래로 지금까지 체코의 국훈으로 사용하는 글귀입니다.

체코의 문장과 국기에 등장하는 3가지 색깔의 테두리, 그리고 체코의 국훈이 같이 담겨 있는 이 깃발은 바로 체코의 대통령 기입니다. 체코의 대통령이 체코의 영토 내에 있을 때는 대통령 기를 게양하고, 해외 순방 중일 경우에는 이 깃발을 내립니다. 또한 대통령 기가 걸리는 깃대에서 10m쯤 왼쪽에 이와 비슷한 두께를 가진 깃대가 하나 더 보이는데, 이 깃대에 특정한 나라의 깃발이 걸려 있다는 것은 해당 국가의 국빈이 방문 중임을 알려주는 것입니다.

1정원 건물의 지붕에 있는 깃발(체코의 대통령 기)

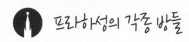 프라하성의 각종 방들

프라하성 단지를 방문한 여행자들끼리 프라하성 단지에 대해 가장 많이 주고받는 이야기는 "프라하성이라고 해서 가 봤더니 성에서는 볼 게 없고, 성당이랑 황금소로밖에 기억이 안 난다."는 말입니다. 프라하성에도 노이슈반슈타인 성이나 쉰부른 궁처럼 아름다운 방들이 많지만, 이 모든 방들을 볼 수가 없기 때문에 나오는 말입니다.

마티아스의 문 아래에서 좌우로 고개를 돌려보면 긴 계단이 이어지는 두 개의 큰 문을 볼 수 있는데, 한쪽 문은 프라하성에서 가장 화려한 연회장인 스페니시 홀Spanish hall, Španělský sál로 연결되는 문이고, 다른 쪽 문은 국가적인 목적으로 사용하는 방들로 연결되는 문입니다.

스페니시 홀로 통하는 계단

국가적인 목적으로 사용하는 방으로 통하는 계단

국가적인 목적으로 사용하는 방이라는 것은 프라하성에서 벌어지는 오찬이나 만찬, 기자 회견 등이 이루어지는 방들로, 이 방들을 따라가다 보면 체코 대통령의 집무실까지 이어집니다. 이런 이유로 이 공간들은 일반인들의 접근이 통제되어 있습니다.

스페니시 홀은 물론 오찬 장소로 쓰이는 방 등 국가적인 목적으로 사용하고 있는 방들은 매우 아름답지만, 평소에는 일반인들의 접근이 통제되어 있기 때문에 그 모습을 확인하기 어렵고, 사진 촬영도 제한되어 있어 그 모습을 직접 보여드릴 수 없음이 안타깝습니다.

체코 공화국은 국가적으로 사용되는 공간들을 1년 중 2일 정도 일반인들에게 개방해서 국민의 대표가 어떤 환경에서 일을 하고 있는지 보여줍니다. 하지만, 관광객의 입장에서는 1년에 며칠 공개되는 모습을 직접 보기는 현실적으로 어려우므로, 홈페이지(https://www.hrad.cz)를 통해 간접적으로나마 아름다운 방들의 모습을 확인하시기 바랍니다.

4/

제2정원

2nd Courtyard
Druhy Nádvoří

트램을 타고 프라하성으로 진입하거나, 마티아스의 문을 지나면 만날 수 있는 2정원은 건물 너머로 보이는 성 비투스 성당에 시선을 뺏겨 미처 둘러보지 못하고 지나치곤 하는 정원입니다.

2정원에서 가장 먼저 눈에 들어오는 것은 정원의 가운데에 있는 분수대일 것입니다. 그 근처에는 바로크 양식의 덮개가 있는 우물도 보입니다. 이 분수는 분수대를 만든 기술자의 이름을 따서 '코울Kohl의 분수대'라고 부르기도 하는데, 이보다는 분수대를 만들라고 지시한 레오폴트 1세 황제의 이름을 따서 '레오폴트Leopold 분수'라고 부르는 경우가 더 많습니다.

앞서 네루도바 거리에서 분수의 역할에 대해 언급한 적이 있습니다만, 레오폴트 분수 역시 화재에 대비하기 위한 성격이 강했습니다. 프라하성은 건물끼

레오폴트 분수대와 우물

리 붙어 있는 복합 건축물로, 혹독한 겨울을 나기 위해 가연성이 높은 카펫과 커튼을 사용하였기 때문에, 화재가 발생하면 대형 화재로 번지기 쉬웠습니다. 이것을 막기 위해 소방수를 최대한 가까운 곳에 두어야 했는데, 그냥 소화전으로 만들면 미관상 좋지 않으니 분수대로 치장을 한 것이죠. 레오폴트 분수대보다 단출한 모습을 하고 있는 성 비투스 성당의 동쪽 정원에 있는 분수도 역시 소화수 확보를 목적으로 만들어진 것입니다.

2정원에서 분수대 다음으로 볼 수 있는 건물 역시 외관은 그다지 화려하지 않습니다. 외관만 봐선 전혀 특이할 것이 없는 이 단순한 건물은 성 십자가 성당Chapel Of the Holy Rood입니다. 이 건물은 18세기 중반 황제 단 한 사람만을 위한 공간으로 설계되었습니다. 우리는 '하루라도 황제처럼 살아봤으면……' 하는 이야기를 하지만 모든 것을 가진 것 같은 황제가 평생을 가도 못 가질 것이 하나

성 비투스 대성당 유물 전시실로 쓰이고 있는 성 십자가 성당

있습니다. 바로 프라이버시이죠. 그런 황제에게 혼자만의 예배 시간을 준다는 핑계로 만들어진 일종의 개인 공간이라 보는 것이 좋겠습니다.

성 십자가 성당은 현재 성 비투스 대성당의 유물 전시실Treasury of St. Vitus Cathedral로 사용하고 있습니다. 2021년까지 전시 예정인 성 십자가 성당의 유물들은 11세기경부터 전해 내려오는 성물과, 카를 4세가 주조한 금 십자가 등을 비롯하여 그 가치를 이루 환산할 수 없는 것들이 대부분으로, 전시되는 물건들이 보통 물건이 아닌 만큼 한 번에 전시장에 들어갈 수 있는 사람의 숫자도 제한되어 있고 입장료도 싼 편은 아닙니다. 하지만 역사와 오래된 유물들을 좋아하는 필자에게는 천국과 다름없었습니다.

이제, 3정원으로 넘어가기 전에 2정원의 북쪽으로 나 있는 북문을 통해 나가 보겠습니다.

5

왕실 정원

Royal Garden
Královská Zahrada

1526년부터 보헤미아 왕국의 군주가 된 페르디난트 1세$^{Ferdinand I}$는 자신의 통치궁이었던 오스트리아 빈의 호프부르크 왕궁에서 모든 정무를 보았기 때문에 프라하성을 통치궁이 아닌, 바쁜 빈 생활에서 잠깐 벗어나 여유로운 시간들을 보낼 수 있는 별장으로 사용했습니다.

휴양 별장에서 결코 빠지면 안 되는 것은 정원이었습니다. 이미 16세기 유럽에서 정원 문화는 귀족 문화로 정착되었습니다. 자신의 저택 주위로 나무와 꽃을 심어 정원을 꾸몄고, 이 정원이 얼마나 관리가 잘 되어 있는가가 재산을 가늠하는 척도요, 품격과 권위를 상징하는 것이었습니다. 그리고 대부분의 유럽 국가가 뒤섞여서 싸운 30년 전쟁 이후, 세계를 인식하는 범위가 넓어진 17세기 중후반의 귀족들은 최대한 자신의 영지에서 멀리 떨어진 곳에서 이국적인 식물들을 공수해 수목원을 꾸미는 데 시간을 보냈습니다.

페르디난트 1세가 도착했을 때의 프라하성은 100년 전 발생한 후스 전쟁으로 인한 약탈과 파괴로 피해가 심했습니다. 페르디난트 1세는 프라하성을 보수하는 과정에서 프라하성을 여름 별장으로 사용하기로 결심했고, 개인 재산으로 프라하성 북쪽에 있는 귀족들의 영지와 포도밭을 매입하였습니다. 그리고 1534년 이곳에 당대의 유행이었던 이탈리아 르네상스풍의 정원을 만들었습니다. 또 신성로마제국의 영향력이 미치지 않는 곳에 있는 거대한 나무들과 꽃, 각종 식물들을 거액을 주고 구입하여 이 정원에 심었습니다. 유럽에서는 당시 보기 힘들었던 오렌지와 레몬, 무화과나무 등 수많은 외래종 나무들로 인해 이 정원은 '왕실 정원'이라 불리며 세간의 주목을 받았습니다. 지금은 '튤립' 하면 다들 네덜란드를 떠올리지만 사실 튤립이 유럽에 처음 들어와 재배된 곳이 바로 이 왕실 정원입니다. 터키의 오스만 제국으로부터 1554년에 튤립을 선물 받은 페르디난트 1세가 왕실 정원에 심은 것을 시초로 점차 유럽으로 튤립이 퍼져나가게 된 것입니다.

페르디난트 1세와 그의 가족들은 왕실 정원에 심어진 다채로운 수목들 사이를 거닐면서 여가 생활을 즐겼고, 왕을 방문한 외교 사절들 역시 정원에 초대되어 다과를 즐겼습니다. 페르디난트 1세가 왕실 정원에서 보내는 시간이 많아지자, 수목만 있는 정원에 건물이 필요했습니다.

1538년, 페르디난드 1세는 보헤미아 왕국의 마지막 공주이자 부인인 안나를 위해 왕실 정원 끝자락에 여름용 휴양 궁전을 지어주었습니다. 이것이 현재 왕실 정원의 가장 동쪽 끝에 있는 벨베데레^{Belvedere}(높은 곳에서 정원을 내려다볼 수 있도록 만든 전망용 건물) 궁전입니다. 이 벨베데레 궁전은 전체적으로는 르네상스 양식의 건물인데 고딕 양식의 요소를 섞는 등, 여러 양식을 혼합하여 지었다는 특이성이 있습니다. 이로 인해 벨베데레 궁은 건축 역사학을 전공한 사람들에게는 약간 비정상적인, 특이한 건물이라는 평을 듣기도 합니다.

여름 궁전 벨베데레

페르디난트 1세는 식물을 넘어 외래종 동물까지 수집하였는데, 이 동물들을 키우기 위해 '사자 정원'을 만들었습니다. 1564년 그가 죽고 난 후 주변에 건물이 지어졌고 오스트리아 합스부르크 왕가가 수집한 온갖 진귀한 동물들이 사육되기도 했습니다. 이름에서 볼 수 있듯이, 일종의 동물원 역할을 했던 이곳에는 아프리카 대륙에서 공수해 온 사자부터 표범, 원숭이, 독수리 등이 사육되면서 프라하성을 방문하는 외교 사절들의 중요 접대 장소가 되기도 하였습니다.

왕실 정원에 동물원이 생기면서 왕족들의 여가 활동을 돕는 건물이 하나 더 지어졌습니다. 벨베데레 궁전을 건축했던 건축가 보흘무트Bohlmut의 설계로 구기 경기장이 만들어졌는데, 건물 전면부를 휘감고 있는 수려한 스그라피토 기법과 더불어 르네상스 양식의 아름다운 조각들로 인해 이 구기 경기장은 사람들의 마음을 사로잡았습니다. 당시의 황제였던 막시밀리안 2세Maximillian II는 이곳에서 사격이나 각종 구기 경기 등 다양한 행사들을 열었고, 별도의 공간을

구기 경기장

만들어 나르시스^{Narcis}나 스킬라^{Bluebell} 같은 특수한 관리가 필요한 외래 작물들을 재배하였습니다. 오랜 세월이 지나 1938년에 체코슬로바키아의 2대 대통령이었던 에드바르트 베네시 대통령이 구기 경기장 옆에 대통령 주거 시설을 만들고 거주를 시작하면서 1989년까지 이 건물은 체코슬로바키아 대통령의 생활 공간으로 쓰였습니다.

프라하성을 지나쳐 간 수많은 오스트리아 황제 중, 프라하 사람들로부터 가장 많은 사랑을 받는 이는 루돌프 2세$^{Rudolf II}$였습니다. 합스부르크 가문의 내부 권력 다툼으로 재위 후반부에 부득이하게 프라하성에서 통치할 수밖에 없었던 루돌프 2세는 프라하에 머물면서 빈보다 프라하를 더욱 사랑하게 되었는데, 이때 프라하는 카를 4세의 재위 이후 제2의 중흥기를 맞았습니다. 그는 튀코 브라헤와 요하네스 케플러가 같이 천체를 관측할 수 있도록 왕실 정원에 천문대를 건축해 주었고, 두 천문학자는 많은 성과를 거두었습니다.

루돌프 2세가 프라하성에 머물 때, 그에게는 아프리카에서 데리고 온 무하메드라는 이름의 사자가 있었습니다. 이 사자는 사자 정원에서 최고급 특빈의 대우를 받으며 루돌프 2세의 사랑을 독차지했는데, 1611년 사자가 죽고 나자 큰 상심에 빠진 루돌프 2세가 시름시름 앓다가, 얼마 뒤 튀코 브라헤를 위해 만들어 준 천문대에서 숨진 채로 발견되었다는 야사도 상당히 흥미롭습니다.

정원이라는 특성상 왕실 정원은 겨울철에는 개방하지 않고 4월부터 10월까지 일반인들에게 개방됩니다. 비교적 방문객의 숫자가 많지 않은 곳이라 프라하성 단지 내에서 만나는 수많은 여행자로부터 벗어나 조용히 쉴 수 있는 좋은 휴식처 역할을 톡톡히 하고 있으니, 프라하성을 방문하시는 동안 잠시 쉬어갈 곳을 찾는다면 이곳 왕실 정원에 들러보시기 바랍니다.

이제 다시 북문으로 돌아가 제2정원을 거쳐 제3정원으로 이동해 보겠습니다.

6

제3정원

3rd Courtyard
Treti Nádvoří

프라하성의 3정원은 성 비투스 대성당이 웅장하게 자리 잡은 탓에 성당 외의 다른 곳에는 눈길을 주기 쉽지 않은 곳입니다. 2정원에서 복도를 따라 3정원으로 나오자마자 위압적인 모습으로 우리의 눈앞에 드러나는 성 비투스 대성당은 그 크기만큼의 중력으로 여행자들을 빨아들이고 있는 듯합니다.

　　2정원에서 3정원으로 진입하면서 보이는 것은 성 비투스 대성당의 서쪽 면입니다. 카를교에서 혹은 프라하 어느 곳에서든 보이는, 프라하성에서 가장 높이 솟아 있던 건물이 바로 이 성 비투스 대성당입니다.

　　성 비투스 대성당 서쪽 면 오른쪽으로 보이는 작은 건물은 프라하 주교령을 관리하던 주임 주교의 공간, 주교궁^{Staré proboštství}으로 11세기경부터 주교가 거주하면서 보헤미아 왕국의 교구들을 관리하던 장소였습니다. 주교궁의 오른쪽

3정원으로 넘어가면서 보이는 성 비투스 대성당의 서쪽 면

모서리에 있는 체코의 수호성인 성 바츨라프의 조각상은 17세기에 만들어진 것인데, 18세기에 주교궁을 바로크 양식으로 재건할 때 1세기 전에 만든 성 바츨라프의 조각은 그대로 남겨두고 건물만 보수했기 때문에 현재까지도 남아 있는 것입니다.

주교궁의 뒤로는 나지막한 높이의 잔해들도 보입니다. 로마네스크 양식의 비투스 성당(성 비투스 대성당이 생기기 전에 있던 성당)이 있던 시절인 1142년, 주교궁이 화재로 피해를 입으면서 주교궁의 규모가 대폭 축소되었습니다. 그러자 프라하의 주교는 말라 스트라나에 있는 다른 궁전으로 거처를 옮겼고, 프라하성 내의 주교궁은 로마네스크 성 비투스 성당을 관할하는 사제단이 사용하였습니다. 화재로 소실된 주교궁의 일부는 보수하지 않았는데, 그때 복구되지 않은 로마네스크 양식의 잔해가 나중에 발굴 작업을 통해 드러났고, 현재는 사

성 비투스 성당 서쪽 면 오른쪽으로 보이는 주교궁과 모서리 조각상

람들이 다 볼 수 있게 노출시켜 놓았습니다.

주교궁 바로 옆에는 오벨리스크가 있습니다. 원래 오벨리스크는 나일강의 범람과 풍부한 일조량을 기원하는 태양신 숭배 사상을 의미하는 것으로 이집트 문화의 산물이지만, 프라하성의 오벨리스크는 태양신 숭배와는 전혀 상관없는, 체코슬로바키아의 개국 10주년을 기념하기 위해 1928년에 만든 독립 기념 오벨리스크입니다.

오벨리스크를 만들자는 아이디어를 제안한 사람은 공모전을 통해 기용된 건축가 플레츠닉Josip Plečnik이었습니다. 하지만 막상 실현을 하자니 현실적인 문제가 한두 개가 아니었습니다. 오벨리스크는 단 한 덩어리의 거대한 돌에서 깎아 내는 것이 원칙이었습니다. 모라비아 지역의 채석장에서 어렵게 거대한 화강암을 찾았지만, 오벨리스크를 깎아서 프라하로 운반하는 과정에서 첫 오벨

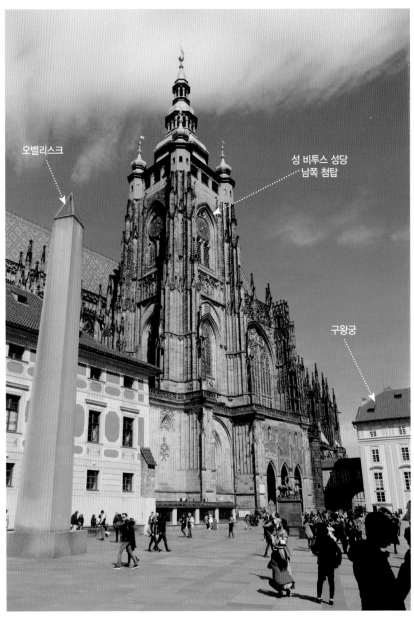

오벨리스크

성 비투스 성당
남쪽 첨탑

구왕궁

3정원의 조형물과 입장할 수 있는 건물들

358

리스크는 두 동강이 나버렸습니다. 수송의 총책임자였던 당시의 군부 인사가 이 일로 실의에 빠져서 결국 자살했다는 야사도 생겨났습니다.

두 번째로 깎아낸 오벨리스크는 프라하까지 무사히 도착했습니다. 하지만 기둥을 세우는 과정에서 기둥의 꼭지 부분이 부서져 버렸습니다. 하지만 건국 기념일에 맞춰 개막을 해야 했기 때문에 더 지체할 수 없었습니다. 불행 중 다행으로 부서진 부분이 기둥의 가장 꼭대기 부분이었기 때문에 공사는 그대로 강행되어 건국 기념일에 맞춰 개막을 할 수 있었다고 합니다. 지금도 오벨리스크의 끝부분을 잘 보시면 꼭지 부분만 금속으로 되어 있는 것을 확인하실 수 있습니다.

비록 꼭지가 부서지긴 했지만 높이 15.5m, 전체 기둥의 무게가 112t에 달하는 체코슬로바키아의 건국 기념비는 프라하성의 3정원에서 굳건히 자리를 지키고 있습니다.

3정원에서는 뒤에서 설명이 이어지는 구왕궁으로 들어갈 수 있으며, 성 비투스 대성당의 남쪽 첨탑도 올라갈 수 있습니다. 3정원에서 출입할 수 있는 곳들 중에는 성 비투스 성당을 먼저 돌아본 후 구왕궁을 방문하는 순서로 설명하도록 하겠습니다.

7 / 성 비투스 대성당

St. Vitus Cathedral
Katedrála Svatého Víta

성 비투스 성당의 건축 기간에 대해 어떤 책에서는 600년에 걸쳐 지어졌다 하고, 다른 책에서는 1,000년이라는 세월이 걸렸다고 합니다. 왜 이런 차이가 생긴 걸까요?

사실, 현재의 성 비투스 대성당이 있기 이전, 이 자리에 두 개의 성당이 더 있었습니다. 한 자리에 성당을 지었다가 철거하고, 또 지었다가 철거하고, 마지막으로 성 비투스 대성당이 지어진 것입니다. 이렇게 성당을 철거하고 개축하는 과정에 성 비투스의 이름이 그대로 유지되다 보니, 건축 기간을 계산할 때 관점에 따라 400년이라는 격차가 생겼습니다.

이 성당의 정식 명칭은 '성 비투스와 성 바츨라프와 성 보이테흐의 대성당 Cathedral of St. Vitus, St. Wenceslaus and St. Adalbert'으로, 제일 처음에 등장하는 성인의 이름을 내세워 성 비투스 대성당이라고 줄여서 말하는 경우가 많습니다.

성당 건축의 역사

이 자리에 첫 번째 성당이 지어진 때는 925년입니다. 당시 보헤미아의 군주는 성 바츨라프Svatý Václav 공작이었는데, 그는 백성들로부터 크나큰 사랑을 받았습니다. 그의 공명정대함과 선정에 감복한 많은 보헤미아 국민들은 민속 신앙을 버리고 성 바츨라프의 종교였던 그리스도교로 개종하였고, 이웃에 있던 강대국 독일의 황제 하인리히 1세Heinrich I는 그리스도교를 포교하는 데 큰 공을 세운 성 바츨라프를 독일로 초청하여 만찬을 열어 주었습니다.

하인리히 1세는 자신이 정말 아끼던 보물을 성 바츨라프에게 선물하였습니다. 그 보물을 받아서 프라하로 돌아온 성 바츨라프는 보물을 안전하게 보관하기 위해 이 자리에 조그만 성당을 짓고 보물을 보관했습니다. 그런데 이 선물은 어떤 것이었을까요? 선물이 어떤 것이었는지는 성당의 청동문에 새겨진 부조를 통해 확인할 수 있습니다.

성당의 서쪽 전면부에는 총 4개의 청동문이 있고, 각 문에는 부조가 새겨져 있습니다. 그중 가운데 있는 두 개의 청동문에 새겨진 일련의 부조가 바로 성 비투스 대성당의 건축 역사에 대한 이야기를 담고 있습니다.

왼쪽 제일 위에서 시작되는 건축의 역사 첫 장면(부조1)은 두 사람이 상자를 주고받는 모습입니다. 상자의 아래에서는 10세기경 보헤미아 공국의 문장인 독수리 문장을 볼 수 있는데, 상자를 주고받는 두 사람의 모자를 보면 그 지위를 쉽게 짐작할 수 있습니다. 왼쪽에 있는 두건 쓴 사람이 보헤미아의 군주 성 바츨라프이고, 오른쪽에 왕관을 쓴 사람이 독일의 황제 하인리히입니다. 이 두 사람이 주고받는 상자 위에 문제의 보물이 있는데, 이것은 4세기경의 초창기 그리스도교 성인인 성 비투스의 시체에서 잘라낸 왼팔이었습니다.

중세의 유럽에서 성인의 유해는 단순한 유해가 아니었습니다. 마치 불가에서 부처의 진신사리나 고승들의 사리를 보물로 생각하는 것처럼, 중세의 유럽인들은 초기 그리스도교의 순교자를 비롯하여 성인으로 추앙된 성직자의 유해에 영적인 기운이 감돈다고 믿었습니다. 그래서 사람들은 성인들의 시체를 '성스러운 유해 – 성해'라고 부르며 신성시하였고, 아주 중요한 성물로 인식했습니다. 성인의 유해가 있으면 그 성인의 영적인 기운이 마을을 지켜준다는 믿음도 있었기 때문에 도굴꾼들이 무덤을 파헤쳐서 시신을 통째로 훔치는 경우도 있었고, 여의치 않으면 시신의 일부만이라도 절단해서 훔치는 경우도 비일비재했습니다. 독일 황제 하인리히 1세가 성 바츨라프에게 준 성 비투스의 왼팔 역시 보헤미아 땅에 처음 들어온 성인의 성해인지라 도굴꾼이나 부정한 생각을 하는 사람들로부터 완벽하게 보호해야 했습니다. 그래서 생각한 것이 성

부조1. 보물을 주고 받는 성 바츨라프와 하인리히 황제

부조2. 성당 공사를 지시하는 모습

부조3. 성 비투스의 성해가 들어가는 모습

부조4. 로마네스크 양식의 성당을
건설하는 모습

부조5. 완성된 성당에 축성을 드리는 모습

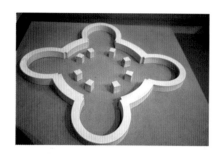

성 비투스 로툰다 평면도와 모형

당을 튼튼하게 짓고, 그 안에 성해를 보관하자는 것이었습니다.

성해를 주고받는 장면의 아래(부조2)에 성 바츨라프가 성당 공사를 지시하는 모습이 보입니다. 그래서 지어진 성당에 성 비투스의 성해가 들어가는 모습은 그 아래의 부조(부조3)에서 확인할 수 있습니다.

부조에서 짐작할 수 있는 것처럼, 처음의 성당은 규모가 크지 않았고, 공중에서 보면 원형의 성당(로툰다)◆을 중심으로 동서남북에 조그만 부속 예배 공간을 가진 형태로 건축되었습니다.

첫 성당은 성 비투스의 성해를 보관하는 목적으로는 더할 나위 없이 좋은 공간이었지만, 크기가 너무 작았습니다. 10세기에는 프라하성에 기거하는 인구가 많지 않았기에 충분했지만, 11세기로 넘어가면서 늘어난 신도들을 수용하기 어려워졌습니다. 그래서 예배를 주관하는 성직자와 최고위 왕족들은 건물 안에서, 나머지 신도들은 건물 바깥에서 미사를 보아야 하는 불편함이 있었습니다.

◆이런 원형 건물을 로툰다라고 부릅니다. 현존하는 로툰다 중 가장 널리 알려진 건물은 이탈리아에 있는 판테온 건물로, 판테온은 정면에서 보면 로마 신전처럼 평면적으로 보이지만 공중에서 보면 원형입니다.

1060년에 이르러 신도의 숫자가 크게 늘자 당시 보헤미아의 군주 브라티슬라프 2세^{Vratislav II}는 기존의 성당을 허물고, 그 자리에 큰 규모로 성당을 재건축했습니다. 당시에 유행하던 로마네스크 양식으로 만들어진 성당은 30년이 지난 1090년에야 완성되었고, 중앙 제단 뒤쪽에 성 비투스의 왼팔을 모셨습니다.

청동문의 부조에 로마네스크 성당을 건설하는 모습(부조4)과 완성된 성당에 축성을 드리는 모습(부조5)이 묘사되어 있습니다.

두 번째로 만들어진 성당은 이후 1344년까지 프라하 주교가 직접 집전하는 성당으로 유용하게 사용했지만, 이 역시 나중에 철거되는 바람에 이전의 로툰다 건물과 두 번째 성당 모두 현재는 전혀 흔적을 찾아볼 수가 없습니다.

1344년 11월, 당시 보헤미아는 이미 왕국으로 승격된 지 100년이 지난 상태로, 인구는 급증했고 위상은 드높았습니다. 그런 왕국의 왕궁에 있는 성당이 고작 주교령이라는 것은 여러모로 왕국의 위상을 떨어트리는 것이라고 생각한 당시 보헤미아의 왕이자 장차 신성로마제국의 황제에 올라갈지도 모르는 중요한 자리에 있던 카를 4세는 프라하성을 대주교령으로 승격시키기 위해 이전의 성당을 허물고 그 자리에 대주교를 모실 수 있는 대성당 공사를 시작했습니다.

대성당 공사를 하기 이전 새로 부임한 대주교와 카를 4세가 상자를 주고받는 모습을 부조(367쪽 부조6)를 통해 볼 수 있습니다. 상자가 이전에 비해 많이 화려해졌지만, 이 상자 안에 있는 것은 역시나 성 비투스의 왼팔입니다. 상자의 아래에는 이미 공국에서 왕국으로 지위가 올라간 보헤미아 왕국의 새로운 문장인 꼬리가 두 개 달린 사자 문장도 박혀 있습니다.

새로 짓기 시작한 대성당은 대주교가 미사를 주관하는 곳이고, 카를 4세 이후 보헤미아 왕들의 대관식이 진행될 장소이자, 보헤미아 왕가의 무덤 역할도

해야 하며, 크게 늘어난 보헤미아 왕가의 중요 보물들을 보관할 수 있는 창고가 되어야 했습니다.

당대 유행이었던 고딕 양식으로 지어질 성당 공사의 총 책임자로 지정된 사람은 아비뇽 교황청의 공사를 책임지기도 했던 프랑스 출신의 마티외 드 아라스Mathieu d'Arras, Matthias of Arras였습니다. 당시 마티외는 고딕 양식에 대한 이해가 풍부한 55세의 연륜 있는 기하학 전공 건축가로, 프라하에 도착하자마자 건물 전체의 틀을 짜고 곧바로 공사를 시작했습니다.

마티외는 중앙 제단과 후진부(교회 제단 뒷면의 반원형으로 쑥 나온 부분)◆ 공사부터 시작하여 미사를 볼 수 있는 공간을 먼저 만들었습니다. (대개 대규모의 성당 공사를 할 때 이와 같은 이유로 중앙 제단의 뒤쪽부터 공사를 시작합니다.) 마티외의 공사를 관심 깊게 보고 있는 모자를 쓴 카를 4세와, 그의 아들 바츨라프 4세, 그리고 공사 공정을 설명하는 마티외의 모습 역시 청동문(부조7)에서 볼 수 있습니다.

하지만 공사의 규모는 너무나 컸고, 마티외의 나이는 많았습니다. 마티외는 공사를 맡은 지 8년이 지난 1352년, 중앙 제단을 거쳐 성가대석의 동쪽 부분까지 성당의 1/4 정도만 완공한 상태에서 사망하고 말았습니다. 공사 총 책임자가 늙어서 사망하자 카를 4세는 실망이 컸을 것입니다. 새로운 공사 책임자를

◆고딕 양식의 성당은 중앙 제단이 있는 후진부가 정 동쪽인 경우가 많습니다. 미사는 오전에 시작하여 정오에 끝나는 경우가 많기 때문에 중앙 제단이 동쪽에 있으면 그 뒤에 있는 스테인드글라스를 통해 들어온 빛이 성직자의 등뒤에서 비치면서 더욱 환상적인 분위기를 연출해 낼 수 있기 때문입니다.

성 비투스 성당 중앙 제단 후진부

부조6. 대주교와 카를 4세가 상자를 주고 받는 모습

부조7. 바츨라프 4세에게
공사 공정을 설명하는 마티외

부조8. 피터 파를러가 두 아들의 모습을
바라보고 있는 모습

부조9. 페쉬나 신부 앞에서 건축가가 무릎
꿇고 있는 모습

부조10. 성당 완공 후 중앙 문을 닫는 모습

뽑아야 했던 카를 4세는 이전의 마티외와는 달리 아주 젊은 23살의 피터 파를러Peter Parler라는 독일 장인을 프라하로 초청했습니다. 피터 파를러의 나이는 비록 어렸지만, 그의 가문인 파를러 가문은 독일 고딕 양식이 꽃핀 쾰른Köln 지역에서 이름난 석공 장인 가문이었습니다.

피터 파를러는 이전의 책임자였던 마티외의 설계도를 수년에 걸쳐 다시 검증하고 계산하였습니다. 검증을 끝낸 후, 공사가 중단되었던 성가대 북쪽의 성구 보관실(374쪽 성 비투스 대성당 평면도의 8번)과 남쪽의 성 바츨라프 예배당(성 비투스 대성당 평면도의 25번)의 공사를 마무리하였습니다. 이 부분을 완성한 뒤, 공사는 순조롭게 진행되었습니다. 마티외와 파를러, 이 두 사람의 조합은 탁월한 선택이었습니다. 기하학 전공이었던 마티외가 짜 놓은 거대한 구조를 조각 장인이었던 파를러가 아름답게 완성해 나간 것이죠.

매일같이 열정적으로 공사 현장을 방문했던 카를 4세는 피터 파를러의 실력에 감탄하여 대성당 외에 그가 구상한 유럽 최초의 계획도시인 신시가지와 카를교, 구왕궁의 만성교회 공사까지 공사란 공사는 죄다 피터 파를러에게 맡겼습니다. 공사 총 책임자가 성당을 건축하는 데만 전념해도 공사가 제때 끝날지 모를 일인데, 다른 일들까지 계속해서 맡게 되었으니 성당 공사 속도는 지지부진해질 수밖에 없었습니다. 이후 피터 파를러는 카를 4세가 1378년에 사망할 때까지 26년 동안 하루도 쉬는 날 없이 일했고, 카를 4세의 사망 이후에도 그에게 맡겨진 일을 계속 수행해 나갔습니다.

23살의 나이로 프라하 땅을 밟았던 피터 파를러도 1397년 어느덧 68세가 되었습니다. 카를 4세도 이미 사망했고, 고령으로 더 이상 책임자 역할을 수행할 수 없게 되자 파를러는 자신의 두 아들에게 성당 공사를 물려 주었습니다. 이 장면 역시 부조에 피터 파를러가 기중기를 끄는 두 아들의 모습을 바라보고

남쪽 첨탑과 박공(골든 게이트)

있는 모습으로 묘사(부조8)되어 있습니다.

　1399년 70세의 나이로 피터 파를러가 사망했을 때, 성당의 2/5 정도가 완성된 상태였습니다. 공사를 이어받은 파를러의 두 아들 벤젤과 요하네스 파를러는 공사를 계속해 트랜셉트 전체와 남쪽 첨탑을 완성하였고, 첨탑과 트랜셉트를 박공(八자 모양으로 붙인 건축 부재)◆으로 연결하여, 1410년경에 이르러 성당은 절반 가까이 완성되었습니다.

　　　◆ 이 박공의 아래에 위치한 출입구는 대관식을 앞둔 황제가 드나드는 출입구로 장식에 사용된 많은 금들로 인해 '골든 게이트(Golden Gate)'라고 불립니다. 자세한 내용은 407쪽에서 계속됩니다.

대성당 공사가 절반쯤 진행되었을 때 보헤미아 왕국에 후스 전쟁(1419~1436)이라는 내전이 발생했습니다. 전쟁통에 절반만 완공된 성 비투스 대성당 공사는 급하게 임시벽을 세우면서 마무리되었습니다. 1436년 후스 전쟁이 평화 협정으로 마무리되긴 했지만, 오랜 내전을 겪은 보헤미아 왕가에는 공사를 추진할 자금도, 인력을 충당할 강력한 통치력도 없었습니다.

이후로 왕좌의 주인이 계속 바뀌는 과정에서 성당의 재건이 몇 번 추진되기도 하였지만 대규모 공사는 이루어지지 않았고, 성당 내부의 장식을 르네상스식에서 바로크식으로 바꾸거나, 부실한 부분을 보강하는 소규모 공사만 진행되었습니다. 공사를 위해 지붕에 대 놓았던 나무 들보는 그대로 붙어있었으며, 성당의 서쪽은 임시 벽으로 막혀서 흉물스러웠습니다. 게다가 1541년에 일어난 말라 스트라나 지구의 대화재는 프라하성에도 영향을 미쳐 성 비투스 대성당 역시 이 화재로 피해를 입었습니다.

1844년, 성 비투스 대성당 사제단의 페쉬나Václav Pešina 신부와 건축가 요세프 크라너Josef Kranner가 성 비투스 대성당의 재건 계획을 공식 발표함으로써 거의 400년 동안 반쪽으로 방치되었던 성 비투스 대성당은 새로운 전기를 맞았습니다. 부조에서 보이는 무릎 꿇은 사람이 건축가, 서 있는 사람이 사제단의 페쉬나 신부입니다(부조9). 이 발표를 계기로 '성 비투스 대성당 완공 위원회'라는 모금 단체가 만들어졌는데, 당시는 민족주의가 고취되고 있던 시점으로, 사람들은 성 비투스 대성당을 민족의 구심점과 같은 이미지로 이해했습니다. 이내 보헤미아와 모라비아 전역으로부터 성금이 밀려들었습니다.

요세프 크라너부터 요세프 모커Josef Mocker, 카밀 힐버트Kamil Hilbert에 이르기까지, 초반의 공사는 성금만으로 진행되었기 때문에 속도가 아주 더디었습니다. 건축에 방해가 되는 불필요한 장식과 구조들만 없애다가 공사비가 떨어지거나, 일부분만 완성했는데 공사비가 떨어지는 등, 순탄하지 않던 공사가 큰 전환점을 맞은 것은 1918년, 체코슬로바키아의 독립이었습니다. 곧바로 성 비투스 대성당 공사에 전폭적인 지원이 결정되었고, 공사 속도에 탄력이 붙었습니다. 1920년에 이르러서는 성당의 모든 구조와 벽체가 완성된 상태에서 조각가 보이테흐 수하르다Vojtěch Sucharda의 지휘 아래 성당 전체의 조각 작업이 진행되었고, 알폰스 무하 같은 당대의 유명한 화가들이 대거 참여하여 성당의 스테인드글라스와 각종 제단, 종교화들을 제작하였습니다.

성 비투스 대성당의 공식적인 공사가 끝난 것은 성 바츨라프 왕의 축일인 1929년 9월 28일이었습니다. 공사의 가장 마지막 순간은 성당 건축의 역사를 부조로 표현해 놓은 이 가운데의 두 문을 닫는 순간이었는데, 가장 마지막 부조에 묘사(부조10)되어 있습니다.

지금까지 성 비투스 대성당의 건축 역사를 살펴보았습니다. 그 과정에서 자연스럽게 성당 건축 기간에 대한 의문이 풀렸을 것입니다. 제일 처음에 성당이 지어진 925년부터 따진다면 1929년까지 1,004년이고, 카를 4세가 대성당 건축을 시작했던 1344년부터 따진다면 585년입니다. 이런 이유로 어떤 곳에서는 1,000년, 또 어떤 곳에서는 600년 동안 지어졌다고 하는 것입니다.

성당의 서쪽 전면부에 있는 모든 청동 문에는 성당과 관련 있는 성인 및 성당의 건축 역사가 부조로 묘사되어 있습니다. 우리는 가운데에 있는 두 개의 문을 통해 성당 건축의 역사를 알아보았는데, 현재 관광객들을 위한 입구로 사용되는 문에는 성 보이테흐의 일생(384쪽 참조)이, 출구로 사용되는 문에는 성 바츨라프의 일생(403쪽 참조)이 부조로 묘사되어 있습니다.

천장의 골격과 연결되는 다발 기둥

성당 내부

성 비투스 대성당 내부에서 서쪽 1/4은 표가 없어도 무료로 관람할 수 있는 공간이고, 나머지 3/4 부분은 표가 있어야 볼 수 있습니다. 지금부터 왼쪽 문을 통해 입장한 다음 무료 공간을 거쳐, 유료 공간까지 포함한 성당 내부를 자세히 알아보겠습니다.

성 비투스 대성당은 고딕 양식으로 지어진 성당답게 넓은 창문의 스테인드글라스를 투과한 빛이 내부를 아름답게 비추고 있습니다.

첫 건축 책임자였던 마티외는 대성당을 총 3개의 회랑을 가진 바실리카 양식(바실리카에 대해서는 429쪽 참조)으로 설계했는데, 가운데의 대회랑 끝에는 중앙 제단이 있고, 그 뒤로 예수 그리스도의 모습이 담긴 스테인드글라스가 있습니다. 대회랑의 양옆에는 대회랑보다 높이가 낮은 회랑 두 개가 나란히 지나가는데, 대회랑과 소회랑들을 나누는 기둥들이 다발 기둥으로 설계되었습니다. 기둥의 골격들은 천장을 버티는 골격들과 연결되어 건물을 더욱 튼튼하게 만들어 줍니다. 복잡해 보이는 내부 골격 구조는 피터 파를러의 작품으로, 후대에 공사를 진행한 건축가들 역시 피터 파를러가 의도했던 대로 재건축을 하여, 성당 내부 건축의 통일성을 지켰습니다.

좌우의 소회랑 가장자리에는 왕가의 주요 인물 및 성인들의 예배당이 순서대로 있고, 각 예배당은 그림과 스테인드글라스로 장식되어 있습니다.

대성당 내부의 공간들을 왼쪽 입구부터 시작해서 시계 방향으로 나가면서 중요한 부분들을 중심으로 하나씩 알아보겠습니다.

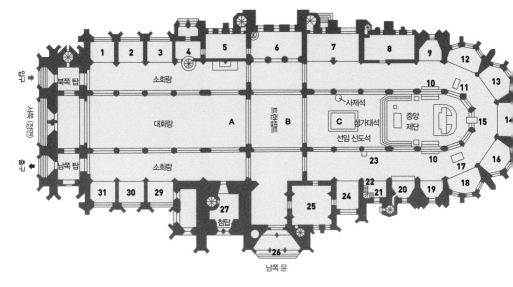

성 비투스 성당 평면도

1. 바르톤-도베닌 예배당
2. 슈바르첸베르크 예배당
3. 신(新) 대주교 예배당
4. 신(新) 성물 보관실
5. 신(新) 성구 보관실
6. 볼무트의 성가대석
7. 성 지그문트 예배당
8. 구(舊) 성구 보관실
9. 성 안느의 예배당
10. 프라하의 옛날 모습을 형상화한 부조(위쪽),
    비투스 대성당 약탈 장면(아래쪽) 추기경의 동상
11. 프리드리히 폰 슈바르첸베르크
12. 구(舊) 대주교 예배당
13. 세례 요한 예배당
14. 삼위일체 예배당(성모 마리아 예배당)
15. 성 비투스의 성해가 보관되었던 제단

16. 성해의 예배당(색슨과 스텐베르크 가문)
17. 얀 네포무츠키 신부의 은제 무덤
18. 얀 네포무츠키, 보이테흐의 예배당
19. 발렌슈타인 예배당
20. 왕족의 예배석
21. 성 십자가 예배당
22. 왕실 묘지로 향하는 문
23. 레오폴드 슐릭 공작의 바로크 양식 무덤
24. 성 마르티네즈, 성 앤드류의 예배당
25. 성 바츨라프 예배당
    (예배당 위의 비밀 공간에 대관식 성물이 보관되어 있다.)
26. 골든 게이트
27. 하센부르크의 예배당
28. 도서 보관소
29. 튠 예배당
30. 성스러운 무덤들의 예배당
31. 성 루드밀라 예배당

1 │ 신 대주교 예배당(알폰스 무하의 창) *평면도의 3번

1861년 이후 새로 만든 프라하 대수교의 예배당으로, 이 예배당에 체코 아르누보의 대가인 알폰스 무하Alphonse Mucha◆의 스테인드글라스가 있습니다.

이 예배당에 있는 무하의 작품에는 많은 인물이 등장합니다. 가장 위에서 아래로 내려가면서 어떤 중요한 사람들이 나오는지 알아보면 좋겠습니다.

프라하 대주교의 신예배당

◆알폰스 무하 : 1860년 모라비아의 조그만 도시 이반치체Ivančice에서 태어난 화가로, 주로 극장 무대와 포스터 등을 제작하다가 1887년 후원가의 도움으로 프랑스 파리로 유학을 떠났습니다. 그는 유학 생활 중 잡지와 광고 전단에 들어가는 일러스트를 꾸준히 그렸는데, 우연히 당대의 여배우인 사라 베르나르Sarah Bernhardt를 모델로 한 포스터를 그리면서 순식간에 유명세를 얻었습니다. 그의 이름을 딴 '무하 스타일'이라는 새로운 유행도 시작되었는데, 조국과 슬라브 민족에 대한 그리움을 느낀 무하는 1910년대에 체코로 돌아왔고, 많은 창작활동을 통해 슬라브 민족의 역사와 문화를 담아냈습니다. 무하의 가장 유명한 작품은 거의 20년 동안 그려낸 총 20점의 '슬라브 서사시'라는 작품입니다.

알폰스 무하의 작품

알폰스 무하의 창

창의 가장 위에는 두 팔을 벌린 예수의 모습이 등장하는데, 우리가 관습적으로 떠올리는 갈색 긴 머리와 흰 피부를 가진 예수의 모습과는 확연히 다릅니다. 무하는 예수를 슬라브족처럼 그려 예수를 슬라브족의 수호자로 묘사하였습니다. 이와 같이 성당이 위치한 나라와 지역마다 표현되는 예수의 모습은 조금씩 다릅니다. 자신(민족)의 모습을 투영시키기 때문이죠. 중동의 나사렛이 고향인 예수의 모습이 코카서스 백인처럼 묘사된 것도 오랫동안 그리스도교가 백인들의 종교로 자리 잡으면서 생긴 변화입니다.

창의 가운데에는 두 사람의 성인이 등장합니다. 왼쪽에 검은 후드를 쓴 사람은 성 키릴St. Cyril(성 치릴Sv. Cyril), 오른쪽에 하얀 옷을 걸친 사람은 성 메토디우스St. Methodius(성 메토데이Sv.Metoděj)로, 두 사람은 그리스(비잔틴) 출신의 형제 선교사입니다. 두 형제는 9세기 중반부터 슬라브족에게 그리스도교를 전파한 성인들로, 왼쪽의 성 키릴은 슬라브족에게 글자(키릴 문자)를 만들어주고 학문을 전파하는 역할을 했으며, 오른쪽의 성 메토디우스는 세례를 하며 굳건한 신앙심을 전파하는 역할을 했습니다. 두 형제는 모라비아 왕국에 머무르는 동안, 모라비아 왕국을 방문한 보헤미아의 군주 보르지보이Bořivoj 공작과 그의 부인 성 루드밀라St.Ludmila에게 그리스도교를 전파하기도 했습니다. 이 두 선교사를 만나 그리스도교로 개종한 보르지보이와 성 루드밀라는 보헤미아로 돌아와서 프라하성을 짓고, 보헤미아를 다스리며 그리스도교를 포교하기 위해 많은 노력을 기울였습니다. 이때부터 보헤미아는 사료로 확실히 증명되지 않는 신화의 시대를 벗어나, 기록을 통해 사건과 인물들이 증명되는 역사의 시대로 변하는 전환점을 맞았습니다.

성 키릴의 아래에 보이는 의자에 기대어 앉아 있는 할머니의 모습이 바로 성 루드밀라입니다. 그리스도교로 개종한 성 루드밀라는 가난한 백성들에게 빵을 나눠주고, 병자들을 간호하였으며, 고아들을 거두어 키우는 등 따뜻한 심성으로 서민층의 폭넓은 지지를 받았습니다. 당시까지 여전히 민속 신앙의 뿌리가 깊었던 보헤미아 지방 귀족들의 반발로, 성 루드밀라와 보르지보이는 재위 기간 동안 프라하성에서 쫓겨나기도 했지만 백성들의 전폭적인 지지와 칭송을 바탕으로 다시 군주의 자리로 돌아올 수 있었고, 두 사람은 보헤미아를 훌륭히 다스렸습니다.

하지만 성 루드밀라의 남편 보르지보이 공작은 37세의 젊은 나이로 세상을 떠났습니다. 군주의 자리를 승계받은 성 루드밀라의 맏아들 스피티흐네브 Spytihněv I 는 28년간 보헤미아 공국을 잘 다스렸지만, 후대를 계승할 아들을 얻지 못한 상태에서 마흔의 나이로 사망(915년)하였습니다. 군주의 자리는 성 루드밀라의 둘째 아들 브라티슬라프 1세 Vratislav I 에게 승계되었습니다. 26세의 혈기 왕성한 군주 브라티슬라프 1세는 모라비아 대제국의 영향권 아래 있던 보헤미아 공국을 독자적인 나라로 발전시키려 노력했지만, 그 역시 33살이라는 젊은 나이에 전쟁터에서 사망했습니다.

33살에 사망한 성 루드밀라의 둘째 아들 브라티슬라프 1세는 지방 귀족의 딸 드라호미라라는 여자를 부인으로 맞아 장남 성 바츨라프와 차남 볼레슬라프 두 명의 아들을 두고 있었습니다. 자연히 군주의 자리는 장남인 성 바츨라프에게 승계되었는데, 이때 성 바츨라프의 나이는 불과 13세에 불과했기 때문에 성 바츨라프가 성인이 될 때까지 국정을 도와줄 섭정이 필요했습니다. 당연히 사람들은 성 바츨라프의 어머니인 드라호미라가 섭정을 맡으리라 생각했지만, 뜻밖에 섭정 역할을 한 것은 할머니 성 루드밀라였습니다. 소년 군주 성 바츨라프는 할머니인 성 루드밀라로부터 교육을 받았고, 성 루드밀라처럼 백성을 아끼는 성군으로 자라났습니다. 스테인드글라스에 성 루드밀라의 무릎에 앉아 기도하고 있는 빨간 옷의 소년이 바로 소년 군주 성 바츨라프입니다.

하지만 자신의 아들에게 막강한 영향력을 끼치는 시어머니가 곱게 보이지 않았던 드라호미라는 자신과 연대하던 귀족들을 규합하여 성 루드밀라를 섭정에서 끌어내린 뒤, 프라하에서 50km가량 떨어져 있는 테틴^{Tetin}에 있는 성으로 유배를 보냈고, 암살자를 고용해 은거하고 있던 성 루드밀라를 살해했습니다. 성 루드밀라가 사망하자 슬픔에 젖은 보헤미아 왕국의 백성들은 성 루드밀라에 대한 열렬한 그리움을 표출하였고, 로마 교황청에서는 이후 성 루드밀라를 보헤미아의 수호성인으로 추앙하기에 이르렀습니다.

이렇게 알폰스 무하의 작품은 보편적으로 성서의 구절이 묘사된 스테인드글라스와는 다른 내용을 품고 있습니다. 보헤미아에 그리스도교를 전파한 두 형제 선교사와 그들에게 그리스도교를 전파받은 성 루드밀라, 그리고 그의 손자 성 바츨라프 공작까지 연결되는 보헤미아 역사의 첫 페이지를, 슬라브족으로 묘사된 예수 그리스도가 내려다보는 모습으로 표현한 이 작품은 보헤미아 슬라브족의 역사의식을 잘 담아낸 훌륭한 작품이라 할 수 있습니다.

이 훌륭한 작품에 사족도 하나 있습니다. 창의 가장 아래쪽에는 'Banka Slavie'라는 글씨가 적힌 작은 네모 장식이 있는데, 이는 당시 무하를 후원했던 슬라비에 은행의 협찬 내용을 알려주는 문구입니다. 공연 포스터 등 상업적인 작품 활동을 많이 했던 알폰스 무하의 직업의식이 발동한 것이라 봐도 좋겠습니다.

스테인드글라스 아래쪽 네모 장식

성 비투스 대성당의 내부를 영롱하게 채우고 있는 모든 빛은 성당 위쪽의 창과 성당의 아래쪽에 있는 스테인드글라스를 투과하여 들어온 빛들입니다. 스테인드글라스는 '빛의 건물'이라 불리기도 했던 고딕 양식의 건물 내부를 꾸미는 데 가장 중요한 요소 중의 하나로, 그 기법은 7세기경의 중동에서 유래하였습니다.

7세기의 중동에서는 대리석 석판에 구멍을 뚫어, 그 구멍에 유리와 색유리 조각들을 끼워 넣은 뒤, 대리석 석판을 벽면으로 사용했습니다. 유리 조각이 끼워진 석판들은 장식은 물론 채광까지 같이 해결할 수 있는 좋은 건축 자재였습니다.

이런 채광 기법은 11세기부터 대규모로 이루어진 십자군 원정을 통해 중서부 유럽으로 전달되었고, 이 기법은 당시 유행하기 시작한 고딕 양식에서 꽃을 피웠습니다. 유럽의 유리 기술자와 장인 들은 동방의 원초적인 장식 기법을 좀 더 섬세하게 표현하기 시작했습니다. 금속 산화물을 녹여서 붙이는 것을 시작으로, 유리의 표면에 안료를 구워서 붙인 색깔 유리 조각들을 접합시키는 방식으로 아예 그림을 그려 나가기에 이르렀습니다. 이렇게 색유리를 만들기 위해서 구리, 철, 망간 같은 금속 화합물들을 사용하였고, 세부적인 디자인에는 갈색의 에나멜 유약을 사용하였습니다.

스테인드글라스가 시작된 초기의 작품들은 유리의 질이 고르지 못했고, 착색 기술이 발전하지 않아 색유리에 얼룩이 지는 경우가 많았으며 섬세한 표현이 가능하지 않았습니다. 하지만 스테인드글라스라는 기법 자체가 오묘하고 영롱한 이미지를 성당 내부에 투영하는 것에 중점을 두고 있기 때문에, 초창기의 스테인드글라스가 가졌던 빛의 과굴절 현상이 도리어 더욱 매력적으로 보이기도 합니다. 그 좋은 예가 11세기경의 작품으로 알려진 독일 아우크스부르크 성당의 예언자 다니엘의 스테인드글라스가 아닐까 합니다.

아우크스부르크 성당의 예언자 다니엘 스테인드글라스

2 | 빌레크의 제단 *평면도의 4번 5번 사이

빌레크의 제단으로 가는 길 왼편에는 성 비투스 대성당 소유의 중요 성물들을 안전하게 보관할 수 있도록 만든 성물 보관실*평면도의 4번이 있습니다. 성물 보관실은 일반인이 접근할 수 없게 출입구가 잠겨 있습니다.

거대한 나무에 예수 그리스도를 조각해 놓은 이 제단은 체코 출신 조각가 프란티셰크 빌레크Frantisek Bilek(1871~1941)의 작품입니다. 20세기 초, 아르누보 양식을 주도하던 조각가 빌레크는 색맹이라는 한계에도 조각에 매진했는데, 특히 성경 등장인물들의 심리 상태를 추정하여 묘사하는 것에 탁월했습니다. 그의 초기 작품들은 등장인물들이 원죄의 굴레를 쓰고 억압되어 있는 상태로 묘사된 것이 많았지만, 후기의 작품들은 굴레를 벗어난 자유로운 존재로 묘사된 경우가 많았습니다.

빌레크가 이 제단을 만들 때, 그의 작품 세계는 이 두 단계의 중간 정도에 있었습니다. 빌레크가 표현한 십자가에 못 박힌 예수 그리스도의 모습에서 고통스러움과 편안함, 속박과 자유로움, 죽음과 삶이라는 여러 가지의 대립된 개념이 한 곳에 녹아 있는 것 같습니다.

3 | 성 보이테흐의 무덤 *평면도의 A

대회랑과 트랜셉트의 가운데에는 신도석이 없이 비어 있는 공간이 있는데, 이곳에 있는 약간 솟아오른 듯한 형상의 비문 아래에 성 보이테흐Sv. Vojtech의 무덤이 있습니다. 5~6월, 오후 4~5시에 성 비투스 대성당을 방문한다면, 서쪽에 있는 장미의 창이라는 스테인드글라스를 투과한 빛이 정확하게 성 보이테흐의 무덤 주변을 비추는 장관을 목격할 수 있습니다.

빌레크의 제단

장미의 창에서 성 보이테흐의 무덤으로 빛이 들어오는 모습

성 보이테흐의 일생

체코가 아닌 다른 언어권에서는 '성 아달베르트St. Adalbert'라고 불리는 성 보이테
흐Vojtech는 10세기 프라하의 주교로, 발틱의 프러시아 지역, 폴란드, 헝가리 지역
을 그리스도교로 개종시키는 데 결정적인 역할을 한 공로로 성인으로 추앙 받은
사람입니다. 성 보이테흐의 일생은 성당의 서쪽, 현재는 관광객의 입구로 사용
되는 문에 부조로 묘사되어 있습니다.

문의 가장 위에는 슬라브족의 가운데에서 천사들의 가호를 받고 있는 성 보이테
흐의 모습이 있고, 그 아래로 젊은 부부가 아기를 바치고 있습니다(부조1). 이것
은 비 그리스도교도들이 그리스도화 됨을 알린다는 의미입니다.

성 보이테흐는 956년 보헤미아 지방 귀족의 아들로 태어났습니다. 그의 가문은
프라하에 본거지를 두고 있던 프르제미슬 가문과 대적할 만큼 영향력이 큰 가문
이었습니다. 그는 유년기에 슬라브족의 사도라고 불리는 마그데부르크Magdeburg
의 대주교 아달베르트로부터 신학 교육을 받았는데, 그의 스승으로부터 이름을
따 와, 성년이 되어서는 '프라하의 아달베르트'로 불렸습니다(부조2).

그는 마그데부르크에서 공부를 마치고 프라하로 돌아온 후 신부 서품을 받았고
깊은 신앙심과 총명함으로 채 30살이 되기도 전인 982년, 로마 교황청으로부터
프라하의 주교로 임명되었습니다. 프라하 주교로서 그에게 내려진 사명은 보헤
미아를 그리스도의 땅으로 만드는 것이었지만, 이것은 결코 쉽지 않았습니다.
보헤미아 땅에는 여전히 슬라브족 신화를 중심으로 한 민속 신앙이 널리 퍼져
있었던 것입니다. 여전히 민속 신앙을 신봉하던 사람들의 반발이 심하자 989년,
성 보이테흐는 프라하 주교 자리를 내려놓고 로마의 베네딕트 수도회로 들어가
서 4년간 은거하였습니다(부조3).

부조1. 성 보이테흐에게 젊은 부부가 아기를 바치는 모습

부조2. 아달베르트로부터 교육받는
성 보이테흐

부조3. 성 보이테흐에게 반발하는 사람들

부조4. 볼레스와프를 개종시키는
성 보이테흐

부조5. 보이테흐의 죽음

993년 로마 교황청은 은거 생활을 하던 성 보이테흐를 다시 불러냈지만, 보헤미아의 상황은 변한 것이 없었습니다. 성 보이테흐가 고군분투하던 995년, 프라하에 본거지를 둔 프르제미슬 가문과 그의 가문 간에 영토 분쟁이 터졌고, 이 전쟁에서 그의 형제 4명이 전사하고 가문은 완전히 패했습니다.

이런 상황을 도저히 견딜 수 없게 된 성 보이테흐는 헝가리로 건너갔습니다. 헝가리에 도착한 그는 당시 헝가리의 수도였던 에스테르곰Esztergom에서 헝가리의 게샤Géza 왕과 그의 아들인 이슈트반István을 그리스도교로 개종시켰습니다. 이후에 성 이슈트반은 헝가리 왕국에서 가장 처음으로 그리스도교 신도로서 왕위에 올라, 교황청으로부터 이슈트반의 십자가라는 성물을 하사 받기도 했습니다.

헝가리에서 이슈트반을 개종시킨 성 보이테흐는 여세를 몰아서 폴란드로 이동했습니다. 그리고 폴란드의 왕위 계승자 볼레스와프 1세Bolesław I를 개종시켰습니다(부조4). 그가 두 왕국의 왕위 계승자들을 모두 그리스도교로 개종시키는 쾌거를 이루자, 교황청은 그에게 발틱 연안에 있는 프러시아 지역의 이교도들까지 개종시키라는 새로운 임무를 내렸습니다.

당시 프러시아 지역에 살고 있는 민족들은 호전성도 강하고, 민족 신앙의 힘이 폴란드나 헝가리보다 훨씬 강하여 무리하게 개종을 할 경우에 큰 위험이 닥칠 수도 있는 상황이었습니다. 그리스도교로 개종한 폴란드의 왕 볼레스와프 1세는 성 보이테흐와 아주 가까운 사이가 되어 있었는데, 위험한 임무를 맡은 성 보이테흐를 걱정한 그는 호위병을 내어 주면서 성 보이테흐를 보호하게 하였습니다. 군사들의 도움 아래 성 보이테흐는 발틱해를 지나 그단스크Gdansk를 거치면서 포교 활동을 하였습니다.

당시 보헤미아를 비롯하여 폴란드, 헝가리, 발틱해 연안에는 큰 나무나 돌, 자연 현상 등을 숭배하던 사람들이 주로 살고 있었고, 그중에서도 사람들이 가장 숭배하는 대상은 거대한 참나무였습니다. 그들은 거대한 참나무에 마을을 수호해 주는 신령스러운 존재가 깃들어 있다고 생각하였고, 참나무의 주변에 담을 쌓고 제단을 만들어 제사를 지내곤 했습니다. 성 보이테흐는 마을 사람들에게 이런 나무를 베어내도 그리스도의 가호를 받는 그리스도교도들에게는 아무런 해가 미치지 않음을 보여주기 위해 나무들을 베어버렸습니다. 결국 성 보이테흐의 이러한 행동에 분노한 트루소^{Truso}(발틱 연안에 위치한 지역) 사람들은 그를 참수하였습니다(부조5).

성 보이테흐의 참수 소식을 들은 볼레스와프 1세는 슬픔을 감추지 못했다고 합니다. 그는 목과 몸이 분리된 보이테흐의 유해를 폴란드로 가져오기 위해 온갖 노력을 마다하지 않았는데, 결국은 성 보이테흐의 몸무게와 정확히 같은 무게의 금을 트루소 영주에게 전달하고 나서야 성 보이테흐의 유해를 받아 올 수 있었다고 합니다. 아이러니한 것은 그의 시체를 회수하는 데에 보헤미아 군주들이 나서지 않고 폴란드의 왕이 나섰다는 점인데, 성 보이테흐의 가문이 당시 보헤미아를 지배하던 프르제미슬 가문에서 보았을 때, 역도의 가문으로 인식되었기 때문이라는 설도 있습니다.

이후 교황청에서는 그의 업적을 치하하는 의미에서 그를 성인으로 추앙하였습니다.

파이프 오르간

왕실 묘지로 내려가는 입구

4 | **파이프 오르간** *평면도의 6번

대개의 유럽 성당은 서쪽에 파이프 오르간을 두고 있습니다. '장미의 창'이라고 불리는 중앙 채광창을 달고 창의 아래에 파이프 오르간을 놓는 것이 보편적인 성당의 구조인데, 파이프 오르간이 서쪽이 아닌 다른 곳에 있다면 성당 공사에 문제가 있었을 가능성이 높습니다. 약 400년 정도 공사가 중단된 성 비투스 대성당이 이런 경우입니다. 대성당의 공사가 반만 진행된 상태라도 미사는 진행해야 했기에 현재의 위치에 파이프 오르간을 설치한 것입니다.

현재 성 비투스 대성당의 오르간은 1763년 안토닌 가르트너^{Antonín Gartner}라는 장인의 지휘 아래 새로 제작된 파이프 오르간입니다. 19세기 중반, 공사가 다시 시작되어 성당 전체의 틀을 재구성할 때 파이프 오르간을 서쪽으로 옮기자는 의견이 있었지만, 파이프 오르간의 너비가 공간에 비해 많이 작았기에 오르간은 이 자리에 그대로 두었습니다. 그 덕에 오르간은 전혀 신경 쓰지 않고 장미의 창을 더 크게 만들 수 있었습니다.

5 | **왕실 묘지** *평면도의 B 지하, 입구는 22번

대회랑 중앙의 지하에는 일반인들의 접근이 제한된 왕실 묘지가 있습니다. 성 비투스 대성당이 건축되기 이전에 철거한 건물들의 지하 공간이라고 생각하면 되겠습니다.

좁은 입구를 통해 내려가서 처음 나오는 공간은 보석들을 보관하던 장소였습니다. 이 공간을 지나면 최초의 건물이었던 성 비투스 로툰다의 후진부 잔해들을 거쳐 왕실 무덤까지 들어갈 수 있습니다. 이곳 정 가운데에는 카를 4세를 비롯하여 그의 부인 4명, 아들인 바츨라프 4세와 그의 부인, 라디슬라프 왕, 포데브라디의 이르지 왕, 루돌프 2세 등이 잠들어 있습니다. 이 중에는 묻힌 사람

사제석과 가족 무덤, 선임 신도석

의 신분을 알 수 없는 무덤도 하나 있는데, 왕족의 혈통이 분명함에도 불구하고 그 정체를 밝히지 않고 묻었다는 점에서 무덤의 주인이 누군가의 사생아라는 추측을 불러일으키기도 합니다.

6 │ 사제석과 선임 신도석 그리고 페르디난트 1세의 가족 무덤 *평면도의 C

먼저 왼쪽 기둥의 중앙에 있는 곳은 사제석으로, 공사가 반만 진행된 성 비투스 대성당에서 미사가 진행될 때 사제들이 이곳에 앉아서 미사의 진행을 도왔습니다. 사제석을 감싸고 있는 나무 조각들은 금박이 되어 있는데 조각이 예사롭지 않습니다. 이 부분은 피터 파를러와 그의 아들들이 완성했지만, 나중에 르네상스 양식으로 바뀌었다가, 17세기 초에 다시 현재의 바로크 양식으로 만들어져 지금까지도 성 비투스 대성당에서 미사가 이루어질 때 사제들이 여기에서 미사의 진행을 돕습니다.

중앙 제단 가까이 있는 신도석은 선임 신도석입니다. 신분이 높거나, 성당을 오랫동안 다닌 선임 신도들을 신분이 비교적 낮은 신도나 신입 신도 들과 구별 하기 위해 앞쪽으로 앉게 하였습니다.

신도석의 가운데, 고딕 장식을 달고 있는 조형물은 가족 무덤으로, 여기에 잠든 사람들은 보헤미아 왕가의 마지막 공주를 아내로 맞아 보헤미아 왕국의 새로운 군주가 된 합스부르크 가문의 페르디난트 1세와 그의 부인 안나, 그리 고 그의 아들입니다. 1526년, 페르디난트 1세부터 보헤미아 왕국의 왕좌가 오 스트리아 합스부르크 가문에 넘어가, 1918년까지 거의 400년 가까이 보헤미 아가 합스부르크 왕가의 영향 아래에 있게 되었지만, 페르디난트 1세는 그의 부인인 안나와 부인의 고향인 프라하에 대해 각별한 애정이 있던 사람이었습 니다. 그는 사후에도 빈의 합스부르크 가문의 묘지가 아닌, 프라하의 성 비투 스 대성당에 매장되길 바랐고, 그의 바람대로 전 가족이 성 비투스 대성당의 한 가운데에 잠들게 되었습니다.

7 | 성 지그문트 예배당 *평면도의 7번

이 예배당에 모셔진 성 지그문트(독일어식 표기로는 지기스문트Sigismund이지만 체코어 표기로는 지그문트Zigmund가 됨)는 6세기 초반, 부르군디 지방(현재의 프랑 스 내륙 부르고뉴 지방에 해당)의 영주로 그리스도교 선교에 혁혁한 성과를 거둔 영주였습니다. 그러다 523년, 주변의 군소 왕국들이 그의 영지를 공격해 성 지 그문트는 처절한 패배를 맛보았는데, 후퇴가 힘들었던 그는 수도원으로 숨어 들어 수도사로 위장을 하였습니다. 하지만 결국 적군에게 발각되어 다음 해인 524년 참수형을 당한 뒤, 그의 시체는 우물에 던져지고 말았습니다.

그 뒤 10년이 넘는 세월이 지나 성 지그문트의 시신을 우물에서 다시 찾았는데, 10년의 세월이 무색하게 시신의 부패 정도가 심하지 않았고, 또 그의 생전 업적까지 고려하여 성 지그문트는 성인으로 추앙되었습니다.

프랑스에 있던 성 지그문트의 유해를 프라하로 가지고 온 사람은 카를 4세였습니다. 자신의 아들 하나도 성 지그문트의 이름을 따서 지그문트라고 지었는데, 이 아들이 바로 얀 후스 사망에 결정적인 역할을 제공한 신성로마제국의 황제 지그문트입니다. 1415년 얀 후스가 사망한 뒤에 벌어진 후스 전쟁 기간 동안, 신성로마제국의 황제 지그문트는 많은 보헤미아 민중들의 미움을 받았습니다. 혹시 보헤미아 민중들이 성 지그문트의 성해에도 해코지를 할까 두려웠던 지그문트 황제는 성 지그문트의 성해를 헝가리로 옮겨서 보관했는데, 후스 전쟁이 끝난 뒤 다시 프라하로 옮겨와 성 비투스 대성당에 성 지그문트의 성해를 안치했습니다.

성 지크문트 예배당

8 | 트리포리움

고딕 성당 내부는 수직적으로 볼 때 아케이드Arcade, 트리포리움Triforium, 그리고 클리어스토리Clearstory의 세 부분(때로는 갤러리Gallery까지 네 부분)으로 나뉩니다.

성 비투스 성당의 트리포리움에는 성당과 관계 있는 인물의 흉상들이 조각되어 있는데, 총 21명에 달하는 이들은 카를 4세의 아버지인 얀 룩셈부르스키와 그의 부인인 프르제미슬 엘리자베스부터 카를 4세, 그의 2번째 부인인 안나, 4번째 부인인 엘리자베스 왕비 등 성 비투스 대성당 건축에 기여를 한 보헤미아 왕족과 마티외, 피터 파를러 같은 공사 책임자들, 그리고 당시의 프라하 대주교들입니다. 세월이 오래 지나다 보니 흉상들도 원형 그대로 남아 있는 것이 거의 없는데, 얼굴에서 가장 돌출된 부분인 코가 공통적으로 소실되어 있어 스핑크스상을 연상시키기도 합니다.

바실리카 양식의 3층 구조

트리포리움에 있는 흉상들과 아랫부분 문장들

트리포리움 아래쪽(아치와의 사이)에는 총 38개에 달하는 오스트리아 합스부르크 가문의 지배하에 있는 모든 영지들의 문장들이 있습니다. 명실공히 중부 유럽의 패권자였던 합스부르크 가문의 영향력을 엿볼 수 있는 공간입니다.

9 | 중앙 제단◆

성당 규모가 워낙 크다 보니 현재의 비투스 대성당 중앙 제단은 비교적 왜소해 보입니다. 공사를 처음 맡았던 마티외는 이곳에 고딕 양식의 제단을 만들었지만 후스 전쟁으로 공사가 중단된 뒤, 유럽에 유행했던 르네상스와 바로크의 영향으로 고딕 제단을 철거하고, 바로크 양식의 제단을 만들었습니다. 그리고 19세기 중엽, 오랜 침묵을 깨고 성 비투스 대성당은 최초의 설계대로 고딕 양식으로 재건되었는데, 1868년부터 5년간에 걸쳐 만들어진 현

중앙 제단

재의 제단 역시 고딕 양식으로 만들어, 성당 건축 양식의 통일성을 유지했습니다. 현재에도 이 제단에서 미사를 집전하는데, 이 뒤에 있는 거대한 십자가상은 다비드 알트만David Altmann(1621년)의 작품입니다.

◆ 트랜셉트와 중앙 제단의 사이에 성당이 완전히 완공되기 전까지 성 비투스 대성당에서 사용하던 성구들을 보관하던 보관실ᵖᵉ면도의 8번이 있습니다. 지금은 보관하고 있는 성구는 없지만, 출입구를 잠가서 일반인의 접근을 막고 있습니다.

10 │ 성 비투스 제단 *평면도의 15번

중앙 제단의 뒤쪽에는 성 비투스 제
단(1840년 요세프 크래너 작품, 요세프 막스
의 조각)이 있습니다. 이 제단에 오랫동
안 성 바츨라프가 독일의 하인리히 1세
에게 받아왔던 성 비투스의 성해를 보
관했는데, 현재 성 비투스의 성해는 보
이테흐 예배당*평면도의 18번으로 옮겨졌습
니다.

성 비투스 제단

11 │ 삼위일체 예배당 *평면도의 14번

성 비투스 제단에서 뒤를 돌면 보이
는 삼위일체 예배당 앞, 성당의 바닥에
는 14명에 달하는 프라하 주교들의 무
덤이 있고, 이 주변 예배당(성해의 예배
당이나 세례 요한 예배당 등)에는 프르제
미슬 가문 보헤미아 왕들의 무덤이 있
습니다. 스피티흐네브 2세Spytihněv II를 시
작으로, 브레티슬라프 1세Břetislav I, 오타
카르 2세Otakar II, 오타카르 1세Otakar I의 무
덤이 왕가의 계곡 같은 느낌으로 차례
차례 등장합니다.

삼위일체 예배당

12 | 성 얀 네포무츠키의 무덤 *평면도의 17번

야사에서 바츨라프 4세 왕비의 고해성사 내용을 말하지 않아 카를교에서 던져져 익사한, 성 얀 네포무츠키의 무덤을 여기에서 볼 수 있습니다. 17세기에 그에 대한 수많은 전설들이 민간에 퍼지기 시작하여 18세기 교황청에서 그를 성인으로 추앙했는데, 성 비투스 대성당에서 이곳을 성지 순례 장소로 적극 활용하기 위해 당대 최고의 조각가를 고용하여 그의 무덤을 다시 만들었습니다.

붉은 비단 차양이 감싸고 있는 무덤은 높이가 5m에 달하며, 차양 아래에는 성 얀 네포무츠키가 십자가를 들고 있고, 그 아래로는 천사들이 그의 관을 들어 올려주고 있습니다.

관 안에는 성 얀 네포무츠키 성해의 일부가 보관되어 있는데, 이렇게 화려하고 관능적인 무덤을 만드는 데 사용된 재료는 순은으로, 그 무게만도 2t에 달한다고 합니다. 사용한 재료부터 이 무덤에 매장된 사람, 그리고 무덤의 화려함과 아름다움으로 프라하에 있는 수많은 바로크 양식의 무덤 중 가장 으뜸으로 평가되는 무덤이 바로 이 무덤입니다.

성 얀 네포무츠키의 무덤을 지나면서 오른쪽을 보면 목판으로 조각된 성 비투스 대성당의 약탈 장면 *평면도의 10번을 볼 수 있습니다.

성 얀 네포무츠키의 무덤

13 │ 왕족들의 예배석 *평면도의 20번

발렌슈타인 예배당*평면도의 19번을 지나면 아름다운 장식과 문양으로 치장이 되어 있는 2층 공간이 나옵니다. 이 아래로는 지금은 항상 닫혀 있는 조그만 문이 있는데, 이 문을 통해 나가면 바로 3정원의 구왕궁 앞마당으로 연결됩니다.

이 공간은 보헤미아 왕족들이 미사를 드리던 공간입니다. 아래에서 위로 바라봐야 해서 공간의 뒤쪽이 보이지는 않지만, 이 공간은 바로 옆에 있는 구왕궁과 통로로 연결되어 왕족들이 편리하게 성당으로 이동할 수 있었습니다.

또한 이곳은 성 비투스 대성당에서 가장 수려한 고딕 양식 조각들을 보여주고 있습니다.

왕족들의 예배석

14 | 성 바츨라프 예배당 *평면도의 25번

왕족의 예배 공간과 성 앤드류의 예배당*평면도의 24번을 지나면, 성 비투스 대성당에서 가장 중요한 예배당인 성 바츨라프의 예배당을 볼 수 있습니다.

이곳은 고딕 양식의 대성당 내에서 유일하게 로툰다의 흔적이 남아 있는 구식 건축 양식으로 유지되고 있는데, 정확하게 이 자리가 최초의 로툰다가 서 있던 자리이기 때문입니다. 이곳에는 체코의 가장 중요한 수호성인인 성 바츨라프의 성해가 모셔져 있습니다.

성 바츨라프 예배당은 후대의 건축가들이 손을 댄 샹들리에와 바츨라프 왕의 관, 그리고 바츨라프 예배당의 남쪽 창문의 스테인드글라스를 빼면 초창기

성 바츨라프 예배당

예배당이 완성되었던 1367년의 모습에서 조금도 변한 것이 없습니다. 바츨라프 왕의 유해가 모셔져 있는 관과 샹들리에는 20세기 초에 카밀 힐버트가 공사 책임자로 있을 때 다시 만들어졌고, 스테인드글라스는 한참 뒤인 1964년도의 작품입니다.

예배당 안을 들어가 볼 수가 없기 때문에 4면의 모든 벽면을 보기는 어렵습니다만, 동서남북으로 둘러 있는 벽의 아랫부분에는 예수 그리스도의 삶, 윗부분에는 성 바츨라프 왕의 일생이 묘사되어 있습니다.

성 바츨라프 예배당의 가운데에는 성 바츨라프 왕의 성해가 담긴 관이 있습니다. 9월 28일, 암살자의 손에 성 바츨라프 왕이 살해를 당한 날은 현재 체코의 국경일입니다. 매해 9월 28일, 성 비투스 대성당은 일정 시간 동안 관광객들의 접근을 막고, 예약된 사람들만 참여하는 미사를 주관합니다. 프라하 대주교가 직접 주관하는 이 미사는 일종의 호국 미사로, 나라의 수호성인이자 그들의 선조인 성 바츨라프를 기리며, 미래의 체코에 좋은 일만 있기를 기원하는 특수한 미사입니다.

특별한 의미가 있는 해에는 더욱 특별한 행사를 진행하기도 하는데, 미사를 진행하는 프라하의 대주교가 미사 중간에 성 바츨라프 예배당으로 들어가서 잠들어 있는 성 바츨라프의 관을 엽니다. 성 바츨라프 왕의 성해 중, 면사포가 씌워져 있는 두개골을 조심스럽게 들어 올린 뒤, 붉은 비단 쿠션 위에 왕의 성해를 모시고 그에게 보헤미아 왕국의 왕임을 상징하는 왕관을 씌웁니다. 이 상태로 미사를 진행한 뒤, 성 바츨라프의 성해는 그가 죽임을 당한 동생의 요새인 스타레 볼레슬라프까지 먼 길을 다녀옵니다. 왕의 마지막 여정을 기념하는 이 행렬에는 항상 수많은 사람들이 그 뒤를 따릅니다. 가장 최근에 이렇게 특별한 행사를 한 것은 지난 2016년이었습니다.

외부인이 보기에는 상당히 충격적인 장면일 수도 있지만, 체코인들에게는 그들의 선조이자, 나라의 수호성인을 모시고 나라를 지켜주십사 하는 호국 미사이기에 그 의미가 남다릅니다.

예배당 남쪽 벽의 아래쪽 구석에는 조그만 문이 하나 있는데 이 문은 바츨라프 예배당의 위, 골든 게이트의 최후의 심판 모자이크화의 뒷면에 있는 비밀 공간으로 들어갈 수 있는 문입니다. 이 비밀 공간에 보관된 물건은 보헤미아 왕가 대관식에 사용하는 성물들로, 열쇠 구멍이 무려 7개에 달합니다. 그리고 이 문 뒤에는 똑같이 7개의 열쇠 구멍을 가진 두꺼운 철문이 하나 더 있습니다.

바츨라프 예배당에서 비밀 공간으로 통하는 문

7개의 열쇠를 보관하는 사람들은 체코의 대통령, 수상, 프라하 대주교, 하원 의장, 상원의장, 성 비투스 대성당 주임 사제, 프라하 시장으로, 이 중 한 사람 이라도 빠지면 문을 열 수가 없습니다. 옛날에 이 문은 보헤미아 왕가에 새로 운 왕이 등극하여 대관식을 치르는 날에만 열렸는데, 현재에도 여전히 대관식 성물의 진품이 이곳에 보관되어 있습니다. 이 유물들은 통치자가 지녀야 할 지 혜를 상징하는 십자가가 달린 구체, 통치자의 힘을 상징하는 셉터, 통치자의 권위를 상징하는 왕관인데, 대관식 유물의 모조품은 프라하성의 유물 전시실 에서도 볼 수 있습니다.

성 바츨라프의 일생

바츨라프 광장 끝의 기마상에서도 볼 수 있는 성 바츨라프^{Svatý Václav}는 10세기 초반 보헤미아 공국을 다스리던 군주로, 성 비투스 성당 서쪽 면의 가장 오른쪽에 있는 문에 그의 일생이 부조로 묘사되어 있습니다. 부조들이 어떻게 묘사되어 있는지 확인하면서 성 바츨라프의 일생에 대해 알아보겠습니다.

보통 말을 타고 있는 모습으로 묘사되는 성 바츨라프(404쪽 부조1)는 오랫동안 보헤미아의 수호성인이었고, 현재에도 체코 공화국의 수호성인으로 추앙받는 인물입니다.

성 바츨라프는 921년 13살의 나이로 군주의 자리에 올랐습니다. 어린 나이였기에 그의 할머니 성 루드밀라에게 섭정을 받았는데(부조2), 이를 시기한 바츨라프의 어머니 드라호미라는 암살자를 고용해 성 루드밀라를 살해했습니다.

성 루드밀라가 어머니의 사주를 받은 암살자들에게 살해당하고, 오랫동안 어머니의 섭정 아래 성장한 성 바츨라프는 925년, 18세의 나이로 성인이 되면서 섭정이 필요 없는 명실상부한 보헤미아 공국의 군주가 되었습니다.

성인이 된 성 바츨라프가 가장 먼저 한 일은 할머니를 살해한 그의 어머니 드라호미라를 귀양 보내는 것이었습니다. 혈육까지 엄정하게 처벌하는 그의 공명정대함에 감복한 지방 귀족들은 하나둘 성 바츨라프를 그들의 통치자로 인정했습니다(부조3).

성 바츨라프는 가난 때문에 빚을 못 갚아 감옥에 갇힌 죄수들을 방면해 주었고, 미사에 참여해도 성찬식에는 참여할 수 없었던 낮은 신분의 백성에게 손수 구운 성체와 직접 재배한 포도(부조4)로 만든 포도주를 나누어 주었으며, 땔감이 없어 얼어 죽기 직전의 미망인을 위해 몸소 나무를 해 와 그 가족들이 겨울을 날 수 있게 해주는 등 선행을 아끼지 않았습니다. 또한 종종 자신이 직접 미사를 주관하

부조1. 말을 타고 있는 모습으로 묘사되는 성 바츨라프

부조2. 성 바츨라프와 성 루드밀라

부조3. 성 바츨라프에게 복종하는
지방 귀족들

부조4. 손수 포도를 재배하는 성 바츨라프

부조5. 문고리를 잡은 채 살해당하는
성 바츨라프

면서 낮은 신분의 고아들에게 세례를 해 줄 수 있게 허락하는가 하면, 그들을 거두어 먹을 곳과 잠자리를 마련해 주기도 하였습니다.

이러한 선행으로 바츨라프 왕은 보헤미아 백성들의 사랑을 독차지했습니다. 그의 명망이 높아지자 그가 믿고 있는 그리스도교로 개종하는 보헤미아 백성들이 늘어갔고, 그는 주변 왕국의 왕들로부터 호평을 받는 군주가 되었습니다. 그의 명성은 멀리 영국에까지 퍼졌는데, 그의 선행에 관한 내용으로 캐럴을 부를 정도로 그의 인기는 폭발적이었습니다. 지금도 영어권 국가에서 크리스마스 때마다 들을 수 있는 이 캐럴의 제목은 'Good King Wenceslaus(Wenceslaus는 바츨라프의 영어식 이름)'입니다.

그의 선행은 이웃 나라였던 독일의 하인리히 1세도 감동시켰습니다. 하인리히 1세는 그리스도교 선교는 물론, 주변 왕국과의 관계도 우호적으로 유지하고, 또한 백성들로부터 사랑받는 군주이기까지 했던 성 바츨라프를 직접 만나기 위해 자신의 나라로 초청하였습니다. 하인리히 1세는 연회가 벌어지는 동안 자신의 왕좌를 성 바츨라프에게 내어줄 정도로 성 바츨라프를 극진히 대우했는데, 성 바츨라프가 보헤미아로 돌아가려 하자 자신이 가지고 있던 성 비투스 성인의 성해에서 왼팔 부분을 절단해 주는 호의까지 베풀었습니다. 그렇게 성 비투스의 성해를 얻은 성 바츨라프는 925년에 이르러 이곳에 최초의 성 비투스 로툰다를 건설했습니다.

하지만 성 바츨라프의 인기를 시샘한 세력이 있었는데, 그들은 바로 그의 어머니 드라호미라와 동생 볼레슬라프였습니다. 권력의 중심부에 있었지만 시어머니의 영향력 때문에 실권을 쥐지 못했다가 아들의 손에 귀양까지 간 드라호미라는 볼레슬라프에게 계속 왕권 찬탈의 야욕을 불어 넣었습니다. 형과는 달리 그저 조그만 성과 영지만 소유한 채 별 볼 일 없이 살고 있던 자신의 처지를 부당하게 여긴 볼레슬라프는 형에게 반감을 갖고 있는 귀족들을 규합하여 왕권을 손에 넣으려는 음모를 꿨습니다.

935년 9월 28일은 성 코스마스와 다미앙의 축일이었습니다. 볼레슬라프는 축일을 같이 보내자는 편지를 형에게 보냈고, 성 바츨라프는 의심 없이 소수의 경호

원만 데리고 동생의 영지로 이동하였습니다. 즐거운 연회에서 형제간의 우애가 다져질 것이라 생각했던 성 바츨라프의 예상과는 달리, 군주의 통치 방법에 대한 이야기가 연회의 주제를 이루면서 연회는 살벌한 토론장으로 바뀌었습니다. 이에 화가 난 성 바츨라프는 교회로 가서 성인의 축일을 기념하는 예배만 드리고 프라하성으로 돌아가겠다고 하면서 연회장을 박차고 나왔습니다.

볼레슬라프의 지시를 받은 3명의 병사가 무기를 들고 성 바츨라프의 뒤를 따랐습니다. 순간 뒤에서 살기를 느낀 성 바츨라프는 필사적으로 도망쳤습니다. 하지만 가까스로 도착한 교회의 문은 굳게 잠겨 있었습니다. 이미 교회까지 볼레슬라프에게 매수되어 있었던 것입니다. 다급한 마음에 교회의 문고리를 두드리며 문을 열어줄 것을 호소하였지만 끝내 문은 열리지 않았고, 그 사이에 도착한 병사들의 칼과 창을 등에 맞은 성 바츨라프는 28세의 젊은 나이로 교회의 문고리를 잡은 채 숨지고 말았습니다(부조5).

성 바츨라프의 사망 소식을 들은 보헤미아 백성들은 성 루드밀라가 세상을 떠났을 때보다 더 슬퍼하며 인자한 왕을 그리워했습니다. 교황청은 성 바츨라프를 성인의 반열에 올려주었고, 그 뒤로 성 바츨라프는 체코, 보헤미아의 수호성인이 되었습니다.

바츨라프 왕이 숨지고 보헤미아 공국의 군주로 올라간 이는 성 바츨라프 왕의 동생 볼레슬라프였습니다. 볼레슬라프는 민심을 수습하기 위해 바츨라프 왕의 암살이 자신과는 아무런 관계도 없는 일인 양, 바츨라프 왕의 암살에 가담했던 병사를 사형에 처했습니다. 하지만 그는 백성들의 사랑을 받지 못했고, 보헤미아 백성들은 바츨라프 왕을 암살하고 그의 자리를 차지한 그에게 '잔인한 볼레슬라프'라는 별명을 붙였습니다. 비록 볼레슬라프는 암살을 통해 왕위에 올랐고, 잔인한 왕이라는 오명까지 얻었으나, 그의 후손들은 이후 보헤미아 왕가의 혈통을 오랫동안 유지하면서 왕국을 발전시켰습니다.

골든 게이트과 첨탑 *평면도의 26, 27번

성 바츨라프 예배당을 지나면 피터 파를러의 아들들이 완공한 골든 게이트가 등장합니다. 보헤미아 왕실의 대관식 같은 특수한 경우에만 사용하도록 고안된 출입구로, 바깥 전면에서 볼 수 있는 수많은 금장들 때문에 골든 게이트라고 불립니다.

골든 게이트 아치 벽에는 '최후의 심판' 모자이크화가 있는데, 성서의 핵심 장면 3개가 추려져 있는 이 모자이크를 자세히 관찰해 보겠습니다. (3정원에서 성 비투스 대성당을 바라보면 보입니다.)

'최후의 심판' 모자이크화는 총 3개의 부분으로 나뉘는데, 먼저 양쪽의 모자이크화부터 살펴보겠습니다. 왼쪽 모자이크 위에는 6명의 사도와 푸른 옷을 입은 성모 마리아가, 아래에는 최후의 심판의 날에 천사들이 내려와서 선한 자들의 관 뚜껑을 열고 그들에게 영생을 주는 모습이 묘사되어 있습니다.

골든 게이트 상단 박공 '최후의 심판' 모자이크

오른쪽 모자이크 위에는 세례 요한과 나머지 6명의 사도가, 아래에는 악행을 저지른 자들을 악마에게 보내는 대천사 미카엘(거대한 칼을 들고 있는 천사)의 모습이 묘사되어 있습니다. 이 두 부분은 극명하게 대조되어, 사람들에게 최후의 심판에서 선한 자와 악한 자가 받을 보상과 벌에 대해 알리고 있습니다.

이 모자이크화에서 가장 눈길을 끄는 부분은 가운데 부분입니다. 가장 위에는 천사들에 둘러싸인 예수가, 중간에는 성 루드밀라, 성 보이테흐, 성 바츨라프 등 체코의 수호성인 6명이 등장합니다. 아래쪽에는 붉은 옷을 입고 기도를 드리고 있는 남녀의 모습이 나타나는데, 왼쪽의 남자는 카를 4세, 오른쪽의 여자는 그의 부인 엘리자베스입니다.

여기서 묘사된 예수의 자세가 우리의 반가사유상처럼 반쯤 앉아 있는 모습이고, 그의 얼굴은 부처님처럼 동양적이기까지 해서 상당히 이채롭습니다. 왜 이렇게 묘사를 해 놓았을까요?

모자이크 기법은 원래 그리스에서 시작되어 로마로 전파되었는데, 로마 제국 내에서도 특히 남부 지역과 동로마 지역으로 퍼져나갔습니다. 이후 로마 제국이 붕괴되고 나서 서로마 지역에서는 더 이상 모자이크화 기법이 전수되지 않았지만, 동로마 제국, 그러니까 비잔틴 제국에서는 그 맥이 끊어지지 않고 계속 전수되어 동서양의 느낌이 어우러진 모자이크 기법이 만들어졌습니다. 이런 모자이크 기법이 다시 중서부 유럽으로 들어오게 된 계기는 십자군 전쟁이었습니다. 성지 탈환 전쟁을 벌였던 십자군들이 성지에서, 그리고 비잔틴 제국에서 약탈한 수많은 성물에 있던 모자이크 기법이 당시의 건축가와 예술가들에게 영감을 주면서 서유럽에서도 모자이크가 다시 시작되었습니다.

하지만 새로 들어온 문물은 그곳에 정착할 시간이 필요하게 마련입니다. 골든 게이트에 최후의 심판이라는 모자이크화를 만들 당시는 모자이크 기법을

아담과 이브   십자가에 못 박힌 예수

들여온 지 얼마 되지 않았었기 때문에 모방밖에 할 수가 없었습니다. 따라서
비잔틴 제국에서 표현하던 대로 예수의 모습을 동서양의 인종이 혼합된 얼굴
로 묘사했고, 성모 마리아의 옷 역시 가톨릭에서 보편적으로 묘사하던 흰옷이
아닌, 동로마 제국에서 묘사하던 짙은 색깔의 옷을 입은 모습으로 묘사되었습
니다.

  골든게이트 안쪽 벽면에는 선악과를 먹는 아담과 이브, 그리고 십자가에 못
박힌 예수의 모습이 그려져 있고, 안쪽 문은 성당으로 통하게 되어 있습니다.
원래 이 문을 이용하면 성당 안쪽에서 바로 첨탑으로 올라갈 수 있는 구조인
데, 대성당 일부를 무료로 관람하게 되면서 유료 입장지인 첨탑으로 들어가지
못하게 입구를 잠가 놓은 상태입니다.

  첨탑은 대성당 바깥의 3정원에서 올라갈 수 있습니다. 좁은 나선형 계단을
계속해서 올라가야 하니 고생스럽지만, 그 꼭대기에서 바라본 프라하성 단지와
그 아래에 펼쳐지는 프라하의 전경은 카메라로 절대 담을 수 없는 것입니다.

첨탑에는 총 4개의 종이 있습니다. 그중에 가장 큰 종은 1547년에 만들어진 '지그문트'라는 이름의 종입니다. 민간 야사에서는 이 종에 금이 가거나 종이 파괴되면 보헤미아에 큰 재앙이 닥친다고 합니다.

지그문트라는 종 위로는 훨씬 작은 종 3개가 한 종루에 달려 있습니다. 이 종들의 이름은 차례로 성 바츨라프, 세례 요한, 성 요셉으로 각각 1542년, 1546년, 1602년 작품입니다.

성 비투스 대성당에 얽힌 이야기는 여기까지입니다. 이렇게 수십 페이지에 걸쳐 이야기를 풀어낼 수도 있는 이 성당의 안팎을 10분 만에 주파하는 여행자들도 많습니다. 그리고 볼 것도 없는데 무료 관람만 할 걸 괜히 유료 관람했다고 불만을 토로하는 여행자들도 있습니다. 반면, 오랜 시간을 들여서 세심히 관찰하는 여행자들도 있는 것처럼, 얼마나 보고 느끼느냐는 철저하게 개인의 선택의 몫이니 성당을 어떻게 볼지는 여러분들의 판단에 맡기겠습니다.

8

구왕궁

Old Royal Palace
Starý Královský Palác

프라하성 단지 안에서 가장 위압적인 건물인 성 비투스 성당을 돌아 나와 3정원을 지나면 오른쪽으로 오래된 건물이 보입니다. 이곳은 프라하성의 구왕궁으로 오스트리아 합스부르크 가문이 보헤미아를 지배하기 전까지 보헤미아의 최고 권력이 머물던 장소였습니다.

구왕궁은 1135년경, 보헤미아 공국의 군주였던 소베슬라프 1세[Soběslav I]에 의해 처음 건축되었습니다. 보헤미아 통치자들의 거주 공간 겸 정무 공간으로 만들어진 이 건물은 당시 시대의 유행에 따라 로마네스크 양식으로 건축되었습니다. 이후 14세기에 카를 4세에 의해 고딕 양식으로 다시 단장된 왕궁은 더욱 세련되었고 거주하기에도 편안한 구조라, 개축된 고딕 양식의 구왕궁은 카를 4세의 마음에 쏙 들었다고 합니다.

하지만 1419년부터 벌어진 후스 전쟁 때문에 고딕 양식의 구왕궁은 큰 피해를 입었고, 이후 1471년 블라디슬라프[Vladislav] 왕이 폐허가 된 구왕궁을 대폭 보수◆하여 현재의 모습을 가지게 되었습니다.

이런 역사를 겪었기에 구왕궁의 지하 공간은 1135년에 만들어진 로마네스크의 형태이고, 건물의 전체 골격은 고딕 양식, 그리고 내부 장식과 건물의 전반적인 외관은 후대에 유행한 바로크풍으로 단장되어 있습니다.

◆폴란드 지역에 본거지를 둔, 야겔론 가문 출신의 블라디슬라프 왕은 보헤미아 왕가의 직계 혈통이 아님에도 불구하고 프르제미슬 왕가 출신의 선대 통치자들에게 각별한 존경을 보였습니다. 특히나 성 바츨라프와 카를 4세에게 유독 남다른 존경심을 보였는데, 그들의 거주궁이었던 구왕궁을 영광스럽게 재건하는 것으로 선대왕이 남긴 유산을 보존하려 하였습니다. 이 과정에서 원래의 구왕궁에는 없었던 공간인 블라디슬라프 홀을 건축했습니다.

구왕궁 내부와 개축 과정

3정원에 있는 입구를 통해서 구왕궁으로 들어가면, 개찰구 왼쪽으로 왕의 정무실로 사용하던 녹색의 방이 있고 그 옆에는 블라디슬라프 왕의 침실이 있습니다. 현재 녹색의 방은 기념품 판매 장소라 관광객들이 드나드는 데 문제가 없지만 블라디슬라프 왕의 침실은 통제되어 있습니다.

개찰구를 넘어가면 넓은 홀을 볼 수 있습니다. 블라디슬라프 홀^{Vladislav Hall}이

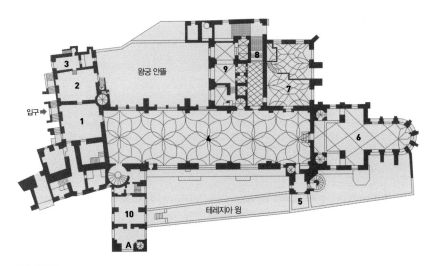

구왕궁 평면도

1. 대기실(왕궁 입장 장소, 개찰구 있음)
2. 녹색의 방(현재는 기념품 판매점)
3. 왕의 침실
4. 블라디슬라프 홀
5. 왕실 테라스
6. 만성 교회
7. 정무의 방(오스트리아 지배 시절, 정무도 보고 재판도 진행되었기 때문에 주변에 합스부르크 왕가 인물들의 초상화가 있다.)
8. 기사의 계단
9. 토지 대장 보관소
10. 귀족 의회장(창외 투척 사건이 벌어진 방은 A)

라고 불리는 이 홀은 길이 60m, 폭 16m, 높이 12m에 달하는데, 특이한 것은 이렇게 넓은 공간 안에 기둥이 하나도 없다는 점입니다. 이미 고딕 양식의 성당 등을 건축하면서 뼈대 구조의 아치형 천장을 만드는 기술은 확보되었지만, 기둥을 전혀 세우지 않고 이렇게 거대한 공간을 만드는 것은 상당히 힘든 일이었습니다. 이 홀의 평면도를 보면, 홀은 5개의 돔을 순차적으로 연결해서 만든 공간인데, 건축 과정에서 2개의 돔이 부서지기도 할 정도였다고 합니다.

이 공간은 왕좌를 놓아 왕의 통치 장소로 사용할 계획이었습니다. 하지만 16세기부터 보헤미아를 지배하기 시작한 합스부르크 가문은 다른 생각을 했습니다. 루돌프 2세처럼 프라하에 거주하면서 통치를 했던 소수의 왕 외엔 합스부르크 왕가의 통치자 대부분이 빈의 호프부르크 궁에서 거주했고, 프라하에 들를 때마다 보헤미아 왕가의 흔적이 강하게 남아 있는 구왕궁에서 지내기가 싫었을지도 모르겠습니다. 그래서 합스부르크 가문은 구왕궁의 서쪽에 별도의 거주 공간을 건설하여 그곳에서 지내는 경우가 많았습니다.

또한 합스부르크 가문은 기존에 있던 구왕궁의 일부 구간을 재개축하여 귀족들의 의회 장소로 사용하고, 블라디슬라프 홀은 각종 축제나 연회 혹은 영주들의 회합 장소로 사용했으며, 기둥이 없다는 이점을 가진 이 넓은 홀을 중세 기사들의 마상 격투 시합 장소로 사용하기도 했습니다. 블라디슬라프 홀에서 남쪽 정원으로 연결되는 계단에 이 흔적이 잘 남아 있는데, 이 계단의 이름은 기사들의 계단으로, 기사들이 말을 탄 채로 내부에 입장할 수 있게 계단 전체에 경사가 나 있으며, 각 계단 간의 높이 차이가 10cm 미만으로 만들어져 있는 것을 확인할 수 있습니다.

프라하성의 여느 건물과 마찬가지로 구왕궁 역시 1541년의 말라 스트라나

블라디슬라프 홀

정무의 방

기사들의 계단

토지 대장 보관소

대화재로 많은 피해를 입었습니다. 이때, 구왕궁 정무의 방과 만성 교회의 상당 부분이 화재로 파괴되었는데, 이 피해는 17세기 초까지 제대로 복구되지 않았습니다.

이후 오스트리아 제국의 여제 마리아 테레지아 재위 기간에 일부가 복구되었고, 구왕궁의 끝과 로줌베르스키 영주의 궁전을 하나로 연결하는 과정에서 테레지아 윙이라는 부설 동이 추가로 건축되었는데, 이것이 현재 여행객들이 보고 있는 구왕궁의 모습◆입니다.

구왕궁의 각 방에는 안내판(영어, 체코어)이 있어서 이 방이 어떤 목적으로 사용되었는지 쉽게 알 수 있습니다. 그 많은 공간 중, 역사적으로 큰 의미가 있는 사건이 벌어진 작은 방에 대해 조금 더 깊은 이야기를 풀어보면 좋겠습니다.

제2차 창외 투척 사건과 30년 전쟁

구왕궁 안에는 특이한 안내문이 붙어 있는 작은 방^{평면도의 A}이 있습니다. 방의 안내문에는 창가에서 여러 사람이 다투는 그림이 그려져 있는데, 이 사건은 '제2차 창외 투척 사건^{The Second Defenestration of Prague}'이라고 불립니다. 이 작은 방은 원래 보헤미아 귀족들의 귀족 의회장으로 쓰이던 곳인데, 1618년 이곳에서 벌어진 사건으로 인해 유럽은 오랜 전쟁을 겪었습니다.

1419년, 보헤미아의 얀 후스 사망에 분노한 민중들이 신시가지 시청사를 습격하면서 벌어진 제1차 창외 투척 사건 이후 보헤미아에 약 15년 동안 이어진

◆구왕궁은 지속적으로 보수를 하고 있는 중입니다. 따라서 여행하는 시기에 따라 공개되거나 폐쇄되는 부분이 달라질 수 있음을 참고 바랍니다.

제2차 창외 투척 사건이 일어난 창문 　　　　　　　　안내문에 있는 그림

후스 전쟁은 민중과 왕국 사이에 벌어진 내전이었고, 종교적인 성격이 강했습니다.

　후스를 따르던 민중들은 신교, 왕국은 구교로 나뉘어 싸운 전쟁은 1434년에 휴전 상태에 빠졌다가 1436년 신교와 구교가 평화 협정을 맺으며 끝났는데, 이 이후의 보헤미아에는 구교와 신교가 공존하는 불안정한 종교적 평화가 지속되었습니다. 하지만 이웃 나라들은 상황이 달랐습니다. 보헤미아의 얀 후스를 시작으로 중부 유럽에 퍼져나간 종교 개혁은 보헤미아를 벗어나 16세기 초, 독일의 수도사 마르틴 루터(1483~1546)와 필리프 멜란히튼(1497~1560)을 거쳐 스위스의 츠빙글리(1481~1531), 프랑스의 장 칼뱅(1509~1564)까지 퍼져나가며 당시 중부 유럽의 큰 사회적인 문제로 떠올랐습니다. 어떤 나라는 신교를 장려하고, 어떤 나라는 구교를 장려하며 서로 싸우고 견제했던 이 시기, 보헤미아 왕국의 왕좌는 구교를 적극적으로 장려하던 오스트리아 합스부르크 가문에게 계승되고 있었습니다.

합스부르크 가문이 보헤미아 왕국의 왕위를 계승한 16세기 초에서 17세기 초까지는, 아무리 가톨릭(구교)을 신봉하던 합스부르크 가문이라도 사회의 과반수를 차지하던 신교의 영향력을 의식했기에 마음껏 가톨릭 장려 정책을 펼 수 없었습니다. 그 대표적인 예가 보헤미아 신교도들에게 우호적인 입장을 보였던 루돌프 2세입니다. 빈에 거주하고 있던 동생 마티아스와 신성로마제국 내의 주도권을 놓고 싸웠던 루돌프 2세는 보헤미아 신교 귀족들의 협력을 얻고자, 1609년 보헤미아 전역에 전면적인 종교의 자유를 보장하는 칙서를 공표할 정도였습니다.

1611년, 사망한 루돌프 2세의 뒤를 이어 보헤미아의 왕좌에 오른 마티아스 황제 역시도 큰 힘을 지니고 있던 보헤미아 신교 귀족들의 협력이 필요했기 때문에 형 루돌프 2세가 공표한 칙령을 지켰습니다. 보헤미아에서 신교를 믿던 모든 사람들은 이 칙령 아래 신교 성당도 짓고 예배도 자유롭게 볼 수 있었습니다. 하지만 1617년, 후사가 없던 마티아스 황제가 자신의 뒤를 이을 왕위 계승자를 발표한 순간 보헤미아 신교가 누린 짧은 자유도 끝났습니다.

마티아스 황제가 임명한 왕위 계승자는 황제의 사촌이었던 페르디난트 2세로, 그는 전 유럽에 불고 있던 종교 개혁에 분노하여 자신이 지배하는 모든 영토 내의 신교 세력을 탄압한, 반개혁파의 선봉장에 해당하는 가톨릭 골수 신봉자였습니다. 페르디난트 2세가 보헤미아의 신교를 탄압할 것이라 불안을 느낀 보헤미아 신교 귀족들이 믿을 것은 선임 황제들이 공표한 칙령뿐이었습니다.

예상대로 페르디난트 2세는 왕위에 오르기도 전인 1618년 초, 마티아스 황제를 졸라 보헤미아 신교의 권리를 축소하는 내용의 법안을 발효했습니다. 이

법안에 화가 난 보헤미아 신교 귀족들은 구왕궁의 정무실에 몰려가서 집단 항의를 했지만, 페르디난트 2세는 보헤미아 귀족 의회를 강제로 해산시키고 항의를 계획한 주동자 귀족 일부의 영지까지 모두 몰수해 버렸습니다.

이 일이 벌어진 지 얼마 지나지 않아 1618년 5월 23일, 페르디난트 2세의 대관식을 준비하기 위해 오스트리아 궁정 관리들이 구왕궁으로 와서 절차를 상의하고 있었는데, 영지를 몰수당한 보헤미아 신교 귀족들이 다시 항의를 하기 위해 구왕궁을 찾았습니다. 한 자리에서 마주친 오스트리아 관리들과 보헤미아 신교 귀족들 사이에 곧바로 언쟁이 벌어졌고, 상황은 점점 험악해졌습니다.

수적으로 열세였던 오스트리아 관리 중 2명이 극도로 흥분해서 내뱉은 보헤미아 신교 귀족들에 대한 모욕적인 언사에 보헤미아 신교 귀족들은 폭발해 버렸고, 자신들의 심기를 건드린 2명의 관리와 그 옆에 서 있던 서기관 1명을 회의장의 창문 밖으로 던져버렸습니다. 이것이 바로 제2차 창외 투척 사건입니다.

페르디난트 2세는 이 사건을 자신에 대한 반역으로 인식했고, 이내 보헤미아 귀족들과 합스부르크 가문 사이에 소규모의 국지전이 벌어졌습니다. 그리고 1619년 3월, 마티아스 황제가 죽고, 페르디난트 2세가 새로운 신성로마제국의 황제이자 보헤미아 왕국의 왕으로 등극하자 상황은 더욱 심각해졌습니다.

보헤미아 왕국의 바로 서쪽에 있던 독일의 영방 국가가 그 시작이었습니다. 독일은 당시 마르틴 루터 이후 신교와 구교로 나뉘어 싸우다가 1555년에 독일 아우크스부르크에서 조약을 맺고 암묵적인 평화를 누리던 시기였습니다. 이 중, 독일의 동북쪽에 많이 포진해 있던 신교 국가들은 보헤미아 신교 귀족들을 지원했고, 독일의 남서쪽에 많이 포진해 있던 구교 국가들은 합스부르크 가문을 지원하면서 전쟁은 보헤미아와 오스트리아를 거쳐 독일까지 번졌습니다.

전쟁에 독일 영방 국가들이 개입하자마자, 페르디난트 2세는 확실하게 전쟁에서 승리하기 위해 스페인을 끌어들여 동맹을 맺었습니다. 당시의 스페인 역시 구교를 장려하는 입장이었고, 이미 합스부르크 가문과 정략결혼까지 몇 번이나 맺었던 나라였기에 동맹은 아주 쉽게 만들어졌습니다. 오스트리아와 스페인, 그리고 독일 남서쪽의 나라들까지 모이면서 구교 연합은 더욱 강해졌습니다.

1620년 가을로 접어들며 주변의 많은 나라가 차례차례 연합하여 신교 지역들을 점령하며 보헤미아로 진격했습니다. 1620년 9월 말, 보헤미아 왕국의 서쪽에는 스페인군, 남쪽에는 독일 바바리아(현재 독일의 바이에른주에 해당)의 군대, 북쪽에는 작센의 군대가 버티고 있는 상황에서 프라하는 완전히 고립되었습니다.

1620년 11월 8일, 보헤미아 신교 세력 약 3만의 군대와 오스트리아의 연합군 2만 7천 명이 프라하의 빌라 호라$^{Bila\ hora}$라는 평원에서 만났습니다. 'Bila(흰) Hora(산)'라는 어원 그대로 번역하여 '하얀 산의 전투'라고 불리는 이 전투에서 숫자상으로는 우세했던 보헤미아는, 전투 경험이 많은 정예병사와 발렌슈타인 백작같은 훌륭한 지휘관들이 포진해 있던 오스트리아 연합군에게 단 하루만에 완벽하게 패했습니다. 이때, 보헤미아 군대를 지휘했던 27명의 귀족들은 모두 생포되어 7개월 이상 감옥에서 고초를 겪다, 1621년 6월 21일 반역죄로 참수형을 선고받아 모두 천문시계 옆에서 형장의 이슬로 사라졌습니다.

오스트리아 연합군이 보헤미아를 완전히 정복하고 보헤미아에서의 전쟁은 일단락이 났습니다만, 전쟁은 이미 보헤미아를 넘어 유럽 전체로 들불처럼 번진 상태였습니다. 〈오스트리아 – 독일의 남쪽 국가들 – 스페인〉이 연합하는 것을 가장 두려워했던 나라는 다름 아닌 오스트리아와 스페인 사이에 끼어 있던 프랑스였습니다. 당시 프랑스의 국교는 구교였지만, 칼뱅 이후 점점 늘어난 신

27인의 보헤미아 영주의 처형식

교, 위그노가 세력을 키우고 있어서 골치 아픈 상황이었습니다.

오스트리아 구교 연합은 1621년 말, 위그노 척결을 핑계로 프랑스를 침공했습니다. 침공을 받은 프랑스의 국교는 구교였지만 구교인 오스트리아에 대항하며 싸웠고 오스트리아 연합군의 힘을 꺾기 위해 독일 내부에 있던 신교 국가들을 몰래 지원했습니다.

구교 연합이 전쟁에 연달아 승리하자 구교 연합의 한 축이던 스페인의 점령지와 영향력 역시 크게 늘어났습니다. 이렇게 스페인이 힘을 얻자, 영국의 스튜어트 왕조가 위기의식을 느끼며 1625년, 전쟁에 개입했습니다. 당시 스페인은 유럽 내에서도 영향력이 있었지만, 신대륙과 아메리카에도 넓은 식민지를 보유하고 있었습니다. 영국 역시 아메리카 대륙에 진출하려는 입장이었기 때문에 강력한 경쟁자인 스페인이 힘을 키우는 것을 막아야 했습니다. 그리고 오랫동안 라이벌로 인식했던 프랑스까지 전쟁에 들어온 이상, 영국은 프랑스와 스페인 모두를 견제할 필요가 있었습니다.

영국이 전쟁에 참여한 1625년, 덴마크도 전쟁에 끼어들었습니다. 덴마크는 이미 16세기 초반에 신교를 국교로 채택한 나라였는데, 덴마크의 국왕 크리스티앙 4세는 구교 연합의 지배하에 있던 독일 작센 지역에 넓은 개인 영지를 가지고 있었습니다. 크리스티앙 4세는 본인 소유 영지에 종교의 자유를 주겠다는 명분을 내세워 왕국군 1만 5천 명과 용병 2만 명을 이끌고 바다를 건너 작센 지역으로 진격했습니다. 1630년에는 덴마크처럼 신교를 국교로 삼았던 스웨덴의 국왕 구스타프 아돌프 역시 중부 유럽의 신교에게 자유를 주겠다는 명분으로 총 4만 명의 병사를 끌고 바다를 건너 유럽 땅에 진격했습니다.

프라하까지 침공한 스웨덴 군대가 카를교를 앞두고 진격하는 모습

이 시기, 네덜란드는 스페인의 식민지였습니다. 스페인을 시작으로 영국, 프랑스, 스웨덴, 덴마크, 독일 등, 주변의 모든 나라가 전쟁의 소용돌이에 휘말려 있던 시기는 네덜란드가 독립국가로 성장할 수 있는 좋은 기회였습니다. 이내 네덜란드 각지에서 반란이 일어났고, 네덜란드는 종교와는 관계없이 독립에 유리한 편을 택하며 전쟁에 끼어들었습니다.

1635년부터 1648년까지 프랑스 안에서는 구교 대 구교 사이의 싸움도 벌어졌습니다. 위그노 혁명을 진압한 구교의 프랑스 궁정에서 너무나 강력해진 합스부르크 왕가와 스페인의 연합에 제동을 걸기 위해 오스트리아 연합군과 전쟁을 벌인 것입니다. 이때 프랑스 궁정은 오스트리아 연합군의 뒤를 치라는 의미로, 신교를 믿는 적군 스웨덴의 국왕에게 많은 전쟁 자금을 몰래 지원해 주었습니다.

지금까지 이 전쟁에 끼어든 나라 중 우리에게 많이 알려진 나라들만 알아보았는데, 사실 이들만 따져 보아도 체코(보헤미아), 오스트리아, 독일, 스페인, 프랑스, 영국, 스웨덴, 덴마크, 네덜란드 등에 달합니다. 유럽 땅덩어리 안에서 벌어진 최초의 세계 대전이라 불러도 과언이 아닌 이 전쟁에는 이 외에도 많은 나라가 각자의 셈법으로 끼어들었습니다.

사랑과 평화를 설파하는 그리스도교를 앞세우고 벌인 전쟁이었지만, 실제로는 폭력으로 자신의 욕망을 채우고자 했던 이 전쟁의 후반부는 더럽고, 탐욕스러웠습니다. 이런 이유로 많은 서양사학자들은 이 전쟁을 십자군 원정과 더불어, 인간의 추한 욕망이 종교를 핑계로 표출된 만행이라 평가하는 데 주저함이 없습니다.

1618년 보헤미아의 구왕궁에서 벌어진 제2차 창외 투척 사건이 도화선이 되어 유럽 전체로 퍼져나간 이 전쟁은 1648년 10월 24일에 끝났습니다. 아주 오래 싸웠지만 공교롭게도 전쟁이 벌어진 기간이 깔끔하게 딱 떨어지는 30년(1618~1648)이라 세계사에서는 이를 '30년 전쟁'이라고 부릅니다. 종교의 대립을 핑계로 시작된 30년 전쟁이 끝난 지 400년도 다 되어가는 지금까지도 전 세계에 종교를 핑계로 수많은 전쟁이 벌어지고 있다는 것이 참 안타깝습니다.

30년 전쟁이 보헤미아의 완벽한 패배로 끝난 뒤 보헤미아는 더욱 강력하게 오스트리아의 지배를 받았습니다. 그 과정에서 위압적인 블라디슬라프 홀에서부터 귀족 의회장, 왕의 침실, 토지 대장 보관소 등 보헤미아 왕가의 실질적인 통치 장소 역할을 하던 구왕궁은 그 효용 가치를 잃었고, 프라하성 내의 애물단지로 전락하였습니다.

하지만 현재 체코 공화국은 구왕궁을 체코 대통령의 취임식이 열리는 곳으로, 또 국가의 훈장 수여식이 열리는 곳으로 중요하게 사용하고 있습니다.

9 / 성 이르지 바실리카

St. George's Basilica
Bazilika Sv. Jiří

성 이르지 바실리카는 920년경에 지어진, 프라하성 단지 내에서 현재까지 존재하는 건물 중에서는 가장 오래된 건물입니다. 880년경에 건축되었지만, 프라하성 단지의 성벽을 확장하는 과정에서 유실되어 현재는 잔해로만 남아 있는 성모 마리아 성당과는 달리 성 이르지 바실리카는 지금까지 보존되어 있기 때문에 900년대의 건축 양식을 엿볼 수 있는 중요한 건물입니다.

천년이 훌쩍 넘는 시간 동안 자리를 지키고 있는 이 성당은 영어 표기법으로는 성 조지St. George, 독일어로는 성 게오르게St. George, 체코어로는 성 이르지Sv. Jiří라고 불리는 4세기경의 초기 그리스도교 성인에게 봉헌된 성당입니다.

보헤미아 땅에 그리스도교가 들어온 것은 9세기 후반이었습니다.주변의 강대국들은 이미 이전부터 그리스도교를 국교로 삼고 있었는데, 9세기 후반에 보헤미아에 들어온 그리스도교는 보헤미아에 깊게 뿌리 내린 민속 신앙 때문에 쉽사리 확산되지 않았습니다. 성 바츨라프의 아버지이기도 한 보헤미아의 군주 브라티슬라프 1세Vratislav I는 그리스도교를 장려하기 위해 많은 교회를 지었는데, 그 일환으로 920년 프라하성에 이 성당을 로마네스크 바실리카 양식으로 지었습니다.

920년에 지어진 성 이르지 바실리카는 973년에 이르러 더욱 크게 증축되었지만, 1142년에 일어난 화재로 상당 부분이 소실된 채로 오래 유지되었습니다. 17세기에 들어서 성 얀 네포무츠키 예배당을 추가로 지었고, 18세기에는 건물 전면부를 당시에 유행하던 바로크 양식으로 재건축하였습니다. 그래서 이 성당은 전면부와 성 얀 네포무츠키 예배당 부분을 제외한 나머지 부분들이 900년대의 모습을 거의 그대로 유지하고 있습니다.

로마네스크 양식의 성 이르지 바실리카 내부 모습

'바실리카'는 로마 제국 시절, 로마 시민들이 모이던 포럼이나 마을에 건축된 공공건물을 지칭하는 단어로, 원래 시장이나 회의, 투표의 장소로 사용되는 공공건물이었습니다. 직사각형의 건물 중간에 기둥을 두 줄로 세워 공간을 세개로 나눈 형태의 바실리카는 특히 시장으로 사용하기에 매우 좋았습니다. 기둥 주위◆로 가판대가 늘어서고, 건물 복도로 사람들이 자유롭게 돌아다니며 물건을 살 수 있었으며, 또한 건물 끝의 반원형 공간에는 감독관이 단상을 놓고 올라가 상거래를 감독했습니다. 이렇게 바실리카는 원래 그리스도교와는 아무런 관계가 없는 건물 양식이었습니다. 이런 건물이 어떻게 그리스도교의 건물 구조로 변신하였을까요?

로마 제국은 그리스로부터 많은 문물을 받아들이면서 그리스의 신화를 로마의 신화로 바꾸었습니다. 주피터나 주노, 비너스 등 로마 신화에 나오는 수많은 신들을 모시는 신전들로 즐비했던 초기의 로마 제국에 그리스도교가 본격적으로 퍼지기 시작한 것은 3세기 즈음이었습니다.

초기 로마 제국에서 그리스도교도들은 기존의 사회질서와는 부합되지 않는 믿음을 가진 사람들로 인식되었기 때문에, 사람들의 눈을 피해 지하 토굴이나 일부 교도들의 가정집에서 몰래 예배를 드렸습니다. 3세기 후반의 그리스도교도들은 로마 제국의 황제들에 의해 모진 박해를 받기도 했습니다. 마침내 313년, 콘스탄티누스 황제가 밀라노 칙령을 발표하면서 그리스도교는 어엿한 종교로 인정받았으며, 이제껏 숨어서 예배를 드렸던 그리스도교도들은 당당하게 종교활동을 할 수 있게 되었습니다.

◆기둥이 있는 건물 외부 쪽 복도를 지칭하던 단어인 아케이드(Arcade)는 이후에 상가를 뜻하는 단어로 발전하기도 하였습니다.

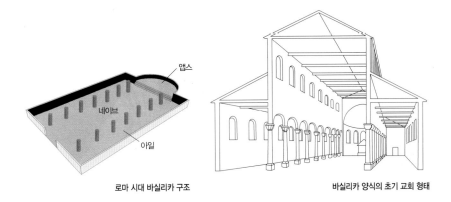

로마 시대 바실리카 구조 　　　　　　　　　　　　　　바실리카 양식의 초기 교회 형태

　그리스도교도들에겐 예배를 보기 위한 큰 건물이 필요했습니다. 하지만 그들에겐 새로 건물을 지어서 그리스도의 위용을 과시할 여력이 없었으므로, 기존에 있는 건물들을 사용할 수밖에 없었습니다. 그 중, 시장으로 사용되던 바실리카는 종교적인 색채가 전혀 없는 장소로, 규모가 크고 예배를 드리기에도 좋은 구조였기 때문에 그리스도교도들에게는 최적의 공간이었습니다.

　이전에 감독관이 시장을 감시하던 반원형 공간Apse(앱스)은 사제들이 설교하는 제단이 들어오기에 적합했고, 가운데 공간Nave(네이브)은 선임 신도들이, 양옆의 좁은 공간Aisle(아일)은 새로운 신도들이 들어오기 좋았습니다. 이 구조는 사제와 신도들 사이의 위계질서를 확립할 수 있는 구조라는 장점도 있었습니다.

　로마 황제로부터 몇 개의 바실리카를 얻어 예배당으로 사용하던 그리스도교는 5~6세기를 맞아 폭발적으로 교세를 확장하면서 새로운 건물들을 지었는데, 이 구조는 9세기경까지 계속 사용되었습니다. 이때부터 바실리카라는 단어가 그리스도교의 예배당 건축 양식의 하나로 자리 잡아, 현재에는 거대하고 중요한 성당을 상징하는 단어로 의미가 굳어졌습니다.

비투스 성당 남쪽 탑에서 내려다본 성 이르지 바실리카

지금까지 성 이르지 바실리카의 '바실리카'의 뜻에 대해 알아보았습니다. 이제는 '성 이르지'에 대해 알아보도록 하죠.

성 이르지는 280년경에 태어나서 303년 4월 23일에 사망한 초기 그리스도교 성인입니다. 그의 아버지는 현재의 터키 카파도키아^{Cappadocia}의 귀족으로 로마군 장교였고, 어머니는 현재의 이스라엘 로드^{Lod} 지역의 귀족이었습니다. 이르지의 부모는 그리스도교도였으므로 성 이르지도 모태 신앙을 가지고 태어났습니다. 당시는 그리스도교도들이 박해받던 시절이었으므로, 성 이르지 가족은 자신들이 그리스도교도라는 사실을 숨긴 채 로마 제국의 고위 귀족으로 평화롭게 살았습니다.

그러다 성 이르지가 14세 되던 해, 부모가 모두 세상을 떠났습니다. 어린 나이에 부모를 여읜 그는 당시 동로마 제국의 수도였던 현재 터키의 이즈미르(당시의 Nicomedia)에 머물고 있던 디오클레시아누스^{Diocletianus} 황제를 찾아가 군대에 넣어 달라고 부탁했습니다. 성 이르지의 아버지와 일면식이 있었던 디오클레시아누스 황제는 고아가 된 그를 흔쾌히 황제의 직속군에 배정해 주었습니다. 성 이르지는 수많은 전쟁에 참가하여 용맹을 떨쳤고, 이로 인해 20대 초반의 어린 나이에 3,000명 이상의 병사를 지휘하는 천부장으로 발탁되었습니다. 이렇게 디오클레시아누스 황제의 핵심 전력으로 총애를 받던 성 이르지를 파멸로 이끈 사람은 다름 아닌 디오클레시아누스 황제였습니다.

303년, 디오클레시아누스 황제는 유일신 신앙인 그리스도교가 번져나가는 것이 장차 로마 제국을 붕괴시키는 원인이 될 것이라 생각했고, 이를 막기 위해 그리스도교도 전체에 대한 전대미문의 제재와 살육을 시작했습니다. 디오클레시아누스는 칙령을 통해 숨어 있는 그리스도교도를 잡아서 로마 신들에게 제물로 바쳐야 제국이 번영할 것이라 하였고, 그리스도교를 적발해 내는 사람들에게 포상을 줄 것임을 약속하자, 제국 전체에 밀고가 줄을 이었습니다.

황제군 내부도 같은 상황이었습니다. 그리스도교도 병사와 장교들이 동료에 의해 색출되어 처형되는 것을 지켜보던 성 이르지는 황제 앞에 자발적으로 나서서 자신이 그리스도교도임을 공개했습니다. 평소에 성 이르지를 총애하던 디오클레시아누스 황제는 유능한 장군을 잃고 싶지 않았기에 돈과 권력, 대저택과 미인들로 여러 번 성 이르지를 회유했지만, 그는 끝까지 신앙을 버리지 않았습니다.

결국 황제는 성 이르지를 칼이 박힌 바퀴에 묶고 바퀴를 돌리는 잔인한 고문을 하였습니다. 지독한 고문을 당하는 동안 성 이르지는 인상 한 번 찡그리지 않고, 신음 소리는 물론, 눈물 한 방울도 흘리지 않았다고 합니다. 결국 성 이르지는 숨이 끊어지는 순간까지도 의연한 모습으로 죽음을 맞았습니다.

그의 의연한 죽음을 목격한 많은 로마인들은 거꾸로 성 이르지의 신앙에 관심을 가지기 시작했습니다. 성 이르지의 죽음을 가장 가까이서 지켜봤던 디오클레시아누스 황제의 부인인 알렉산드라 왕비가 남편 몰래 그리스도교로 개종했고, 성 이르지가 처형당한 자리를 걷던 아폴로 신전의 고위 사제마저 개종하는 등, 성 이르지가 순교한 다음 오히려 그리스도교로 개종하는 로마인들의 숫자가 대폭 늘어났습니다.

이렇게 박해를 받았던 그리스도교는 4세기에 이르러 로마 제국의 국교가 되었습니다. 이때 그리스도교 전파 초기에 순교한 많은 그리스도교도들이 성인으로 추앙되었는데, 성 이르지 역시 핵심 성인으로 그리스도교 부흥의 상징으로 자리를 잡고, 서방 교회보다는 비잔틴 제국에 중심을 둔 동방 교회에 더욱 알려진 성인이 되었습니다.

여기까지는 정사입니다. 5세기경의 사학자들이 남겨 놓은 기록이 많은 덕분에 성 이르지의 일생은 비교적 상세하게 유추가 가능합니다. 하지만 모든 성인들이 그러하듯, 성 이르지에게도 사람들 사이에 친숙하게 이야기되는 야사가 있습니다.

로마 제국 실레네라는 마을 옆에는 병을 퍼트리고 사람들을 죽이던 용이 살고 있었습니다. 마을 사람들은 용에게 매일 살진 양 2마리를 제물로 바쳤는데, 양이 없으면 마을의 아가씨나 아이들을 대상으로 제비뽑기를 해서 그들을 대신 제물로 바쳤습니다. 그러던 어느 날 제비뽑기에서 마을 영주의 딸이 제물로 뽑히게 되었습니다. 딸을 잃기 싫었던 영주는 마을 사람들에게 자신의 모든 재산을 내줄 테니 딸을 살려 달라고 하였지만, 소용이 없었습니다.

그때 마침 황제의 명으로 로마 제국을 여행하던 장군, 성 이르지가 제물로 바쳐진 영주의 딸을 만났습니다. 아가씨는 이르지를 보자마자 도망가라고 경고했습니다. 하지만 이르지는 자리를 지켰고, 흉악한 용이 나타나자 왼손으로는 성호를 그으면서 말을 박차고 나가 오른손에 든 긴 창으로 용에게 치명적인 상처를 입혔습니다. 아가씨를 구한 성 이르지는 그녀를 말에 태우고, 용은 강아지처럼 묶어서 마을로 갔습니다. 성 이르지는 겁에 질린 마을 사람들을 광장에 모이게 한 다음 말했습니다.

"나를 보라. 나도 너희와 같은 인간이지만, 너희와 나 사이에는 차이점이 있다. 나는 너희와 달리 그리스도를 섬긴다. 너희가 믿는 신은 이런 보잘것없는 용 한 마리조차 처리하지 못하지만, 내가 섬기는 그리스도는 나를 통해 기적을 실현한다. 여기에 그 증거로 너희가 두려워하던 용을 잡아 왔으니 너희 마을 모두가 세례를 받고 그리스도교로 개종한다면, 그에 대한 보답으로 내가 이 자리에서 이 용을 도살하겠다."

이 말을 들은 마을 사람들 모두 그리스도교로 개종하였습니다. 성 이르지는 곧바로 용을 도살하였고, 구출해낸 아가씨를 부인으로 얻어 마을을 떠났습니다. 성 이르지가 떠나고 얼마 지나지 않아 영주는 용이 처형당한 그 자리에 성모 마리아와 성 이르지를 기리는 성당을 세웠습니다.

어디선가 많이 본 스토리입니다. 사악한 용과 용감한 기사(장군), 그리고 구출을 기다리는 아가씨가 등장하는 성 이르지와 용에 대한 야사는 성 이르지가 살았던 동로마 제국의 영토였던 소아시아 지역에 널리 퍼져 있었습니다. 이렇게 동로마 제국에 퍼져 있던 성 이르지의 야사를 중서부 유럽에 퍼트린 것은 수차례에 걸쳐 소아시아 지역으로 원정을 나갔던 십자군 기사들이었습니다.

이제 프라하성의 3정원에 있던 성 이르지 동상의 모습을 자세히 살펴보겠습니다. 고운 얼굴로, 철 갑주를 온몸에 걸친 채로 말을 타고, 창이나 칼을 쥐고 용을 때려잡는 모습으로 묘사되고 있네요.

그런데 이상한 점이 두 가지 있습니다.

첫 번째는 남성에, 군인 혹은 장군인 성 이르지의 얼굴이 대부분의 작품에서 너무 여성스럽거나, 곱게 묘사되어 있다는 것입니다.

사실 성 이르지에 대한 역사적인 사료는 풍부한 편이지만, 그에 비해 생전의 모습을 그린 초상화나 두상 조각 등은 전혀 남아 있지 않습니다. 성 이르지를 묘사하는 데 어려움을 겪은 후대의 사람들은 성 이르지와 동시대에 살았던 사람들로부터 영감을 얻었는데, 당시의 성 이르지와 직간접적으로 영향이 있는 사람 중 초상화나 두상이 남아 있는 사람은 디오클레시아누스 황제와 부인 알렉산드라 왕비뿐이었습니다.

그리스도교도 학살자로 유명한 디오클레시아누스 황제는 모델로 적합하지 않았지만, 잔혹한 남편 몰래 그리스도교로 개종한 그의 부인 알렉산드라 왕비는 적절한 모델이 되었습니다. 그래서 성 이르지는 알렉산드라 왕비의 모습이 투영된 채로 여성스러운 모습으로 그려졌습니다. 서방 교회에서는 성 이르지를 좀 더 남성적으로 그리기도 하지만, 그럼에도 불구하고 성 이르지는 전반적으로 곱게 묘사됩니다.

두 번째 이상한 점은 온몸을 뒤덮은 철갑옷을 입고 말을 타고 있는 그의 모습입니다. 성 이르지는 3세기 후반에서 4세기 초반의 로마 제국에 살았던 사람으로, 당시의 군인들은 말이 아닌 마차를 탔고, 온몸을 덮는 철갑옷이 아닌, 가죽으로 만들어진 가벼운 갑주를 입었습니다. 서방 세계에 제대로 된 말 안장이 들어와 말 위에 기사가 안정적으로 앉을 수 있게 되면서 기마병이 유럽 전쟁에 본격적으로 쓰이기 시작한 것은 빨라야 7세기경이고, 이를 바탕으로 무거운 갑주를 입고 말을 탄 채로 창으로 공격을 하던 창기병이 나타난 것은 십자군 원정이 시작된 11세기경입니다.

성 이르지가 살았던 시대보다 최소 4~7세기 이후의 복장을 하고 있는 이유는 생각보다 간단합니다. 성 이르지는 실제 300년경의 사람이지만 그의 이야기가 광범위하게 퍼진 것은 십자군 원정 이후였습니다. 십자군 원정은 바닥에 떨어진 가톨릭의 교권을 다시 회복해 보자는 일종의 가톨릭 부흥 운동이었기에 이교도를 그리스도교도로 개종한 성 이르지 이야기는 십자군 기사들에게는 정신적인 지표가 되었고, 과정에서 성 이르지는 11세기 당대의 십자군 기사들과 비슷한 모습의 창기병으로 묘사되었습니다.

성 이르지의 모습은 성 이르지 바실리카의 전면 꼭대기와 옆문 상단에도 부조되어 있으니, 이런 점에 주목하여 함께 살펴보시기 바랍니다.

1950년대, 프라하성에 대한 대규모 발굴 작업 중 성 이르지 성당 주변과 지하에서 엄청난 유해과 부장품, 각종 유물들이 쏟아져 나왔습니다. 역사적으로 큰 의미를 담고 있는 유물이기에 이것들은 모두 프라하성의 유물실로 옮겨 보관하고 있습니다.

사실, 프라하성을 방문하는 여행자들은 내부가 넓지 않고, 화려하지 않다는 이유로 성 이르지 바실리카에 큰 의미를 두지 않는 것 같습니다. 그런 탓에 이곳에 아직까지 남아 있는 중요한 것들을 모르고 지나갑니다.

이곳을 방문해야 할 이유를 몇 가지 말씀드린다면 다음과 같은 것들이 있을 것 같습니다.

우선, 이곳에서는 천 년이 넘는 세월 동안 한 자리를 지키고 있던 건물이 간직한 세월의 흔적을 찾아볼 수 있고, 고전 건축이 주는 안정감도 느낄 수 있습니다. 성 이르지 바실리카는 보헤미아에 있는 많은 바실리카 건물 중 바실리카 원형에 가장 가까운 형태로 건축되어 있기 때문에 서양 건축에 대해 좀 더 많은 이해를 원하는 건축학도들에게도 좋은 교재가 됩니다.

다음으로, 1950년대에 벌어진 발굴 작업에서 나온 묘비 상판들의 원본과, 발굴 작업을 기록한 사진 자료들이 성당 내부에 가득합니다. 이를 통해 10세기

성 이르지 바실리카 발굴품 안내

성 루드밀라의 무덤

경의 보헤미아가 어떤 방식으로 유해를 매장했는지, 그리고 프라하성의 유물실에는 어떤 유물들이 보관되어 있을지 짐작할 수 있습니다.

성 이르지 바실리카는 음향이 잘 전달되는 구조여서 입장 시간이 끝난 뒤에 종종 실내악을 연주하는 공연장이 되기도 합니다. 프라하성의 유서 깊은 성당에서 감상하는 실내악은 클래식 음악 애호가들에게 좋은 기억으로 남을 것입니다.

마지막으로, 중앙 제단의 오른쪽에는 성 바츨라프의 할머니이자, 보헤미아에서 처음으로 그리스도교로 개종한 성 루드밀라의 성해가 모셔져 있고, 성 루드밀라의 아들이자 성 이르지 바실리카를 건설한 브라티슬라프 1세에게 봉헌된 성소, 그리고 블타바강에서 익사한 성인 성 얀 네포무츠키의 뼈도 이 성당에 보존되어 있습니다. 이 중 가장 중요한 성인은 성 루드밀라로, 매달 28일 저녁 이 성당에서는 성 루드밀라를 기리는 미사가 열립니다.

황금소로

Golden Lane
Zlatá Ulička

프라하성의 가장 동쪽 구역에는 유료 입장지인 황금소로가 있습니다. 이곳은 주로 이렇게 묘사됩니다.

"황금소로는 100m도 되지 않는 공간으로, 아기자기한 귀여운 집들이 늘어서 있는 골목이다."

이 때문에 대부분의 여행자들은 황금소로를 '아기자기하고 귀여운 골목'이라는 데만 방점을 두고 둘러보는 것 같습니다. 하지만, 이것만으로 왜 이 골목의 이름이 황금소로인지는 이해하기 힘듭니다.

현재 볼 수 있는 황금소로의 집들은 큰 벽에 덧붙여 세워진 집들입니다. 그리고 황금소로에 있는 몇 개의 계단을 따라 올라가면 벽 안의 2층으로 들어갈 수 있는데, 안에는 길게 연결된 좁은 복도가 펼쳐져 있습니다.

2층의 길게 연결된 좁은 복도

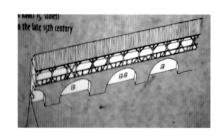
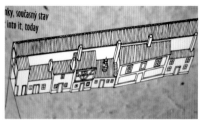

2층 초소만 있다가 방어벽에 덧대 집을 지은 모습

　황금소로가 있는 자리는 원래 프라하성의 방어를 담당하던 성벽으로 만들어진 공간이었습니다. 병사들은 복도를 오가며 창문을 통해 성 밖을 감시하고 있었을 것입니다. 이렇게 근무를 하다 보면 잠시 휴식을 취할 필요도 있었을 텐데, 복도는 좁고 쉴 곳은 없었습니다. 그래서 원래 있던 방어벽에다가 병사들이 쉴 곳을 덧대어 만들었는데, 그것이 바로 황금소로의 1층에 있는 "작고 아기자기한" 집들입니다. 그러니 황금소로의 집들은 애초에 집이 아니었습니다. 병사들의 초소나 휴게실 개념으로 건축된 공간이기 때문에 작고 불편하게 생긴 것입니다. 이런 이유 때문에 궁 내에서 하층민이었던 노예들의 생활 공간도 이곳에 뒤섞여 자리를 잡았습니다.

　점차 시간이 지나 대포가 무기로 등장하자, 대포를 올려서 설치하기도 힘든 2층의 좁은 복도는 쓸모가 없어졌습니다. 결국 황금소로의 2층에는 일부의 초병들만 남고 대부분의 병력들이 황금소로를 떠났습니다. 그리고 초소로 사용되던 1층의 공간들도 덩달아 많이 비게 되었죠. 16세기부터 보헤미아를 지배한 오스트리아 합스부르크 왕가는 비어 있는 이 공간들을 일반 시민들에게 임대하기 시작했습니다.

하지만 황금소로의 1층에 있는 집들은 도저히 제대로 된, 사람이 살 수 있는 공간이 아니었습니다. 그러다 보니 사회의 하층민들이 이 골목으로 밀려들었고, 이곳은 빈민가가 되었습니다. 16세기 말에는 '납을 황금으로 만들 수 있다'는 허황된 생각을 했던 연금술사까지 들어와서 작업실을 만들었습니다. 이 골목에 살던 사회의 하층민들과 연금술사 사이에는 공통점이 있었는데, 바로 황금을 원한다는 것이었습니다.

사회의 하층민들은 신분 상승을 위해 돈이 필요합니다. 사람들은 돈을 '황금'이라는 물질로 대체해서 이야기하죠. 또 연금술사들은 학문적인 목적으로 '황금'을 추구했습니다. 프라하 시민들은 이 골목을 '황금을 꿈꾸는 사람들이 모여 사는 조그만 골목'으로 부르기 시작했고, 그것이 줄여져서 '황금소로'라고 불리게 되었다는 것이 가장 유력한 설입니다.

사실 이 골목은 하층민들의 생활 공간이었기에 '황금'이라는 단어와는 거리가 있었습니다. 실제로 이 골목에는 19세기 중반까지도 제대로 된 상하수도 설비가 구축되지 않아 골목에 온갖 배설물들이 흘러 다닐 정도로 낙후된 환경이었죠. 1951년까지 이 골목에 실제로 사람들이 살았습니다.

2차 세계대전이 끝나고 1951년, 체코슬로바키아 정부가 이 골목과 골목의 집들을 모두 국유화했고, 1955년에는 대대적인 보수를 하였습니다. 1993년, 그리고 가장 최근인 2011년에도 보수 작업을 해서 황금소로는 현재의 모습을 하게 되었습니다.

이 골목에 살았던 많은 사람 중 가장 유명한 사람은『성』,『변신』등의 소설로 한국에서도 큰 인기를 얻고 있는 프라하 출신의 작가 프란츠 카프카^{Franz Kafka}입니다. 프란츠 카프카는 1916년부터 약 1년 동안 황금소로 22번지의 푸른 집에 살고 있던 여동생의 집에서 글을 썼습니다. 오빠가 글을 쓰고 있다는 것을 알게 된 여동생의 배려로 이곳에 온 카프카는, 지병인 폐결핵이 악화되어 1917년 이후로는 제대로 된 집필활동을 하지 못한 채 1924년에 사망했습니다. 이런 이유로 여동생이 살던 집을 '프란츠 카프카의 마지막 집필 공간'이라고 부릅니다.

이 동네를 거쳐간 사람 중에서 가장 유명한 사람이 카프카인지라, 항상 22번지 푸른색의 집 앞에는 여행자들이 몰려 있습니다. 이 집을 들어가보면 프란츠 카프카가 마지막으로 쓰던 만년필, 잉크, 친필 원고 몇 장, 쓰던 책상 등 우리가 보편적으로 생각할 수 있는 물건들 대신, 집 벽에는 "프란츠 카프카가 여기 살았었다"라는 동판 표지가 걸려 있고, 집안에는 카프카와는 관계없는 프라하 기념품들이 가득합니다.

프라하 출신 작가 프란츠 카프카와 관련된 장소는 프라하에만 서른 곳이 넘습니다. 프란츠 카프카 박물관도 있고, 카프카가 자주 들렀다는 장소도 널려 있으며, 많은 여행 책자에서도 프라하와 관련하여 프란츠 카프카를 빠짐없이 다루고 있습니다. 그러면서도 나름 유의미하다고 할 수 있는 이곳, 카프카의 여동생 집은 왜 그저 기념품 가게처럼 쓰고 있을까요?

국외인들로서는 프란츠 카프카가 '체코인들이 자랑스러워하는 체코 대표 작가'일 것이라고 생각하기 쉽습니다. '20세기 실존주의 문학의 대표주자로 전 세계인의 사랑을 받는 프라하 출신 작가'라고 평가받는 인물이니까요. 하지만 일반적인 체코인과 카프카 사이에는 약간의 거리감이 있습니다. 이것은 카

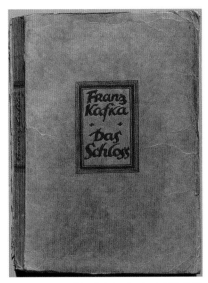

프란츠 카프카(1906년)

독일어로 출판된 프란츠 카프카의 『성』 초판본

카프카 여동생이 살던 22번지의 집. 카프카의 마지막 집필 공간

프카의 작품 내용 때문이 아닌, 카프카의 일생으로 인해 생겨난 미묘한 거리감입니다.

프란츠 카프카는 1883년 중산층의 유대인 가정에서 장남으로 태어났습니다. 카프카의 아버지는 유대인 백정의 아들로 태어나 고생 끝에 자수성가한 중산층이었는데, 그의 아버지는 자수성가한 대부분의 아버지처럼 자식들에게는 고생을 물려주고 싶지 않았습니다. 그의 자식들이 더욱 출세하길 바랐던 카프카의 아버지는 장남인 프란츠 카프카에 큰 기대를 걸었습니다. 부모의 기대가 자식에겐 부담이 되는 것은 카프카의 경우도 마찬가지였습니다.

카프카가 태어나서 소년기와 청년기를 거칠 무렵, 19세기 말의 보헤미아와 모라비아는 아주 혼란스러운 상황이었습니다. 정복 국가인 오스트리아 제국은 군국주의로 치달으면서 식민지 탄압을 강화해 나갔고, 이에 대한 반작용으로 민족주의 신문이 창간되었으며, 지배 계급의 언어인 독일어 대신 체코어와 슬로바키아어를 사용하자는 움직임이 이는 등 슬라브족 전체에서 민족주의 운동, 민족 문화 부흥 운동이 시작되었습니다. 그럼에도 불구하고 여전히 사회의 기득권은 오스트리아, 독일계의 인사들이 쥐고 있는 상황이었습니다.

이런 시대에 카프카가 출세할 수 있는 길은 하나였습니다. 바로 오스트리아 상류 사회로 진출하는 것이었습니다. 카프카의 아버지는 카프카가 아주 어릴 때부터 강압적으로 철저한 독일식 교육을 시켰습니다. 초등교육도 독일학교를 택했고, 중등교육 역시 독일식 김나지움에서 받았고, 대학도 카를 대학 독일어 학부에서 마쳤습니다. 이런 이유로 카프카는 독일어를 모국어처럼 사용했고, 체코어를 구사할 줄은 알았지만 체코어로 글을 쓸 능력까지는 없었습니다.

또, 기본적으로 약한 체질이었던 카프카는 자주 병치레도 했는데, 아프고 약한 사람들은 자신 내부의 문제를 외부에 있는 남의 문제보다 더 크게 보며 내성적으로 치닫는 경우가 많습니다. 카프카 역시 사회의 문제나 현상에 대한 이야기보다는 머릿속에 떠오르는 복잡한 생각들을 주제로 글을 썼습니다. 이 글들은 물론 카프카에게 가장 편한 언어였던 독일어로 쓰였습니다.

1924년 건강이 악화되어 사망을 앞둔 프란츠 카프카는 친구에게 '내가 죽고 난 다음, 내가 쓴 모든 원고들을 불태워 달라'는 유언을 남겼습니다. 이 유언을 받은 친구는 차마 원고를 불태울 수가 없어서 그것을 출판하기에 이르렀는데, 출판된 책 역시 카프카가 책을 쓸 때 사용한 언어인 독일어로 출판되었습니다. 카프카의 책이 독일어로 출판된 1924년은 이미 1차 세계대전에서 오스트리아가 패배해 서슬라브족의 나라, 체코슬로바키아 제1공화국이 만들어진 지 6년이 지난 때였습니다. 이 이후, 카프카의 글들이 여러 언어로 번역되어 소개되면서 체코인들도 카프카의 존재를 조금씩 알게 되어 지금까지 오게 되었습니다.

이 정도까지 얘기하면 프란츠 카프카를 과연 체코의 작가라고 부를 수 있을지 의문이 듭니다. '체코의 작가'가 아닌 '체코계 오스트리아 작가' 혹은 '체코계 독일 작가'라 부르는 것이 더 정확할지도 모르겠다는 생각이 듭니다.

체코인들은 프란츠 카프카에 대해 이 정도의 거리감을 갖는 것 같습니다. 비록 카프카가 처했던 시대 상황이 그가 원해서 만들어진 것은 아니지만, 오스트리아 제국의 압제하에 민족 부흥 운동이 일어나고 있던 시대를 외면하고, 자신의 내부로 침잠해 들어가면서 지배국의 언어인 독일어로 작품 활동을 했던 카프카의 삶까지 높게 평가하기는 힘든 일이라 생각합니다.

그렇다고 해서 카프카를 우리나라의 서정주나, 이광수, 노천명 같은 사람들처럼 자신의 재능을 정복국의 논리를 합리화하고 민족정신을 훼손시키는 데 사용한 이들과 같은 선상에 놓고 보아서는 안 됩니다. 제가 대화를 나누었던 사람들이 체코인 전체를 대변하는 것은 아니지만, 일반적인 체코인들에게는 카프카가 '나라를 대표하는 훌륭한 작가, 가장 사랑하는 작가'로 생각되지는 않는 것 같다는 정도의 말씀을 드리고 싶었습니다.

그렇다면 왜 체코 사람들 전체가 좋아하지 않는 프란츠 카프카에 얽힌 장소들이 프라하를 가득 채운 것일까 하는 근본적인 의문이 생깁니다. 사실 복잡한 이유는 없습니다. 외부적으로 많이 알려져서 도시의 관광 아이콘으로 사용하기 좋은 존재이기 때문입니다.

그 대표적인 예가 오스트리아의 잘츠부르크입니다. 이 도시 출신의 천재 음악가 볼프강 아마데우스 모차르트가 살아 있을 당시에는 그의 기행과 이해할 수 없는 사생활로 뒷담화를 하기에 여념이 없던 도시가 바로 잘츠부르크인데, 지금은 모차르트 초콜릿까지 만들어 팔고 있습니다.

프란츠 카프카도 크게 다르지 않은 것 같습니다. 체코의 대표적인 작가로서 생가와 박물관 등이 프라하 여기저기에 지어진 것은 프란츠 카프카를 기린다는 의미보다는 일종의 관광 상품에 이용하려는 경향이 더 강한 것 같습니다.

마지막으로 프란츠 카프카에 대한 필자의 견해를 오해하지는 말아 달라는 당부의 말씀을 덧붙입니다. 프란츠 카프카가 나쁜 작가라고 주장하는 것이 아니라, 체코인들이 자부심을 갖고 내세우는 작가는 아니라는 말을 전하고 싶을 뿐입니다.

프란츠 카프카의 집 외에 이 골목에 있는 대부분의 집들은 기념품 가게와 옛날에 어떤 식으로 사람들이 이렇게 협소한 공간에 살았는지를 보여 주는 소형 전시관들로 꾸며져 있습니다.

과거 생활상을 볼 수 있는 소형 전시관 역할을 하고 있는 **황금소로의 집**

이곳을 천천히 둘러보면서 여러분의 상상력을 조금만 동원하시길 바랍니다. 1800년대 이전에 이 골목에 살았던 사람들의 생활은 현재에 꾸며져 있는 전시관의 모습보다 훨씬 열악한 환경이었을 것이라는 점을 고려하면, 이 골목의 원래 모습이 여러분의 머릿속에 떠오를 것입니다.

11/ 달리보르 탑

Dalibor Tower
Daliborka

황금소로의 끝자락에는 스산한 기운이 감도는 지하 공간이 있습니다. 입구부터 섬뜩하게 생긴 큰 규모의 새장, 그리고 그 뒤로 보이는 사람의 뼈대 모양을 가진 철 구조의 기구가 여행자들을 맞이하는 이곳은 지하 감옥입니다. 이 지하 감옥은 중범죄자들을 수용하던 공간으로, 감옥이 언제 지어졌는지는 명확하게 나와 있지 않습니다만, 1498년에 이곳에 수감된 첫 수감자의 이름을 따서 '달리보르의 탑'이라 불립니다.

보헤미아에 후스 전쟁이 벌어진 다음 보헤미아 지역의 지방 영주들은 신교 세력과 구교 세력으로 양분되었습니다. 이 중 신교 세력 영주였던 코조예디 지역의 달리보르라는 기사는 1498년, 다른 지역에서 폭정을 일삼던 영주에게서 도망 나온 농노들을 받아주고, 그들과 함께 봉기를 일으켰다는 죄목으로 이 탑에 수감되었습니다.

감옥으로 쓰인 달리보르 탑

당시의 농노는 영주의 재산으로, '뿔이 없는 소'라고 부르기도 하였습니다. 따라서 일개 가축의 대우를 받았던 농노가 아무리 영주의 폭정 때문에 도망 나왔다 하더라도 이들을 숨겨주거나 거두어 주어서는 안 되었습니다. 하지만 마음씨 착한 달리보르는 살기 위해 도망 나온 이들을 다시 돌려보낼 수가 없었습니다. 도망 농노들이 이런 달리보르의 주변으로 모여들었고, 그 숫자가 늘어나자 농노들의 봉기가 일어났습니다.

일신의 영달을 생각하면 당연히 농노들과 인연을 끊고, 봉기를 진압해야 했겠지만 달리보르는 농노들의 봉기를 지원하고 나섰습니다. 달리보르의 이런 행동은 도덕적으로 훌륭한 행동이지만, 법적으로는 문제가 많았습니다. 타인의 재산을 은닉하고 봉건 체제를 부정하였으며, 국가에 대한 반역 행위를 했다고 여겨진 것입니다. 게다가 그가 신교를 지지하는 사람 중 한 명이었다는 점도 괘씸죄로 작용했습니다. 결국 달리보르는 중범죄자들을 수용하기 위해 만든 이 감옥의 최초 수감자가 되었습니다.

달리보르에겐 이야기를 나눌 수 있는 동료 수감자도 없이 홀로 감옥에 갇혀 햇빛도 제대로 볼 수 없고, 시간이 어떻게 가는지 알 수도 없는 무의미한 세월이 계속되었습니다. 이렇게 외롭고 고통스러운 나날을 보내던 달리보르는 간수에게 바이올린을 하나 가져다 달라는 요청을 하였고, 그렇게 얻은 바이올린을 감옥 안에서 독학으로 배워 연주를 하였다고 합니다. 그런데 그 선율이 너무나 구슬퍼, 프라하의 시민들은 매일 탑 아래에 모여서 박해받던 농노들을 긍휼히 여겨 보살핀 것이 죄가 되어 버린 달리보르의 연주를 눈물과 함께 감상했다고 합니다. 결국 그는 처형을 면치 못했는데, 그 뒤로 사람들은 이 탑을 달리보르의 탑이라 부르기 시작했습니다.

이 이야기를 모티프로 체코 출신 음악가 스메타나는 〈달리보르〉라는 오페라를 만들었고, 프라하 사람들 사이에서는 "달리보르에게 바이올린을 가르친 것은 고통이다."라는 이야기가 돌았다고 합니다.

1498년, 달리보르를 첫 수감자로 맞은 이 탑은 1781년까지도 감옥으로 사용되었습니다. 최초에 건축할 당시에는 현재의 높이보다 훨씬 높았지만 화재로 인해 상당 부분이 소실되어 지금은 5층 높이의 건물로 보이는데, 지하에는 4개의 감옥과 홀이 있고, 그 주변으로는 각종 고문 기구와 신체 속박 형틀이 줄지어 서 있어 더욱 스산한 기운을 느끼게 합니다.

홀의 가운데에는 도르레를 이용하여 내려가서 수감되는 더욱 견고한 지하 감옥도 있습니다. 이곳이 아마도 달리보르가 수감되었던 곳일 가능성이 높습니다. 깊은 감옥 안에 홀로 갇힌 달리보르는 아마도 바이올린 가락에 실려 감옥을 빠져나가고자 했을지도 모르겠습니다.

도르레를 이용하여 내려가는 곳

12 / 프라하성 내의 입장 가능한 기타 공간들

길었던 프라하성에 대한 이야기가 끝나갑니다. 이제 마지막으로 추가적으로 입장할 수 있는 나머지 공간들에 대해 이야기를 할까 합니다.

프라하성 역사 전시관

여러 차례 언급하였지만, 19세기 후반의 보헤미아와 모라비아 전역에는 민족 문화 부흥 운동이 일어났습니다. 그리고 이렇게 고취된 민족정신은 그들의 뿌리를 찾고자 하는 열망으로 표출되었습니다. 역사학자들은 식민사관의 영향을 받은 체코의 역사를 재조명하려 노력했고, 음악가들은 슬라브족의 음악을 만들었으며, 작가들은 슬라브족의 이야기를 써냈습니다. 또, 고고학자들은 슬라브족의 구심점 역할을 하던 수많은 건물을 연구하여, 그들의 새로운 이론을 뒷받침할 수 있는 근거로 사용하고자 했습니다.

1918년 체코슬로바키아 건국 이후, 발굴 작업은 급물살을 타고 체코슬로바키아 전역으로 퍼져나갔습니다. 비록 2차 대전 기간 동안 중단되긴 했지만, 1951년 공산 정권이 들어선 상황에서도 전쟁의 상흔을 딛고 나라를 재건하였고, 이때 프라하성 단지 전반에 걸친 대규모 발굴 작업이 진행되었습니다.

이때의 발굴 작업에서 나온 유물들은 여러 군데에 나뉘어 별도로 보관했습니다. 1989년 체코슬로바키아가 민주화되고, 1993년 체코와 슬로바키아가 평화롭게 독자노선을 걷기 시작한 때에도 상황은 마찬가지였습니다. 그러다가 2004년 모든 유물들을 통합해서 보관하자는 의견이 나와서 1951년에 발굴된 유물들과 프라하성에 대대로 내려오던 유물들이 함께 한곳에 모이게 되었는데, 그 전시장이 바로 구왕궁 아래에 있는 프라하성 역사 전시관Exhibition "The Story of Prague Castle", Expozice "Příběh Pražského hradu"입니다.

이 전시관은 그 공간 자체만으로도 상당한 의의를 지닙니다. 프라하성의 외부만 보고 다니면 그 역사를 짐작하기가 힘든데, 이 전시관에 발을 들여놓는 순간, 프라하성의 모든 역사가 한눈에 들어올 것입니다.

이곳에는 선사시대부터 자리를 잡고 살았던 토착민들의 부장품과 유물들부터 천 년이 넘는 기간 동안 점진적으로 발전해 온 프라하성 단지 전체의 모습이 시대에 따라 어떻게 변해왔는지는 물론이고, 체코 역사에 등장하는 수많은 중요 인물들의 생활상을 직접 그려 볼 수 있는 그들의 의복이나 장신구, 생활 도구 등이 전시되어 있습니다.

필자가 처음 이곳을 방문했을 때 정신없이 전시물들을 둘러보느라 4시간이 지난 것도 모르고 있었던 기억이 납니다. 보관하고 있는 유물들의 가치가 금액으로 환산하기 힘든 것이라 전시관 안에서는 사진촬영이 아예 금지되어 있습니다.

프라하성 미술관

프라하에 제2의 중흥기를 가져온 합스부르크 가문의 루돌프 2세는 프라하성을 통치궁으로 사용하며 거주했습니다. 천문학, 연금술 등에 관심이 많았던 그는 예술품을 수집하는 취미도 있었습니다. 그는 당대에 유명하던 이탈리아, 독일, 네덜란드 등지의 이름 높은 아헨, 티티앙, 루벤스, 하인츠, 스프랭거 같은 화가들의 작품을 매입하여 수집했는데, 루돌프 2세가 직접 수집한 수많은 예술품을 비롯하여 총 4,000여 점에 달하는 프라하성 소유의 작품 중 엄선된 107점이 프라하성 미술관Picture Gallery에 전시되고 있습니다.

현재 프라하성 미술관이 있는 건물은 사실 루돌프 2세가 아끼던 스페인 말들을 키우던 왕실 마구간 자리였습니다. 이 아래쪽으로는 현재는 소실된 프라하성 단지 내의 최초의 건물인 870년경에 건축된 성모 마리아 교회의 잔해가

프라하성 미술관에 소장된 루카스 크라나흐(Lucas Cranach)의 '성 카타리나와 성 바바라'(1520)

있기도 합니다.

사실 프라하성에 보관되어 있는 루돌프 2세의 수집품은 그리 많지 않습니다. 루돌프 2세의 사후에 왕위를 승계받은 마디아스 횡제가 루돌프 2세의 수집품들 대부분을 그의 통치 수도였던 빈으로 가져갔기 때문입니다. 그나마 남아 있던 루돌프 2세의 수집품 역시, 30년 전쟁 동안 프라하를 약탈한 스웨덴 군대에 의해 전리품으로 탈취당하였습니다. 루돌프 2세가 직접 수집한 작품 중 아직까지 남아 있는 원본으로 유명한 그림에는 하인츠의 최후의 심판 및 뒤러, 파울로 베로네스의 작품들이 있는데, 미술관의 첫 번째 전시장에서 루돌프 2세의 수집품들을 볼 수 있습니다.

세월이 지나면서 그 숫자가 줄어든 프라하성의 예술품들은 1650년에 이르러 오스트리아의 레오폴트 빌헬름 대공작이 그의 형제였던 페르디난트 3세를 위해 500점이 넘는 작품들을 안트워프에서 사들이면서 다시 늘어났습니다. 이 작품들 속에 루벤스나 렘브란트, 티티앙의 작품들도 포함되어 있었는데, 상당수가 이후에 빈으로 옮겨졌지만, 여전히 프라하성에 남아 있는 작품도 있습니다.

프라하성 미술관의 작품들은 체코슬로바키아가 건국되면서 대폭 증가하였습니다. 초대 대통령이었던 토마쉬 가리구에 마사리크는 기금을 마련하여 체코슬로바키아의 예술적인 위상을 높이려 하였고, 이때 19세기에 유행했던 체코 바로크 화가들의 작품들이 대거 수집되었습니다.

프라하성 미술관의 분위기는 생각보다 딱딱하지 않습니다. 짜인 동선이 있긴 하지만 마음대로 다닐수 있는 구조이고, 각 방에는 휴식 공간이 있어서 장시간 관람하더라도 피로감이 덜합니다. 미술을 전공하는 학도들은 물론, 루벤스가 주도했던 독일 바로크 화풍의 작품이나, 알브레흐트 뒤러가 주도했던 독일 르네상스 화풍에 관심이 많은 분에게는 좋은 전시가 될 것입니다.

미훌카 화약탑

공화국 광장의 화약탑과 헷갈려서 간혹 공화국 광장에 있는 화약탑이 연금술사의 작업장이었다는 오해를 불러일으키는 프라하성의 화약탑 미훌카^{Mihulka}는 성 비투스 대성당의 북쪽 골목에 있습니다. 후스 전쟁이 끝난 뒤, 프라하성의 방어력이 약하다는 이유로 15세기 후반에 새로 건축된 미훌카 탑은 높이가 44m에 달합니다.

직경은 20m나 되는 원형 건물 미훌카는 현재도 프라하성에 존재하는 방어목적의 탑형 요새 중에는 가장 큰 규모를 자랑하고 있습니다. 탑의 가장 아래층에는 석궁병과 머스킷 총병들이 방어를 할 수 있게 조그만 구멍을 뚫었고, 그 위층으로는 대포들을 탑재하여 먼 거리에 있는 적들을 포격할 수 있도록 잘 고안되었지만, 실제로 전쟁에 사용되어 성능을 실험해 볼 기회는 없었다는 점은 아이러니합니다.

이미 프라하를 꽤 둘러보신 분들이라면 체코에 있는 대부분의 건축물 이름이 꾸밈없이 직관적으로 불린다는 것을 느끼셨을 것입니다. 미홀카 탑조차도 처음 지었을 때는 별다른 이름 없이 '새 탑', 혹은 '동그란 요새' 정도로 불렸습니다.

16세기에 합스부르크 가문이 보헤미아 왕국의 새로운 통치자가 되면서 성의 방어용 요새였던 '동그란 요새'에 금속 주조 장인들이 입주하기 시작했

미홀카 화약탑

습니다. 구리와 쇠를 녹이는 데 필요한 대형 화로들은 물론, 금속 주조에 필요한 장비들을 놓기에 가장 좋은 곳이 바로 이 '동그란 요새'였기 때문이었습니다. 이 금속 주조 장인 중 가장 유명한 사람이 왕실 정원 끝자락의 벨베데레 궁 앞에 있는, '노래하는 분수대'라고 불리는 청동 분수대를 제작한 토마쉬 야로쉬^{Tomáš Jaroš}입니다. 여기서 그는 프라하성 단지는 물론 인근에 있는 성당들에 사용할 종을 만들어서 납품했습니다.

16세기 후반, 천문학과 연금술에 관심이 많았던 루돌프 2세 재위 시절에는 요하네스 케플러, 튀코 브라헤 같은 천문학자들은 물론, 에드워드 켈리나 존 디 같은 저명한 연금술사들이 프라하성으로 초빙되었습니다. 이렇게 초빙한 연금술사들에게 가장 좋은 환경은 바로 이 '동그란 요새'였습니다. 원래 탑을 사용하던 사람들이 금속 주조 장인들로, 탑 안에 있던 모든 설비가 끓이고, 녹

이고, 두드리고, 깨는 것이니 연금술사들의 연구와도 일맥상통하는 부분이 많았습니다. 그래서 루돌프 2세는 금속 주조 장인들을 밀어내고 이 자리에 연금술사들의 연구실을 만들어 주었습니다. 이름 없는 연금술사들도 연금술을 장려했던 루돌프 2세의 후광을 업고 이 탑으로 많이 들어왔는데, 연금술사들의 출신지가 대부분 스웨덴이었다는 이유 때문에 사람들은 이 탑을 한동안 '스웨덴 탑'이라고 부르기도 하였습니다.

루돌프 2세 사후, 연금술에 대한 환상이 사라지자 자연스럽게 연금술사들은 이 탑을 떠났습니다. 그 빈 자리에는 다시 대포용 화약들을 보관하였는데, 이 때부터 이 탑 역시 화약탑으로 불리면서 공화국 광장의 화약탑과 혼동을 일으키게 되었습니다. 1649년에는 화약을 관리하던 관리인의 부주의로 탑 안의 화약이 모두 터지면서 탑이 거의 완파되다시피 하였습니다. 이 탑에 다량의 화약을 보관하는 것이 위험하다는 판단이 들었을 것입니다. 이후 복구를 마친 탑에는 1754년부터 화약을 보관하는 대신, 성 비투스 성당의 성구 관리인들이 거주하였습니다.

현재의 이름인 미훌카로 이 탑의 이름이 굳어진 것은 19세기경의 일입니다. 체코어로 'Mihule'라는 단어에서 파생된 'Mihulka'는 한국어로 번역하면 칠성장어입니다. 노르만족 태생이었던 잉글랜드의 왕 헨리 1세가 즐겨 먹었다던 칠성장어는 바다에서 자란 뒤 강으로 올라와서 알을 낳는 어종으로, 진미 중의 진미로 손꼽혀 바다가 없는 나라인 보헤미아의 군주들에게 많은 사랑을 받았습니다. 이들은 강에서 포획한 칠성장어들을 탑 주변의 나무 저장고에 보관했는데, 자연스럽게 그 옆의 동그란 요새가 칠성장어 탑으로 불리게 되어 지금까지 오고 있습니다.

현재 이곳에는 체코 군대의 역사, 의복, 무기 등이 전시되어 있습니다.

로줌베르스키 궁전

황금소로를 지나서 프라하성의 동문으로 빠져나가는 길목 오른편에 있는 건물은 로줌베르스키^{Rožmberský}라는 귀족 가문의 바로크 양식 궁전, 즉 로줌베르스키 궁전^{Rosenberg palace, Rožmberský palác}입니다.

남부 보헤미아 지역에 상당한 영향력을 발휘하던 로줌베르스키는 독일어로 표현을 하면 로젠베르크^{Rosenberg}인데, 5잎의 장미를 가문의 문양으로 사용하는 귀족 가문이었습니다. 이들의 흔적은 지금도 체스키크룸로프나 그 인근의 마을들에서 확인할 수 있습니다.

이곳은 원래 몇 개의 작은 집들이 붙어 있던 모습이었으나 1541년의 화재로 집들이 소실되자, 모든 건물을 허물고 이 자리에 르네상스풍의 거대한 저택을 지었습니다. 4개의 동으로 구성된 저택이 복도로 연결된 형태인데, 저택이 완공되고 나서는 저택 뒤의 부지를 매입해 정원도 만들었습니다. 1600년에 이르러 로줌베르스키 가문과 영지 교환을 통해 이 건물을 매입한 루돌프 2세는 이 저택과 구왕궁을 연결하는 통로를 건설하였고, 그 뒤로 이 저택은 구왕궁의 별궁 개념으로 150년가량 사용되었습니다.

로줌베르스키 궁전 위치

성 이르지 성당 사이의 골목에 있는 로줌베르스키 궁전의 입구

로줌베르스키(로젠베르크) 가문의 문장

남쪽 정원에서 바라본 르네상스 양식의 로줌베르스키 궁

로줌베르스키 궁의 마리아 테레지아 입구

루돌프 2세의 사후, 합스부르크 출신의 황제들은 로줌베르스키 궁을 잘 관리하지 않았습니다. 1618년부터 1648년까지 있었던 30년 전쟁으로 인해 프라하성 전체가 피해를 입을 때 이 궁도 심하게 파괴되었습니다. 30년 전쟁이 끝난 뒤 100년도 넘어선 1756년에야 이 저택은 바로크 양식으로 개축되었고, 새로운 용도로 사용되었습니다.

30년 전쟁은 많은 귀족 가문들을 부자로 만들어 주기도 했지만, 반대로 많은 가문들이 몰락하는 계기도 되었습니다. 주로 합스부르크 가문의 편에서 싸웠지만, 가문의 계승자가 전사하거나 신교 세력에게 영지를 빼앗겨 영지 수입이 없어진 몰락 귀족들이 이에 속합니다. 로줌베르스키 궁은 30년 전쟁이 끝난 뒤로 100년이 지났지만 아직까지 재기하지 못한 몰락 가문의 미혼 여성이 지낼 수 있는 공간으로 사용되었습니다. 일종의 원호 복지 시설로 쓰인 로줌베르스키 궁에는 부모 모두를 잃은 18세 이상의 고아도 예외적으로 입소 가능하였고, 24세 이상의 결혼하지 않은 귀족 여자제들이 들어올 수 있었는데, 이곳에 평균 30명 정도가 머물렀다고 합니다.

당시의 원호 복지 시설들은 대부분 수녀회가 관리했기에 이 궁도 수녀원 같은 역할을 했습니다. 여기에 머물던 귀족의 여자제들은 가톨릭 교육을 받았는데, 최초의 원장은 이 궁의 용도를 바꾼 오스트리아 제국의 여제 마리아 테레지아의 딸, 대 공작부인 마리아 안나였습니다. 이들의 상징물은 결혼하지 않은 처녀답게, 황금 메달 안에 새겨진 성모 마리아의 동정 수태였습니다. 이런 변화를 겪고 있던 중에 건물의 마지막 부분에 테레지아 동이라고 불리는 건물이 추가로 건축되었습니다.

귀족 여자제들의 거주지였던 로줌베르스키 궁은 체코슬로바키아가 건국되고 난 다음해인 1919년에 폐지되었고, 이 궁은 한동안 내무부 건물로 쓰였습니

로줌베르스키 궁 내에 있는 바로크 양식의 성모 마리아 예배당

다. 현재는 여행자들에게 남부 보헤미아 지역에 많은 영향력을 보여준 로줌베르스키 가문의 생활상과 그의 영지들을 보여주는 전시장인데, 궁전의 내부에는 18세기경 바로크 양식의 흔적이 남아 있기도 합니다.

로브코비츠 궁전

프라하성 동문 쪽 끝자락에 있는 저택은 로브코비츠 궁Lobkowicz palace, Lobkowiczký palác으로, 모두가 국가 소유인 프라하성 단지 내에서 유일하게 사유지인 곳입니다. 30년 전쟁 때부터 기반을 잡아 현재까지도 상당한 영향력을 가진 귀족 로브코비츠Lobkowicz 가문이 이 궁의 주인인데, 이 가문은 체코 전역에 수많은 성은 물론 가문의 이름을 딴 양조장까지 보유하고 있습니다.

이 가문에서는 자신들이 소유한 성 중 4채를 공개하여 여행자들을 끌어들이고 있는데, 그중 하나가 바로 프라하성 내부에 있는 로브코비츠 궁입니다.

당시의 재력 있는 대부분의 귀족들이 그랬던 것처럼 로브코비츠 가문도 예술 작품 수집 및 예술가 후원에 박차를 가했습니다. 얀 브뤼헐, 안토니오 카날레토 같은 화가의 희귀한 작품이나, 16세기부터 20세기까지 유행한 도자기 등이 전시되어 있으며, 유럽에 퍼져 있는 희귀한 악기들, 베토벤이 직접 기보한 4번, 5번 교향곡의 원본 친필 악보, 헨델의 메시아를 편곡한 모차르트의 친필 악보들도 수집품으로 전시되어 있습니다. 또, 30년 전쟁으로부터 자리를 잡은 가문답게, 중세의 갑옷과 각종 병장기, 그리고 머스킷 총 등 근대의 무기들도 수집되어 있습니다.

로브코비츠 궁전 위치

로브코비츠 궁전의 입구

프라하를 찾는 여행자들은 우예즈드를 페트르진^{Petřín} 전망대로 올라가는
열차를 탈 수 있는 역이 있는 정원 정도로 인식하는 경우가 많은데,
이곳에는 모르고 지나치기는 아까운 조각상이 있습니다.
또, 프라하 시내에서는 떨어져 있지만, 블타바강 상류 쪽에 위치한 요새인
비셰흐라드는 체코의 건국 신화가 시작된 곳입니다.
번잡한 구시가지에서 벗어나 이곳에서 조금은 여유로운 시간을 가져보시기 바랍니다.

8
우예즈드&비세흐라드

1 / 공산 정권 피해자 기념 조각상 & 굶주림의 벽

Memorial to the Victims of Communism & Hunger Wall
Pomník Obětem Komunismu & Hladová Zeď

말라 스트라나에서 안델로 넘어가는 트램을 타고 이동하다 보면 우예즈드 Újezd라는 곳을 만날 수 있습니다. 대개의 여행자들은 우예즈드를 페트르진Petřín 전망대로 올라가는 열차를 탈 수 있는 역이 있는 정원 정도로 인식하는 것 같습니다. 이것이 잘못된 말은 아니지만, 이곳에 있는 특이한 조각상에 대해서 모르고 지나치는 것은 많이 안타깝습니다.

공산 정권 피해자 기념 조각상

우예즈드의 계단을 따라 차례차례 등장하는 조각상들은 온전한 모습의 인간부터, 몸의 일부가 훼손된 인간, 거의 신체의 형태를 찾아볼 수 없을 만큼 파괴된 인간의 형태가 순서대로 세워져 있습니다. 아무 생각 없이 보면 그저 좀 비상처럼 보일 수도 있는 이 조각상은 공산주의 시절에 점점 피폐해가는 인간의 본성을 보여줍니다.

이 조각상은 2002년 5월 22일에 대중에게 선보였습니다. 개막식에 즈음하여 많은 언론에서 개막식에 참여할 인사들에 대한 보도가 이루어졌는데, 아이러니하게도 벨벳 혁명을 주도하며 공산 정권으로부터 민주 국가를 이루어 내는 데 결정적인 역할을 한 바츨라프 하벨 대통령이 빠졌다는 사실이 눈길을 끌었습니다. 당시 체코 내의 미묘한 정치 상황 때문에 현직 대통령이라는 특수한 신분의 하벨이 빠졌는데, 이런 결과에 반발하는 여론 때문에 개막 위원회가 마지막 순간 하벨 대통령을 초청했다고 합니다. 하지만 이번에는 바츨라프 하벨 대통령이 개막식 참석을 거절했습니다. 정확한 이유는 알 수 없지만, 아무래도 처음엔 명단에서 빠졌다가 마지막에 초청된 상황이 하벨 대통령 입장에서도 탐탁지 않았을 것 같습니다.

언뜻 생각하기에는 모든 사람들이 이 조각상을 좋아했을 것 같지만, 실제의 반응은 달랐습니다. 시대에 영합하여 인기를 끌려고 만든 저속한 작품이라는 예술가들의 비평이 잇따랐고, 조각상 중에 여성이 없다는 이유로 공산 정권에서 남자들만 희생을 당했냐는 여성 운동가들의 비난도 빗발쳤습니다. 아울러 새로운 자본주의 세상에 적응하지 못한 사람들이나, 여전히 공산주의가 궁극적으로 추구했던 평등한 사회를 꿈꾸는 이상주의자들에게는 어느새 과거 공산 정권의 압제에 대한 기억은 잊히고, 옛 공산 정권에 대한 향수가 남아 있었을 것입니다.

2003년에는 이 조각상에 대한 폭파 시도가 두 차례나 있었다고 합니다. 이에 대한 수사가 이루어졌지만, 폭파를 시도한 단체나 개인을 밝혀내지는 못했기에 그 이유가 무엇인지는 알 수 없습니다.

계단 아래쪽에서는 공산 정권 아래에서 희생당한 사람들의 숫자와 글귀들을 만날 수 있습니다.

계단 아래쪽에 위치한 동판과 글귀

"공산당 일당 독재 체제가 시작된 1948년부터 벨벳 혁명으로 민주 정권이 들어선 1989년까지…

… 205,486명이 체포되었습니다.

… 170,938명이 강제로 추방당했습니다.

… 4,500명이 감옥에서 죽음을 맞았습니다.

… 327명이 탈출을 시도하다가 총을 맞고 죽었습니다.

… 248명이 처형되었습니다.

"이 공산 정권 희생자 추모비를 공산 정권 아래에서 체포되고, 구금되고, 처형된 사람들, 그리고 전체주의적 폭정 아래 뒤틀린 삶을 살았던 당시의 모든 이에게 바칩니다."

참 슬픈 사실 중 하나가 2차 대전 당시 체코슬로바키아의 독립을 위해 싸웠던 사람들 중, 상당수가 응당 받아야 할 존중과 존경을 받지 못했다는 점입니다. 체코가 나치에 점령되었을 당시 영국으로 아예 이주를 했거나, 영국에 근거지를 둔 망명 정부의 지휘 아래 조직적인 행동을 한 사람들이 많았는데 이들은 1948년 체코슬로바키아에 공산당 일당 독재가 시작되자 곧바로 서구의 첩자로 몰렸습니다. 민주주의 체제를 가진 영국 정부 아래에서 오랜 세월 동안 작전을 수행한 군인들이기에 서방 세계와 모종의 관계가 있을 것이라고 판단한 것입니다.

조국의 독립을 위해 싸웠던 사람들이 순식간에 서방의 첩자로 간주되면서 구금, 추방당하고, 숙청되었습니다. 더 나아가 이들의 후손은 반동분자로 간주되어 고등교육으로부터 소외되었기에 낮은 지식과 기술 수준을 가질 수밖에 없어 사회의 외면을 받았습니다. 벨벳 혁명을 통해 민주 정부가 들어서면서도 이분들의 후손들은 증거가 없다는 이유로, 혹은 새로이 시장 경제를 도입하면서 나타난 사회 혼란기를 잘 이용한 기회주의자들에 의해서 권리를 빼앗기며 또 한번 외면 받았습니다.

먼 나라의 이야기이지만 왠지 낯설게 들리지 않는 이야기입니다. 제국주의 일본의 지배를 받던 나라와 민족의 독립을 위해 당시 공산당이 위세를 펴던 중국과 러시아를 기반으로 활동하던 독립투사들이 나라가 해방되며 귀국했습니다. 이후 우리는 강대국의 이해 논리에 의해 남과 북이 나뉘어 복잡한 이념 분쟁을 겪었고, 같은 민족끼리 이념 때문에 전쟁까지 했습니다. 이 과정에서 북한과 직접적인 관계가 없음에도 불구하고 중국과 러시아에 있었다는 이유만으로 공산주의자로 내몰려서 그 후손까지도 알려지지 않은 채로 가난하고 힘들게 살아가고 있는 독립투사들이 허다한 반면, 나라와 민족이 어떤 상황이건 자신의 기득권을 놓치지 않으려 일본 제국에 편승했던 기회주의자들과 그의 후손들은 재산과 힘을 교묘히 유지해서 잘 살고 있는 우리나라의 현실이 체코를 통해 다시 보이는 것 같아 마음이 아픕니다.

굶주림의 벽

공산 정권 피해자 기념 조각상 부근을 둘러보면 오래된 성벽이 하나 보입니다. '굶주림의 벽'이라는 특이한 이름의 이 성벽은 14세기 중반에 만들어졌는데, 이 성벽을 축조한 사람도 역시나 카를 4세입니다.

14세기 중반의 보헤미아를 훌륭히 다스렸던 카를 4세 재위 시절이 마냥 좋았던 것은 아니었습니다. 사료에 따르면 1361년 전후, 보헤미아 왕국과 주변 모든 나라에 유례 없는 한파와 가뭄으로 대규모 흉작이 연이어 발생했습니다. 곡물 생산량이 줄어들면서 먹을 것이 없어진 농사꾼들은 생존을 위해 큰 도시

로 밀려 들어왔고, 흉작으로 식료품 가격이 대폭 상승해서 화폐의 가치가 폭락하는 바람에 농산물을 사서 먹던 도시의 시민들도 심각한 생활고를 겪었습니다. 특히 당대의 가장 크고 번화한 도시였던 프라하는 최악의 상황을 맞았습니다. 도시가 수많은 거지와 부랑자들, 강도와 도적떼로 넘쳐났고, 감옥은 더 이상 범죄자들을 수용할 공간이 없을 정도로 가득 찼습니다.

이런 상황을 맞은 카를 4세는 프라하성을 포함한 말라 스트라나 지구를 효과적으로 방어하기 위한 대규모의 성벽을 건설하되, 이 성벽을 만드는 데 필요한 인력은 프라하의 최하층민과 거지 및 부랑자들, 감옥에 있는 생계형 범죄자들로 충당하겠다는 계획을 세웠습니다. 세계대공황을 맞은 미국이 1920년 시행한 뉴딜 정책을 연상시키는 카를 4세의 정책은 대규모의 토목 사업으로 상당수의 고용을 창출하여 빈민층은 식량을 얻고, 먹고살기 위해 어쩔 수 없이 범죄를 저지른 생계형 범죄자들은 생업으로 돌아가게 하는 정책이었습니다.

공사 비용도 국가 재정보다 카를 4세의 개인 재정에서 더 많이 지출되어 국가 재정의 부담을 최소화했습니다.

1360년 후반부터 2년 동안 이 성벽의 축조에 참여한 백성들은 노동의 보수로 돈 대신 옷과 식료품을 받았습니다. 화폐 가치가 급락했던 상황이었으니, 카를 4세로서는 당연히 취할 수밖에 없는 선택이 아니었을까 합니다. 이런 노력으로 프라하의 치안은 점차 좋아졌고, 튼튼한 성벽도 건설되었습니다.

성벽을 건설하는 과정에서 백성의 굶주림을 해결한 카를 4세의 업적이 세간에 회자되면서 이후로 이 벽은 '굶주림의 벽'이라 불리게 되었습니다. 이런 이유에서 사학자들은 '굶주림의 벽'이 도시 방어벽이 아니라, 궁휼한 백성을 돌보아 사회를 안정시키려는 공공 정책의 일환으로 판단하고 있습니다.

야사에 따르면 공사가 진행되는 2년간 카를 4세는 매일 공사장에 나와 몇 시간씩 백성과 더불어 공사 현장의 노동자처럼 일했고, 이에 감복한 백성들은 더욱 열심히 일을 해서 공사가 빠른 시간 내에 끝났다고 합니다. 이 성벽에 얽힌 모든 이야기가 우리 역사에서는 조선의 왕, 정조의 수원 화성 공사와 일부 흡사한 느낌입니다.

이 성벽 공사를 통해 카를 4세는 사회 하층민을 수용한 너그럽고 인자한 왕이라는 평판을 얻었지만, 정작 성벽은 그다지 쓸모가 없었습니다. 굶주림의 벽은 17세기 초반의 30년 전쟁 동안 프라하로 쳐들어온 스웨덴군을 제대로 막아내지 못했고, 이후엔 효용성이 없다고 판단되어 방치되었습니다.

현재 관측소로 쓰고 있는 하나의 방어탑을 제외한 나머지 초소와 방어탑들의 자취는 사라지고 성벽만 남아 있습니다. 이러한 이유로, 이 굶주림의 벽은 시간이 지나면서 체코인들 사이에서는 '쓸모는 없는 공공 근로'를 일컫는 관용구로 굳어져 종종 문학 작품에 나타나기도 했습니다.

2 / 비셰흐라드

Vyšehrad

프라하를 관통하는 블타바강을 따라 상류쪽으로 올라가다 보면 거대한 성벽으로 둘러싸인 요새가 등장합니다. 비셰흐라드라고 불리는 이곳은 체코의 건국 신화가 시작된 곳입니다.

비셰흐라드로 가는 가장 편한 방법은 메트로 C 선을 이용하는 것입니다. 메트로 비셰흐라드^{Vyšehrad}역에서 내려, 이정표를 따라 500m쯤 걷다 보면 모습을 드러내는 비셰흐라드의 성벽은 프라하성과는 또 다른 모습으로 여행자들을 맞이합니다.

비셰흐라드는 10세기경에 지어진 거대한 성채로, 프라하성과는 블타바강을 가운데 두고 마주보고 있는 위치에 있습니다. 여기에 왜 보헤미아의 프르제미슬 왕가가 비셰흐라드를 지었는지에 대한 해답이 있습니다. 애초에 방어용 요새로 지어졌던 프라하성만으로는 전체 프라하를 방어하기 힘들었기 때문에 블타바강의 맞은편에 방어력 증강을 위해 지은 요새가 바로 이 비셰흐라드입니다. 비셰흐라드는 보헤미아 군주들이 비상시에 사용할 수 있는 두 번째 통치궁 역할도 하였습니다.

비셰흐라드가 정점을 맞게 된 것은 브라티슬라프 2세^{Vratislav II}가 그의 통치궁을 비셰흐라드로 옮긴 11세기 중엽◆으로, 이때 브라티슬라프 2세는 요새 안에 다양한 건물을 지었습니다. 하지만, 비셰흐라드는 그 위치나 여러 가지 면에서 프라하성보다 불편한 점이 많았기 때문에 1140년경, 당시 보헤미아 군주였던

◆보헤미아 프르제미슬 가문은 신성로마제국 황제와 긴밀한 관계였는데, 브라티슬라프 2세가 보헤미아의 군주로 재위하던 당시, 교황과 성직자 임명권을 두고 다투던 황제 하인리히 4세에 반감을 품은 폴란드와 작센 군대가 프라하를 공격해왔습니다. 이때, 브라티슬라프 2세는 적들을 효과적으로 격퇴하기 위해 요새 역할에 더욱 적합한 비셰흐라드로 그의 통치궁을 옮겼고, 그 덕분에 적들을 크게 이길 수 있었습니다. 그가 세운 전공을 높게 산 황제 하인리히 4세는 브라티슬라프 2세에게 한시적이지만(세습 불가) 왕의 작위를 수여했습니다.

소베슬라프 공작은 비셰흐라드를 떠나 프라하성으로 돌아갔습니다. 비셰흐라느는 이후 보헤미아 왕국의 통치궁으로 쓰이지 않았지만 여전히 많은 왕족들은 이곳을 거처로 사용했습니다.

14세기 초, 프라하의 중흥기를 몰고 온 카를 4세는 그의 선조였던 프르제미슬 왕가의 사람들을 존경하는 의미에서 왕족들의 거처로 쓰이던 비셰흐라드를 재건축하였습니다. 오래된 벽을 허물고 성벽을 튼튼하게 세웠으며, 두 개의 튼튼한 관문을 만들어 비셰흐라드의 방어력을 증강시켰고, 왕족의 거주궁이

비셰흐라드 안내판 일부

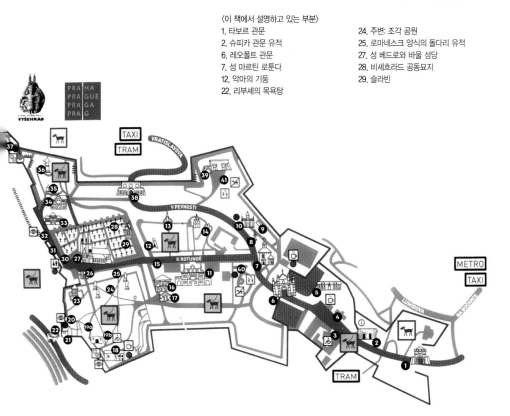

〈이 책에서 설명하고 있는 부분〉
1. 타보르 관문
2. 슈피카 관문 유적
6. 레오폴트 관문
7. 성 마르틴 로툰다
12. 악마의 기둥
22. 리부셰의 목욕탕

24. 주변: 조각 공원
25. 로마네스크 양식의 돌다리 유적
27. 성 베드로와 바울 성당
28. 비셰흐라드 공동묘지
29. 슬라빈

라는 이름에 손색이 없도록 비셰흐라드 궁을 화려하게 재건축했습니다. 이때, 비셰흐라드안에 있는 성 베드로와 바울 성당 역시 고딕 양식으로 재건축했습니다.

하지만 후스 전쟁이 일어난 15세기 초, 후스 지지자들은 비셰흐라드를 완전히 파괴했고, 후스 전쟁이 끝난 뒤 1448년 포데브라디의 이르지 왕이 끌고 온 군대가 이곳에 주둔하며 비셰흐라드는 완전히 재기불능의 상태로 폐허가 되었습니다.

이렇게 폐허가 된 비셰흐라드가 다시 단장된 것은 17세기 후반이었습니다. 30년 전쟁이 끝나고 보헤미아와 모라비아 영토 전체를 합스부르크 가문이 차지하게 되면서 보헤미아 왕국의 수도인 프라하에 오스트리아 군대를 주둔시켜야 했는데, 비셰흐라드가 그 목적에 가장 부합되는 장소였습니다. 1654년부터 이루어진 재건축을 통해 성벽은 바로크 양식으로 바뀌었고, 비셰흐라드는 오스트리아 군대의 훈련 장소로 사용되었습니다.

타보르 관문

레오폴트 관문

지금도 강력한 요새의 모습을 가지고 있는 비셰흐라드에서 옛날의 영광을 찾기는 힘듭니다. 오스트리아의 군대 훈련장으로 사용하는 과정에서 왕족의 거주궁을 비롯한 많은 건물들이 철거되었기 때문입니다. 현재 비셰흐라드의 중요한 관문으로 사용되고 있는 타보르 관문Tabor gate이나 레오폴트 관문Leopold gate 모두 카를 4세의 치하에 만들어진 관문이 아니라 오스트리아 군대의 훈련장으로 사용하기 위해 재건축을 하던 시점에 다시 만들어진 관문이라 바로크 양식을 띠고 있습니다. 벽돌 관문Brick gate이라고 직역할 수 있는 치헬나 브라나Cihelná bróna는 1841년에 만들어진 관문으로, 바로크 양식에서 한걸음 더 나가 제국주의적인 면모도 보여주고 있습니다.

이렇게 원래 모습을 잃어버린 비셰흐라드에서 유일하게 남아 있는 중세의 모습 그대로를 유지하고 있는 것은 11세기 중엽에 건축된 슈피츠카 관문Špička gate의 일부, 성 마르틴 로툰다, 리부셰의 목욕탕(이름 때문에 실제로 목욕탕이었다고 착각하는 방어탑)의 일부, 로마네스크 양식의 다리 일부뿐입니다. 산책하는 기분으로 천천히 비셰흐라드를 둘러보면서 그 흔적들을 찾아보시기 바랍니다.

슈피츠카 관문 일부

성 마르틴 로툰다

브라티슬라프 2세가 비셰흐라드로 통치궁을 옮기고 가장 먼저 한 일은 성당을 짓는 것이었습니다. 요새 목적으로 지어진 성인 비셰흐라드의 제대로 된 예배당이라곤 성 마르틴 로툰다 하나밖에 없었는데, 성 마르틴 로툰다는 건물 안에 채 서른 명도 못 들어가는 작은 성당이었습니다. 브라티슬라프 2세는 건축가들을 고용해, 3열 회랑을 가진 로마네스크 양식의 바실리카 성당을 건축했습니다. 카를 4세는 기존에 있던 이 성당을 고딕 양식으로 재건축하기도 했는데, 재건축된 성당 역시 후스 전쟁 때 완전히 파괴되어 오랫동안 방치되었습니다.

시간이 흘러 18세기 초, 합스부르크 가문은 이곳에 주둔하던 오스트리아 병사들의 예배당으로 사용하기 위해 자기들의 취향에 맞는 바로크 양식으로 성당을 보수했습니다. 하지만 현재의 성당에서는 이때 만들어진 바로크 양식의 흔적도 볼 수가 없습니다.

19세기 후반 보헤미아에 벌어진 민족 부흥 운동에서 비셰흐라드는 민족의 성지로 인식되었습니다. 성 비투스 대성당의 건축가로도 활약했던 건축가 요세프 모커가 성 베드로와 바울 성당의 재건축을 맡았는데, 그는 오스트리아 제국이 추가로 설치한 바로크 양식의 장식 및 구조들을 모조리 철거하고, 카를 4세의 재위 기간에 지었던 것과 비슷한 고딕 양식의 건축물로 다시 만들어냈습니다. 그래서 현재의 성 베드로와 바울 성당에서는 이전에 있던 성당들의 흔적을 찾아보기가 힘듭니다.

성당 내부에는 특이한 벽화가 하나 있습니다. 기둥을 들고 교회 위로 날아온 악마인데, 이 벽화를 통해 성 베드로와 바울 성당이 바로크 양식으로 개축되었을 때의 모습을 일부 엿볼 수 있습니다. 성당의 내부에 악마를 그리는 것은 아주 드문 경우인데, 이에 얽힌 이야기 중 하나를 알려 드리겠습니다.

성 베드로와 바울 성당

성 베드로와 바울 성당의 중앙 제단 왼쪽 측랑의 벽화

성 베드로와 바울 성당의 뒤쪽에 세워 둔 악마의 기둥

신앙심이 깊은 한 신부님이 성 베드로와 바울 교회의 교구 신부로 있을 때, 그의 신앙심을 시험하기 위해 자드란Zadran이라는 악마가 왔다고 합니다. 악마와 신부는 서로 자신이 하는 말이 진리임을 내세우며 언쟁을 벌였는데, 악마는 말만 해서는 아무것도 입증할 수 없다며 내기를 제안했습니다. 악마는 신부님이 미사를 시작하는 순간 이탈리아 트란스테베레Transtevere에 있는 성모 마리아 교회로 날아가 성당에 있는 기둥 하나를 빼서, 미사를 마치기 전에 돌아오겠다고 했습니다. 악마가 성공하면 악마가 내기에서 이기는 것인데, 내기의 대상물이 무엇인지는 명확하지 않습니다. 아마도 신부님의 영혼이 아니었을까 추측해 봅니다. 당시의 미사는 꽤 길게 진행되었기에 이런 제안도 가능했습니다.

악마는 신부님이 미사를 시작하자 곧바로 트란스테베레의 성모 마리아 성당으로 날아가, 그중 가장 큰 기둥 하나를 빼들었습니다. 이런 광경을 지켜본 성 베드로는 직접 현신하여 악마를 베니스의 연못에 밀어서 빠트리는 등, 악마의 길을 계속 방해했습니다. 성 베드로의 방해를 겨우 따돌리고 악마가 비셰흐라드에 기둥을 들고 나타났을 때엔 이미 미사가 끝난 뒤였습니다.

머리 꼭대기까지 화가 난 악마는 분노에 휩싸여 들고 온 기둥을 성 베드로와 바울 성당의 지붕에 메다꽂아 버렸다고 합니다. 이때, 기둥이 세 조각으로 갈라졌는데, 사람들은 악마와의 내기가 얼마나 위험한지 경각심을 일깨우기 위해 성 베드로와 바울 성당의 뒤쪽에 세워 놓았다고 합니다.

그 뒤로 이 기둥을 '악마의 기둥' 혹은 악마의 이름을 따서 '자드란의 기둥'이라고 부릅니다. 야사는 야사대로 재미있기는 하지만, 실제로 그런 일이 일어났을 리는 없지 않을까 합니다. 추측건대 최초에 바실리카 구조로 지은 성 베드로 바울 성당이 로마네스크 양식에서 고딕 양식, 바로크 양식으로 재차 건축될 때 나온, 이전 교회에서 사용하던 기둥이 아닐까 생각해 봅니다.

리부셰와 프르제미슬

성 베드로 바울 성당 건너편에는 조각 공원이 있는데, 이곳에 있는 조각상에 묘사된 인물들은 모두 체코의 건국 신화와 관련이 있는 사람들입니다.

첫 번째 조각상의 주인공은 부부입니다. 왼쪽에 있는 남자는 농기구를 손에 들고 있고, 오른쪽의 여자는 왼팔을 허공으로 펼친 모습인데, 여자의 이름은 리부셰^{Libuše}이고 남자의 이름은 프르제미슬^{Přemysl}입니다. 이 두 사람으로부터 체코의 건국 신화가 시작되었습니다.

오랜 옛날, 비셰흐라드 부근에는 크로크^{Krok}라는 부족장이 다스리는 부족이 살고 있었습니다. 그는 부족민들의 존경을 한몸에 받았지만, 첫째 코지, 둘째 테타, 셋째 리부셰 이렇게 딸만 세 명이 있었기 때문에 부족장 자리를 물려줄 아들이 없어 근심이 컸습니다.

하지만 크로크의 딸들은 각자 비범한 능력이 있었습니다. 맏딸 코지는 약초들을 구별하는 능력과 어떤 병이든 고칠 수 있는 치유의 능력이 있었고, 둘째 딸 테타는 마법을 사용하면서 부족민에게 신과 요정들을 칭송하는 법을 알려주었으며, 셋째 딸 리부셰는 미래를 예견할 수 있는 능력이 있었습니다.

죽음을 눈앞에 둔 크로크는 막내딸 리부셰를 자신의 후계자로 지목했습니다. 부족장이 된 그녀는 아버지의 기대처럼 공명정대하게 부족을 이끌었습니다. 그러던 어느 날, 의견이 달라 리부셰에게 판정을 부탁하러 온 두 명의 남자 부족민들을 조정하는 과정에서, 판결에 불복한 남자 부족원이 리부셰의 결정에 반발하며 리부셰를 조롱했습니다.

"모든 왕국들은 남자가 지도자인데 왜 우리만 여자 지도자인가? 정말 부끄러운 일이다. 머리가 길다고 현명한 것은 아니지 않은가?"

부족민의 빈정거림을 들은 리부셰는 이렇게 말했습니다.

"당신이 할 수만 있다면, 당신들이 따를 수 있을 만한 인물을 찾아내십시오. 그 사람을 내 남편으로 맞겠습니다. 하지만 명심하십시오. 나의 남편은 나와는 달리 아주 굳건한 통치자일 것이며, 당신을 가혹하게 대할 것입니다. 누구를 찾아야 할지 모르겠다면 나의 백마를 타십시오. 말은 어디로 가야 할 것인지 알고 있습니다. 그렇게 말이 이끄는 대로 가다가 보면 말이 어떤 남자의 앞에서 멈추게 될 것인데, 그 남자는 황소 두 마리가 끄는 쟁기로 밭을 갈고, 쇠로된 테이블에서 식사를 하는 사람이니 알아보기 쉬울 것입니다. 내 말과 망토와

숄을 들고 가서 부족의 희망사항을 그에게 전달한 뒤, 나의 남편이자 부족의 통치자가 될 그를 이리로 모시고 오십시오."

리부셰를 빈정거렸던 부족민은 부족민 대표 자격으로 리부셰가 시키는 대로 백마를 타고 3일 밤낮을 쉬지 않고 달렸습니다. 길을 알려주지도 않았건만 리부셰의 백마는 어디로 가야 할지 아는 것처럼 잠시도 쉬지 않고 달려 리부셰의 예언과 같이 황소 두 마리가 끄는 쟁기로 밭을 갈고 있는 한 농부의 앞에 멈춰 섰습니다. 농부는 부족민 대표를 환영한다는 의미에서 쟁기를 뒤집어 놓은 다음 쇠로 만든 쟁반에 소금이 곁들여진 빵을 대접했습니다. 이 농부가 리부셰의 예언에서 지목한 인물임을 확인한 부족민 대표는 놀라움을 감추지 못하고, 농부를 데리고 리부셰에게 돌아왔습니다. 프르제미슬이라는 이름의 이 남자는 리부셰와 결혼하여 새로운 부족장이 되었으며, 리부셰와의 사이에 네자미슬Nezamysl이라는 아들을 두었습니다. 프르제미슬 가문은 대를 이어 융성해졌고, 이들이 보헤미아의 군주였던 프르제미슬 왕가의 시조가 되었습니다. 이것이 보헤미아를 최초로 다스리게 된 프르제미슬 왕가가 탄생한 신화입니다.

실질적인 정치는 남편인 프르제미슬이 맡고, 리부셰는 예언력을 이용해 남편의 조언자 역할을 했습니다. 농부 출신의 남편은 근면했고, 부족민들도 새로운 부족장을 좋아하였기에 부족은 나날이 발전해 갔습니다. 부족이 커지자 좀 더 안정적인 삶의 터전이 필요하다는 리부셰의 조언에 따라 프르제미슬은 부족이 살던 지역에 큰 성을 지었습니다. 이것이 바로 비셰흐라드입니다.

그렇게 비셰흐라드에서 프르제미슬 가문이 성장하고 있을 때, 리부셰는 새로운 환영을 보았습니다. 수많은 탑과 거대한 건축물로 가득한 도시를 본 것입니다. 직감적으로 이것이 미래에 융성해질 나라의 모습이라 생각한 리부셰는 사람들을 불러, 그녀의 환영에 나타난 언덕을 가리키면서 성을 짓게 했습니다.

그 지역이 바로 현재의 프라하성이 있는 자리입니다. 이후 프라하는 리부셰의 예언과도 같이 백 개가 넘는 탑을 가진 보헤미아의 강력한 수도로 발돋움하였습니다.

다음 조각상 역시 두 명입니다. 오른쪽의 남자는 황금으로 강조된 뿔나팔을 들고 있고, 왼쪽 여자의 오른팔에는 독수리가 앉아 있습니다. 여자의 이름은 샤르카^{Šárka}, 남자의 이름은 츠티라드^{Ctirad}로, 이 두 사람은 리부셰가 죽은 다음에 등장하는 신화의 인물들입니다.

리부셰가 부족을 이끌고 있었을 때는 모계 중심의 사회였습니다. 하지만 리부셰가 부족민들의 반발로 프르제미슬을 남편으로 맞으면서 남성이 통치자가 되었고, 시간이 지나 리부셰마저 사망하자 여자들의 지위는 땅에 떨어졌습니다.

이에 대한 반발로 블라스타^{Vlasta}라는 여인의 지휘 아래 부족의 모든 여자들이 모여들자, 위기의식을 느낀 남자들은 젊고 용맹한 츠티라드의 지휘 아래 모였습니다. 그리고 이내 두 세력 사이에 전쟁이 벌어졌습니다.

블라스타의 지휘 아래 모인 여자들은 힘을 앞세운 남자들에게 밀려 계속 전쟁에서 패하고 있었습니다. 계속되는 패배에 지친 블라스타가 고민하고 있을 때, 그녀 앞에 아름다운 여인 샤르카가 나타났습니다.

"어차피 우리는 힘으로 남자들을 이기기는 어려워요. 남자들은 츠티라드 장군의 지휘에만 의존하고 있으니, 그만 죽인다면 우리에게 기회가 생길 것입니다. 제가 전쟁에는 쓸모가 없지만 꾀가 있으니, 미인계를 이용해 그를 없애겠습니다."

샤르카의 제안을 받아들인 블라스타는 샤르카를 나뭇등걸에 묶어 두고 철

샤르카와 츠티라드

수했습니다. 여자들이 퇴각한 것을 확인한 츠티라드는 군대를 이끌고 샤르카
가 묶여 있던 곳까지 진격해 왔습니다. 아름다운 여자가 나무에 묶여 있는 것
을 본 츠티라드는 그 이유를 물었습니다.

"저는 여자와 남자 간의 싸움을 반대했습니다. 그랬더니 블라스타가 저를
이곳에 묶어 놓고 처형하려 했는데, 츠티라드 장군님이 군대를 끌고 온다는 소
식을 듣고 급하게 도망가느라 저만 남겨졌습니다."

출중한 미모를 가진 샤르카가 대답까지 만족스럽게 하자 츠티라드는 그녀를 풀어 주었습니다. 포박에서 풀려난 샤르카는 남자에게 벌꿀 술을 나눠주면서 갈증을 풀라고 하였습니다. 경계심을 푼 남자들은 당시의 슬라브족들에게 가장 인기 있는 음료인 벌꿀 술을 벌컥벌컥 들이켰습니다. 그리고 이내 모두 잠이 들고 말았습니다.

계획대로 츠티라드 장군을 죽이려고 다가간 샤르카는 츠티라드의 잠든 모습을 보고 그만 사랑에 빠지고 말았습니다. 하지만 그녀는 츠티라드의 목에 걸린 뿔나팔을 불어, 여자들의 군대에 작전이 성공했음을 알렸습니다. 블라스타는 이 여세를 몰아 남자들의 군대에 치명적인 타격을 입혔고, 이 전투에서 츠티라드는 결국 사망했습니다. 하지만 이 전쟁이 끝이 아니었습니다. 남자들은 다시 연합하여 군대를 조직하였고, 결국 전쟁은 남자들의 승리로 끝났습니다.

샤르카는 사랑에 빠진 남자를 죽인 것도 모자라, 전쟁마저 남자들의 승리로 끝나자 실의에 빠져 그만 절벽에서 몸을 던져 생을 마감하였다고 합니다. 샤르카가 몸을 던진 곳은 그 이후부터 디보카 샤르카Divoká Šárka라고 불리기 시작했습니다. (디보카 샤르카는 프라하 6구에 있는 자연보호구역으로, 언덕과 절벽으로 이루어져 있습니다.)

루미르와 그의 노래

다음에 등장하는 조각 또한 남녀 한 쌍으로, 왼쪽의 남자는 체코 신화에 등장하는 전설적인 음유 시인 루미르Lumir이고, 그 옆에 있는 조그만 여인은 루미르의 음악을 인간의 모습으로 시각화해 표현한 것입니다.

보헤미아 신화에 등장하는 전설적인 음유 시인 루미르는 보헤미아 영토 내에 있던 부족들이 창칼을 들고 서로 전쟁을 하고 있던 혼란스러운 시기에 수금(竪琴: 하프와 비슷하게 생긴 악기)을 들고 아름다운 음률과 함께 정제된 언어로 노래를 하여 사람들의 사랑을 받았던 사람입니다. 많은 부족들이 루미르를 초청하여 그의 음악을 듣고자 하였는데, 그중에는 포악하기로 유명한 한 부족장도 끼어 있었습니다. 이 부족장은 데빈성^{Hrad Devin}에 불을 지르고, 거기에 살던 사람들을 무자비하게 살육하는 것도 모자라, 죄 없는 부녀자들까지 겁탈하고 살해한 사악한 인물이었습니다.

비인륜적인 행태로 주변 부족들을 위협하던 이 부족장은 비셰흐라드를 점령한 뒤, 루미르를 잡아서 그가 이제껏 저질렀던 행동을 미화하는 노래를 지어서 부르도록 지시했습니다. 루미르는 부족장의 지시에 굴복하지 않고, 대신 리부세의 업적을 찬양하는 노래를 부른 뒤, 그가 생명처럼 가지고 다니던 악기를 부숴버리고 비셰흐라드를 떠났다고 합니다.

하지만 루미르의 노래는 사라지지 않았습니다. 1874년부터 청력에 문제가 생기기 시작했던 체코의 음악가 베드르지흐 스메타나는 1874년의 가을부터 겨울까지 〈비셰흐라드〉라는 교향시 한 편을 완성했습니다. 비셰흐라드를 시작으로 총 6곡의 교향시를 귀가 거의 들리지 않는 상태에서 완성한 스메타나는 전 6곡을 〈나의 조국〉이라 이름 붙였습니다. 그의 평생의 걸작이라고 불리는 〈나의 조국〉이 처음 대중들에게 선보일 때는 한 곡씩 따로 연주되었는데, 그중 가장 먼저 연주된 것이 바로 〈비셰흐라드〉입니다. 비셰흐라드의 도입부는 아름다운 하프 소리로 시작됩니다. 2대의 하프로 연주되는 이 부분이 바로 스메타나가 귀가 아닌, 마음으로 들은 루미르의 하프 소리입니다. 1875년 3월 14일 〈비셰흐라드〉가 최초로 연주되자 이 소리를 들은 체코인들은 누구나 도입부의 하프 소리를 '루미르의 하프'라고 부르기 시작했으니, 루미르의 잊힌 하프 선율이 스메타나를 매개로 다시 체코인의 가슴속에 울려 퍼졌다고 할 수 있겠습니다.

자보이와 슬라보이

다음 조각 역시 보헤미아 신화에 등장하는 인물들로, 전설적인 음유시인이자 영웅인 자보이^{Zaboj}와 슬라보이^{Slavoj}입니다.

9세기경, 프랑크 왕국의 군대가 그리스도교 전파를 목적으로 보헤미아로 진격해 들어왔습니다. 보헤미아 군대의 정찰병이었던 자보이는 이를 눈치 채고 곧바로 본진으로 달려가 부족의 원로들 앞에서 조국을 침략해 온 외세에 맞서서 싸워야 함을 주장했습니다. 프랑크 군대에게 점령당하면 모국어 대신 프랑크 왕국의 언어를 사용해야 하고, 그들이 강요하는 그리스도교를 믿어야 하는 사태가 벌어질 거라고 생각했기 때문입니다.

그는 원로들을 설득하는 데 그치지 않고, 하프를 들고 병사들 앞으로 나가 어떻게 조국과, 모국어와, 민속 신앙을 지킬 것인지 소리 높여 노래 불렀습니다. 원로들부터 하급 병사까지 모두 자보이의 노래에 감동하여 보헤미아 군대의 사기는 하늘을 찌를 정도였습니다. 이내 보헤미아 군대는 2개로 나뉘어 한 부대는 자보이가 이끌고, 나머지 부대는 뛰어난 장수인 슬라보이가 이끌면서 프랑크 왕국의 군대와 일전을 준비했습니다.

전쟁터에 도착한 그들이 첫 번째로 한 일은 적군의 장수를 조롱하는 서신을 보내는 것이었습니다. 예상대로 적장은 길길이 날뛰면서 전쟁을 시작했습니다.

정오에 시작한 전쟁은 해가 질 때까지 계속되었고, 푸른 초원은 피바다로 변했습니다. 격전 중 적군의 장수는 자보이와 일대일로 맞붙게 되었습니다. 철퇴와 갑옷으로 무장한 그들 사이의 격전은 오랜 시간 지속되었는데, 분노에 가득 차 무리한 공격을 하던 적장이 방어를 소홀히 하는 틈을 놓치지 않은 자보이의 칼이 적장의 가슴으로 파고 들었습니다. 프랑크 군대는 그들의 장군이 죽자 겁에 질려 무기를 버리고 도망치기 시작했지만, 그 뒤를 끝까지 추격한 보헤미아 군대에 의해 전멸하였습니다. 외세를 물리친 자보이와 슬라보이는 본진으로 돌아와 보헤미아의 신에게 제사를 지내고 승리를 자축했다고 합니다.

여기까지가 이 4개의 조각상에 얽힌 체코의 건국 신화입니다. 원래 이 4개의 조각상은 블타바강을 연결하는 팔라츠키 다리라는 다리에 놓여져 있던 조각상들입니다. 2차 대전 동안 다리 위에 있던 조각들의 피해가 심했는데, 전쟁이 끝나고 조각상을 보수하는 과정에서 아예 자리를 옮겨 비셰흐라드로 오게 되었습니다.

예언 능력을 지니고 있는 체코 건국의 어머니 리부셰, 리부셰의 사후에 벌어진 남자와 여자 간의 전쟁에서 미인계로 적장 츠티라드를 살해한 샤르카, 여러 개로 나뉜 슬라브 부족간의 전쟁 기간에 등장한 음유시인 루미르, 외세로부터 나라를 지켜낸 영웅 자보이와 슬라보이 조각상이 모여서 역사가 기록하지 못한 보헤미아의 과거를 재현해내고 있습니다.◆

◆어느 민족이건 신화가 없는 민족은 없겠지만, 민족의식을 고취시키기 위해 고안된 신화는 실제 역사와 항상 거리가 있다는 것을 잊지 말아야 합니다. 신화에서는 비셰흐라드가 먼저 만들어지고, 비셰흐라드에서 환영을 본 리부셰의 지시에 따라 프라하성이 만들어졌다고 말하지만 실제로 비셰흐라드는 프라하성이 9세기 후반에 만들어지고 난 다음 10세기에 들어서서야 요새로 자리를 잡아갔습니다. 순서가 바뀐 것인데, 프라하성 인근에서 9세기보다 더욱 이전에 이미 사람들이 모여 살았음을 추정할 수 있게 해주는 전사의 유골이 발굴되고 나서 비셰흐라드 지역보다 훨씬 전부터 프라하성 지역에 집단 거주 구역이 있었음이 밝혀졌습니다.

체코의 고대사, 그리고 신화와의 간극

책의 맨 처음에서 이야기한 바와 같이 모라비아 왕국에 대한 고대 역사는 사료를 통해 어느 정도 알려져 있지만, 보헤미아 왕국은 850년 이전의 모든 군주들이 신화적인 인물입니다. 부족장 크로크부터 시작하여, 리부셰와 프르제미슬, 그의 아들인 네자미슬, 그 뒤로 므나타, 보엔, 브니슬라프, 크르제소미슬, 네클란, 호스티빗 같은 인물들이 등장하지만, 이 모든 인물들이 실제로 존재했다는 사실을 입증해 줄 사료는 전무합니다.

성 루드밀라의 남편인 보르지보이가 성 루드밀라와 함께 모라비아 대공인 스바토플루크 1세를 찾아간 자리에서 키릴과 메토디우스를 만나 그리스도교로 개종한 872년 이후로 보헤미아의 군주가 역사에 제대로 등장하는데, 보르지보이 이전의 모든 인물들이 신화의 인물이라는 점은 쉽게 납득이 가지 않습니다.

이 부분에 대한 필자의 견해는 이렇습니다.

보헤미아 왕가의 역사가 시작된 때는 보르지보이 공작부터입니다. 최초의 보헤미아는 공국의 지위를 가진 나라로, 당시의 모라비아 왕국과 비교도 되지 않을 정도로 작은 나라였음은 분명합니다. 보르지보이 공작이 부인과 함께 모라비아 왕국의 왕을 알현하러 간 것만 보아도 충분히 이해가 가능합니다.

하지만 9세기 후반에 상황이 달라져서 보헤미아 공국은 점점 커지고, 모라비아 왕국은 삽시간에 해체되었습니다. 이때 보헤미아 공국은 옛 모라비아 왕국의 영토들도 흡수하게 되었는데, 오히려 자신들이 모라비아보다 짧은 역사를 가지고 있는 것이 달가운 일은 아니었을 것입니다. 그래서 역사로는 뒷받침되지 않는 신화 속의 가상 군주들을 등장시켜 자신의 나라에는 없던 오래된 역사를 신화로 치환한 것이 아닐까 합니다.

남자와 여자의 싸움 역시 마찬가지입니다. 한 부족에서 주도권을 두고 여자와 남자로 나뉘어서 몇 년을 싸웠다는 것은 이해하기 힘든 일입니다. 신화이기에 사료는 없지만, 츠티라드와 샤르카의 신화가 시사하는 바는 명확합니다.

공동체에서 남자와 여자의 역할은 철저하게 분리되어 있었습니다. 남자들은 사냥으로 부족들을 먹여 살리고, 여자들은 거주지에서 부족민들을 양육하는 역할을 하였는데, 이런 이유로 인류의 모든 초기 부족 사회는 모계 중심의 사회로 운영되었습니다.

하지만 채집과 농사를 위주로 한 농경 사회가 들어서자 남자들은 더 이상 사냥을 나가지 않아도 되었기에, 자연스레 집단 농경 사회에서는 가부장제의 부계 중심 사회가 성립되었습니다. 츠티라드와 샤르카의 신화가 시사하는 바가 바로 모계 사회에서 부계 사회로의 전환입니다. 보헤미아의 신화에서 이런 변화의 기점이 된 사건은 걸출한 여성 지도자인 리부셰의 사망이었습니다.

수렵 사회에서 농경 사회로 변하면서, 부족들의 대부분은 부계 중심 사회로 바뀌었습니다. 호전성이 강한 남자들이 부족을 이끌게 되었고, 많은 부족을 먹여 살리려면 농사를 지을 넓은 땅이 필요했습니다. 땅을 쟁취하기 위해 부족들 간에 분쟁이 일어나는 것은 어느 나라 역사에나 비슷하게 등장하는 이야기입니다. 음유시인 루미르가 살던 시대가 바로 이런 시대에 해당합니다. 이런 분쟁이 계속 되면서, 힘없는 부족들은 소멸되고 힘 있는 부족의 아래로 통합되었을 것입니다.

보헤미아 역사에서 이렇게 부족들이 통합되어 고대 국가의 기틀을 마련했을 것이라고 추정하는 시점은 사모의 왕국이 7세기에 와해된 이후라고 보는 것이 지배적입니다. 그 뒤로 프랑크족이 보헤미아와 모라비아로 침공해 들어왔는데, 전사 자보이와 슬라보이가 살았던 시대가 바로 이 시대에 해당됩니다.

비셰흐라드에서 여행자들에게 가장 인기 있는 곳은 성 베드로와 바울 성당 옆에 있는 공동묘지입니다. 규모가 큰 것도 아니고 압도적으로 아름답지도 않은 이 공동묘지에 많은 여행자들과 프라하 시민들이 몰려드는 이유는 단 한가지입니다. 이곳에 묻혀 있는 사람들이 체코 문화 발전과 교육, 체코의 민족의식 고취에 혁혁한 공로가 있는 중요한 인물들이기 때문입니다. 이들 중 안토닌 드보르자크, 베드르지흐 스메타나, 카렐 차페크, 얀 네루다, 알폰스 무하 등 우리에게도 익숙한 사람들이 많이 있기 때문에 사람들은 비셰흐라드 공동묘지를 종종 국립묘지처럼 인식하기도 합니다.

원래 이곳엔 작은 공동묘지만 있었습니다. 하지만 1848년 유럽에 혁명의 기운이 감돌면서 일어난 민족 부흥 운동은 당시를 살던 보헤미아와 모라비아 사람들에게 큰 자극제가 되었습니다. 주변 국가들에는 민족을 위해 기여한 사람들만 묻힐 수 있는 특별한 묘지가 있었는데, 보헤미아와 모라비아에는 그런 묘지가 없었던 것입니다. 1862년, 체코의 역사를 재조명한 역사학자 프란티셰크 팔라츠키Frantíšek Palacký가 국립묘지를 만들자는 아이디어를 냈습니다. 프란티셰크의 아이디어를 바탕으로 스바토보르Svatobor라는 위원회가 만들어졌고, 위원회에서는 국립묘지에 적합한 장소들을 물색했습니다. 그때, 보헤미아의 건국 신화가 시작된 상징적인 장소 비셰흐라드가 선택되어, 성 베드로와 바울 성당 옆 공동묘지에 있던 묘들을 이장하고 묘역을 다진 다음, 민족 부흥운동에 이바지한 사람들을 한 명씩 매장하기 시작했습니다.

이후 점점 묘역이 커지자 원래 공동묘지에 있던 조그만 예배당은 네오 고딕 양식으로 개축되었고, 예배당과 일직선 상에 있는 묘역들은 네오 르네상스 양식의 아케이드로 보호받는 형상으로 바뀌는데, 아케이드 아래에 있는 묘비들은 묘지 가운데에 있는 묘비들과 비교하면 훨씬 더 예술적인 모습입니다.

비셰흐라드 공동묘지의 전경

비셰흐라드 공동묘지의 가장자리 아케이드 묘역.
이곳에 있는 무덤들은 상대적으로 화려한 편이다.

민족 문화 부흥 운동이 정점에 달했던 1893년, 크게 개성이 없던 비셰흐라드 묘역에 '슬라빈'이라는 특수 구역이 만들어졌습니다. 이곳은 슬라브족 민족 부흥운동에 기여한 사람들 중에서도 탁월한 업적을 남긴 극소수의 인물들에게만 허락되는 안식의 장소로 설계되었습니다. 슬라빈을 만들기 위한 자금은 스바토보르 위원회의 취지에 백분 동감하던 프라하 스미호프Smichov시의 시장과, 뻬뜨르 피셔Petr Fisher라는 개인 사업가의 기탁으로 만들어졌습니다. 이 슬라빈 묘에 매장되어 있는 사람들은 다음과 같습니다.

● 시인 : 요세프 바츨라프 슬라데크(1845~1912), 야로슬라프 브르흐리츠키 (1853~1912)

슬라빈

● 화가 : 보이테흐 히나이스(1854~1925), 알폰스 무하(1860~1939)

● 조각가 : 요세프 바츨라프 미슬베크(1848~1922), 얀 슈투르사(1880~1925), 라디슬라프 샬로운(1870~1946)

● 음악가: 에마 데스틴노바(1878~1930), 얀 쿠벨리크(1880~1940), 라파엘 쿠벨리크(1914~1996)

● 기술자: 프란티셰크 크르지쉬크(1847~1941)

프라하에는 몇 곳의 공동묘지가 있습니다. 말라 스트라나의 공동묘지나, 프라하 3구에 있는 올샤니 묘지, 유대인 지구의 구 유대인 묘지 등은 매장이 금지되어서 더 이상 확대되지 않습니다. 하지만 비셰흐라드 공동묘지는 여전히 체코의 발전에 기여를 한 사람들이 생을 마치면 매장되는 곳으로, 그들에게 영원한 안식을 제공하고 있습니다.

하지만 비셰흐라드 공동묘지에 묻히는 것이 강제 사항은 아닙니다. 체코의 발전에 혁혁한 공로가 있는 사람들이라 하더라도 유언에 따라 종종 가족의 곁에 묻히거나, 고향에 묻히기를 희망하는 경우도 있기 때문에 이럴 때는 망자의 유언을 존중하여 각자의 바람대로 매장됩니다. 가족묘에 묻힌 전 대통령 바츨라프 하벨이나 유대인 율법에 맞춰 프라하 10구에 있는 신 유대인 묘지에 묻힌 프란츠 카프카 같은 사람들이 이에 해당됩니다.

신화 속 보헤미아의 영웅들의 이야기가 조각으로 남겨져 현재를 살고 있는 체코인들에게 오래된 이야기를 들려주고 있는 이 비셰흐라드는, 이곳에서 영원한 안식을 취하고 있는 수많은 유공자들로 인해 더욱 고매한 가치를 지니는 공간으로 프라하 사람들의 마음속에 자리 잡고 있습니다.

✎ 그림 사용 목록 ✎

⫻ 참고 문헌 ⫻

서양건축사 / 임석재 / 2011년 / ISBN 978-89-5605-533-6 03690

서양사 강의 / 배영수 공저 / 2007년 / ISBN 978-89-460-3693-2 93920

77 Prague Legends / Alena Ježková / 2006년 / ISBN 80-7252-139-X

Autobiography of Emperor Charles IV / Balazs Nagy / 2001년 / ISBN 978-963-9116-32-0

A Companion to John Wyclif, Late Medieval Theologian / Ian C. Levy / 2006년 / ISBN 90-04-15007-2

Czech sculpture 1800-1938 / Peter Cannon-Brookes / 1986년 / ISBN 978-0862940430

Europe at war 1939-1945 / Norman Davies / 2006년 / ISBN 978-0-330-35212-3

Franks, Moravians and Magyars: The Struggle for the Middle Danube / Bowlus Charles R / 1994년 / ISBN 0-8122-3276-3

Jan Hus. Der Ketzer und das Jahrhundert der Revolutionskriege / Richard Friedenthal / 1987년 / ISBN 3-492-10331-6

Karolinum. Prague: Univerzita Karlova v Praze, Nakladatelstvi Karolinum / Petraň Josef / 2010년 / ISBN 978-80-246-1877-7

Kunst und Kirche im 20. Jahrhundert / Ralf van Buhren / 2008년 / ISBN 978-3-506-76388-4

Memorial to the victims of Communism unveiled in Prague / Alena Škodová / 2002년 / 5월 23일자 Radio Praha 사설

Operation ANTHROPOID, 1941–1942 / Burian Michal 외 / 2002년 / ISBN 978-80-7278-158-4

Prague 1989: Theater of Revolution / Kukral, Michael Andrew / 1997년 / ISBN 0-88033-369-3

Prague detailed picture guide / ATP publishing / 2007년 / ISBN 80-86893-50-2

Prague in Black: Nazi Rule and Czech Nationalism / Bryant, Chad Carl / 2007년 / ISBN 978-0-674-02451-9

Prague then and now / J.M. Lau / 2007년 / ISBN 978-1-59223-656-5

Revolution 1989: The Fall of the Soviet Empire / Sebetsyen Victor / 2009년 / ISBN 0-375-42532-2

Rudolf II and Prague: the court and the city / Eliška Fučikova / 1997년 / ISBN 978-05-0023-7373

Rukopis kralovedvorsky, Rukopis zelenohorsky / Vacslav Hanka / 19세기 초반에 발견된 고문서

St. Francis and the Third Order / Raffaele Pazzelli / 1989년 / ISBN 978-0-8199-0953-4

Starou Prahou Jana Minařika / Pavla Statnikova / 2009년 / ISBN 978-80-85394-67-2

The Genesis of Czechoslovakia / Josef Kalvoda / 1986년 / ISBN 978-0-8803-3106-7

The history faces of Vyšehrad / Věra Brožová 외 / 2000년 / ISBN 80-238-5707-X

The Hussite Wars 1419-36 / Stephen Turnbull / 2004년 / ISBN 978-1-84176-665-2

The Origins of Judaism: From Canaan to the Rise of Islam / Robert Goldenberg / 2007년 / ISBN 0-521-84453-3

The Prague Spring and the Warsaw Pact Invasion of Czechoslovakia in 1968 / Bischof Gunter / 2009년 / ISBN 978-0-7391-4304-9

The Rise of Freedom / Jan Jungmann / 1998년 / ISBN 80-85394-22-7

The Story of Art / E.H Gombrich / 1995년 / ISBN 978-0714832470

The story of Prague castle / Prague castle administration / 2003년 / ISBN 80-86161-73-0

The Thirty Years War: Europe's Tragedy / Peter Hamish Wilson / 2009년 / ISBN 978-06-740-3634-5

The Warrior Saints in Byzantine Art and Tradition / Walter, Christopher / 2003년 / ISBN 1-84014-694-X

501